湯浅邦弘編

清華簡研究

汲古書院

はじめに

研究材料に限りがある場合、多年それだけに傾注していると次第に研究の推進力は衰えていく。しかし、そこに大量の新たな資料が提供されれば、研究は一気に活性化するであろう。

中国学の分野において、今、そうした画期的な現象をもたらしているのは、新出土文献である。一九七〇年代に発見された銀雀山漢墓竹簡、馬王堆漢墓帛書、睡虎地秦墓竹簡などに続き、一九九〇年代には、郭店楚墓竹簡、上海博物館蔵戦国楚竹書（上博楚簡）が学界を驚かせた。そして二〇〇八年に清華大学が入手した清華大学蔵戦国竹簡（清華簡）も、中国学研究の新たな推進力となっている。

本書は、日本で初めて、この「清華簡」を題名に持つ研究論文集である。現在、清華簡は、『清華大学蔵戦国竹簡』（清華大学出土文献研究与保護中心編・李学勤主編、中西書局）として分冊方式で刊行が続けられており、その完結には、まだ相当の年月を要する。その意味で本書は、清華簡研究の中間報告と言えよう。大量の新出土文献がこれからも続々と提供される前に、一度、その研究成果をまとめておくことには、一定の意義があると考える。

そこで本書では、まず第一部「清華簡とは何か」として、発見から最新分冊までの状況を概説し、あわせて、文字・書法の観点から字迹分類を試みる。そして、各分冊に収録された文献の書誌情報を簡潔に紹介したい。ここは言わば、清華簡の基礎知識を提供する導入部である。

続いて第二部「清華簡の分析」では、九本の論文を配置し、清華簡を様々な角度から分析する。具体的に取り上げるのは、『殷高宗問於三壽』『程寤』『尹誥』『耆夜』『湯在啻門』『祭公之顧命』『周公之琴舞』『命訓』であり、これらによって、清華簡の文献的および思想的特質の一端を明らかにできると考える。

また、第三部「清華簡研究の展開」では、竹簡に記された古文字や、竹簡に引かれた劃線・墨線などに注目した論考を配置した。清華簡から思わぬ情報が得られ、それが周辺領域の研究にも大きな手がかりを与える状況が理解できよう。

執筆者は、現在、「中国出土文献研究会」のメンバーとして活動している、湯浅邦弘（大阪大学教授）、福田哲之（島根大学教授）、竹田健二（島根大学教授）、草野友子（大阪大学招聘研究員）、中村未来（福岡大学専任講師）、曹方向（安陽師範学院講師）の六名である。

研究会では、これまで二度、清華大学出土文献研究与保護中心を訪問し、清華簡の実見調査を行った。特に、二〇一五年九月に渡航した際には、収蔵庫の全七十三トレー中、三つのトレー内の竹簡を拡大鏡も使用して詳細に実見したほか、清華簡の整理担当者と長時間にわたって学術討論する機会を得た。その討論の熱い記憶が本書執筆の一つの原動力となっている。

中国出土文献研究会

清華簡研究　目　次

はじめに……i

第一部　清華簡とは何か

第一章　発見から最新分冊の刊行まで（湯浅邦弘）……5
第二章　清華簡（壹）～（陸）の字迹分類（福田哲之）……15
第三章　清華簡（壹）～（陸）所収文献解題（草野友子・中村未来）……37

第二部　清華簡の分析

第一章『殷高宗問於三壽』の思想的特質（湯浅邦弘）……65
第二章『程寤』考――太姒の夢と文王の訓戒――（湯浅邦弘）……93
第三章『尹誥』の思想史的意義（福田哲之）……113
第四章『耆夜』の文献的性格（竹田健二）……135
第五章『湯在啻門』における「気」（竹田健二）……153
第六章『湯在啻門』に見える「玉種」（曹方向）……177

第七章　『祭公之顧命』考（草野友子）……195
第八章　『周公之琴舞』考（中村未来）……221
第九章　統治手段としての「恥」――『命訓』と『逸周書』三訓と――（中村未来）……251

第三部　清華簡研究の展開

第一章　『保訓』と三体石経古文――科斗体の淵源――（福田哲之）……289
第二章　『良臣』・『祝辞』の書写者――国別問題再考――（福田哲之）……313
第三章　『楚居』の劃線・墨線と竹簡の配列（竹田健二）……353
第四章　劃線小考――北京簡『老子』と清華簡『繫年』とを中心に――（竹田健二）……373
第五章　清華簡『繫年』および郭店楚簡『語叢（一）』の「京」字に関する一考察（曹方向〈草野友子訳〉）……397

あとがき……409
初出一覧……411
執筆者紹介……*1*

清華簡研究

第一部　清華簡とは何か

第一章　発見から最新分冊の刊行まで

湯浅邦弘

清華簡の発見と調査

二〇〇八年七月十五日、古物商が入手していた大量の竹簡を、清華大学の卒業生である実業家が購入し、母校に寄贈した。「清華簡」と略称された竹簡群は、第一次調査の結果、二千余枚からなる戦国時代の竹簡であることが判明する。近年公開され世界の注目を集めている竹簡の内、郭店楚墓竹簡（郭店楚簡）が約七〇〇枚、上海博物館蔵戦国楚竹書（上博楚簡）が一二〇〇枚。清華簡の分量はそれらをはるかにしのぐ。

竹簡の一部はカビが生えるなど劣化が見られたため、清華大学では、ただちに専門の工作室を設けて洗浄と保護にあたった。北京オリンピックで世界が沸きかえる中、研究員は休日返上で作業に没頭した。

この作業が一段落した十月十四日、清華大学主催の竹簡鑑定会が行われた。招かれたのは、李伯謙（北京大学）、裘錫圭（復旦大学）、李家浩（北京大学）、呉振武（吉林大学）、陳偉（武漢大学）、曽憲通（中山大学）、張光裕（香港中文大学）、宋新潮（国家文物局）、胡平生（中国文化遺産研究院）、陳佩芬（上海博物館）、彭浩（荊州博物館）の十一名の研究者である。その鑑定の結果、これらが間違いなく戦国時代の竹簡であるとの評価を得た。この段階で清華大学は、清華簡の概要をメディアに公表し、大きな反響を呼んだ。特に、『尚書』に該当するのではないかと推測される文献があること、『竹書紀年』に類似した編年体の史書があることなどが注目された。

その後、清華大学では、清華簡の撮影作業に着手。その過程で、竹簡の総数が二三八八枚（残簡を含む）であることも確認された。

十二月、清華大学の委託により、北京大学でC14年代測定が行われた。その結果、清華簡の年代が紀元前三〇五年±三〇年であることが判明し、先の鑑定結果を裏づけた。清華簡も、郭店楚簡や上博楚簡と同じく、戦国時代中期の竹簡であることが科学的に証明されたのである。

二〇〇九年四月二十五日、清華大学は、正式に「出土文献研究与保護中心」（以下センターと略称）を設立し、センター長を務める李学勤氏が清華簡の概要と意義を説明した。氏は、その際、『保訓』と仮称された竹簡十一枚からなる文献を紹介した。ここには、「惟王五十年」から始まる文章が見られ、在位五十年を迎えた周の文王が子の太子発（武王）に遺訓する内容であることが明らかにされた。

こうした状況を受けて、我々研究会メンバーは、同年九月、清華大学を訪問し、清華簡を実見するとともに、李学勤氏らと会談した。竹簡は、収蔵庫内の七十三のトレーの中に収められていた。劣化を防ぐために、薬液にひたされている。

ちなみに、清華大学は、清華簡を正式には「楚簡」と呼んでいない。これは、全体の精査を終えていないので、慎重を期しているからとのことであった。我々が実見した竹簡は確かに楚系文字で記されていたが、多くのトレーの中には、そうとは断定できないものもあるのであろうか。また、そもそも近年発見された竹簡は、「楚簡」とは呼ばれているものの、他の地域、たとえば斉・魯・三晋などの戦国竹簡は見つかっていない。とすれば、出土地が判明している郭店楚簡はともかくとして、清華簡を「楚簡」と称して良いのかについては、現時点では即断できないという慎重な意識も働いているのであろう。

次に、郭店楚簡・上博楚簡・清華簡の筆写時期の問題について、センターでは、科学測定（前記の同位炭素測定）、文字、内容の三点から、ほぼ同時期と考えているとのことであった。戦国中期の筆写であるとすれば、文献の成立は当然それよりさかのぼる。戦国時代前半、あるいは春秋時代の文献である可能性も想定される。

また、これまでの出土文献では、墓主との関係が注目されている。たとえば、睡虎地秦墓竹簡は主として秦の法律関係文書であったため、墓主は法吏と考えられ、銀雀山漢墓竹簡は兵書が大半を占めていたので、軍事関係者が墓主であったと推測されている。この清華簡はどうであろうか。全容は公開されていないものの、センターの発表によれば、その内容は、『尚書』の一部と推測される文献、『竹書紀年』に類似する編年体の史書、『国語』に類似した楚の史書、『周易』に関係する文献、『儀礼』に類似する文献、音楽関係の文献、陰陽月令に関する文献、馬王堆漢墓帛書『相馬経』に類似する文献などである。このことから、墓主は史官である可能性も考えられるとのことである。

『清華大学蔵戦国竹簡』の刊行

その後、整理を終えた清華簡は、順次、『清華大学蔵戦国竹簡』（清華大学出土文献研究与保護中心編・李学勤主編、中西書局）として分冊方式で刊行されることとなった。総数二三八八枚（残簡を含む）という膨大な資料群である。

以下では、これまでに刊行された第六分冊までの概要を紹介したい。なお、各文献の詳細な情報については、第三章「清華簡（壹）～（陸）所収文献解題」および「竹簡形制一覧表」をご覧いただきたい。

【第一分冊】

二〇〇八年に竹簡の整理作業が開始された後、二〇一〇年十二月に図版と釈文とを掲載する第一分冊が『清華大学蔵戦国竹簡（壹）』として刊行された。上下二冊よりなり、カラーの原寸大図版・有字簡拡大図版、および釈文と注釈とが提示されている（この形式は、基本的には第二分冊以降も同様）。

収録文献は、『尹至』『尹誥』『程寤』『保訓』『耆夜』『周武王有疾周公所自以代王之志（金縢）』『皇門』『祭公之顧命（祭公）』『楚居』の九篇。清華簡には、『尚書』や『逸周書』、また『竹書紀年』などの史書に類似する文献が多く含まれているとされているが、ここに収録された文献も、そうした特徴を備えている。これら第一分冊所収文献については、かなりの研究が蓄積されつつあるので、文献ごとに簡潔に紹介してみよう。

『尹至』は、『尚書』の商書諸篇との関連が指摘されており、また、竹簡形制や字体が、同じく湯王と伊尹との問答形式で構成される『尹誥』と合致するため、同一人物により書写された可能性が指摘されている。

また、『程寤』は、これまで『芸文類聚』や『太平御覧』などに一部引用されていた古逸書の『逸周書』程寤篇に相当する文献と考えられる。

『保訓』は、『清華大学蔵戦国竹簡（壹）』の刊行以前に釈文が先行公開され、本文中に見える「中」の解釈について、多くの研究が発表されている。周の文王が太子の発に遺訓を述べる内容である。

『耆夜』は、古逸文献であるが、「蟋蟀」と名付けられた教戒的な歌と『詩経』国風・唐風の「蟋蟀」との関連が指摘されている。

『周武王有疾周公所自以代王之志（金縢）』は、第十四簡の背面下部に篇題「周武王有疾周公所自以代王之志」が見える。本篇は今本『尚書』金縢篇とおおよそ合致する内容である。今本『尚書』との対照により、字句や篇題、『尚書』成立に関する諸問題の解決が期待される。

『皇門』は、内容が『逸周書』皇門篇とほぼ一致することから「皇門」と仮称された。周公旦が血族や近臣に向けて教戒する内容である。

『祭公之顧命』は、『逸周書』祭公篇とほぼ合致する内容であるが、これまで難解な箇所が多々あるとされてきた『逸周書』側の誤りを修正できる資料である。

『楚居』は、『世本』居篇に類似することから「楚居」と仮称された。楚の歴代君主の所在や国都の変遷が記されており、また「楚人」や「郢」（楚の都）などの語句の由来も窺える。本文献は、楚の在地性文献として重要な情報を提供するものと考えられる。

この第一分冊の刊行によって、特に注目されたのは、竹簡番号である。郭店楚簡や上博楚簡とは異なり、清華簡には、『程寤』『保訓』『楚居』を除く各文献ごとに、竹簡の背面に配列番号（編号）が記されていた。出土竹簡は、編綫が切れたばらばらの状態で発見されるため、竹簡をどのように再配列するかは極めて大きな問題となる。これに対して、清華簡では、この竹簡番号があることにより、錯簡や脱簡を疑う余地がほとんどないのである。これは極めて重要な情報であった。なお、この竹簡番号は、以下の第二分冊以降の文献についてもほぼ同様に確認できる。

清華簡『尹至』背面竹簡番号「四」

同「五」

以下、第二分冊から第六分冊までについて、簡潔に紹介する。

【第二分冊】

二〇一一年十二月に刊行された。『繫年』（周・晋・楚などの歴史的事件を記した書）と題される一篇のみの図版と釈文とを収めている。『繫年』はこれまで知られることのなかった歴史書であり、もともと篇題は付けられていなかった。「繫年」とは、記載された内容に紀年が多く記されていたことによる仮称である。全二十三章（一三八簡）で、周の初期から戦国時代前期までの歴史内容が記述されている。文体や内容の一部が、西晋時代に汲冢より発見された『竹書紀年』に類似しており、注目される。

【第三分冊】

二〇一二年十二月刊行。『説命』（上・中・下）、『周公之琴舞』、『芮良夫毖』、『良臣』、『祝辞』、『赤鵠之集湯之屋』の六種八篇の文献を収録している。『説命』は『尚書』関連の文献であり、その他五種は佚書である。また佚書中、特に『周公之琴舞』は伴奏付きの舞踏に関わる頌詩、『芮良夫毖』は『毛詩』大雅にも関連する風刺詩であり、いずれも中国古代の詩や楽について検討する上で重要な文献である。

【第四分冊】

二〇一三年十二月刊行。『筮法』『別卦』『算表』の三篇を収録する。題名はいずれも仮称であるが、『筮法』は卜筮の原理や方法を記し、『別卦』は各簡に八卦の卦象と卦名を掲げている。また、『算表』は、数学書であるが、先に公開された里耶秦簡や張家山漢簡の九九乗算法よりもさらに古い現存最古の十進法による乗算表が記載されている。これらは、「術数類」という括りで第四分冊にまとめられたと思われる。

【第五分冊】

二〇一五年四月刊行。『厚父』『封許之命』『命訓』『湯處於湯丘』『湯在啻門』『殷高宗問於三壽』の六文献を収録。古聖王の伝承に関わる資料があるのを特徴とする。特に注目されるのは、『逸周書』命訓篇とほぼ合致する内容の『命訓』である。清華簡の中には、『逸周書』との関連文献が多く含まれているが、この『命訓』も、命訓篇の戦国期の写本ではないかと推測される重要文献である。また、殷の湯王と伊尹の問答形式で構成される『湯在啻門』や、殷の高宗と三人の古老との問答が記される『殷高宗問於三壽』も、その思想内容が興味深い。

【第六分冊】

二〇一六年四月刊行。『鄭武夫人規孺子』『管仲』『鄭文公問太伯（甲・乙）』『子儀』『子産』の五文献を収録。特に『管仲』『子産』（いずれも仮称）は、古代中国の政治家として有名な管仲や子産に関わる文献であり、注目される。また、『鄭文公問太伯（甲・乙）』は、『左伝』『国語』の記載と類似する一方、それら伝世文献には見られない史実を補充するという資料的価値を有する。

清華簡研究の展開

このように、清華簡は、ほぼ毎年一冊のペースで刊行を続けてきている。全体は、約二千三百簡であり、郭店楚簡や上博楚簡をはるかに上回る分量である。完結までにはまだ相当の歳月を要するであろう。

では現時点で、どのような特徴を指摘できるであろうか。文字上の特徴については、次章に譲ることとして、それ以外の点について簡潔に述べてみたい。

形式面の特徴としては、竹簡番号を指摘できる。第一分冊の概略のところでも紹介したとおり、清華簡には、原則として、竹簡の配列を示すための番号（漢数字）が竹簡背面の中央部（竹節部）に墨書されている。これまでの竹簡研究では、ばらばらな状態で発見された（または入手された）竹簡をどのように再配列し、連接させるかは極めて重要かつ困難な問題であった。竹簡番号の附された清華簡では、この懸念がほぼないと言ってよい。竹簡研究にとって画期的なことであった。

内容面については、歴史系文献が豊富に提供されたという点を指摘できる。『尚書』や『逸周書』に類似する文献、『繫年』のような紀年体の文献、『楚居』のように国都の変遷を記す文献、殷の湯王、高宗、周の文王などの古聖王に関わる文献など、思想的また歴史的に極めて重要な資料が多い。これらの文献が副葬されていた墓主が史官ではないかと推測されるのももっともなことである。また清華簡は、現時点で、正式には「楚簡」と呼ばれてはいないが、明らかに楚の在地性の文献を含む。楚の地域研究としての価値も有すると言えよう。

それでは、こうした清華簡の発見を受けて、研究はどのように進んできているのであろうか。『清華大学蔵戦国竹簡』第一分冊が二〇一〇年十二月に刊行されたが、実は、それ以前にインターネット上ではすでにいくつかの研究が発表されていた。これは清華大学が清華簡の一部の情報をネットで公表したのを受けて、中国人研究者の中で、ややフライング気味の応酬があったものである。ネットで公開されたのは、一部の釈文のみであったので、写真図版による確認を経ないまま論争が先走りするという事態を生じた。

ただこれは例外的な現象であり、やはり、正式な研究の開始は、第一分冊の刊行以降ということになろう。清華大学からは、李学勤主編・劉国忠著として『走近清華簡』（高等教育出版社）が二〇一一年四月に刊行された。ここには、清華簡の概要説明に続き、整理と鑑定、写真撮影の状況などが解説された後、『保訓』『周武王有疾周公所自以代王之志（金縢）』『程寤』などに関する論考が掲載された。

また、二〇一三年六月には、李学勤著『初識清華簡』（中西書局）が刊行され、三十六の論考が掲載された。これにより、研究の基礎情報が提供され、本格的な分析が進むこととなる。『清華簡研究』（中西書局）という雑誌も刊行が開始された。その第一輯は、清華簡の国際シンポジウム開催を受けて、『国際学術研討会論文集《清華大学蔵戦国竹簡（壹）》』（清華大学出土文献研究与保護中心編、二〇一二年十二月）として刊行され、また、第二輯が『国際学術研討会論文集清華簡与《詩經》研究』（清華大学出土文献研究与保護中心編、二〇一五年八月）として刊行された。

さらに清華大学では、第二分冊として公開された『繫年』を中心として、二〇一五年十月に「清華簡繫年與古史新探研究叢書」（李守奎主編、中西書局）を刊行した。その内訳は、次の通りである。『清華簡《繫年》文字考釈与構形研究』（李守奎、肖攀）、『清華簡《繫年》輯証』（馬楠）、『清華簡《繫年》集釈』（李松儒）、『清華簡《繫年》初探』（孫飛燕）、『清華簡《繫年》与《竹書紀年》比較研究』（劉光勝）、『《繫年》《春秋》《竹書紀年》的歴史敘事』（許兆昌）、『清華簡繫年与左伝叙事比較研究』（侯文学、李明麗）、『楚簡書法探論：清華簡《繫年》書法与手稿文化』（邢文）、『戰國竹書形制及相関問題研究：以清華大学蔵戦国竹簡為中心』（賈連翔）、『古文字與古史考：清華簡整理研究』（李守奎）。

また、第一分冊については、『清華大学蔵戦国竹簡（壹）読本』（季旭昇主編、台湾・藝文印書館、二〇一三年十二月）、第二分冊の『繫年』については、『清華二《繫年》集解』（蘇建洲、呉雯雯、頼怡璇、台湾・万巻楼、出土文献訳注研析叢刊、二〇一三年十二月）が刊行された。

こうして清華簡の公開が続くと、文字情報も増加してくる。そこで、第一分冊から第三分冊までを対象とした「文字編」が、『清華大学蔵戦国竹簡文字編一～三』（李学勤主編、沈建華・賈連翔編、中西書局、二〇一四年五月）として刊行された。第三分冊までに限定されてはいるものの、清華簡の言わば一字索引が提供されたのである。

その他、学術雑誌やインターネット上に掲載された論考類は多数にのぼる。清華簡は、出土文献の中でもとりわけ注目を集めている新資料なのである。

なお、日本では、浅野裕一・小沢賢二『出土文献から見た古史と儒家経典』（汲古書院、二〇一二年八月）があり、全十一章のうち二章が、清華簡『楚居』と『繫年』に関する論考となっている。

また、学術誌の特集としては、『中国研究集刊』第五十三号（大阪大学中国学会、二〇一一年六月）に「清華簡特集」として八本の論考が、また、同・六十二号（二〇一六年六月）には、「出土文献研究」の特集として、清華簡に関する六本の論考が収録されている。いずれも本書の執筆者である「中国出土文献研究会」のメンバーが中心となったものである。

二〇一七年一月現在、清華簡は第六分冊までが刊行されている。公開はまだ途上であり、今後発表される分冊にどのような文献が含まれているのか、大いに期待される。清華簡の研究が順調に進めば、他の出土竹簡、たとえば上博楚簡や岳麓書院蔵秦簡、北京大学蔵西漢竹書・秦簡牘などの研究にも大きく貢献するであろう。

第二章　清華簡（壹）〜（陸）の字迹分類

福田哲之

一　清華簡の字迹分類に関する先行研究

字迹とは、書写（刻文・鋳造等も含む）された筆跡を意味する語である。従来、字体あるいは書体などの語が使われてきたが、必ずしも定義が明確でなかった。他方、戦国竹簡の大量の出土によって、文字形体や書法風格など個々の文字にかかわる諸要素をはじめ、字間や編痕・契口位置、各種の符号など、竹簡の形制との関連も視野に入れた術語が求められ、近年、中国における古文字学の分野を中心に、字迹という語が広く用いられるようになってきた(1)。

かつて李零氏が郭店楚簡を五種に分け、「這種字體和形制的分類對分析簡文各篇的關係是基礎。竹簡整理、形制・字體的分類是第一歩、内容分類是第二歩(2)」と述べたように、字体と形制にかかわる字迹の分類は、竹簡研究の基礎として位置付けられる。清華簡の字迹分類については、すでに各冊の出版にともない、李守奎氏（対象冊：壹〜貳）、羅運環氏（壹〜参）、李松孺氏（壹〜肆）、賈連翔氏（壹〜伍）などの研究が発表されてきている(3)。論者によって対象（冊数）および類別のナンバリングが異なるため、ややわかりにくいが、便宜上、後出で最も対象範囲が広い賈連翔氏にあわせて整理すると［表1］のようになる(4)。

［表1］先学による清華簡の字迹分類

冊	篇	李守奎	羅運環	李松儒	賈連翔
壹	尹至	第一類	尹至体	第一類	第一種
壹	尹誥	第一類	尹至体	第一類	第一種
壹	耆夜	第一類	尹至体	第一類	第一種
壹	金縢	第一類	尹至体	第一類	第一種
参	説命	－	尹至体	第一類	第一種
参	琴舞	－	尹至体	第一類	第一種
参	芮良夫	－	尹至体	第一類	第一種
参	赤鵠	－	尹至体	第一類	第一種
伍	三壽	－	－	－	第一種
壹	保訓	第四類	保訓体	第四類	第二種
壹	程寤	第三類	程寤体	第三類	第三種
壹	皇門	第五類	皇門体	第五類	第四種
壹	祭公	第二類	祭公体	第一類	第五種
伍	厚父	－	－	－	第五種
壹	楚居	第六類	楚居体	第六類	第六種
貳	繫年	第七類	繫年体	第二類	第七種
参	良臣	－	良臣体	第七類	第八種
参	祝辭	－	良臣体	第七類	第八種

肆	筮法	―	―	第八類	第九種
肆	別卦	―	―	第九類	第十種
肆	算表	―	―	第十類	第十一種
伍	湯丘	―	―	―	第十一種
伍	啻門	―	―	―	第十一種
伍	封許	―	―	―	第十二種
伍	命訓	―	―	―	第十三種

本章では、これらの先行研究を踏まえながら、その後に出版された陸を含めた清華簡（壹）～（陸）の字迹分類を試みる。まずはじめに、筆者が設定した二つの分類の基軸について述べておきたい。

二　分類の基軸（一）――書法様式

一つめの基軸は、書法様式である。

すでに指摘されているように、清華簡には『保訓』および『良臣』・『祝辞』のように他の諸篇との間に顕著な風格上の相違を示す篇が存在する。私見によれば、その背景には書手個人にかかわる相違とは次元を異にした、地域（国別）や用途などの要因が想定されるが、先行研究では、清華簡の字迹を同列に扱っているため、そうした顕著な様式上の相違が分類に反映されていない。そこで今回の分類では一つの試みとして、書法様式の観点から、まず壹～陸の全体を以下の三類に大別した。

- 第Ⅰ類　尹至・尹誥・程寤・耆夜・金縢・皇門・祭公・楚居（以上、壹）、繫年（貳）、説命・琴舞・芮良夫・赤鵠（以上、参）・筮法・別卦・算表（以上、肆）、厚父・封許・命訓・湯丘・啻門・三壽（以上、伍）、孺子・管仲・太伯・子儀・子産（以上、陸）
- 第Ⅱ類　良臣・祝辞（参）
- 第Ⅲ類　保訓（壹）

［表2］書法様式の比較

類	Ⅰ	Ⅱ
清華簡	 「王」 楚居 15  「之」 金縢 05	 「王」 良臣 04  「之」 良臣 08
比較資料	 「王」 包山 02  「之」 望山 1.39	 「皇」 温県  「之」 侯馬

Ⅲ

「王」
保訓 01

「之」
保訓 03

「王」
王孫誥鐘

「之」
酓章鎛

以下［表2］にもとづきながら、横画を中心に各類の様式上の特色を見ていこう。

第Ⅰ類は、楚系様式であり、第Ⅱ類の『良臣』・『祝辞』および第Ⅲ類の『保訓』以外の諸篇はすべてここに属する。起筆を打ち込んで右斜め上の方向に抜き出していく円転の運筆を基調とし、横画の位置はやや右上がりに緩やかな弧線を描いており、包山楚簡や望山楚簡などの楚の現地性文献と共通する様式である[5]。

第Ⅱ類の『良臣』・『祝辞』は、同じ書手であり、起筆を強く打ち込んでほぼ水平に抜き出す楔形構造の筆画をもつ。こうした筆画の構造は、侯馬盟書・温県盟書や中山王玉器墨書などと共通し、楚系とは地域を異にする晋系様式と見なされる。

第Ⅲ類の『保訓』は、通常の筆写体とは異なり、肥瘦差の少ない筆画でゆっくりと平坦・謹直に運筆されている。こうした様式は、これまで知られていた戦国竹簡には見られなかったものであり、青銅器の銘文や三体石経古文などの金石文との間に共通性が認められる。通常の筆写に用いられる俗体とは用途を異にした、あらたまった場に用いられる正体に近い様式と見なされる。

なお、第Ⅱ類の『良臣』・『祝辞』および第Ⅲ類の『保訓』の文字の特色については、本書の第三部 第一章・第二章を参照していただきたい。

三　分類の基軸（二）――判別字

二つめの基軸は、判別字である。

先行研究における字迹分析をみると、その大部分は以下のような書法にかかわる分析が中心となっている。[6]

第一種字迹首見於《尹至》篇，還包括《尹誥》・《耆夜》・《金縢》・《説命》（上・中・下）・《周公之琴舞》・《芮良夫毖》、《赤鵠之集湯之屋》・《殷高宗問於三壽》各篇。此種字迹筆勢舒朗，起筆略有停頓，運筆均匀，收筆輕提，筆畫毎毎呈圓首尖尾狀。該字迹書寫嫻熟，工整而不失優雅，自如而不失規矩，是清華簡書法整體面貌的典型代表。

また各類の字迹の例示では、類ごとに竹簡の文字列の一部や特徴的な文字が挙げられているが、それらの多くは相互に異なるため、書法風格以外の各類間の相違点を客観的に把握することが難しい。

こうした状況において注目されるのが、李守奎氏の分析である。[7]李氏は「王」字、「隹」字、「於」字の三字を取り上げ、共通する文字の比較を試みており、これによれば各類間の相違点をかなり明瞭に把握することが可能となる。しかも形体（間架結構）上の特色に注目することで、客観性の高い分類の指標が設定される。

そこで第Ⅰ類の分類にあたっては、この李氏の方法を応用し、できるだけ多くの篇に使用されている常用的な文字で、かつ客観的指標となる形体上の相違点をもつ判別字を選出し、それにもとづく分類を試みることとした。ただし当然のことながら、全ての篇に及ぶような用例は望めないので、実際には複数の判別字を組み合わせて複合的に分類を進めていくことになる。また『別卦』のように卦画・卦名を中心とする内容であったり、『算表』のように主として用例が数字に限定されるような場合は、個別に専用の判別字を設定する必要がある。

以上の手順によって選出した判別字は、「少」・「余」・「復」・「於」・「乃」・「人」・「見」・「而」・「𦣞」・「四」・「五」の十一字であり、このうち「復」は『別卦』、「四」・「五」は『算表』のために選出したものである。

四　『祭公』の分類に関する問題点

第一節に示した先行研究において注目されるのは、論者のあいだで『祭公』の分類に違いが見られる点である。すなわち、李松孺氏は『祭公』と『尹至』等の諸篇とを同じ書手によって書写されたとして同種（第一類）とするのに対し、李守奎氏・羅運環氏は別種とし、賈氏はさらに『祭公』と『厚父』とを同種（第五種）としている。

『祭公』を別種とする三氏の理由をみると、羅運環氏は『祭公』の書法風格上の特色に注目しており、李守奎氏は『祭公』と第一類とは相互に接近するものの「隹」字の書法にやや大きな区別が見えるとし、両者は師を同じくする別の書手か、あるいは同じ書手が別の時期に書写した可能性を指摘している。また賈連翔氏は李守奎氏と同様、『祭公』と第一種とが師承関係をもつ可能性を指摘した上で、『祭公』と『厚父』とは同じ書手であり、同時に両者には用字上の明確な区別が存在し、しかも『厚父』には三晋文字の特徴が認められることから、底本の特徴が書手に影響を与える典型的な例証の一つと見なしている。つまり賈氏は、同じ書手でありながら、楚系の用字を反映する『祭公』に対して、『厚父』は三晋系の底本の影響を受けたために差異が生じたと見るのである。

それではこれらの相違点について検討を加えてみよう。まず『祭公』と『尹至』等の諸篇とを同じ書手とみる李松孺氏の見解は、その可能性は否定し得ないとしても、それを客観的に立証することは恐らく不可能であり、確定困難な書手の同不同を字迹分類の前提とすること自体に問題があると思われる。

一方、李守奎氏・羅運環氏の分類は、『尹至』等の諸篇と『祭公』との書法風格上の相違を主としたものであり、その意図からすればとくに問題はないと言える。しかし［表3］に示したように判別字の分析によれば『尹至』等諸篇と『祭公』との間には形体面で緊密な共通性が認められ、両氏の分類ではそれが反映されないことになる。同様に『祭公』と『厚父』とを同種とする賈連翔氏の分類でも、書風の共通性とは逆の形体面における両者の明瞭な相違をどのように反映させるかについて検討の余地が残されている。

［表3］『祭公』の分類と判別字の字迹

篇	尹至等九篇		祭公
少 201	 三壽 02	 赤鵠 02	 01
余 202	 金縢 12	 説命下 03	 02
於 423	 金縢 08	 赤鵠 06	 04
乃 510	 耆夜 06	 三壽 01	 08
人 801	 金縢 06	 説命上 01	 20
䎽 1209	 金縢 10	 赤鵠 13	 17

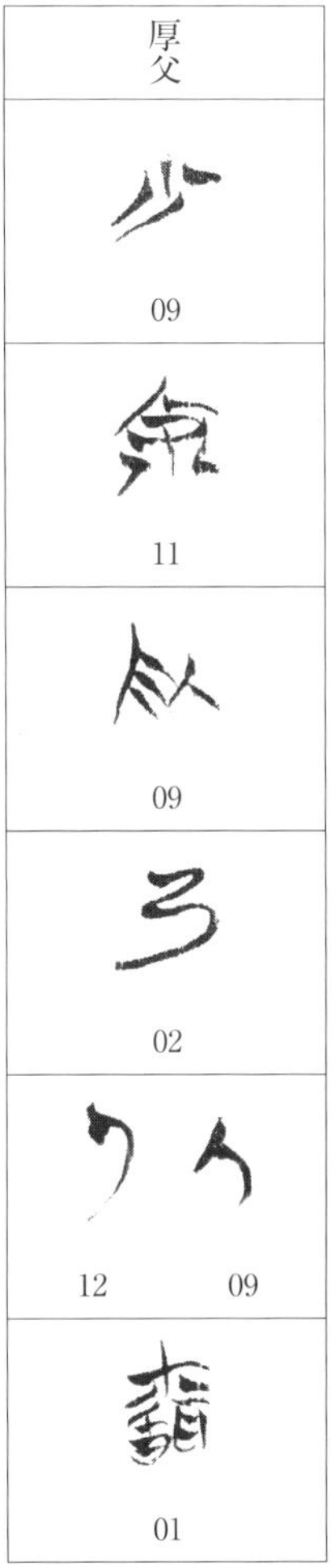

こうした問題に対して、今回の分類では以下の二つの理由により、『祭公』を『尹至』等の諸篇と同種とし、『厚父』は単独で分類することとした。

（一）字迹の分類で重視されるのは、書手が同一か否かという問題以上に、学派や教学などの場における書手の関係性であると考えられる。したがって、書風よりも書手相互の関係をより明確に示す形体上の共通性を優先した。

（二）字迹の分類において重要な関連をもつ竹簡の簡長について見ると、『祭公』は簡長約四十五センチで、『尹至』等の諸篇と共通するのに対し、『厚父』は約四十四センチであり、形制面でも相違が認められる。

五　清華簡（壹）～（陸）の字迹分類

前節まで検討を踏まえて、清華簡（壹）～（陸）の字迹分類の結果をまとめると［表４］のようになる。分類に際して重要な指標となる簡長・簡背数字・編痕などの形制にかかわる情報をあわせて掲げた。また前節での問題点を踏まえて、書法風格面の情報を補足するための欄を設けた。

［表4］清華簡（壹）～（陸）字迹分類

類	種	冊	篇	完簡簡長（センチ）	簡背数字	編痕状況	書法風格
I	A	壹	尹至	44.9～45.0［約45］	有	三道	I厚父と類似
		壹	尹誥	45.0～45.1［約45］	有	三道	
		壹	耆夜	45.0～45.2［約45］	有	三道	
		壹	金縢	45.0～45.1［約45］	有	三道	
		壹	祭公	44.9～45.1［約45］	有	三道	
		参	説命	44.7～45.3［約45］	有	三道	
		参	琴舞	44.7～45.1［約45］	有	三道	
		参	芮良夫	44.8～45.1［約45］	有	三道	
		参	赤鵠	44.9～45.2［約45］	有	三道	
		伍	三壽	44.9～45.2［約45］	有	三道	
	B	壹	皇門	45.0～45.4［約45］	有	三道	
		陸	孺子	44.9～45.1［約45］	無	三道	
		陸	太伯	44.9～45.1［約45］	無	三道	
		陸	子儀	41.5～41.7［約42］	無	三道	

Ⅰ	C	肆	算表	43.4～43.7［約44］	無	三道	
		伍	湯丘	44.3～44.6［約45］	無	三道	
		伍	啻門	44.4～44.5［約45］	無	三道	
		陸	管仲	44.2～44.8［約45］	無	三道	
	D	壹	程寤	44.5［約45］	無	三道	
	E	壹	楚居	47.4～47.6［約47］	無	三道	
	F	貳	繫年	44.4～45.1［約45］	有	三道	
	G	肆	筮法	34.8～35.1［約35］	有	三道	L子産と類似・晋系要素
	H	肆	別卦	15.8～16.0［約16］	無	二道	
	I	伍	厚父	43.7～44.2［約44］	有	三道	A祭公と類似・晋系要素
	J	伍	封許	43.9［約44］	有	三道	
	K	伍	命訓	残簡最長50.6	有	三道	
	L	陸	子産	44.9～45.0［約45］	無	三道	G筮法と類似・晋系要素
Ⅱ	−	参	良臣	32.6～32.8［約33］	無	三道	晋系
	−	参	祝辞	32.7～32.8［約33］	無	三道	晋系
Ⅲ	−	壹	保訓	28.5～28.6［約29］	無	二道	金文・三体石経古文と類似

第Ⅰ類の二十七篇の字迹は、AからLまでの十二種に分けられる。このうちAには『尹至』等十篇、Bには『皇門』等四篇、Cには『算表』等四篇が含まれ、それぞれが同一もしくは極めて近い字迹をもつ書手によって書写され

たものと見なされる。またDの『程寤』からLの『子産』までの九篇は、それぞれ字迹を異にし、おそらく異なる書手によるものと推測される。

分類と密接な関連をもつ簡長をみると、第Ⅰ類のうち複数の篇からなるA・B・Cの各種は、Bの『子儀』、Cの『算表』を除いてそれぞれほぼ共通し、字迹と簡長との関連性があらためて確認される。また、第Ⅱ類の『良臣』・『祝辞』および第Ⅲ類『保訓』は、簡長の面でも第Ⅰ類とは大きく異なっている。

清華簡ではさらに簡背数字の有無が注目される。A・B（『子儀』を除く）の簡長は約四十五センチで共通するが、簡背数字の有無が異なっている。ここで留意されるのは、Bでは『皇門』のみに簡背数字が付されている点である。これについては、Aの簡背数字がすべて本文と同じ書手であるのに対し、Bの『皇門』は本文とは別の書手になることが明らかにされており、[8]『皇門』の簡背数字は別途、後人によって記入されたものと推測される。また、Fに分類した『繫年』は約四十五センチの簡長でかつ本文と同じ簡背番号をもつという点でAと共通し、字迹は異なるもののAと関連をもつ可能性が指摘される。

なお、分類の基礎データとした判別字の各篇における用例数を［別表1］に、各種における判別字の字迹例を［別表2］に示した。字迹例の図版は、清華大学出土文献研究与保護中心編・李学勤主編『清華大学蔵戦国竹簡』（壹）～（陸）下冊（中西書局、二〇一〇～二〇一六年）所収の「字形表」に依拠し、AからCでは、それぞれの種に属する諸篇の中から取りあえず二例を挙げて共通性を示した。

今回、分類の基軸として選出した判別字は、今後新たに公表される清華簡の字迹分類にも適用することが可能である。さらに改善を加えながら分類作業を継続していきたい。

注

（1）字迹研究の方法とその意義については、李松孺『戦国簡帛字迹研究―以上博簡爲中心』上編（上海古籍出版社、二〇一五年、第三〜二〇〇頁）参照。

（2）李零『郭店楚簡校讀記（増訂本）』、「凡例」附：郭店楚簡的字體和形制、北京大学出版社、二〇〇二年、第三〜五頁）

（3）李守奎「清華簡的形制与内容」（『欧洲中国出土写本研究討論会会議論文』二〇一二年、『古文字与古史考――清華簡整理研究』第五〜二五頁、中西書局、二〇一五年再収）、羅運環「清華簡（壹―参）字体分類研究」（『出土文献研究（第十三輯）』第六二〜七六頁、二〇一四年）、李松儒「清華簡書法風格浅析」（『出土文献研究（第十三輯）』第二七〜三三頁、二〇一四年）、賈連翔『戦国竹書形制及相関問題研究―以清華大学蔵戦国竹簡爲中心』第十章 書手字迹与文字補正、第一節 字迹与書手」第一六七〜一七三頁）。なお賈連翔氏の分類は、同氏が先に発表した「清華簡九篇書法現象研究」（『書法叢刊』二〇一一年第四期、第十八〜二十四頁）を発展させたものである。

（4）清華簡のうち壹の『説命』上・中・下や陸の『太伯』甲・乙のように複数に分かれる篇については、すでに「釈文注釈」に指摘されているように、それぞれ同じ書手によると見なされることから　本章では一括して扱った。また、各篇の名称のうち三字以上におよぶものは、『清華大学蔵戦国竹簡』の「字形表」に示された簡称に従った。

（5）楚系様式については、拙稿「戦国簡牘文字における二様式」（『第四回国際書学研究大会記念論文集 国際書学研究／2000』、萱原書房、二〇〇〇年、浅野裕一編『古代思想史と郭店楚簡』汲古書院、二〇〇五年再収、第三二九〜三五二頁）参照。

（6）賈連翔『戦国竹書形制及相関問題研究―以清華大学蔵戦国竹簡爲中心』第十章 書手字迹与文字補正、第一節 字迹与書手」前掲注3、第一六七頁）

（7）李守奎「清華簡的形制与内容」（『欧洲中国出土写本研究討論会会議論文』二〇一二年、『古文字与古史考――清華簡整理研究』前掲注3、第二一〜二三頁）

（8）賈連翔『戦国竹書形制及相関問題研究―以清華大学蔵戦国竹簡為中心』第十一章 字序編号与題記、第一節 字序編号」前掲注3、第一九五〜一九六頁）

〔別表1〕判別字の用例数（用例下の算用数字は『清華簡』（壹）～（陸）所収の「字形表」に共通して付された番号であり、『説文解字』の巻次と部序を示す）

類	I													
種	A										B			
冊	壹	壹	壹	壹	壹	参	参	参	参	伍	壹	陸	陸	陸
篇	尹至	尹誥	耆夜	金縢	祭公	説命	琴舞	芮良夫	赤鵠	三壽	皇門	孺子	太伯	子儀
少 201	0	0	0	0	3	2	2	1	19	3	4	1	0	0
余 202	2	0	1	2	8	11	1	1	1	2	6	0	0	7
復 219	0	1	1	2	0	0	1	1	0	2	1	0	0	1
於 423	0	1	1	4	5	0	6	1	1	14	3	15	10	8
乃 510	1	1	4	11	4	16	0	2	14	4	6	3	3	6
人 801	0	0	1	7	2	5	6	6	2	4	6	4	9	3
見 832	1	0	0	1	0	0	0	0	2	2	0	2	2	6
而 938	0	0	3	0	1	0	0	14	9	20	0	8	10	17
爾 1209	0	0	1	1	2	0	0	1	1	17	2	2	8	0
四 1414	0	0	0	1	2	2	1	1	2	5	1	1	2	0
五 1418	0	0	0	0	0	1	1	2	0	1	0	0	0	0

Ⅲ	Ⅱ		Ⅰ												
−	−	−	L	K	J	I	H	G	F	E	D	C			
壹	参	参	陸	伍	伍	伍	肆	肆	貳	壹	壹	陸	伍	伍	肆
保訓	祝辞	良臣	子産	命訓	封許	厚父	別卦	筮法	繫年	楚居	程寤	管仲	啻門	湯丘	算表
0	0	0	3	2	0	2	0	8	7	0	0	3	15	20	0
0	0	1	1	0	2	2	0	2	4	0	0	1	0	2	0
1	0	0	2	1	0	1	1	2	11	6	0	0	0	1	0
2	0	0	6	7	1	1	0	7	53	9	3	22	10	12	0
0	3	0	11	1	0	3	0	56	39	3	0	1	10	2	0
1	0	1	7	11	0	5	0	3	62	3	2	11	6	7	0
0	0	0	1	0	0	0	0	22	8	1	1	2	0	3	0
0	0	0	1	12	0	0	0	8	19	2	0	14	2	6	0
1	0	0	0	0	0	3	0	2	0	1	1	18	7	10	0
0	0	0	1	0	3	0	0	13	9	1	0	4	5	1	88
0	1	1	0	0	0	0	0	12	9	0	0	7	11	1	60

［別表2—1］判別字の字迹例

I						類
C		B		A		種
四篇	湯丘等	四篇	皇門等	十篇	尹至等	篇
 管仲 17	 啻門 13	 孺子 13	 皇門 02	 赤鵠 02	 三壽 02	少 201
 管仲 30	 湯丘 11	 子儀 02	 皇門 13	 説命下 03	 金縢 12	余 202
–	 湯丘 04	 子儀 19	 皇門 05	 琴舞 16	 金縢 13	復 219
 管仲 02	 啻門 11	 太伯甲 05	 皇門 12	 赤鵠 06	 金縢 08	於 423
 啻門 09	 湯丘 03	 孺子 02	 皇門 11	 三壽 01	 耆夜 06	乃 510
 啻門 02	 湯丘 06	 太伯乙 08	 皇門 01	 説命上 01	 金縢 06	人 801

H	G	F	E	D
別卦	筮法	繫年	楚居	程寤
–	 37	 76	–	–
–	 11	  78　76	–	–
 05	 08	  116　94	 15	–
–	 33	 78	 14	  08　06
–	 44	 50	 04	–
–	  54　05	 64	 04	 09

Ⅲ	Ⅱ				
–	–	L	K	J	I
保訓	祝辞 良臣	子産	命訓	封許	厚父
–	–	 12	 01	–	 09
–	 良臣 05	 18	–	 05	 11
 06	–	 06	 10	–	 06
 07	–	 14	 10	 07	 09
–	 祝辞 02	 22	 08	–	 02
 03	 良臣 01	 17	 06	–	 12  09

［別表2—2］判別字の字迹例（続）

D	C		B		A		類種
程寤	四篇他	湯丘	四篇他	皇門	十篇他	尹至	篇
 01	 管仲 01	 湯丘 08	 太伯乙 07	 孺子 04	 三壽 26	 尹至 03	見 832
–	 管仲 15	 啻門 05	 子儀 09	 孺子 12	 三壽 22	 赤鵠 06	而 938
 06	 管仲 03	 湯丘 04	 孺子 03	 皇門 02	 赤鵠 13	 金縢 10	爾 1209
–	 湯丘 08	 算表 21	 太伯甲 11	 皇門 06	 三壽 17	 金縢 04	四 1414
–	 啻門 19	 算表 20	–		 三壽 11	 芮良夫 22	五 1418

I	H	G	F	E
厚父	別卦	筮法	繫年	楚居
–	–	 18	 90	 01
–	–	 05	 11	 08
 01	–	 13  13	–	 02
–	–	 48	 96  03	 02
–	–	 03	 93	–

Ⅲ	Ⅱ			
－	－	L	K	J
保訓	祝辞　良臣	子産	命訓	封許
－	－	 05	－	－
－	－	 28	 15　 04	－
 10	－	－	－	－
－	－	 17	－	 02
－	 祝辞 02	－	－	－

第三章　清華簡（壹）～（陸）所収文献解題

草野友子・中村未来

清華簡は、二〇一〇年より『清華大学蔵戦国竹簡』として中西書局から分冊刊行され、二〇一七年一月現在までに第六分冊まで刊行されている。それぞれの分冊には、全竹簡の図版（カラー原寸大・拡大）、釈文、字形表、竹簡情報表などを収録している。以下、分冊ごとにその概要を記し、末尾に竹簡の形制一覧表を掲げる。なお、便宜上、全篇に通し番号をつけ、その番号は形制一覧表と対応している。

第一分冊所収文献（九篇）

『清華大学蔵戦国竹簡（壹）』（清華大学出土文献研究与保護中心編・李学勤主編、中西書局、二〇一〇年十二月）

（1）『尹至《いんし》』

整理者は李学勤氏。篇題はなく、冒頭の「惟尹自夏徂亳、逯至在湯」によって「尹至」と名付けられた。『尚書』の「商書」諸篇との関連が指摘されている文献である。

本篇には、夏の滅亡と殷の勃興について湯王と伊尹が問答し、湯王が諸侯を服従させ、徳に従い行動して、夏を破るという内容が記されている。『尚書』湯誓や『竹書紀年』、『史記』殷本紀などの伝世文献に与する内容であるが、特に『呂氏春秋』慎大篇と近似した記述が見え、注目されている。

なお、本篇は竹簡形制や字迹が『尹誥』（清華簡第一分冊所収）と合致するため、同一人物により書写された可能性が指摘されている。

（2）『尹誥《いんこう》』

整理者は李学勤氏。篇題はなく、『礼記』緇衣篇や郭店楚簡・上博楚簡『緇衣』が「尹誥曰」として引用する佚文と『尹誥』本文とが合致することから、「尹誥」と名付けられた。本篇は、前漢の景帝末期（一説には武帝期）に魯の孔子旧宅より発見され、その後亡佚した「孔壁古文逸書十六篇」のうちの一篇『咸有一徳』に該当すると考えられており、長らく不明であった古文『尚書』の実態を明らかにする貴重な資料であると見なされている。また、本篇の内容と孔伝本『咸有一徳』の内容とは大きく異なっており、東晋の梅賾が献上した孔伝本が後世の偽作であったことがより明確となった。

内容については、『尹至』（清華簡第一分冊所収）同様、湯王と伊尹の問答形式で記されており、伊尹が夏の滅亡の原因を、夏の君（桀）が民を蔑ろにし、民が離叛したためであるとし、それを防ぐためには、夏の財宝を民に分与する必要があると説いている。

なお、本篇は竹簡形制や字迹が『尹至』（清華簡第一分冊所収）と合致するため、同一人物により書写された可能性が指摘されている。

（3）『程寤《ていご》』

整理者は劉国忠氏。篇題はなく、内容に基づいて「程寤」と名付けられた。本篇は、これまで『芸文類聚』や『太平御覧』などに一部引用されていた古佚文献の『逸周書』程寤篇であると考えられている。

内容は、周の文王の妻太姒が、殷に代わって周が天下を統治することを予感させる夢を見るが、文王はまだ殷の力が強く、周の天下統治には長期的な策謀が必要であるとして、太子発（後の武王）に訓戒を告げる、というものである。なお、整理者は本篇の記述について、周人が賞賛するところの「文王受命」と関連があり、殷朝後期の殷・周間の複雑な関係を窺うための一助となると指摘している。

（4）『保訓《ほうくん》』

整理者は李守奎氏。篇題はなく、内容に基づいて「保訓」と名付けられた（「保」は「寶」に通じる）。

本篇は、周の文王が太子発（後の武王）に対して遺訓を告げるという内容である。文王は太子発に二つの伝説を語り、太子が遵行すべき一つの思想観念「中」を説明している。一つは、舜に関するものであり、舜がどのように「中」を求めたかについて述べられている。もう一つは、殷の湯王の六代祖先である上甲微に関するものであり、微は「中」を河伯に借りて有易に勝ち、その「中」を子孫に伝えて湯王に至り、湯王は天下を保ったとされる。文王はこの二つの事例を挙げ、慎んで怠ることがないようにと太子発を戒めている。

本篇は、『清華大学蔵戦国竹簡（壹）』の刊行以前に釈文が先行公開された（初出は『文物』二〇〇九年第六期）。特に「中」の解釈については、多くの研究が発表されている。

（5）『耆夜《きや》』

整理者は趙平安氏。第14簡背面に篇題「郘（耆）夜」が見える。本篇は古佚文献であるが、周公旦が作った歌として登場する「蟋蟀」と『詩経』国風・唐風の「蟋蟀」との間に関連が認められる。

内容は、武王即位八年、周が耆を征伐した後、文王の太室にて行われた飲至の儀礼に関するものである。そこでは武王・周公旦がそれぞれに向け、また畢公に向けて歌を詠み、戦功を称えると同時に、周公旦が勝利に酔いしれていてはいけないと教戒的な歌を詠じている。

（6）『周《しゅう》武《ぶ》王《おう》有《ゆう》疾《しつ》周《しゅう》公《こう》所《しょ》自《じ》以《い》代《だい》王《おう》之《し》志《し》（金縢《きんとう》）』

整理者は劉国忠氏。第14簡の背面下部に篇題「周武王有疾周公所自以代王之志」が見える。本篇は今本『尚書』金縢とおおむね合致する内容である。

全体は以下の三つの場面に分けられる。①病に伏した武王のために、周公旦が自ら身代わりとなろうと先王に祈る場面。②幼い成王を助け政治を行う周公旦が、兄弟の流言のために不遇な境遇に陥る場面。③成王が周公旦の武王に対する献身的な態度を知り、自らの周公旦への態度を改めたことにより、天災が止むという場面。

本篇と今本『尚書』金縢とにはいくつかの重要な相違がある。たとえば、本篇では周の武王が「既克殷三年」の後、病に伏したと記されているが、今本では「二年」とされている。また本篇には今本に見られる占卜の文辞が記されておらず、今本で「周公居東二年」とされていたのが「三年」と記述されている点などである。本篇は清華簡に含まれる他の『尚書』関連文献同様、『尚書』や『逸周書』の成立・変遷を考える上で貴重な史料であると言える。

（7）『皇門《こうもん》』

整理者は李均明氏。篇題はなく、内容が『逸周書』皇門篇とほぼ合致することから「皇門」と仮称された。

本篇には、周公旦が血族や近臣に向けて、歴史を鑑とし、私心を捨てて賢人を推挙し、王の国政を助けるよう訓戒する内容が見える。古代の良王を褒め、後代の王は安逸に耽るのみと嘆く箇所は、『尚書』無逸と類似している。

本篇は戦国期の写本であるが、使用語句は『尚書』の「周書」諸篇や周初の金文と近似していることから（たとえば、周を謙称して「小邦」とするなど）、整理者は西周の文献に基づいて作成された可能性があると指摘している。

（8）『祭《さい》公《こう》之《し》顧《こ》命《めい》（祭公《さいこう》）』

整理者は沈建華氏。第21簡の表面下部に篇題「擭（祭）公之𧸘（顧）命」が見える。

本篇は、祭公謀父が周の穆王に対して遺訓を告げるという内容であり、『逸周書』祭公篇とほぼ合致する。病を患って重篤な状態である祭公謀父は、見舞いに来た穆王を戒めて、夏・殷の滅亡の教訓と文王・武王の成功という歴史的経験が、周王朝の基盤を守ってきたということを述べる。そして、執政を行っている三公（畢桓・井利・毛班）に対して、王を補佐し国を保持するよう頼んでいる。

本篇と今本『逸周書』祭公篇とを対照することにより、今本の多くの誤りを修正することが可能となった。また、本篇の発見により、未詳であった当時の三公（畢桓・井利・毛班）の名号が明らかになるなど、西周期の制度研究に対しても重要な意義を備えている。

（9）『楚居《そきょ》』

整理者は李守奎氏。篇題はなく、内容が『世本』居篇に類似することから「楚居」と仮称された。

本篇には、楚の歴代君主の所在や国都の変遷が記されており、また「楚人」や「禜」（儀式の名）、「郢」（楚の都）などの語句の由来も窺える。従来、楚の歴史については、『史記』楚世家の記述が参考にされてきたが、その内容がどの史料に拠るかは不明確であり、『世本』や『大戴礼記』帝繫などを包括したものであった可能性がある。班固や韋昭らも多くの異説を唱えており、楚の系譜については甚だ不明な点が多かった。本篇は楚人が記した自国の記録であると見られ、楚の在地性文献として重要な情報を提供するものと言える。

第二分冊所収文献（一篇）

『清華大学蔵戦国竹簡（貳）』（清華大学出土文献研究与保護中心編・李学勤主編、中西書局、二〇一一年十二月）

（10）『繫年《けいねん》』

周・晋・楚などの歴史的事件を記したものであり、伝世文献には見られない歴史書である。全百三十八簡、二十三章で構成されており、西周初年から戦国時代前期までの内容が記述されている。篇題はなく、文体や内容の一部が西晋時代に汲冢より発見された『竹書紀年』に近いことから、「繫年」と名付けられた。原釈文は、以下のような分担で執筆されている。

・第一章～第四章……李学勤　　・第五章～第八章……趙平安
・第九章～第十一章……沈建華　　・第十二章～第十五章……李均明

・第十六章～第十九章……劉国忠　・第二十章～第二十三章……李守奎

本篇に記述されている最後の君主は、楚の悼王（在位前四〇一～前三八一年）である。そのため、『繫年』の成書年代は、楚の粛王（在位前三八〇～前三七〇）の時代、もしくはその次の宣王（在位前三六九～前三四〇）の時代ではないかと推測されている。第一章は周が衰えた原因について、第二章は幽王の滅亡、平王の東遷、鄭国の興起について、第三章は秦国の興起について、第四章は衛国の興起と遷都について、第五章は楚の文王の興起について書かれている。第六章以下は、晋や楚などの国との関係について詳細に述べられている。簡文の多くは古典籍と対照することができ、その春秋時代の部分は『左伝』とも近い。

第三分冊（六種八篇）

『清華大学蔵戦国竹簡（叁）』（清華大学出土文献研究与保護中心編・李学勤主編、中西書局、二〇一二年十二月）

(11)『傅説《ふえつ》之命《しめい》（説命《えつめい》）』（上・中・下）

整理者は李学勤氏。上・中・下の三篇よりなり、同一人物によって書写された可能性が指摘されている。上・中・下、各篇の最終簡背面には、それぞれ篇題「傅説之命」が見える。

現行本『尚書』に見える「説命」三篇は、偽古文『尚書』として認識されている文献である。すなわち「説命」は、漢代初期の伏生が伝える今文『尚書』中には見えず、孔穎達『尚書正義』で引用されている鄭玄の説く孔壁古文『尚書』中にも見えない。一方、東晋に梅賾が献上した孔安国伝本『尚書』には、三篇の「説命」が含まれているが、これらの文献については、先人がすでに偽書（偽古文『尚書』）であることを明らかにしている。

『尚書』序には「高宗夢に説を得、百工をして諸を野に営求せしめ、諸を傅巖に得たり。「説命」三篇を作る」とあり、指摘されている篇数が清華簡『傅説之命（説命）』と合致する。清華簡『傅説之命（説命）』と偽古文『尚書』説命とを対照すると、偽古文『尚書』説命が、先秦の文献中より選び集められたものを除き、清華簡『傅説之命（説命）』と全く異なる内容であることが窺える。

⑿『周公之琴舞《しゅうこうしきんぶ》』

整理者は李守奎氏。第1簡の背面上端には、篇題「周公之琴舞」が記されている。本篇は、『芮良夫毖』（清華簡第三分冊所収）と形制・字迹が同一であると考えられ、内容についても、両篇ともに詩に関するものであることから、同時に書写された可能性が指摘されている。

『芮良夫毖』の第1簡背面には、篇題と思われる「周公之頌志（詩）」の文字が見えるが、削り取られた痕跡があり、筆跡は明瞭ではない。また、篇題とその竹簡の表面に記された内容とには関連性がなく、書写者あるいは書籍管理者が、『周公之琴舞』の内容によって両篇を総括して篇題を付け、『芮良夫毖』の背面にその篇題を誤写した可能性が指摘されている。

『周公之琴舞』には、初めに周公の多士（多くの役人）に対する教戒的内容の詩（四句のみ）が配されており、それが一組の頌詩の冒頭部分にあたるものであった可能性が整理者によって指摘されている。続いて、成王が作成した訓戒的内容の一組九篇の詩が記述される。その詩の第一篇は、今本『毛詩』周頌の「敬之」にあたるものと考えられ、ここからこれらの詩が、『毛詩』周頌と関連の深い文献であったことが窺える。周公の頌と、成王が作成した「敬之」を除く八篇の頌とは、今本ではすでに散佚しており伝わっていない。

（13）『芮良夫毖《ぜいりようふひ》』

整理者は趙平安氏。篇題については、もともと第1簡背面に「周公之頌志」と記されていたが、明らかに削り取られた痕跡がある。そのため、現時点では、内容に基づいて「芮良夫毖」と仮称されている。

内容については、まず周の厲王の時の情勢が記され、続いて芮良夫が毖《ひ》（戒めの言葉）を作ったことが記載されている。芮良夫は、当時における悪弊を的確につき、君主が天の常理を畏敬すべきこと、民意を親身になって考慮すべきこと、恩恵と刑罰とを共に施すべきこと、また君臣は利を貪り享楽に耽ってはならないことなど、種々の教戒的な言葉を述べている。

芮良夫が厲王を諫め、百官を戒めたという内容は、伝世文献に散見される（たとえば、『逸周書』芮良夫解、『国語』周語上、『史記』周本紀など）。さらに、芮良夫によって作成されたと伝えられる『毛詩』大雅・桑柔も、本篇を検討するにあたり参照すべき内容である。

（14）『良臣《りようしん》』

整理者は沈建華氏。『良臣』と『祝辞』（清華簡第三分冊所収）とは、もとは同一の書写者によって、竹簡に連続筆写されていた可能性が指摘されている。本篇は途中、墨節で分割され、二十の小段に区切られている。

内容は、黄帝から春秋時代までの著名な君主の良臣を記すものであり、おおよそ黄帝より周の成王までは時代順に、春秋時代の晋の文公から鄭の子産の師・輔までは国別に配列されている。なお、本篇に記載されている人物の中には、伝世文献に未見のものや、その人物の時代が従来の見解と異なるものもある。

本篇の特質として、記された文字の中に、「晋系」の筆写法に属するものが見える点が挙げられる。また、本篇中には、特に鄭の子産の存在が強調されており、「子産之師」や「子産之輔」にあたる人物が詳述されていることから、本篇の作者を鄭と密接に関わる人物であったとする説も提示されている。なお、『子産』（清華簡第六分冊所収）にも、「子産之師」や「子産之輔」にあたると考えられる「先生之俊」や「六輔」が見え、注目される。

(15)『祝辭《しゅくじ》』

整理者は李学勤氏。もともと『良臣』（清華簡第三分冊所収）と連続筆写されていたと考えられている。

本篇は、「巫術」の類に属する文献と考えられ、各簡ごとに一則（条）の祝辞が筆写されている。各簡に見える祝辞の内容は次のとおり。一条目には「恐溺」、すなわち落水や沈溺を防止する祝辞が記述されている。二条目には「救火」の祝辞が記されている。残り三条には、全て「射箭（矢を射ること）」に関する祝辞が記載されており、それらはそれぞれ、敵を射ること、禽獣を射ること、革製の甲や盾などを射ることの三種に分類できる。

『礼記』郊特牲の孔穎達疏には「祝、呪也」とある。「祝辭」とは、すなわち「呪語（まじないの文句）」であり、難解な文が多いが、本篇はこれらの具体的内容を認識できる貴重な資料であると考えられる。

(16)『赤鵠《せききゅう》之《し》集《しゅう》湯《とう》之《し》屋《おく》』

整理者は劉国忠氏・邢文氏。第15簡の背面下端には、篇題「赤鵠之集湯之屋」が見える。

本篇には、湯が一羽の赤鵠を射、伊尹にそれを煮て羹を作らせ、さらにこの行為により引き起こされた種々の出来事が記載されている。本篇において最も注目すべきは、強烈な巫術的性格が窺える点である。たとえば、本篇では湯が伊尹に呪詛をかけ、彼を「視れども言うこと能わず」という状態に陥らせる。また、その直後には、伊尹が「巫鳥」と称される鳥に救われ、その際、天帝の命令によって「夏后（桀）」が重病を患っていることを知る。その後、夏后の病の原因を理解したことで、伊尹は夏后の危難を救うことができたとされている。

本篇の内容について、整理者は、楚人が巫鬼的習俗を深く信じていたことと関連するものであり、楚地に伝播した伊尹故事の一つであろうと述べている。

第四分冊所収文献（三篇）

『清華大学蔵戦国竹簡（肆）』（清華大学出土文献研究与保護中心編・李学勤主編、中西書局、二〇一三年十二月）

（17）『筮法《ぜいほう》』

整理者は李学勤氏。本篇には、占筮の原理と方法が詳細に記されている。多くの数字卦（数字で記された卦象）によって占いの実例を示しており、この手法は天星観楚簡・包山楚簡・新蔡葛陵楚簡などと類似している。このことから、篇題は、整理者によって「筮法」と名付けられた。分欄書写がなされており、その中に挿絵や表が含まれ、一枚の帛書のような体例になっている。

整理者は占筮の内容に基づいて釈文を三十節に分け、便宜上、以下の小題を附している。一「死生」、二「得」、三「享」、四「支」、五「至」、六「娶妻」、七「讎」、八「見」、九「咎」、十「瘳」、十一「雨旱」、十二「男女」、十三「行」、十四「貞丈夫女子」、十五「小得」、十六「戰」、十七「成」、十八「志事」、十九「志事・軍旅」、二十「四位表」、二十一「四季吉凶」、二十二「乾坤運轉」、二十三「果」、二十四「卦位圖・人身圖」、二十五「天干與卦」、二十六「祟」、二十七「地支與卦」、二十八「地支與爻」、二十九「爻象」、三十「十七命」。本篇は、先秦の三易（『連山』『帰蔵』『周易』）研究にとっても有用な史料であると考えられる。

(18)『別卦《べつか》』

整理者は趙平安氏。篇題は整理者によって名付けられた仮称である。竹簡は現存七枚であるが、もともと八枚であったと見られる。

各簡には『易』の八卦の卦象と卦名が記されており、その順序は乾・艮・坎・震・坤・兌・離・巽であり、坎を欠している。卦名は一簡ごとに七つずつ記され、卦象に含まれる卦名（八卦名）をあわせると、各簡八つの卦名が見えることになり、脱簡を考慮すれば、全八（簡）×八（卦名）＝六十四卦が存在していたと考えられる。配列は馬王堆漢墓帛書『周易』と一致し、同系統の文献であると見られる。

(19)『算表《さんひょう》』

整理者は李均明氏・馮立昇氏。計算機能が見える数学文献であり、篇題は整理者によって名付けられた仮称である。

本篇は、九十、八十、七十、六十、五十、四十、三十、二十、十、九、八、七、六、五、四、三、二、一、半（二分の一）のうち、二つの数字を掛け合わせた乗算表となっている。十進法が見える文献の中で現存最古の乗算表であり、先に発見された里耶秦簡や張家山漢簡の九九乗算法よりもさらに一世紀ほど早く、中国古代の数学史研究に資する史料である。

第五分冊所収文献（六篇）

『清華大学蔵戦国竹簡（伍）』（清華大学出土文献研究与保護中心編・李学勤主編、中西書局、二〇一五年四月）

(20)『厚父《こうふ》』

整理者は趙平安氏。最終第13簡の背面には、篇題と見られる「厚父」の二字が別筆で記されている。『厚父』は王と厚父との対話形式の文献であるが、本篇にはその時代を特定するための直接的な手がかりが記されておらず、夏・商・周のどの王朝の文献であったかが議論になっている。

内容については、まず王が夏代の歴史に溯り、「永く夏邑を保つ」条件として、政に勤めること・人を用いること・天命を敬畏すること・祭祀に対して慎み深くすることの重要性を指摘し、厚父も政治をなおざりにすることが深刻な結果を招くと述べている。続いて王は自分の即時の行いを紹介し、厚父はそれに対する応答の中で自分の認識と理念（天命を畏れること・民心を知ることなど）について説いている。

篇中の一部は『孟子』梁恵王下篇に「書曰」として引かれた文章と類似しており、趙岐はそれに注して「書、尚書の逸篇なり」としている。本篇は、このような『孟子』に引用された『尚書』の佚文とあわせて検討することにより、戦国期における『尚書』の実態解明に寄与するものと考えられる。

(21)『封《ほう》許《きょ》之《し》命《めい》』

整理者は李学勤氏。第9簡背面の下部に篇題「封許之命」が見える。

整理者は、本篇を『尚書』の佚篇と見なしている。「命」とはもともと『書』の一つの形式であり、伝世の「書序」の中に多くの「命」の名が挙がっているが、現行の『尚書』の中には「文侯之命」一篇があるのみである。清華簡には『傅説之命（説命）』（第三分冊所収）があり、本篇とともに「命」の性質と様相を理解するための一助になる。

本篇は、周初の許国封建に関する文献であり、許に封ぜられた呂丁が文王・武王を補佐し、周王（おそらく成王）を助けたという功績、および周王が呂丁に授けた恩賞や戒めの言葉などが記されている。特に、呂丁に授けられた車馬や器物などは詳細に記録されており、関連する典籍や青銅器の銘文と対照することができる。呂丁については、斉に封ぜられた太公望呂尚（『耆夜』〈清華簡第一分冊所収〉では「呂上父」に作る）と関連がある人物と考えられている。

本篇の大部分の内容は、西周・春秋時代の青銅器の銘文によく見られる冊命の形式と同様である。冊命はもともと竹簡に書写されていたものと考えられるが、現在、竹簡に書写された西周・春秋時代の冊命は発見されておらず、非常に珍しい例である。

(22)　『命訓《めいくん》』

整理者は劉国忠氏。篇題はなく、その内容が『逸周書』命訓篇とおおよそ合致することから「命訓」と仮称された。

本篇の内容は、二部に大別することができる。前半部には主に、「大命小命」「福禄」「禍過」「恥」「生穀」「死喪」の六つをうまく人民に施せば、政治は適切に行われるということ、また天道と人道とを関連させ、明王は慎重に政治を行い、万民を牧う必要があるということが説かれている。一方、本篇後半部には、主に人民統治に必要な十二の項目（恵・均・哀・楽・礼・芸・政・事・賞・罰・中・権）について、それぞれどのように用いるべきかが列挙されている。

清華簡『命訓』の発見は、『逸周書』の中で、命訓篇と関連の深い文献（「度訓」や「常訓」、その他「武称」や「大匡」

など）の成立や思想内容、語句表現などを検討する上でも、大いに役立つものと考えられる。

（23）『湯處《とうしょ》於《お》湯丘《とうきゅう》』

整理者は沈建華氏。篇題は、第1簡冒頭の五字「湯處於湯丘」から名付けられた仮称である。本篇は伊尹に関する故事が記された文献であり、その内容の一部は、『墨子』貴義篇・『呂氏春秋』本味篇・『史記』殷本紀などにも見える。『漢書』芸文志に記載される「伊尹書」は現在亡佚して伝わらないが、その佚篇である可能性もある。

本篇は大きく三つの場面で構成されている。第一場面では、湯と伊尹の出会いが描かれる。第二場面では、伊尹のもとに通う湯と、それに対して苦言を呈する臣下の方惟《ほうい》との問答が展開される。第三場面には、湯の質問に伊尹が答える君臣問答が見られ、四つの問答（夏の徳・夏に勝つ方策・「自愛」の方法・君主と臣下の務めについて）がなされている。整理者は本篇に見える「敬天」「尊君」「利民」の主張に着目し、戦国期の黄老刑名思想に近い内容を有するものであると指摘している。

なお、本篇は竹簡形制や字迹が『湯在啻門』（清華簡第五分冊所収）と合致しており、同一人物によって書写されたものと考えられている。

（24）『湯在啻門《とうざいていもん》』

整理者は李守奎氏。篇題は、第1簡に見える字句から名付けられた仮称である。本篇は、伊尹に関する故事を記した古佚文献であり、湯王が小臣（伊尹）に先帝の良言を問い、小臣が「成人」「成邦」「成地」「成天」の道を答えたことが記されており、当時の天人観が窺える。

本篇は全体として、五味の気と生命との関係について詳細に論じており、青玉行気銘（天津市歴史博物館に所蔵されている十二面体の小玉柱の銘を指す。原拓は羅振玉『三代吉金文存』第二〇巻収録）の類いの気功養生説と密接な関係がある。また、本篇には人の生老病死に関する気の議論が述べられている他に、政治や刑罰、さまざまな神や天地に関する議論などが見られ、思想内容としては雑然としている。本篇について整理者は、湯王と伊尹とに仮託し、戦国時代に成立したものであろうと指摘している。

なお、本篇は竹簡形制や字迹が『湯處於湯丘』（清華簡第五分冊所収）と合致しており、同一人物によって書写されたものと考えられている。

（25）『殷高宗問於三壽《いんこうそうもんおさんじゅ》』

整理者は李均明氏。最終第28簡の背面上部に篇題「殷高宗問於三壽」が見える。

内容は、殷の高宗武丁と三寿（主として彭祖）との対話に仮託し、作者の思想を述べたもので、天人相関説がその基調をなしている。

全体は二部に分けられ、前半は、「長」「険」「厭」「悪」の四つの観念を提出し、具体的な事物との因果関係を説いた上で、殷の乱世に対する自警を述べる。後半は、国家の統治や個人の修養に関わる「祥」「義」「徳」「音」「仁」「聖」「知」「利」「信」という九つの観念を提出し、それぞれの具体的内容を説いた上で、王朝交代に際する彭祖の感嘆や、民の「揚」「晦」といった性格と統治についての問答を記す。

本篇は儒家思想を中心としているが、他学派の思想も取り入れており、戦国時代中期の特色を備えていると考えられる。また、上博楚簡『彭祖』や馬王堆漢墓竹簡『十問』とともに、彭祖伝承の展開を考える上でもきわめて重要な資料であると言える。

第六分冊所収文献（五篇）

『清華大学蔵戦国竹簡（陸）』（清華大学出土文献研究与保護中心編・李学勤主編、中西書局、二〇一六年四月）

(26)『鄭《てい》武《ぶ》夫人《ふじん》規《き》孺子《じゅし》』

整理者は李均明氏。篇題は整理者によって名付けられた仮称である。

本篇は、春秋初期に鄭の武公が死去して下葬されるまでの前後の出来事を記したものである。武公の夫人の武姜らは後継者の荘公に対して、先君武公の治国の経験を汲み取り、霊柩を守る期間は大夫老臣に権利を譲渡するように忠告している。また、辺夫による二度の訓戒、すなわち一度目は諸大夫に先君の葬儀を慎んで行わせること、二度目は寡黙な後継者に対する大臣らの懸念を受け入れることが述べられている。文末には荘公が辺夫に対する答えを通して、諸大夫が先君を畏敬するよう導くとともに、彼らに自分の意思に従って事を行うことを求めている。全篇、対話形式を主とし、その間に対話に関係がある史事が挿入されている。

伝世の歴史書には、鄭の武公と武姜は後継者問題についての意見が食い違っていたという記載があるが、叙述は簡略で、本篇のような内容は見られない。それゆえ、本篇は春秋初期の鄭国の歴史研究に対して重要な史料を提供している。

(27)『管仲《かんちゅう》』

整理者は劉国忠氏。斉の桓公と管仲による問答形式であることから、整理者によって「管仲」と名付けられた。『漢書』芸文志の道家類には『管子』の一書が著録され、劉向の『別録』によると「所校讎中管子書三百八十九篇、大中大夫卜圭書二十七篇、臣富參書四十一篇、射聲校尉立書十一篇、太史書九十六篇、凡中外書五百六十四、以校除複重四百八十四篇、定著八十六篇、殺青而書、可繕寫也」とされている。漢代の八十六篇本『管子』は劉向によって整理され、重複分が削除されて、現存は七十六篇であり、その残りの十篇は目録にはあるが書はない。本篇と現行本『管子』とは篇章の体例が類似し、思想も通じあう。しかし、内容は異なっており、おそらく『管子』の佚篇に属するものであると見られる。

本篇は対話形式で展開され、管仲の治国理念を窺うことができ、その中には陰陽五行思想が多く含まれている。また、本篇には『尚書』洪範からの引用が見え、洪範の成立年代の問題や、『管子』各篇の年代の問題に対して、新たな資料を提供している。

(28)『鄭文公問太伯《ていぶんこうもんたいはく》』(甲・乙)

整理者は馬楠氏。篇題は整理者によって名付けられた仮称である。甲本・乙本の二種があり、内容は基本的に同じであるが、同一の書写者が異なる二つの底本をもとに抄写したものである可能性が指摘されている。

本篇には、鄭の太伯(荘公の子である子人の長男、厲公の同母弟)が臨終の際に鄭の文公(厲公の子)に対して告げた訓戒の言葉が記されている。太伯は、鄭国の桓公・武公・荘公以来の東遷と辺境地方の開拓、昭公・厲公の戦争討伐の史事を列挙し、最後に文公に対して、先君を追慕し、己に克ち欲を節し、賢良を任用するように戒めている。内容の多くは『左伝』『国語』などの書の記載を裏付けるものであり、特に桓公・武公・荘公の前期は両周期に当たるものの文献の記載が少ないため、本篇は史事を補充するという資料的価値を備えている。

(29)『子儀《しぎ》』

整理者は趙平安氏。篇題は整理者によって名付けられた仮称である。

本篇には、秦・晋による殽の戦い（秦の穆公は、晋の恵公の死去後、恵公の兄の重耳を晋に入れ、文公として即位させた。その治世の際に秦は晋に押されるようになった）の後、秦の穆公が楚と友好関係を樹立するために、自発的に楚の子儀を送還したことが述べられている。送還の過程については、秦の穆公と子儀の対話の中で詳細に描写されており、殽の戦いの前後の秦・晋・楚の三国の関係と春秋の外交辞令を理解するのに重要な史料である。

ただし、本篇の対話には隠語が多く用いられており、具体的な背景資料が欠乏していることから、内容を正確に把握することが難しい文献である。

(30)『子産《しさん》』

整理者は李学勤氏。篇題は整理者によって名付けられた仮称である。本篇中のいくつかの文字は、典型的な三晋系の筆写法であり、作者あるいは抄写者は鄭と関係がある人物である可能性が指摘されている。

本篇は、鄭の子産の道徳修養と施政について述べたものであり、伝世文献やこれまでに出土した文献には見られない内容である。全体は十個の小段落に分けられており、前の九段は「此謂……」で結ばれている。冒頭は、「聖君」がどのように民を利し自ら努力して向上すべきか、民衆の信頼・擁護を得るかについて述べ、子産が重臣としていかに「自勝立中」であり、「助上牧民」を行っているかを説明している。本篇中には、子産が先達の賢哲から学ぶことに努め、良臣を集めて「六輔」とするなどの政治行為について述べられている。特に、子産が夏・殷・周の「三邦之令」「三邦之刑」を参考にして「鄭令」「野令」「鄭刑」「野刑」を制定したことに言及し、子産が刑書をなしたとする『左伝』の記載を証明・補充するに足る史料である。なお、『良臣』（清華簡第三分冊所収）にも、「子産之師」や「子産之輔」にあたる人物が詳述されており、鄭との関連が指摘されている。

清華簡（壹）～（陸）竹簡形制一覧表

No.	分冊	文献名	竹簡数	簡長（完整簡）	編痕	簡端	編号（竹簡番号）	文字数	篇題	備考
1	壹	尹至	5簡	約45 cm	三道	平斉	有（背面）	153	無	・篇題は、冒頭の「惟尹自夏徂亳、逯至在湯」によって「尹至」と名付けられた。 ・『尚書』の商書や『呂氏春秋』慎大篇との関連が指摘されている。 ・『尹誥』と形制や字迹が一致し、同一の書写者によるものであると考えられる。
2	壹	尹誥	4簡	約45 cm	三道	平斉	有（背面）	110	無	・『礼記』緇衣篇や郭店楚簡・上博楚簡『緇衣』が「尹誥曰」として引用する佚文と『尹誥』本文とが合致することから、「尹誥」と名付けられた。 ・孔壁古文『咸有一徳』や『礼記』緇衣篇、『孟子』との関連が指摘されている。 ・『尹至』と形制や字跡が一致し、同一の書写者によるものであると考えられる。
3	壹	程寤	9簡	約44.5 cm	三道	平斉	無	289	無	・『芸文類聚』や『太平御覧』などに部分的に引用されている『逸周書』程寤篇ではないかと考えられていることから、「程寤」と名付けられた。
4	壹	保訓	11簡	約28.5 cm	両道	平斉	無	232	無	・篇題は、内容に基づいて名付けられた仮称である。
5	壹	耆夜	14簡	約45 cm	三道	平斉	有（背面）	353	「郘（耆）夜」（第14簡背面）	・古佚文献のため、大部分がこれまで知られていなかった内容であるが、「蟋蟀」の詩については、『毛詩』唐風・蟋蟀との関連が指摘されている。
6	壹	周武王有疾周公所自以代王之志（金縢）	14簡	約45cm	三道	平斉	有（背面）	386	「周武王有疾周公所自以代王之志」（第14簡背面）	・語句の異同はあるものの、今本『尚書』金縢とおおむね合致する。

No.	分冊	文献名	竹簡数	簡長（完整簡）	編痕	簡端	編号（竹簡番号）	文字数	篇題	備考
7	壹	皇門	13簡	約45 cm	三道	平斉	有（背面）	516	無	・語句の異同はあるものの、『逸周書』皇門篇とほぼ合致することから、「皇門」と名付けられた。 ・古代の良王を褒め、後代の王は安逸に耽るのみと嘆く内容が、『尚書』無逸と類似している。
8	壹	祭公之顧命（祭公）	21簡	約45 cm	三道	平斉	有（背面）	581	「𧟍（祭）公之賜（顧）命」（第21簡表面）	・語句の異同はあるものの、『逸周書』祭公篇とほぼ合致する。
9	壹	楚居	16簡	約47.5 cm	三道	平斉	無	595	無	・篇題は、内容が『世本』居篇に類似することから、「楚居」と名付けられた。
10	貳	繫年	138簡	約45 cm	三道	平斉	有（背面）	3786	無	・篇題は、『竹書紀年』にならって「繫年」と名付けられた。 ・背面に編号があるが、第138簡のみ編号が記されていない。
11	叁	傅説之命（説命）（上・中・下）	23簡（現存）	約45 cm	三道	平斉	有（背面）	642	「傅説之命」（各篇の最終簡背面）	・上中下の三篇よりなる。 ・下篇の第1簡は、欠失している。
12	叁	周公之琴舞	17簡	約45 cm	三道	平斉	有（背面）	520	「周公之琴舞」（第1簡背面）	・『芮良夫毖』と形制・字迹が同一である。 ・本篇は、『楽経』や『尚書』との関連性が指摘されている。
13	叁	芮良夫毖	28簡	約45 cm	三道	平斉	有（背面）	824	「周公之頌志」（第1簡背面）	・『周公之琴舞』と形制・字迹が同一である。 ・簡長について、整理者は「44.7 cm」としているが、45 cmを僅かに上回る竹簡も存在するため、ここでは約45 cmと記した。 ・もともと第1簡背面に記されていた「周公之頌志」は、明らかに削り取られた痕跡がある。そのため、篇題は本篇の内容によって「芮良夫毖」と仮称されている。

No.	分冊	文献名	竹簡数	簡長（完整簡）	編痕	簡端	編号（竹簡番号）	文字数	篇題	備考
14	叁	良臣	11簡	約32.8 cm	両道	平斉	無	270	無	・篇題は、内容に基づいて名付けられた仮称である。 ・『祝辭』と同一の書写者によって連続筆写されたものである可能性が指摘されている。 ・墨節によって20の小段に区切られている。 ・「竹簡信息表」には「三道」と記されているが、竹簡の写真図版を確認すると、両道に見える（上部が第一編綫部分から断裂し欠失した可能性も考えられる）。
15	叁	祝辭	5簡	約32.8 cm	両道	平斉	無	120	無	・篇題は、内容に基づいて名付けられた仮称である。 ・『良臣』と同一の書写者によって連続筆写されたものである可能性が指摘されている。
16	叁	赤鵠之集湯之屋	15簡	約45 cm	三道	平斉	有（背面）	448	「赤鵠之集湯之屋」（第15簡背面）	・竹簡の背面上部に劃痕（ひっかき傷状の斜線）が見える。
17	肆	筮法	63簡	約35 cm	三道	平斉	有（表面）	1174	無	・篇題は、内容に基づいて名付けられた仮称である。 ・竹簡の表面下部に編号が見え、背面には劃痕が見える。 ・分欄書写がなされており、その中に挿絵や表が見られる。
18	肆	別卦	7簡	約16 cm	両道	平斉	無	49	無	・篇題は、内容に基づいて名付けられた仮称である。 ・第3簡が欠失している。 ・各簡に『易』の八卦の卦象と卦名が記されている。その配列は馬王堆帛書『周易』と一致し、同系統の文献であると見られる。
19	肆	算表	21簡	約43.5 cm	三道	平斉	無	867	無	・篇題は、内容に基づいて名付けられた仮称である。 ・竹簡背面に劃痕が見える。 ・計算機能が見える数学文献であり、二つの数字を掛け合わせた乗算表となっている。

No.	分冊	文献名	竹簡数	簡長（完整簡）	編痕	簡端	編号（竹簡番号）	文字数	篇題	備考
20	伍	厚父	13簡	約44 cm	三道	平斉	有（背面）	459	「厚父」（第13簡背面）	・第13簡背面に、篇題と見られる「厚父」の二字が別筆で記されている。
21	伍	封許之命	7簡（現存）	約44 cm	三道	平斉	有（背面）	200	「封許之命」（第9簡背面）	・もともと全9簡であったが、第1簡と第4簡が欠失しているため、現存するのは7簡である。
22	伍	命訓	15簡	約49 cm	三道	平斉	有（背面）	605	無	・篇題は、内容が『逸周書』命訓篇とおおむね合致することから、「命訓」と名付けられた。
23	伍	湯處於湯丘	19簡	約44.4 cm	三道	平斉	無	564	無	・篇題は、第1簡冒頭の五字「湯處於湯丘」から付けられた仮称である。 ・『湯在啻門』と形制や字跡が一致し、同一の書写者によるものであると考えられている。
24	伍	湯在啻門	21簡	約44.5 cm	三道	平斉	無	586	無	・篇題は、第1簡に見える字句「湯在啻門」から付けられた仮称である。 ・『湯處於湯丘』と形制や字跡が一致し、同一の書写者によるものであると考えられている。
25	伍	殷高宗問於三壽	27簡（現存）	約45 cm	三道	平斉	有（背面）	766	「殷高宗問於三壽」（第28簡背面）	・もともと全28簡であったが、第3簡が欠失しているため、現存するのは27簡である。 ・編号に乱れがあり、「十五」と「十」はそれぞれ第10簡と第15簡の位置にあるべきである。整理者による原釈文は、すでに入れ替えて記載している。
26	陸	鄭武夫人規孺子	18簡（現存）	約45 cm	三道	平斉	無	557	無	・篇題は、整理者によって名付けられた仮称である。 ・もともと全19簡であったが、第15簡が欠失してるため、現存するのは18簡である。 ・竹簡背面に劃痕が見え、それによって配列されている。

No.	分冊	文献名	竹簡数	簡長（完整簡）	編痕	簡端	編号（竹簡番号）	文字数	篇題	備考
27	陸	管仲	30 簡（現存）	約 44.5 cm	三道	平斉	無	1003	無	・篇題は、斉の桓公と管仲による問答形式であることから、「管仲」と名付けられた。 ・竹簡の保存状態は比較的良いが、第 28 簡下段および第 29 簡上段が欠損しており、この間に欠失した竹簡がある可能性がある。また、第 29 簡と第 30 簡の間には欠失した竹簡があると見られる。
28	陸	鄭文公問太伯（甲・乙）	甲 15 簡（現存）	約 45 cm	三道	平斉	無	384	無	・篇題は、整理者によって名付けられた仮称である。 ・甲乙二種があり、内容は基本的に同じである。同一の書写者が二つの異なる底本をもとに抄写したものであると見られる。 ・甲本は、第 3 簡に欠損がある。 ・乙本は、第 3 簡が欠失している。
			乙 12 簡（現存）	約 45 cm	三道	平斉	無	324	無	
29	陸	子儀	20 簡（現存）	約 41.5 cm	三道	平斉	無	634	無	・篇題は、整理者によって名付けられた仮称である。 ・第 15 簡から第 16 簡、第 19 簡から第 20 簡の間に話の飛躍があり、欠失した竹簡がある可能性がある。
30	陸	子産	29 簡	約 45 cm	三道	平斉	無	794	無	・篇題は、鄭の子産に関する内容であることから「子産」と名付けられた。

【注】
・本表は、整理者「説明」、「竹簡信息表」、および竹簡の写真図版をもとに作成した。
・「文字数」について、竹簡の写真図版で少しでも文字の痕跡が見える場合は、一文字として数えている。
・なお、本章の解題および形制一覧表は、中国出土文献研究会の研究成果ならびに以下の参考文献を基礎にしつつ、草野と中村が共同でまとめたものである。

【参考文献】
・金城未来「『清華大学蔵戦国竹簡［叁］』所収文献概要」（『中国研究集刊』第 56 号、2013 年 6 月）
・中国出土文献研究会「清華簡（五）所収文献解題」（『中国研究集刊』第 61 号、2015 年 12 月）
・中村未来『戦国秦漢簡牘の思想史的研究』（大阪大学出版会、2015 年 12 月）

第二部　清華簡の分析

第一章　『殷高宗問於三壽』の思想的特質

湯浅邦弘

序　言

二〇一五年四月、『清華大学蔵戦国竹簡』第五分冊が公開された[1]。そこに収録された『殷高宗問於三壽』は、全二十八簡からなる大冊で、殷の高宗武丁と三寿（三人の長老、主として彭祖）との対話に仮託し、政治の要諦について説く文献である。

これについて、整理者の李均明氏は、「儒家思想を中心としているが、他学派の思想も取り入れていて、戦国時代中期の特色を備えている。それは、後の荀子の思想に類似する点があり、戦国思想史研究の貴重な資料である[2]」と評価している。確かに、ここで問答の対象となっている「祥」「義」「徳」「音」「仁」「聖」「知」「利」「信」などのテーマは諸子百家の時代の重要概念で、一部、荀子の思想との共通点もある。しかしながら、本文献に見られる天人相関思想は、「天人の分」を説く荀子とは異なる点もあり、その思想内容や成立時期については慎重な検討が必要となる。

また、ここに登場する彭祖は、国家の興亡・継承について高い見識を持つ長老だという前提で記述されており、上博楚簡『彭祖』（『上海博物館蔵戦国楚竹書』第三分冊所収）、馬王堆漢墓竹簡『十問』とともに、彭祖伝承の展開を考える上でも、きわめて重要な資料である。そこで本稿では、本文献の思想的特質と著作意図、成立時期、彭祖の形象などについて検討を加えることとしたい。

一　書誌情報

まず、本文献の書誌情報を、整理者「説明」と図版および「竹簡信息表」に基づき、以下にまとめておく。

整理者は、清華大学出土文献研究与保護中心の李均明氏。竹簡は全二十八簡。但し、第三簡を欠き、現存二十七簡。その内、第二十五簡の上半分が欠失し、また、第八簡の上下端、第九簡下端がやや残欠している。完整簡は長さ約四十五cm。幅〇・六~〇・七cm。三道編。満写簡は二十八~三十四字。竹簡（完簡）の形状を図示すれば、次のようになる。但し、整理者「説明」には、各編痕間の長さが明示されていないので、これについては、竹簡の図版（原寸大）に基づいて測定し、その数値を掲載する。

また、竹簡背面に「一」~「廿八」の順次を示す編号があるが、「三」を欠く。編号に乱れがあり、「十五」は第十簡の位置にあるべきで、「十」は第十五簡の位置にあるべきである。原釈文はすでに入れ替えて記載している。篇題「殷高宗問於三壽」は末簡（第二十八簡）背面上部に記載されている。

なお、細かなことではあるが、整理者「説明」には指摘されていない情報として、符号の問題がある。墨釘「■」[3]は概ね句読点として打たれているようであるが、必ずしも全体を通して一貫している訳ではない。また、句読点ではなく、語の区切りに付されている箇所も若干見られる。従って、この墨釘を唯一の手がかりとして読解を進めて行くことは危険である。また、最終簡（第二十八簡）末尾に墨鉤「ㇾ」が見え、ここで本篇が終結していることを示している。

二　前半部釈文・訓読・現代語訳・語注

それでは、『殷高宗問於三壽』の全容を記してみよう。以下、整理者の提示した原釈文を基礎とし、他の研究者の意見も参考にしつつ、筆者が最終的に確定した釈文を、便宜上、前半部と後半部とに分けて掲げ、それぞれ、訓読、現代語訳、語釈を付す。文意により、適宜改行する。

なお、釈文に使用した符号等は以下の通りである。01～28は竹簡番号、「■」は墨釘、「……」は竹簡の残欠により、文字が判読できず、何文字あるかも分からない箇所。□は竹簡残欠により、一字分文字が欠損している箇所。【　】内の文字は、竹簡残欠により判読しづらいが、僅かな残存部や文意により復元可能なもの、「＝」は重文または合文の符号。①②などの丸数字は、湯浅の付けた語釈の番号である。

また、語釈で、他の研究者の説を紹介する場合、煩雑を避けるため、人名のみを記し、具体的な論考名は省略した。各々のタイトル・出典については、末尾の参考文献をご覧いただきたい。

〈前半部釈文〉

高宗觀於洹水之上■、三壽與從■。

高宗乃問於少壽曰、「尓是先生、尓是01知二有國之情■、敢問人何謂長■。何謂險■。何謂厭■。何謂惡■」。少壽答曰、「吾02……03中壽曰、「敢問人何謂長■。何謂險■。何謂厭■。何謂惡■」。中壽答曰、「吾聞夫長莫04長於風■。吾聞夫險莫險於心■。厭非臧■。惡非喪■」。

高宗乃又問於彭祖曰、「高05文成祖、敢問人何謂長。何謂險。何謂厭。何謂惡」。彭祖答曰、「吾聞夫長莫06長於水■、吾聞夫險莫險於鬼■、厭非平■、惡非傾」。

高宗乃言曰、「吾聞夫長莫長於07【山】■、吾聞夫險非矛及干■、厭非富■、惡非無飤■。苟我與尓相念相謀■、殜＝(世世)至於後嗣。我思08天風、既回或止、吾勉自抑畏以敬夫茲【始】。𡥈＝(君子)而不讀書占■、則若尖＝(小人)之瘽狂而09不悔■、殷邦之妖祥並起。八起則紊、四嚴將行。四海之夷則作、九牧■九有將喪。𥏜＝(惶惶)10先反、大路用見兵。龜筮孚忒、五寶變色、而星月亂行■」。

高宗　洹水《えんすい》の上《ほとり》に観て、三寿与《とも》に従う。

高宗乃ち少寿に問いて曰く、「尓《なんじ》是れ先生、尓是れ二有国の情を知る。敢て問う人何をか長と謂う。何をか険と謂う。何をか厭と謂う。何をか悪と謂う」。少寿答えて曰く、「吾……

……中寿に(問いて)曰く、「敢て問う人何をか長と謂う。何をか険と謂う。何をか厭と謂う。何をか悪と謂う」。中寿答えて曰く、「吾聞く夫れ長は風より長なる莫し。吾聞く夫れ険は心より険なる莫し。厭は蔵するに非ずや。悪は喪《うしな》うに非ずや」。

高宗乃ち又彭祖に問いて曰く、「高文成祖、敢て問う人何をか長と謂う。何をか険と謂う。何をか厭と謂う。何をか悪と謂う」。彭祖答えて曰く、「吾聞く夫れ長は水より長なる莫し。吾聞く夫れ険は鬼より険なる莫し。厭は平らかに非ずや、悪は傾くに非ずや」。

高宗乃ち言いて曰く、「吾聞く夫れ長は山より長なる莫し。吾聞く夫れ険は矛及び干に非ずや、厭は富に非ずや、悪は嗣無きに非ずや。苟くも我尓と相念い相謀り、世世　後嗣に至らん。我　天風を思い、既に回《てん》じ或いは止まり、吾勉めて自ら畏を抑えて以て夫茲《こ》の始めを敬《つつし》む」。

「君子にして書占を読まざれば、則ち小人の癡狂して悔まざるが若く、殷邦の妖祥並びに起る。八紀（方）は則ち紊《みだ》れ、四厳（周）将に行《さ》らんとす。四海の夷則ち作《おこ》り、九牧九有将に喪われんとす。惶惶として先ず反き、大路用《すなわ》ち兵を見る。亀筮《きぜい》の孚忒《まことたが》い、五宝色を変えて、星月乱行す[4]」。

（殷の）高宗（武丁）が洹水《えんすい》の上《ほとり》を見物し、三寿も付き従っていた。

高宗はそこで少寿に問いかけて言った、「あなたは私の先輩。二有国（夏・殷）の実情を知っておられる。そこで敢ておうかがいします。人は何を長いというのでしょうか。何を険しい（怖い）というのでしょうか。何を足るというのでしょうか。何を憎むというのでしょうか」。少寿は答えて言った、「私は……

……（高宗は）中寿に（問いかけて）言った、「敢ておうかがいします。人は何を長いというのでしょうか。何を険しいというのでしょうか。何を足るというのでしょうか。何を憎むというのでしょうか」。中寿は答えて言った、「私は聞いています。長いというのは風より長いものはない。また私は聞いています。険しい（怖い）というのは心より険しいものはない。足るとは保有することではないか。憎むとは失うことではないか、と」。

高宗はそこでまた彭祖に問いかけて言った、「高文成祖よ、敢ておうかがいします。人は何を長いというのでしょうか。何を険しいというのでしょうか。何を足るというのでしょうか。何を憎むというのでしょうか」。彭祖は答えて言った、「私は聞いています。長いというのは水より長いものはない。私は聞いています。険しいというのは鬼より険しいものはない。足るとは平和なことではないか。憎むとは傾いていくことではないか、と」。

高宗はそこで言った、「私は聞いています。長いというのは山より長いものはない。私は聞いています。険しいというのは、矛や干（兵器）ではないか。足るとは富むことではないか、憎むとは跡継ぎがいないことではないか、と。苟くも私はあなたと思いを巡らし、代々後世に伝えたい。私は天の風が動静を繰り返すのを思い、私は努力して自ら勉めて恐れを抑制し、その始めを慎もう」。

（彭祖）「君子であって（術数）書を読まなければ、それはまるで小人がのぼせ狂って後悔しないのと同じ。殷の国の不吉な現状が次々と起こってくるでしょう。国の八方は乱れ、四周は去って行く。四方の異民族が蜂起し、九州（国）はまさに失われていくでしょう。明らかな反乱が起こり、大道には兵を見るでしょう。亀筮の誠は食い違い（当たらなくなり）、太陽の五宝は変色し、星月の運行は乱れるでしょう」。

①洹水……河川名。水源は山西省黎城県。東流して河南省境に入り、衛河に合流する。ちょうど殷墟の地を流れる。戦国時代に蘇秦が合従を説き、この川のほとりで会盟した。またの名を「安陽河」という。

②何謂厭……原釈文は、「厭」を「自足」の意と取る。後文で「厭」の内容が「蔵」「平」「富」と解説されていることからも妥当である。王寧も、それにやや近い「合意、称心、喜歓」の意とする。また、曹峰も、「厭」「悪」を人心の満足・不満足の対比とした上で、「知足」が後文の「富」と関連づけられていることを指摘し、そうした思想

は、『老子』と『易伝』に顕著に見られると説く。

③厭非臧。悪非喪……原釈文は、「非」を音通で「必」に読み替えるが、ここは、「非」のままで解釈できると思われる。但し、「……に非ずや」という反語になると推測されるので、結果的には、「必」に読み替えた場合と意味に大差はない。清華大学出土文献読書会「補正」は、「非」のままで読み、「蔵」「平」「富」は未だ必ずしも最「厭」のものではなく、「喪」「傾」「無食」は未だ必ずしも最「悪」のものではないと訳し、ここは特殊な修辞であると説く。

④厭非平……原釈文は「平」を、「平衡」「和諧」の意と説く。「悪」が「傾」とされるのと対照的である。なお、馬文増は、「厭」を「厭悪」の意と取り、「平」を「兵」に読み替えて戦争を憎むという意味に理解する。ここのみでは、その可能性も考えられるが、高宗の質問は、「長」「険」「厭」「悪」の四つであり、「長」（長生）と「険」（危険）、「厭」（満足）と「悪」（憎悪）がそれぞれ対義語として組み合わさっていると推測されるので、やや苦しい理解である。また、「厭」を「厭悪」と取った場合、「厭」の内容とされている「蔵」「富」をどう理解するのかが問題となる。

⑤吾聞夫長莫長於【山】……於の下の欠字について、王寧は、「山」字の一部が残って見えるとし、『厚父』第十二簡の「山」字を例としてあげ、ここに「山」を補う。前後の文脈から見ても、ここは悠久な自然物が入ると思われる。

⑥悪非無飤……原釈文や馬文増は、この「飤」を「食」と取るが、直後の「殜＝（世世）至於後飤（嗣）」と同様、後継者と取るのが良いであろう。「悪」の対象としては、食糧がないことも充分に考えられるが、より深刻なのは世継ぎがいないことである。

⑦吾勉自抑畏以敬夫茲【始】……原釈文は、「吾勉自抑畏以敬、夫茲□」とするが、清華大学出土文献読書会「補

正」は、□に「怠」字を補う。また同読書会の馬楠は「吾勉自抑畏、以敬夫茲怠」と句読し、同・程浩は「吾勉自抑畏以（矣）」までが高宗の言の内容、「敬夫茲怠君子」以下が彭祖の回答であるとする。王寧は、「吾勉自抑畏以敬」で句読した上で、「補正」の指摘する「怠」は「始」であると説く。

⑧不讀書占……原釈文は、「書占」を「書数」と取り、術数書の意とするが、王寧は「書を読み占わざれば」と理解する。胡敕瑞は「占」を「笘」と取り、竹簡の意であるとする。

⑨八起則紊……原釈文は、「起」を「綱紀」とするが、王寧は、「八維」すなわち「八方」の意とする。

⑩四嚴將行……「四厳」の「厳」について、原釈文は、「厳厲」とし、「厳厲な行政措置が行われようとする」と理解する。王寧は、「四険」すなわち国家四周の辺境とする。「行」は行われるではなく、（辺境の民族が）去り行くの意であろう。

⑪烓＝（惶惶）……原釈文は、「惶惶」の重文とするが、王寧は、重文ではなく、「往矢」の合文で、『開元占経』に見える「枉矢」すなわち妖星の名とする。しかし、後文に「星月乱行」とあるので、ここで星が登場するのは少し不自然である。

⑫大路用見兵……隷定は「大莕」であるが、原釈文は、「大道用見兵」と釈読する。王寧は、「莕」字を「挌」と読み、「戦う」の意とする。但し、そうすると「大挌」と「見兵」とが意味重複するように思われるので、ここは原釈文通り、「大路（道）」とするのがよいと思われる。

⑬五寶變色……原釈文は、五星が色を変えることとするが、星のことは後文に出てくるので重複気味である。王寧は、『開元占経』の記載を根拠に、この「五宝」を「五色之宝」すなわち「日」（太陽）とする。

三　後半部釈文・訓読・現代語訳・語注

続いて、後半部の釈文・訓読・現代語訳・語注を掲げる。

〈後半部釈文〉

高宗恐懼、乃復語彭祖11曰、「嗚呼、彭祖。古民人迷亂、象茂康懋、而不知邦之將喪。敢問先王之遺訓、12何謂祥。何謂義■。何謂德■。何謂音■。何謂仁■。何謂聖■。何謂智。何謂利。何謂13信」。

彭祖答曰、「聞天之常、祇神之明、上昭順穆而敬民之行。餘亨獻攻、括還妖14祥、是名曰祥。邇則文之化、厤象天時、往宅毋徙、申禮勸規、輔民之化、民勸毋疲、15是名曰義■。揆中水衡不力、時刑罰赦■、振若除慝、冒神之福、同民之力、是16名曰德。惠民由任、徇句遏淫、宣儀和樂、非壞于湛、四方勸教、監媚莫感、17是名曰音■。衣服端而好信、孝慈而哀鰥、恤遠而謀親■、喜神而憂人、寺是名曰仁■。恭18神以敬、和民用正■、留邦偃兵、四方達寧、元哲並進、讒謠則屏■、是名曰聖■。昔勤19不居、浹祇不易、恐枉思修、納諫受訾、神民莫責、是名曰智。內基而外比、上下毋攘、20友=（左右）毋比、強力糾出、經緯順齊、妒怨毋作、而天目毋眯、是名曰利■。觀覺聰明、音色■21柔巧而叡武不罔、效純宣猷■、牧民而御王、天下甄稱、以誥四方、是名曰叡信之22行■」。

彭祖曰、「嗚呼。我均振攻茲九宅、診夏之歸商、方嫚于挌、用孽昭后成湯、代桀23敷有下方」。

高宗又問於彭祖曰、「高文成祖、敢問胥民胡曰昜=（揚。揚）則悍佚無常■。胡曰晉=（晦。晦）則24□□□□……□

□□□虐淫自嘉而不數、感高文富25而昏忘詢、急利■囂神莫恭而不顧于後■、神民並尤而仇怨所聚、天罰是加、用兇以見26詢■」。
曰、「嗚呼。若是■」。「民之有昬＝（晦、晦）而本由生光、則唯小心翼＝（翼翼）、顧復勉祗、聞教訓、餘敬養、恭27神勞民、揆中而象常。束柬和慕、補缺而救枉、天顧復之用休、雖陰又明」。
曰、「嗚呼。若是ㇾ」。28

高宗恐懼し、乃ち復た彭祖に語げて曰く、「嗚呼、彭祖。古《いにしえ》の民人迷乱し、象茂康懋（潒瞀康愗《とうぼうこうぼう》）、而して邦の将に喪《ほろ》びんとするを知らず。敢て先王の遺訓を聞く、何をか祥と謂う。何をか義と謂う。何をか徳と謂う。何をか音と謂う。何をか仁と謂う。何をか聖と謂う。何をか智と謂う。何をか利と謂う。何をか信と謂う」。

彭祖答えて曰く、「天の常を聞き、神の明を祇《つつし》み、昭を上とし穆に順いて民の行を敬う。余享献攻し、妖祥を括還す、是れを名づけて祥と曰う。邇《ちか》くは文の化に則り、厤象天時、往き宅《お》りて徙《うつ》る毋く、礼を申《の》べ規に勧《つと》め、民の化を輔け、民勧めて疲るる毋し、是れを名づけて義と曰う。中を揆《はか》り衡を水《はか》りて力《つと》めず、刑罰の赦に時あり、若（善）を振《あ》げて慝《あく》を除き、神の福を冒《こおむ》り、民の力を同《あつ》める、是れを名づけて徳と曰う。民に恵みて任を由《もち》い、徇《したが》い句《うやま》いて淫を遏《とど》め、儀を宣《し》きて楽を和し、湛（淫）に壊るるに非ず、四方教えに勧め、媚を監《み》て感ずる莫し、是れを名づけて音と曰う。衣服端《ただ》しくして信を好み、孝慈にして鰥《かん》（憐）を愛し、遠くを恤《うれ》いて親しきを謀り、神を喜びて人を憂う、是れを名づけて仁と曰う。神に恭しくして以て敬い、民を和して正しきに用い、邦を留《おさ》めて兵を偃《や》め、四方達《みな》寧んじ、元哲並び進み、讒謠は則ち屛《しりぞ》けらる、是れを名づけて聖と曰う。昔勤に居らず、浹《めぐ》り祇《まつ》りて易らず、枉を恐れて修を思い、諫めを納れて訾《そし》りを受け、神民責《せ》むる莫し、是れを名づけて智と曰う。内を基として外を比（輔）とし、上下攘《みだ》るる毋く、左右比する毋く、強め力めて出づるを糾《ただ》し、経緯順斉、妒怨作《おこ》る毋く、而して天目《あき》らかにして眛《くら》む毋し、是れを名づけて利と曰う。観覚聡明、音色柔巧にして叡武罔《くら》からず、純を効《いた》して猷《はかりごと》を宣べ、民を牧《やしな》いて王を御《まも》り、天下甄称《けんしょう》にして、以て四方に詔《おし》う、是れを名づけて叡信の行と曰う」。

彭祖曰く、「嗚呼、我均振して茲の九宅を攻め、夏の商に帰するを診るに、方《まさ》に挌《たたか》いに嫚《あなど》る。用《もつ》て昭后成湯を孳《いまし》め、桀に代わりて敷きて下方を有《たも》つ」。

高宗又彭祖に問いて曰く、「高文成祖、敢て問う胥《こ》の民胡《なん》ぞ揚と曰う。揚なれば則ち悍佚にして常無し。胡ぞ晦と曰う。晦なれば則ち□□□□……□□□□虐淫自ら嘉《よ》みして数《せ》めず、感高く文富みて昏《くら》く詢（恥）を忘れ、利を急ぎて神に嚚《かまびす》しくし恭しくすること莫くして後を顧みず、神民並び尤《とが》めて仇怨の聚まる所となり、天罰是れ加わり、兇を用いて以て詢《は》ずかしめらる」。

曰く、「嗚呼、是くの若し」。

「民の晦有り、晦《くら》きも而して本生まるる由り光あり、則ち唯だ小心翼翼、顧復して勉め祇《うやま》い、教訓を聞き、余《おお》いに敬養し、神に恭しくして民を労し、中を揆《はか》りて常に象《のっと》る。束柬和慕し、欠を補いて枉を救えば、天顧みて之が用休に復《むく》い、陰と雖も又明たり」。

曰く、「嗚呼、是くの若し」。

高宗は恐れ入って、再び彭祖に告げて言った、「嗚呼、彭祖よ。古の人々は迷い乱れ、ほしいままにして楽しみにふけり、国が滅びようとするのを知らなかった。敢て先王の遺訓を聞きたい。何を祥というのか。何を義というのか。何を徳というのか。何を音というのか。何を仁というのか。何を聖というのか。何を知というのか。何を利というのか。何を信というのか」。

彭祖は答えて言った、「天の常道を知り、天神の明を敬い、昭・穆の順位を尊重して従い、民の行いを警戒する。献・攻といった祭祀を盛んにして、妖しい兆しを止め囲う。これを名づけて祥といいます。近くは文（礼制）の教化に従い、（遠くは）暦象と天時（に従って）、行動・居宅に乱れがなく、礼を敷き規範に勉め、民の教化を助け、民は勉めて疲れることがない。これを名づけて義といいます。中庸・中正をはかって極端なことをすることがなく、刑罰の赦免が時宜を得ていて、善を振興して悪を除外し、神の福をいただき、民の力を結集する。これを名づけて徳といいます。民に恵んで人材を用い、（賢者に）従い敬って乱れを止め、法儀を布いて音楽を調和させ、淫（らな音）に（心を）壊すようなことをせず、四方は教えにつとめ、淫らなものを見ても心を動かすことがない。これを名づけて音といいます。衣服は端正で信を好み、孝行慈愛の心を持って隣人を愛し、遠方の人々のことを心配し近親者に思いを致し、神を喜んで人を憂う。これを名づけて仁といいます。神に恭しくして敬い、民を調和させて正しく用い、邦を治めて戦争を止め、四方はみな安んじ、元哲（善良な人と智恵ある人）が並び進み、讒言や謡言は退けられる。これを名づけて聖といいます。かつての功績に居座らず、周囲（の神）を祀って変わることがなく、乱れを恐れて己を修めることを思い、諫めを納れて（自分に対する）謗りを受け入れ、神や民を責めることがない。これを名づけて智といいます。内を基盤として外を助けとし、上下が乱れることなく、左右が結託することなく、努力して規範をはみ出す者を取り締まり、すべてが順調に整い、嫉妬や怨嗟がおこることなく、天は明らかにして眛《くら》むことがない。これを名づけて利といいます。感覚が聡明で、言動が柔らかで英知にすぐれ、純正をもたらして事業を展開し、民を養って王位を守り、天下は明らかになって、四方にまで教化が届く。これを名づけて優れた信頼の行いといいます」。

彭祖は言った、「ああ、我々（殷）は挙兵してこの天下を攻め、夏が商に帰すのを顧みるに、安易に戦って侮った。そこで、昭后成湯を戒め、ようやく（夏の）桀に代わって天下に政治を布いて保有したのです」。

高宗はまた彭祖に問いかけて言った、「高文成祖よ、敢ておうかがいします。この民はどうして揚（驕慢）というのか。驕慢であれば、放蕩で常がない。どうして晦（愚昧）というのか。愚昧であれば、□□□□……□□□□虐淫であることを自ら良いとして反省せず、意識過剰で装飾に過ぎ愚昧で恥を忘れ、利益追求に汲々として神前でうるさくし、恭しくすることなく後のことを考えない。神も民もともにとがめて仇や怨みが集まり、天罰が加えられて、凶事でもって辱められる」。

（高宗は）言った、「ああ、その通りだ」。

（彭祖）「民には愚昧な点がある。愚昧であるが本性には生まれながら光明もあり、そこでただ小心翼翼として、互いに思いやり勉めて敬うようにし、教訓を聞かせ、大いに敬い養い、神に恭しくして民をいたわり、中正をはかって常道に則る。親疎に関わらずみな和んで慕いあい、欠を補って乱れを救えば、天は顧みてその美に報い、陰もまた明となるのです」。

（高宗は）言った、「ああ、その通りだ」。

①乃復語彭祖……ここは、原釈文に従い、「復」を「また」の意で読んだが、清華大学「補正」（馬楠）は、「復」は「敷」の意であると指摘し、王寧も「語を敷きて（敷衍して）」と読む。

②象茂康懋……王寧は、「潒瞀《とうぼう》康懋《ぼう》」に読み、「放縦、昏乱、逸楽」の意とする。

③揆中水衡不力……原釈文は、「不力」の前に二字欠文があるとするが、補白は「揆中水衡不力」と続けて読み、統治者が制定・実行する中正・平衡を功労としない、という意味に取る。「力」はつとめるの意で、「揆中水衡不力」とは、中庸・中正をはかって極端なことをしない、という意味だと推測される。整理者は、この「中」を『荀子』

の思想との類似点として重視するが、「中庸」の思想として理解することも可能であり、必ずしも『荀子』との関係を密接に考える必要はないと思われる。

④恵民由任……清華大学「補正」（馬楠）は、「由」を「用」と読み、「壬」は「佞」に通じて「多材多芸」の意と説く。

⑤元哲並進……原釈文は、『礼記』鄭注を引いて「元」を「大」とするが、王寧は、『左伝』杜預注を根拠に「善」とする。「元哲」が「並び進む」とされているので、「善」と「哲（智）」の対比だと思われる。

⑥昔勤不居……原釈文に従い、「昔」を「往」、「勤」を「労」の意味で理解したが、補白は、「昔」を「措」と読み、功労を棄てて占有しない、という意味に取る。

⑦恐枉思修……原釈文は「供皇思修」に読むが意味不明である。復旦大学「補正」や王寧は、「恐枉思修」に読む。

⑧強力糾出……原釈文は、「強並糾出」とした上で、「強」を「勤」、「並」を「兼合」、「糾」を「察」の意と説くが、文意が取りづらい。補白は、「強大収絀」と読み、勢力強大な者を収縮・減損させるという意味に取る。ここは文字通り、努めて「出るを糾す」（規範にはみ出る者を正す）という意味だと推測される。

⑨我均振攻茲九宅……難解な箇所である。原釈文は、「我」を「俄」と読んだ上で、「俄寅晨降在九宅」とするが、意味が取りづらい。清華大学「補正」は、「茲九度」と読み、「九度」とは上文の九種の標準を指すとするが、文意が通りづらい。王寧は、「我均振攻茲九宅」と読み、「均振」は「均服振旅」の省略で出兵の意であるとする。

⑩方嫚于挌……原釈文は、「方般于路」と釈読するが、意味が取りづらい。王寧は、「曼」を「嫚」、「茖」を「挌」と読んだ上で、「方嫚于挌」とし、戦争に対して慎重でなかったとの意に取る。また、高宗の時代、頻繁に戦争が起こっていることが卜辞から証明できるとし、ここは、そうした状況に対して、彭祖が殷創立時の話を持ち出して戒告したものであると指摘する。

⑪昭后成湯……「成湯」は殷の初代の王とされる湯王。甲骨文では、「大乙」「唐」と表記され、「成湯」「成唐」の呼称は見られない。このことも、本文献の成立が周代であることを示唆している。

⑫□□□□……□□□□……約二十字分の欠字がある。この欠文中で話者が代わり、「虐淫」以降は彭祖の言に含まれると推測される。

⑬顧復勉祗……原釈文は、「顧復」を反復の意とするが、王寧は、『詩経』の「顧我勉我」の例を指摘し、「顧復」とは「照顧、顧念」の意だとする。

⑭束束（簡）和慕……原釈文は、「束」を約束の意とし、「柬」を「簡」に読み替えるが、文意が取りづらい。王寧は、「柬」は縛る、集まる、「柬」は選ぶ、別ける、の意であることを指摘し、「束柬」を親疎、遠近の意と解する。

四　全体構成と思想的特質

以上、『殷高宗問於三壽』の釈文等を、便宜上、前後半に分けて掲げたが、ここで改めて全体の構成を確認しておきたい。

篇題にある通り、本文献は、殷の高宗が三寿に問うという内容であるが、まずその場所が「洹水《えんすい》」の「上《ほとり》」と明記されている。高宗は、『史記』殷本紀によれば、殷の第二十二代王武丁。賢人傅説を任用し、殷の中興を果たしたことで知られる。第十九代王盤庚の時、殷墟に遷都したとされているので、その地を流れる「洹水」の「上」というのは、自然な場面設定である。

また、「三寿」は、『荘子』盗跖篇の盗跖と孔子の対話の中で、「人上壽百歳、中壽八十、下壽六十、除病瘦死喪憂患、其中開口而笑者、一月之中不過四五日而已矣（人上寿は百歳、中寿は八十、下寿は六十。病瘦・死喪・憂患を除けば、其の中口を開いて笑う者、一月の中四五日に過ぎざるのみ）」とある。いずれも長老の意味であるが、ランクとしては、少寿、中寿、彭祖の順に高くなるという意味合いであろう。

そしてまず、高宗と少寿との問答から始まるが、少寿の答えの部分は、竹簡（第三簡）残欠のため、確認できない。ただ、少寿も「二有国（夏・殷）の情」を知る人として登場しており、高宗から尊敬される人物として設定されていたことが推測される。続いて、高宗と中寿との問答。そして高宗と彭祖との問答に入る。分量的にも中心的な位置を占めるのは、この彭祖の言である。少寿、中寿の発言は一度きりであるが、彭祖は、その後、高宗との問答を繰り返していく。

なお、前半で四つの観念について問答し、後半で九つの観念について問答しているが、こうした問答のスタイルは、同じく清華簡五の『湯在啻門』に類似している。『湯在啻門』は、湯王が小臣に対して「成人」「成邦」「成地」「成天」などテーマをあげて次々と質問し、小臣がそれに答えていくという構成である。また、問答を通して、「古の先帝」の「良言」や「先王の遺訓」を引き出すという手法も類似している。但し、『湯在啻門』では、湯王と小臣の問答のみが七回続いて行われていて、他の人物は登場しない。これに対して、『殷高宗問於三壽』では、前半の四つの観念については、三寿それぞれが発言し、後半の九つの観念については、専ら彭祖が答えている。

それでは、こうした問答から窺うことのできる思想的特質とはどのようなものであろうか。

まず、前半の四つの観念に対する問答を表1にまとめてみよう。高宗の質問は、三寿に対して全く同様であり、「長」「険」「厭」「悪」の四つについてである。

表１　前半部の四つの観念

	少寿	中寿	彭祖	高宗
長		風	水	［山］
険		心	鬼	矛及干
猒		臧（蔵）	平	富
悪		喪	傾	無飫

釈文や現代語訳で示した通り、この四つ、すなわち「長」（長い）「険」（険しい）「猒」（足る）「悪」（憎む）とは、いずれも、国家の保全・継承に関わる観念であることが推測される。中寿や彭祖の答えも、比喩的な漠然としたものであるが、最後に、「吾聞く」として高宗が述べる内容は、やや具体的で、例えば、「険」については「矛及干」、すなわち武器、「猒」については「富」、「悪」については「無飫」（後継者がいないこと）とある。

そして、これを受けた彭祖の言は、「書占（数）を読」むことの大切さを説くもので、その彭祖の見解を聞いて高宗は「恐懼」したとされる。この「書占」が術数類の書であるとすれば、天人関係に対する留意を説いていることになり、それを逸脱すると人事にも天地にも異変が起こると警告していると推測される。広義の天人相関思想を説くものである。

同様に、こうした思想的傾向は、後半の九つの観念の問答についても窺うことができる。高宗の問いは、「先王の遺訓」について。具体的には、「祥」「義」「徳」「音」「仁」「聖」「知」「利」「信」とは何かというものである。ここでも彭祖は、「先王の遺訓」を知っている古老として描かれている。

まず、高宗が提示した九つの観念に対する彭祖の答えを表2にまとめてみよう。

表2　後半部の九つの観念

祥	天の常道を知り、天神の明を敬うというもので、天に対する強い敬意をうかがうことができる。
義	礼と教化によって民を正すこと。
徳	「中」に従い極端なことをしないこと。また、適宜赦免を実施し、善を振興することによって、民の力を集めることとされる。さらに、神の福をいただくこともその要素の一つとされる。
音	人材の登用と音楽による民の教化を説く。
仁	衣服を正して信を好み、孝行慈愛の心を持って隣人を愛し、遠くの人々にも思いを致すこと。また、神を喜ぶことも、その要素の一つとされる。
聖	神を敬い民を調和させて戦争をとどめ、賢人を登用して讒言・謡言が退けられるような状況をいう。
智	諫めを納れて（自分に対する）謗りを受け入れ、神や民を責めることがないという点に特徴がある。
利	上下左右に乱れがなく、嫉妬や怨嗟がおこることがない状況。必ずしも金銭的利益を言うのではない。
信	「叡信の行」と言い換えられるが、民を養って王位を守り、四方に教化を行き渡らせることを言う。

以上九点の内容から、その遺訓の対象者は、「天」「神」と「民」との間にいる存在、すなわち「王」であることが分かる。なお、こうした九つの配列・組み合わせは、伝世儒家文献には見られない。そして特に注目されるのは、やはり天人相関の思想的傾向である。

改めて前半部も含めて、彭祖の言に見られる天人相関的要素を抽出してみよう。

〈前半部〉

・君子而不讀書占、……殷邦之妖祥並起。

・龜筮孚忒、五寶變色、而星月亂行。

〈後半部〉

・祥　聞天之常、祇神之明、　餘享獻攻、括還妖祥

・義　厤象天時

・德　冒神之福

・音　（特になし）

・仁　喜神而憂人

・聖　恭神以敬

・智　神民莫責

・利　天目毋眯

・信　（特になし）

・囂神莫恭而不顧于後、神民並尤而仇怨所聚、天罰是加、用兇以見詢。

・恭神勞民

・天顧復之用休、雖陰又明。

このように、準拠・尊敬すべきものとして「天」「神」が挙げられており、人（王）がそれらに違反すると天罰が下るという天人相関思想である。もっとも、「祥」の説明に「妖祥を括還す」とある通り、妖しい兆しについては、むしろ危険視し、それを止め囲うと彭祖は説明している。しかし、こうした例外的な「妖祥」を除いては、基本的には「天」「神」への準拠・尊敬が述べられている。

また、九つの観念に続く高宗の質問では、治めがたい民の性質を「揚」と「晦」の語で表すが、彭祖は、それについて説明しながらも、その本性については一定の信頼感を示し、教化していくことの重要性を説く。またその際にも、施策を誤れば天罰が下り、善政を敷けば天が報いてくれると述べる。全体的に、強い天人相関の思想が表れている。高宗の質問の一番目が「祥」であることも、それに関連していると言えよう。但し、戦国時代の陰陽家の説く陰陽五行説や、公羊学の説く災異説、黄老思想の説く周期的天道観といったものではなく、どちらかと言えば、素朴な天人相関思想である。

なお、殷代の信仰対象であった「帝」（上帝）は登場しない。この点は、本文献の成立時期について関わる問題ともなるので、後の節で改めて検討してみよう。

この『殷高宗問於三壽』における彭祖の言を、どのように評価するかという点については、原釈文作成者の李均明氏は、「儒家思想を中心としているが、他学派の思想を取り入れていて、戦国時代中期の特色を備えている。それは、後の荀子の思想に類似する点がある」と指摘する。そして、荀子の思想との具体的な類似点としては、右の九点の内の特に「中」（『荀子』宥坐篇に見られる中正の思想）、「利」、「音」楽の重視といった点をあげる。

確かにその指摘は重要である。荀子の思想が戦国末に突如完成したのではなく、先行する様々な思想を吸収・統合するものであったことが、近年の出土資料の解析によって明らかになりつつある。(5) この『殷高宗問於三壽』も、そうした先行文献の一つであったという可能性を想定できる。ただ、ここで最も重視すべきなのは、やはり、その基調をなす天人相関の思想であろう。この点は、「天人の分」を説く荀子の思想とは、むしろ対照的である。荀子との類似は、結果的に共通する要素が一部あるといった程度の問題であり、荀子の思想との濃厚な関係を強調しすぎるのは、妥当ではないと考えられる。

五　彭祖の形象

次に、本文献で中心的な役割を果たしている彭祖について考察してみよう。彭祖については、例えば、『史記』楚世家に、「楚之先祖出自顓頊高陽。……吳回生陸終。陸終生子六人、坼剖而產焉。其長一曰昆吾、二曰參胡、三曰彭祖、四曰會人、五曰曹姓、六曰季連」とあるのが著名であるが、本文献では、殷の高宗と対話する古老として登場する。

まず、彭祖は地の文では「彭祖」と記述されるが、高宗からの呼びかけでは「高文成祖」と称されており、高宗から尊敬される立場の古老として描かれていることが分かる。また、道家・道教系文献では、八百歳を生きた神仙的存在とされるが、ここでは、特にそうした性格は見いだせない。但し、高宗の問いの中の一つに「長」があり、また、高宗が「我尓と相念い相謀り、世世後嗣に至らん」と言っていることから、彭祖が国家の興亡・継承について高い見識を持つ長老だという前提で記述されていることが分かる。

ここで参考としなければならない資料として、上博楚簡『彭祖』と馬王堆漢墓竹簡『十問』がある。両文献とも近年発見された出土資料である。上博楚簡『彭祖』は、『上海博物館蔵戦国楚竹書（三）』として二〇〇三年に公開された文献、竹簡八枚から成る小篇である。一方、『十問』は、一九七二年に馬王堆三号漢墓から出土した簡牘の一つで、竹簡百一枚から構成されている。

では、この三文献において、彭祖の形象はどのような相違があるであろうか。概要を表3にまとめてみよう。

表3　彭祖の形象の相違

文献名	彭祖の形象
清華簡『殷高宗問於三壽』	殷の高宗と問答する「三寿」の一人。国家の歴史・興亡に精通した古老として描かれている。天人相関に留意して、王の治政の重要性を説く。
上博楚簡『彭祖』	「君」として登場し、「臣」である耇老と君臣問答を交わす。主題は、天地の道や人倫、国家の永続。（個人の長生ではない。）
馬王堆漢墓竹簡『十問』	十の問答によって構成された内の六番目で、王子巧父（王子喬、周太子晋）の問いに答え、人間の精気や長生に言及する。『十問』全体の主題も「長生」であり、房中養生的性格を備えている。

このように、三文献の共通点としては、問答体で構成される文献に登場するという点があげられる。しかし、上博楚簡『彭祖』、清華簡『殷高宗問於三壽』と馬王堆漢墓竹簡『十問』とでは、彭祖の形象に大きな相違がある。

まず、『殷高宗問於三壽』は、右に検討してきた通り、殷の高宗と問答する「三寿」の一人で、中でも、最も高宗から尊敬される古老として描かれている。しかも、国家の保全・継承に高い見識を持つ人物として登場する。また、上博楚簡『彭祖』は、「君」として登場し、臣下の耇老と問答する点は、『殷高宗問於三壽』と立場が異なるとも言えるが、主題は、国家の永続であり、この点は、類似している。そしてこの両文献には、八百歳まで生きた神仙的存在というような性格は見いだせない。古老と言っても、それは常識的な範囲の年齢であると推測される。

これに対して、馬王堆漢墓竹簡『十問』は、国家の永続ではなく、人間の精気や長生に言及しており、性格がやや異なる。『十問』は文字通り、十の問答から構成されているが、そこに共通するのは、房中養生的性格である。

筆者は、先に、この上博楚簡『彭祖』と馬王堆漢墓竹簡『十問』とを比較して、上博楚簡『彭祖』が彭祖伝承の展開の上で重要な位置にあることを指摘した(6)。すなわち、従来の研究では、彭祖とは、もともと部族や邦国の名であったものが、神仙的存在の個人名に変化したと考えられていた。つまり、国家の長生から個人の不老長生への展開である。そして、上博楚簡『彭祖』は、そうした彭祖伝承のちょうど過渡期に位置していたのではないかと推測されたのである。同じく、この清華簡『殷高宗問於三壽』における彭祖も、決して神仙的存在ではないものの、高宗から尊敬される古老であり、かつ国家の保全・継承を説くという点では、後の彭祖像に展開していく一要素を備えていたと考えられる。いずれにしても、本文献は、彭祖研究にとっても、重要な視点を提供しているのである。

六　著作意図と成立時期

それでは、この文献は結局、どのような著作意図を持ち、いつ頃成立したと考えれば良いのであろうか。

まず、成立の下限を示すものとして、同位炭素の年代測定数値がある。清華簡については、二〇〇八年十月十四日、清華大学主催の竹簡鑑定会が行われ、戦国時代の竹簡であるとの評価を得た。また同年十二月、清華大学の委託により、北京大学でC14年代測定が行われ、その年代が紀元前三〇五年±三〇年であると判明した。要するに、清華簡は、郭店楚簡や上博楚簡と同じく、戦国時代中期の竹簡であることが科学的に証明された訳である。従って、紀元前三〇〇年頃というのが、この『殷高宗問於三壽』の下限となる。(7)

では、上限はどのように考えられるであろうか。そこでまず注目されるのは、人物の呼称である。殷の高宗については、殷代の資料では、「武丁」「帝丁」と記され、「高宗」は周代以降の呼称である。このことは、本文献の成立が周代である可能性を示唆しているであろう。同様に、湯王についても、甲骨文では、「大乙」「唐」と表記され、「成湯」「成唐」の呼称は見られない。後半部の語注ですでに指摘した通り、本文献が「成湯」と表記しているのも、その成立が周代であることを示唆しているであろう。加えて、これほど天人相関の思想傾向を示しながら、殷代の信仰対象である帝（上帝）が登場しないのも、それを裏付けているように思われる。

ところが、この上限の問題について、異色の見解が提示されている。馬文増氏は、本篇はもともと二つの原篇（冒頭から第十簡の「不友」までと、「殷邦之妖祥並起」から文末まで）から成り、楚の史官が抄写する際に両篇を合わせて一篇としたものであり、作者は殷代の史官で、実録だとするのである。

確かに、この文献には、殷の高宗が登場し、場面設定も、殷墟を流れる「洹水」の「上」とされていた。しかしながら、登場人物や場面設定が殷代だからといって、成立もただちに殷代だと考えるのは、やや早計である。右に示した「高宗」や「成湯」といった呼称は、その可能性を否定するものであろう。また、先に検討した天人相関思想の特色からも、殷の史官の「実録」だとするのは、妥当性を欠いた極端な見解かと思われる。成立の上限としては、ひとまず周代と考えておきたい。

では、周代のどのあたりと考えるのが最も妥当であろうか。その際、まず考慮しなければならないのは、本文献がもともと前半後半の二部から成っていたという指摘である。仮に馬文増氏が言うように、もともと前後半部が独立していたという可能性、あるいは前半部が先行して古い時代に成立し、後半部が後代に付加されたという可能性は考えられるであろうか。

結論を先に言えば、こうした可能性も低いであろう。清華簡には竹簡の順番を示す配列番号（編号）が各竹簡背面に明記されている。この『殷高宗問於三壽』についても「一」～「廿八」の番号が確認される。また、第二十八簡背面には、「殷高宗問於三壽」という篇題が明記されている。こうしたことから、少なくとも篇題が筆写された時点では、『殷高宗問於三壽』は一つの完結した文献だと認識されていたことは確実である。仮に、前後半が本来別のものである、あるいは前半が先行して、後に後半が付加されたというのであれば、これまでの出土資料の体例からして、その区切りの箇所に、墨節や墨鉤などの符号が打たれているべきだと考えられる。しかし、前後半の区切りと思われる箇所には、墨釘が見えるだけで、これは、本文献に数多く付けられた句読符号に他ならない。

確かに、前半は高宗と三寿との問答、後半は高宗と彭祖との問答で、その具体的な内容も異なる。しかし、これまで検討してきたように、国家の保全・継承というテーマは全体に一貫しており、これを一つの文献と考えることには、何らの支障もないであろう。

ただ残念ながら、周代のいつ頃の成立なのかを特定する客観的根拠は、文章中には見えない。従って、後は内容からの推測になるが、まず、重視しなければならないのは、本文献の著作意図である。

彭祖は、「嗚呼、我均振して茲の九宅を攻め、夏の商に帰するを診るに、方《まさ》に挌《たたか》いに嫚《あなど》る。用《もつ》て昭后成湯を孽《いまし》め、桀に代わりて敷きて下方を有《たも》つ」と、夏から商（殷）への王朝交代の際、安易に武力を発動したことを反省している。

そして、それを戒めとして政治を執ることが肝要とされる。また、「桀」については、伝世文献に記されるような「暴君」としてのイメージは付与されていない。むしろ殷の側への訓告となっている点に特徴がある。従って、この文献は、周王朝において前王朝（殷）の歴史を反省し、治世の教訓にしようとした意図で著作されたもの、という可能性を指摘できるであろう。

また、後半部に列挙される九つの観念は、成立が周代と言っても、それほど早期ではないことを示唆しているであろう。こうした九つの観念が出揃うのは、戦国時代の諸子百家の活動期であり、例えば、春秋時代の孔子や老子の時代では、まだ早すぎる印象がある。

従って、整理者の李均明氏が、成立時期として戦国中期を想定するのは、一つの可能性として評価できるであろう。ただ、C14の測定値との関係を考慮すれば、戦国中期をやや遡るという可能性も残しておく方が良いと思われる。

結　語

以上、本章では、清華簡『殷高宗問於三壽』を取り上げ、その全体を釈読した上で、その思想的特質、著作意図、成立時期、彭祖の形象などについて考察を加えてきた。

高宗・彭祖に仮託したこうした教訓が戦国時代において比較的古くから伝わっていた可能性は充分に考えられる。そして、こうした文献は、周王朝自体にとって、また戦国時代の諸国にとっても、政治の教訓書として捉えられていたと想定されるのではなかろうか。

注

（1）清華大学出土文献研究与保護中心編、李学勤主編『清華大学蔵戦国竹簡（伍）』、中西書局。以下、通称により「清華簡」と記す。

（2）原文は以下の通り。「本篇作者提出的思想觀念主要承自儒家、但亦汲取其他學派的思想要素、俱有戰國中期思想的特色、與後來荀子思想的思想已頗相似、是研究戰國思想史的珍貴資料」。

（3）便宜上、「■」記号で表すが、この文献に関しては実際には方形の点ではなく、短い横棒のような記号「－」が打たれている。

（4）高宗の彭祖に対する二度目の発言に対して、彭祖の発言の冒頭部に「彭祖曰」あるいは「曰」の語はないが、原釈文が明示する通り、第九簡の「〓＝（君子）……」以降は彭祖の言と考えられる。但し、この箇所の区切りについては、「吾勉自抑畏」までとする説、「吾勉自抑畏以」までとする説などがある。

（5）例えば、郭店楚簡『窮達以時』の冒頭に、「天人の分」に関する思考が見られることは周知の事実である。「天人の分」が『荀子』の発明ではなく、先行するこうした思想を受容するものであったことが推測される。また、同じく郭店楚簡の『成之聞之』は「中人の性」を説き、後の『孟子』の性善説にも、『荀子』の性悪説にも展開していく要素を秘めていたことが明らかになった。

（6）湯浅邦弘編著『上博楚簡研究』第十五章「『彭祖』における「長生」の思想」、汲古書院、二〇〇七年。また中国語版として「〈彭祖〉中的「長生」思想」（拙著『戰國楚簡與秦簡之思想史研究』、第三部分第六章、台湾・万巻楼、二〇〇六年）がある。

（7）こうした経緯の詳細ならびに筆者の清華簡実見調査については、拙著『竹簡学――中国古代思想の探究』（大阪大学出版会、二〇一四年）第一部序章参照。

参考文献

（雑誌）
・李均明「清華簡《殷高宗問于三寿》概述」（『文物』二〇一四年第十二期）
・馬楠「清華簡第五冊補釋六則」（『出土文献』第六輯、二〇一五年四月、中西書局）
・李均明「清華簡《三壽》音説解析」（『出土文献』第六輯、二〇一五年四月、中西書局）
・李均明「清華簡《殷高宗問于三寿》〝利〟説解析―与荀子義利観的比較」（『出土文献与中国古代文明学術研討会論文集』、二〇一五年六月、中国人民大学）
・鵬宇「《清華大学蔵戦国竹簡（伍）》文字訓釈三則」（『管子学刊』二〇一五年第二期）
（ネット）
・清華大学出土文献読書会「清華簡第五冊整理報告補正」（清華大学出土文献研究与保護中心二〇一五年四月八日）
・鵬宇「《清華大學藏戰國竹簡（伍）》零識」（清華大学出土文献研究与保護中心二〇一五年四月十日）
・易泉「清華五《殷高宗問於三壽》初讀」（簡帛論壇二〇一五年四月十日）
・楊鵬樺「清華簡《殷高宗問於三壽》〝若小人之聾盲〟試解」（武漢大学簡帛網二〇一五年四月十一日）
・陳偉「讀《清華竹簡（伍）》札記（續）」（武漢大学簡帛網二〇一五年四月十二日）
・王挺斌「讀清華簡（伍）《殷高宗問於三壽》小札」（武漢大学簡帛網二〇一五年四月十三日）
・陳健「也説《清華五・殷高宗問於三壽》的〝寵皇〟」（武漢大学簡帛網二〇一五年四月十四日）
・胡敕瑞「《殷高宗問於三壽》札記一則」（清華大学出土文献研究与保護中心二〇一五年四月十六日）
・補白「清華簡《殷高宗問於三壽》臆説四則」（復旦大学出土文献与古文字研究中心二〇一五年四月十六日）
・王寧「讀《殷高宗問於三壽》散札」（復旦大学出土文献与古文字研究中心二〇一五年五月十七日）
・曹峰「讀《殷高宗問於三壽》上半篇一些心得」（清華大学出土文献研究与保護中心二〇一五年五月二十五日）
・馬文增「清華簡《殷高宗問于三壽》新釋、簡注、白話譯文」（武漢大学簡帛網二〇一五年五月三十日）

第二章　『程寤』考――太姒の夢と文王の訓戒――

湯浅邦弘

序　言

本章では、『清華大学蔵戦国竹簡』[1]第一分冊として公開された『程寤』を取り上げ、その全体を釈読するとともに、その主題や思想史的意義、伝世文献との関係などについて初歩的な考察を加えてみたい。

「程寤」とは、あくまで仮称であるが、その内容は、『逸周書』程寤篇との類似が注目されており、本章でも、その異同について特に検討し、清華簡『程寤』の思想的特質について分析を進めることとしたい。

一　『程寤』釈読

まず、書誌情報を記す。

『程寤』は、竹簡九枚。三道編綫。簡長四十五㎝。篇題はなく、「程寤」とは、内容に基づいて整理者が付けた仮題である。[2]清華簡の中には、竹簡背面中央に漢数字を記すものがあり、配列番号であると考えられるが、残念ながら、『程寤』には、この番号は記されていない。原釈文の担当者は清華大学の劉国忠氏である。

内容は、これまで『芸文類聚』『太平御覧』などに断片的に引かれていた『逸周書』程寤篇（古逸書）と思われる。詳細については後述するが、おおよそ次のようなものである。

周の文王の妻太姒が、商の朝廷の庭に棘が生え、太子発（後の周武王）が周の王庭の梓を取ってその間に植え、その梓がたちまち松柏棫柞に化したという夢を見た。それを受けて文王が、周の受命を察知するものの、まだ殷の力が強くて自身の存命中には殷を打倒できないことに思いを致し、後に天子となるべき発（武王）に対して、慎重に王朝交代の機を窺えと訓戒する、という内容であると考えられる。

なお、竹簡の配列については、背面に竹簡番号が記されていないため、原釈文は、文脈から推測して1～9の仮番号をつけて配列している。(3) 但し、すでに復旦大学出土文献与古文字研究中心研究生読書会（以下、復旦読書会と略称する）から、「1＋2＋3＋4＋5＋7＋6＋8＋9」に再編すべきだとの修正意見が提出されている。(4) ここでは、復旦読書会の意見を妥当として釈読した。

以下、原文、訓読、現代語訳、語注の順に記す。原文は、原釈文を基礎に、復旦読書会ほかの意見を参照して、最終的には湯浅が確定したものである。【1】～【9】は竹簡番号。（　）内の文字は原釈文で隷定された文字を読み換えたもの。①②などの丸数字は、湯浅の付けた語注の番号である。

〈原文〉

隹（惟）王元祀貞（正）月既生魄、大（太）姒夢見商廷隹（生）棘、廼小子發取周廷梓樹于厥間、化爲松柏棫柞。【1】寤驚、告王。王弗敢占、詔太子發、俾靈名凶祓。祝忻祓王、巫率祓太姒、宗丁祓太子發、敝（幣）告【2】宗方（祊）社稷、祈于六末山川、攻于商神望承（烝）、占于明堂。王及太子發並拜吉夢、受商命【3】于皇上帝。興、曰、

「發、汝敬聽吉夢。朋棘𣪠（棄）梓、松柏副、棫覆柞作、化爲䕌。嗚呼、何警非朋、何戒非【4】商、何用非樹、樹因欲、不違材。如天降疾、旨味既用、不可藥、時不遠。惟商慼在周、周慼在商。【5】擇用周、果拜不忍、綏用多福。惟梓敝不義。芃于商、俾行量亡乏。明明在向（尚）、惟容納棘、意（抑）【7】欲惟柏夢。徒庶言、迣（肆）引（矧）又（有）、勿亡秋。明武畏、如棫柞亡根（幹）。嗚呼、敬哉。朕聞周（至）長不貳、務【6】亡勿用、不忌、思卑順（柔）和川（順）、眚（生）民不災、褱（懷）允。嗚呼、何監非時、何務非和、何畏非文、何【8】保非道、何愛非身、何力非人、人謀彊、不可以藏。後戒、後戒、人用汝謀、愛日不足」。【9】

〈訓読〉

惟れ王の元祀正月既生魄《きせいはく》、太姒 夢に商廷に棘生じ、迺《すなわ》ち小子発 周廷の梓を取りて厥《そ》の間に樹え、化して松柏棫柞《よくさく》と為るを見る。

寤めて驚き、王に告ぐ。王敢て占わず、太子発に詔げて、霊名をして凶祓せしむ。祝忻 王を祓い、巫率 太姒を祓い、宗丁 太子発を祓う。宗祊社稷に幣告し、六末山川に祈り、商神を攻《おさ》め、望、蒸し、明堂に占う。王及び太子発並びて吉夢を拝し、商命を皇上帝より受く。

興きて曰く、「発よ、汝敬《つつ》しみて吉夢に聴《したが》え。朋棘 梓松に棄てられ、梓松柏副《そ》い、棫覆い柞作《おこ》り、化して䕌《かく》と為る。嗚呼、何をか警しむ、朋に非ずや。何をか戒しむ、商に非ずや。何をか用いる、樹に非ずや。樹は欲するところに因りて、材を違えず。如し天 疾を降すも、旨味既に用いらるれば、薬すべからず、時遠からず。惟れ商の慼《うれ》いは周に在り、周の慼いは商に在り。択びて周に用い、果拝して忍びず、綏《やす》んじ用いれば福多し。惟れ梓は不義を敝《やぶ》る。商に芃《さか》んなれば、行量をして乏《おか》す亡《な》からしむ。明明として尚《かみ》に在り、惟れ棘を容納するや、抑《そもそも》惟の柏夢を欲するや。徒庶言う、肆に長有せんとすれば、秋《みのり》亡きこと勿からしむと。武畏を明らかにするは、棫柞に幹亡きが如し。嗚呼、敬しまんや。朕聞く、至長にして貳《か》わらざるは、亡に務めて用いる勿ければ、忈《そこな》わず、卑柔和順を思えば、生民に災あらず、允《まこと》を懐《おも》うと。嗚呼、何をか監みる、時に非ずや。何をか務む、和に非ずや。何をか畏る、文に非ずや。何をか保つ、道に非ずや。何をか愛す、身に非ずや。何をか力《つと》む、人に非ずや。人謀彊《つと》むれば、以て蔵《かく》すべからず。後に戒め、後に戒めよ、人 汝が謀を用いれば、日の足らざるを愛《おし》め」。

〈現代語訳〉

（周の文）王（即位）の元年正月既生魄に、（文王の妻）太姒が、商の朝廷の庭一面に棘が生え、そこで太子の発（後の武帝）が周の宮殿の庭の梓（の苗）を取ってその中央に植えたところ、たちまち松柏棫柞の木となった、という夢を見た。

（太姒は）目覚めて驚き、王に告げた。王はすぐには夢占いをせず、太子の発に告げて、霊名に凶祓（不吉を払う儀式を）させた。祝忻が王を祓い、巫率が太姒を祓い、宗丁が太子発を祓った。宗廟社稷に幣告し（穀物を備えて祈り）、六末山川（天地四方と山川の神）に祈り、商神（殷の神）を祭祀し、望・蒸の儀式を執り行い、明堂に占って吉夢の占断を得た。王と太子発は並んでその吉夢を拝し、（衰亡しかけている商に取って代わるよう）皇々たる上帝より命を受けた。

（文王は）立ち上がって言った、「発よ、慎んで吉夢に従いなさい。群生した棘が梓や松に棄てられ、梓松柏が寄り添い（成長し）、棫や柞が繁茂して丹塗り（の立派な材）になる。徒党に警戒しなければならぬ。商を戒めにしなければならぬ。樹（適切な人材）を用いなければならぬ。樹（人材）は用途を第一にすべきで、材を違えてはならぬ（適材適所が必要だ）。もし天が災いを降しているのに、美食をつくしているようであれば、手の施しようがなく、遠からず滅ぶだろう。商の憂いは周にあり、周の憂いは商にある。（商の憂いを）選んで周のために用い、（不要な人材は）我慢せずに果敢に除去し、（有用な人材を）安らかに用いれば福が多くなろう。そもそも梓は不義を破るものである。それが商に盛んに繁れば、人々の行動を誤らせることがなくなるであろう。（上帝は）堂々と上に在り、この棘を容認しているであろうか。それとも、この（松）柏の夢を願っているだろうか。庶民は言っている、肆中に長く物品を留めようとすれば、しっかりと実りを収穫しなければならない（周の長久を願うのなら、長期的展望による策略が必要だ）と。武力による恐怖をひけらかすのは、棫柞に幹がないようなものだ。ああ慎めよ。私は聞いている、永遠不変であるものは、滅亡の危機に対処して（不適切な人材を）用いることがないから、（人民を）そこなわず、穏和と従順を思うから、人民に災害はなく、（人民は）誠を思うようになると。時を鑑みなければならぬ。和に努めなければならぬ。文徳に畏れ慎まなければならぬ。道を保たなければならぬ。身を愛さなければならぬ。人に尽くさなければならぬ。人間の謀《はかりごと》は努めれば必ず現れるのだから、後々（周が殷を打倒して武王が天子となる時）まで充分に戒めよ。人はお前の計謀に従っていくのだから、時の不足を惜しまなければならぬ」。

〈語注〉

①既生魄……陰暦で月の二週目。既生霸に同じ。『書経』武成篇に「既生魄、庶邦冢君暨百工、受命于周」。王國維『観堂集林』芸林一・生霸死霸考に「余覧古器物銘、而得古之所以名日者凡四、……。二曰既生霸、謂自八、九日以降至十四、五日也」。

②隹（生）棘……原釈文が「隹」と隷定する文字、ここでは字形と伝世文献当該箇所の記述を重視して「生」に読む。

③棘……いばら。「荊棘」と熟し、困難や紛糾、小人や讒賊の比喩として使われる。『後漢書』馮異伝に「為吾披荊棘、

當闕中」。『楚辞』東方朔・七諫・怨思に「行明白而曰黒兮、荊棘聚而成林」。ここでは、上帝が殷に見切りを付け、殷の滅亡が迫っていることの象徴として使われている。

④梓……あずさ。良質な木材とされ、有用な人材の比喩として使われる。『書経』梓材篇に「若作梓材、既勤樸斲、惟其塗丹雘（梓材を作るに、既に樸斲《ぼくたく》を勤め、惟れ其れ丹雘《たんかく》を塗《おわ》るが若し）」。ここでは、母の夢の中で、発（後の武王）が群生する棘の中央に植えた木とされている。王権の象徴と推測される。

⑤松柏……まつとかしわ。長寿や堅い節操の比喩として使われる。『詩経』小雅・天保（臣下が君を祝福する詩）に「如松柏之茂、無不爾或承（松柏の茂れるが如く、爾《きみ》に承くる或《あ》らざるは無し）」。ここでは、発の植えた梓の苗が成長して変化した木とされているので、周王朝樹立の象徴として理解される。

⑥棫柞……棫（ヨク、くぬぎ）と柞（サク、たらのき）。「棫」は『爾雅』釈木に「棫、白桜」。郭璞注に「桜、小木叢生、有刺、實如耳璫、紫赤可啖」。「柞」は『説文』に「柞、柞木也」。「棫樸」は『詩経』大雅・文王之什の篇名。文王がよく臣下を登用するのを詠じたもの。賢人の多いことのたとえとしても使われる。ただ、「柞棫」の例は、『詩経』大雅・文王之什・緜に古公亶父（太王）の建国の様をうたい、「柞棫抜矣、行道兌矣。混夷駾矣、維其喙矣（柞棫抜たり、行道兌たり。混夷駾たり、維れ其れ喙《かい》たり）」とあり、また、皇矣に「帝省其山、柞棫斯抜、松柏斯兌。帝作邦作對、自大伯王季（帝其の山を省《み》るに、柞棫斯に抜たり、松柏斯に兌たり。帝邦を作《おこ》し對を作すに、大伯王季よりす）」とあって、『詩経』では、柞棫は茎や葉に刺のある木々で、抜かれるべきものとして登場することもある。しかし、ここでは、「松柏棫柞」はともに、発の植えた梓の苗が成長して変化した大木とされているので、やはり、周王朝樹立の象徴として理解される。

⑦霊名、祝忻、巫率、宗丁……いずれも祭祀官の官職名または人名であると推測されるが、詳細についてはよく分か

らない。

⑧宗祊……宗祀、宗廟。『左伝』襄公二十四年に「保姓受氏、以守宗祊」。

⑨商神……商（殷）の守護神。ここで文王が商神を祭祀するのは、当時まだ商の権勢が周を圧倒していたからだと思われる。文王は周の受命を確信しつつも、なお商神を尊重しているのである。

⑩望……周の山川をのぞんで柴をたき煙をあげて山川の神をまつる。またその祭り。「望祭」「望于山川」（『書経』舜典）。『太平御覧』巻第八十四・皇王部九・周文王引く『帝王世紀』によれば、この時、文王は「程」の地に棄てられていたという。そこから遠き山川をのぞんで神を祭ったという意味であろう。

⑪蒸……冬の大祭。収穫した物を盛大に供えることから。

⑫商命……商（殷）に嘗て降されていた天命。ここでは、それを文王が拝命したとあるので、商の命運が事実上尽きたことを示唆している。

⑬皇上帝……原釈文は「帝」を合文と見て「皇上帝」と釈読する。ここでもそれに従っておくが、後述の関係資料では、「皇天上帝」に作るものが多い。

⑭棄……原釈文は「㱿」に釈読し、『説文』を引いて「棄」の意とする。他に、隷定字の「戈」字を重視して「伐」に読む可能性もあろう。

⑮臒……丹塗りの立派な材。『書経』梓材篇に「若作梓材、既勤樸斲、惟其塗丹臒」。

⑯徒庶言、泄（肆）引（矧）又（有）、勿亡秋……難解な箇所である。ここでは、王寧「読清華簡《程寤》偶記一則」（二〇一一年一月二十八日、http://www.gwz.fudan.edu.cn/SrcShow.asp?Src_ID=1389）が「徒庶言、『泄（肆）矧（長）有、勿亡秋』」と釈読し、「文王引用庶民的俗語説、要想市肆上貨物長久充裕、就不能没有穫」と訳すのに従う。

⑰周（至）長不貳……原釈文は、『詩経』鹿鳴の伝に「周」を「長」と訓ずる例を指摘し、「至長不貳」と釈読する。
⑱忎……惎（そこなう、いむ、にくむ）の古字。
⑲愛日不足……『書経』周書・泰誓中に「我聞、吉人為善、惟日不足。凶人為不善、亦惟日不足」。

二　『程寤』の主題と思想史的意義

それでは、この文献の主題や思想史的意義はどのように考えられるであろうか。

まず、太姒の見たとされる夢自体については、後述のように、これまでも『潜夫論』や類書の断片的引用などによって知られてはいた。ただその記述は極めて簡略であった。これに対して、清華簡『程寤』では、この夢に周の文王がどのように対処したのか、また、発（後の武王）にどのような訓戒を述べたのかが詳細に記されている。

また、従来の資料でも、商庭に棘が蔓延ったこと、発（後の武王）がその間（中央）に植えた梓が松柏棫柞となったこと自体は記されていたが、その意味について解説したものはなかった。『程寤』では、その後の文王の言葉から、それぞれの樹木（植物）が次のような比喩になっていると理解される。

棘……商の末期的症状。王権が衰微し命運が尽きかけている様。

梓……商に代わって伸びゆく周の勢力。発が後に商を打倒し、天子となることの象徴。

松柏棫柞……商を圧倒して成長する周の未来。周王朝確立の象徴。

この夢を文王は、直ちには吉夢とは考えず、各種のお祓いや祭祀をしてから明堂において改めて夢占いに供している。これまでの資料では、このプロセスを説明するものはほとんどなかった。これは、夢の内容があまりにも重大であったために記す必要があったと思われるが、後の資料では、夢自体に注目が集まり、省略されたと推測される。

そして、その夢に対する占断の結果は「吉夢」であった。文王の元年に、商庭に棘が生え、発の植えた梓が棘を圧倒して大木に成長するというのは、殷の衰亡と周の受命を象徴するもので、周にとっては基本的には吉夢である。また、文王は発言の中でも、「如し天　疾を降すも、旨味既に用いらるれば、薬すべからず、時遠からず」とか、「明明として尚に在り、惟れ棘を容納するや」のように、商の衰退滅亡の可能性に言及している。

これが『程寤』の一つの主題であろう。従来の資料でも明らかなように、この夢は周の受命の象徴として捉えられるのである。

ただ、従来の資料には全く見られなかった文王の訓戒は、どのような意味を持つのであろうか。文王は、太姒の夢の内容の主体が発（武王）であることに思いを致した。この夢を見たのは太姒であり、文王自身ではない。また、夢の中に登場して重要な役割を果たすのは梓を植えた発なのである。すなわち、この夢は周の受命を象徴する吉夢ではあったが、文王自身の存命中には王朝交代が成し遂げられず、後の発によって周王朝が樹立されることを象徴していた。そのことに文王は気づいたのである。

事実、文王は、殷の末期に「西伯」として人望を集め勢力を拡大したが、讒言にあって羑里に幽閉され、その後、殷の紂王に多くの貢ぎ物を贈ってようやく幽囚を解かれるなど、苦汁の日々を送ったのち亡くなった。[5] 文王の存命中には、遂に王朝交代は果たせなかったのである。

ただ、「商の慼《うれ》いは周に在り、周の慼いは商に在り」と文王が言っているように、商の最大の憂いは周の勢力であった。周は商の権勢の前に雌伏を余儀なくされていたが、その商を打倒すべき最有力候補は、他ならぬ周だったのである。

そこで文王は、発に対して、人材の選択を誤ってはならないこと、身を慎んで人民のために尽力しなければならないこと、殷打倒の「謀」（計画）が露見しないように慎重に事を進めること、などについて長々と訓戒したのである。[6]この点は、従来の資料からは全く窺い知られることのなかった内容である。

従って、この文献は、後の周王朝の為政者が、自らの受命（殷周革命）の正当性を主張するために制作したものと、まずは推測される。と同時に、文王の遠謀深慮を顕彰するために記したものと考えられる。文王は受命して王号を称しながら、その後、捕らえられて羑里に幽閉され、自らは殷王朝の打倒を果たせず、その意志を子の発に密かに訓戒したのであった。この訓戒の部分こそ、これまで伝えられてこなかった『程寤』の最大の特質なのである。[7]

さらに、後世の儒家から見た場合、この文献は、やはり二つの意味で、大きな意義を有していたことになろう。一つは、儒家の理想とする周王朝が夢を媒介とする形でまさしく受命していたことを明らかにするという点である。『書経』武成篇には殷周革命の記事が見える。牧野の戦における武王の軍事行動はすさまじかったと記されている。戦死者が膨大な数にのぼり、流血に盾が浮かんだというのである。こうした過激な武力行使は、周王朝を讃える儒家から見れば、一種のトラウマともなりかねない。そこで『孟子』は、紂王のような「不仁」者を有徳な武王が討つのに、なぜそのような過激な戦闘になろうかと反論し、「盡信書、則不如無書（尽く書を信ぜば、則ち書無きに如かず）」（尽心下篇）と述べて、歴史記述をすべて信用してはならないと弁解した。

従って、夢を媒介とする受命がすでにあったというのは、後世の儒家にとって、極めて都合のよい伝承となったであろう。武王による軍事的勝利は一つの結果に過ぎず、事実上の王朝交代はすでに文王の時に約束されていたことになるからである。

また、「堯舜禹湯文武」と連称される歴代聖王の中でも高く評価される文王が、自らは王朝交代を実現できないことを悟りながらも、来たるべき時に備えて発（武王）に密かに訓戒していた。こうした伝承は、文王の人徳と智謀を高く評価するものとして儒家に受け止められたであろう。

三 『程寤』の行方

しかし、『程寤』の内容は、その後、失われ、正しく伝えられてこなかった。そこで次に関係文献資料との比較を通して、この話がその後どのように伝えられていったのかを整理し、また、そこから逆に、清華簡『程寤』の意義を改めて検討してみることにしよう。

まず、主な関係資料を、①〜⑫まで列挙しておく。

①『潜夫論』夢列篇

且凡人道見瑞而修德者、福必成、見瑞而縱恣者、福轉為禍。見妖而驕侮者、禍必成、見妖而戒懼者、禍轉為福。是故太姒有吉夢、文王不敢康吉、祀於群神、然後占於明堂、並拜吉夢。修省戒懼、聞喜若憂。故能成吉以有天下。

②『博物志』巻八

大姒夢見商之庭產棘、乃小子發取周庭梓樹、樹之闕間、梓化為松柏棫柞。覺驚、以告文王。文王曰、慎勿言。冬日之陽、夏日之陰、不召而萬物自來。天道尚左、日月西移、地道尚右、水潦東流。天不享于殷、自發之生於今十年、夷羊在牧、水潦東流、天下飛蝗滿野、命之在周、其信然乎。

③『芸文類聚』第七十九巻・霊異部下・夢

周書曰、大姒夢見商之庭産棘、太子發取周庭之梓樹於闕、梓化為松柏棫柞。寐覺、以告文王。文王乃召太子發、占之于明堂。王及太子發、並拜吉夢、受商之大命于皇天上帝。

④『芸文類聚』第八十八巻・木部上・松

周太似夢周梓化為松。

⑤『白氏六帖』夢

樹梓　周書、太姒夢見商之庭産棘、小子發取周庭之樹、梓化為松栢棫柞。驚寤、告文王。文王召太子、占之於明堂。王乃與太子發並拜吉夢、受商之大命於皇天。

⑥『太平御覧』巻第八十四・皇王部九・周文王

帝王世紀曰、文王昌龍顏虎肩、身長十尺、胷有四乳、晏朝不食、以延四方之士。文王合六州之諸侯以朝紂、紂以崇侯之讒而怒、諸侯請送文王、棄于程。十年正月、文王自商至程。太姒夢見商庭生棘、太子發取周庭之梓樹之于闕間、梓化為松栢柞棫。覺而驚、以告文王。文王不敢占、召太子發、命祝以幣告于宗廟群、神然後占之于明堂。及發並拜吉夢、遂作程寤。

⑦『太平御覧』巻第三百九十七・人事部三十八・吉夢上

周書曰、文王去商在程、正月既生魄、大姒夢見商之庭產棘、小子發取周庭之梓樹乎闕間、梓化為松柏棫柞。寤驚、以告文王。王及太子發並拜吉夢、受商之大命于皇天上帝。

⑧『太平御覽』巻第五百三十三・礼儀部十二・明堂

又程寤曰、文王在翟、太姒夢見商之庭產棘、小子發取周庭之梓樹於闕間、化為松柏棫柞。驚以告文王。文王曰召發于明堂、拜告（吉）夢受商之大命。

⑨『冊府元亀』巻二十一・帝王部・徴応

周文王父季曆之十年、飛龍盈於殷之牧野、此蓋聖人在下位將起之符也。及爲西伯、作邑于豐。文王之妃曰太姒、夢商庭生棘、太子發植梓樹於闕間、化爲松柏柞棫、以告文王。文王幣告羣臣、與發並拜吉夢。

⑩『冊府元亀』巻八百九十二・總録部・夢徴

周文王去商在程。正月既生魄、太姒夢見商之庭產棘、小子發取周庭之梓樹於門間、梓化爲松柏棫柞。寤驚、以告文王。文王及太子發並拜吉夢、受商之大命於皇天上帝。

⑪『詩経』大雅・文王之什・皇矣「居岐之陽」正義

周書稱、文王在程、作程寤・程典。

⑫『爾雅翼』巻十二
周之興、大姒夢見商之庭產棘、小子發取周庭梓樹、植之于闕間、梓化為松柏柞棫。覺驚、以告文王。文王曰、「勿言。冬日之陽、夏日之陰、不召而物自來」。以為宗周興王之道。

これらの資料は大同小異であるとも言えるが、それぞれ微妙な相違点があるので、以下では、いくつかの項目に分けて、その異同を整理しておきたい。

（一）樹木の変化について

まず、太姒の夢に登場する発が植えた梓であるが、この梓がどのように変化したのかという観点から、整理してみると次のようになる。

・梓→（化）→松柏（栢）棫柞　②⑤⑦⑧⑨⑩
・梓→（化）→松柏（栢）柞棫　⑥⑫
・梓→（化）→松　④
・具体的な樹木には言及せず　①

基本構造はほぼ同じであり、ほとんどの資料は梓が松柏（栢）棫柞に化したと記している。ただ、④の『芸文類聚』は「松」部に収録されたため、「柏棫柞」が夾雑物として意図的に排除されたと考えられる。類書特有の例外的な収録としておくべきであろう。また、①の『潜夫論』は、樹木の名に言及しないが、これは、『潜夫論』の主旨が別のところにあったことを示唆していよう。この点については後述する。

（二）夢見の後の展開について

次に、太姒がこの夢を見た後、文王がどのような行動をとったのか、という点から整理してみると次のようになる。

・太姒の夢→（占わず）→幣告など→明堂に占う→吉夢を拝し大命を受ける　⑥
・太姒の夢→祭祀→明堂に占う→吉夢を拝す→修徳に努めた結果天下を得た　①
・太姒の夢→明堂に占う→吉夢を拝し大命を受ける　③⑤⑧
・太姒の夢→幣告→吉夢を拝す（受命のことは記さず）　⑨
・太姒の夢→吉夢を拝し大命を受ける　⑦⑩⑫

清華簡『程寤』に最も近いのは、⑥の『太平御覧』所引『帝王世紀』である。それ以外のものは、この型を基本にした簡略型であると考えられる。一方、やや異なるのは、やはり①の『潜夫論』である。ここに発（武王）は登場しない。吉夢を得た文王が修徳に努めた結果、天下を得た旨が記される。

（三）文王の言葉について

こうして吉夢を得た文王は、清華簡『程寤』では、発に対して訓戒を述べたことになっているが、他の資料ではどうであろうか。

・程寤の文言（文王の訓戒）なし　①③④⑤⑦⑧⑨⑩
・程寤を作ったことのみ記す（内容は記さず）　⑥⑪
・文王の発言が一部あるが、この清華簡『程寤』とは異なる　②⑫

このように、従来の資料からは、文王の発言の詳しい内容は全く知られることがなかった。②の『博物志』と⑫の『爾雅翼』では、「慎勿言（慎んで言うこと勿かれ）……」「勿言（言うこと勿かれ）……」という文王の言葉が記される。これは、文王が周の受命という夢の重大性に鑑みて、こうした夢を見たこと自体と王朝交代実現までの計謀とを厳重に秘匿せよと述べたものであろう。『程寤』における文王の訓戒の主旨に類似するが、やや簡略な発言となっている。従って、文王の訓戒の全容を知ることができるというのが、何にも増して、清華簡『程寤』の重要な意義なのである。(8)

結　語

本章では、清華簡『程寤』について、その全体の釈読を行い、基礎的な考察を試みた。

程寤とは、殷の末期、程の地に追放されていた周の文王が、即位の元年、妻太姒の見た夢に鑑み、太子の発（後の武王）に訓戒するという内容である。

文王がこの夢を重く受けとめ、厳重な祭祀を経た後、占断に供した上で、長々と発（武王）に訓戒を述べたのは、文王自身ではなく、発が梓を植えて、それが大木に成長したという内容に注目したからであろう。この夢を文王は、殷の命運が尽きかけているものの、自身の存命中に王権の交代はまだなく、後の発によって周王朝が樹立されることの象徴と理解したのである。

そこで、殷の過ちを繰り返さないように、身を慎んで人民のために尽くし、慎重に計謀を進行させて殷を打倒して、周の王権を確立するよう発に訓戒したわけである。こうした文王の深謀遠慮のさまが、夢を媒介とする周の受命とともに、本文献の重要な主題となっている。

しかし、後の資料では、この『程寤』の大枠（太姒の夢の部分のみ）が伝えられるようになったため、後半の主題が分からなくなった。その結果、各種類書のように、この夢の部分だけを単に「吉夢」の例として記したり、『潜夫論』のように、吉夢を見ても身を慎まないと本当の福は得られないという道徳論として語ったりするようになってしまった。こうして『程寤』の真の主題は伝わらなくなったのである。

その他、主題からはやや外れるかもしれないが、この『程寤』には、思想史研究の視点から重要な特色がいくつも見いだせる。

まず、母（太姒）の見た夢を媒介として新王朝の受命が語られるのは、孔子生誕の伝承などと類似する。時代は下るが、『聖蹟図』にまとめられた孔子生誕の伝承によれば、孔子は、そもそも母顔徴在が尼丘に祈って授かった子だとされている。また、孔子が生まれる前、麒麟がやってきて口から玉書を吐き、そこには「水精の子が、衰えた周を継いで素王となる（水精子繼衰周而素王）」と記されていた。そして、その十一ヶ月後に、孔子が生まれたのである。また、魯の襄公二十二年十一月、孔子が生まれる夕べ、二匹の龍が屋敷の上をめぐり、五人の老人（五星の精）が庭に降りてきた。そして、孔子を生んだ顔徴在の部屋には、天上の音楽が響いてきて、「天が感応して聖なる子を生む（天感生聖子）」という声が聞こえてきた。孔子には、通常の人とは異なる徴《しるし》が四十九箇所もあり、胸には「製作定世」という文字が記されていたという。このように孔子は不思議な出生譚をもって生まれたとされる。従って、後の儒家には、この『程寤』が周王朝の正当性を主張する伝承として捉えられたと同時に、孔子の生誕受命説話と重なって見えていた可能性も考えられる。

また、受命や王権の確立を樹木によって語るという宗教性も注目される。『史記』殷本紀によれば、殷の政道が衰えて、帝太戊が立ったとき、奇怪な現象が生じた。それは、桑と穀とがからみあって朝廷の庭に生じ、その日の夕方には両手で抱えるほどの大きさになったという事件である。そこで、帝太戊は恐れて宰相の伊陟にその訳を問い、伊陟の諫言に従って徳を修めたところ、その怪木は枯れてなくなったという。(9) このように、樹木は王権の成長や衰微を象徴しているのである。清華簡『程寤』において、棘、梓、松柏棫柞などが重要な役割を果たしていることが改めて確認できるであろう。

更に、こうした内容を持つ『程寤』が『逸周書』の一篇であったとすれば、『逸周書』の成立や文献的性格を考える上で重要な手がかりとなろう。清華簡は、前記のように、郭店楚簡・上博楚簡と同じく、戦国時代中期の竹簡（写本）であることが確認されている。とすれば、その成立は当然それより前、恐らくは戦国時代の前期以前ということになろう。このことは、『逸周書』の成立を直ちに戦国前期以前とする論拠にはならないとしても、その素材自体の成立は相当早かったことを示唆していると思われる。また、『逸周書』は一人一時期の著作ではなく、雑然とした編纂物だと評されることもあるが、そこには一定の編集の意図があった可能性も考えられる。すなわち『程寤』のように、周の受命という大事件や、文王の権謀術数と言ってもいいような智謀を顕彰する書であったという点も指摘できるであろう。

このように、清華簡『程寤』は、これまで知られることのなかった重大な事実をいくつも我々に突きつけたのである。

注

（1）筆者を含む研究グループ「中国出土文献研究会」は、二〇〇九年九月、清華大学を訪問し、清華簡を実見する機会に恵まれた。その詳細については、拙稿「清華大学竹簡と先秦思想史研究」（『中国研究集刊』第五十号、二〇一〇年一月）参照。

（2）本文献が「程寤」と称される理由については、後述の『太平御覧』巻第八十四・皇王部九・周文王所引『帝王世紀』に詳しい。

（3）『清華大学蔵戦国竹簡［壹］』所収の文献の内、『尹至』『尹誥』『耆夜』『金縢』『皇門』『祭公』には、竹簡背面に漢数字の番号が記されている。これは竹簡の誤脱・錯簡を防ぐための配列番号であると思われる。

（4）「清華簡《程寤》簡序調整一則」（二〇一一年一月五日、http://www.gwz.fudan.edu.cn/SrcShow.asp?Src_ID=1343）

（5）『史記』周本紀に、「西伯曰文王、遵后稷・公劉之業、則古公・公季之法、篤仁、敬老、慈少。禮下賢者、日中不暇食以待士、士以此多歸之。伯夷・叔齊在孤竹、聞西伯善養老、盍往歸之。太顚・閎夭・散宜生・鬻子・辛甲大夫之徒皆往歸之。崇侯虎譖西伯於殷紂曰、「西伯積善累德、諸侯皆嚮之、將不利於帝」。帝紂乃囚西伯於羑里。閎夭之徒患之。乃求有莘氏美女、驪戎之文馬、有熊九駟、他奇怪物、因殷嬖臣費仲而獻之紂。紂大說、曰、「此一物足以釋西伯、況其多乎」。乃赦西伯、賜之弓矢斧鉞、使西伯得征伐。曰、「譖西伯者、崇侯虎也」。西伯乃獻洛西之地、以請紂去炮格之刑。……西伯崩、太子發立、是為武王」。

（6）これを受けるかのように、武王の軍事行動は慎重に行われている。『史記』周本紀に「是時、諸侯不期而會盟津者八百諸侯。諸侯皆曰、「紂可伐矣」。武王曰、「女未知天命、未可也」。乃還師歸」と、一旦は挙兵を断念している。

（7）劉国柱『走近清華簡』（高等教育出版社、二〇一一年）は、古代における夢と占夢の重要性を強調し、この夢が文王の即位元年時点における受命を意味していると説く。しかしながら、これに続く文王の訓戒部分については詳しい分析を行っていない。また、『書経』酒誥の内容を指摘し、殷滅亡の原因が過度の飲酒にあったとするが、この『程寤』で文王が訓戒しているのは、飲酒ではない。もっとも、「何をか戒しむ、商に非ずや」という言葉の中にそれが示唆されていたとも取れる。しかし、文王が太子発に訓戒したのは、殷の前轍を踏むなという以上に、殷討伐の陰謀を察知されないように慎重に事を運べということであった。

（8）但し、伝世文献の記述②⑫の文王の発言部分が清華簡と若干異なる点は、『程寤』の伝承過程が今少し複雑だった可能性をも示唆していよう。つまり、「程寤」の伝承は、先秦時代には複数あり、必ずしも清華簡『程寤』のような内容だけが唯一のものとして存在していたわけではないという可能性である。しかしいずれにしても、清華簡『程寤』に見えるような文王の詳細な訓戒は、その後失われてしまったのである。

（9）「帝太戊立伊陟為相。亳有祥桑穀共生於朝、一暮大拱。帝太戊懼、問伊陟。伊陟曰、「臣聞妖不勝徳、帝之政其有闕與。帝其修徳」。太戊從之、而祥桑枯死而去」（『史記』殷本紀）。

第三章　『尹誥』の思想史的意義

福田哲之

序言

『尹誥』は、西漢の恵帝末年（一説に武帝期）に魯の孔子旧宅の壁中から発見されその後亡逸した、孔壁古文十六篇のうちの一篇である『咸有一徳』に該当し、長らく不明であった古文『尚書』の真相を明らかにする貴重な資料と見なされている。(1)本章では、戦国期における古文『尚書』と儒家思想との関連を中心に『尹誥』の思想史的意義について検討を加えてみたい。

一　『尹誥』の思想

はじめに『清華大学蔵戦国竹簡（壹）』の図版および李学勤氏の釈文・注釈(2)にもとづき、諸家の見解を参考にして筆者が校定した釈文・書き下し文・現代語訳を掲げる。便宜上、通行字体を用い、【　】の算用数字は竹簡編号を示す。

惟尹既及湯咸有一徳。尹念天之敗西邑夏曰、「夏自絶其有民、亦惟蹶衆[3]、非民亡與守邑。【1】厥辟作怨于民、民復之用離心、我翦[4]滅夏。今后曷[5]不監。」摯告湯曰、「我克協我友。今【2】惟民遠邦歸志。」湯曰、「嗚呼、吾何作[6]于民、俾我衆勿違朕言。」摯曰、「后其賚之。其有夏之【3】金玉・田邑[7]、舍之吉言。」乃致衆于亳中邑。【4】

惟れ尹、既に湯及《と》咸《み》な徳を一にする有り。尹、天の西邑夏を敗るを念いて曰く、「夏は自ら其の有民を絶ち、亦た惟れ衆に蹶《たお》る。民に非ざれば与に邑《くに》を守るもの亡し。厥の辟《きみ》、怨みを民に作《な》し、民は之に復《むく》いるに離心を用《もっ》てすれば、我は夏を翦滅せり。今、后曷《きみなん》ぞ監《かんが》みざらんや」と。

摯、湯に告げて曰く、「我克く我が友と協《かな》えり。今、惟れ民に邦を遠ざかりて帰らんとするの志あり」と。

湯曰く、「嗚呼、吾何をか民に作《な》して、我が衆の朕の言に違うこと勿からしめんや」と。

摯曰く、「后《きみ》、其れ之に賚《たま》え。其れ夏の金玉・田邑有り。之に吉言を舍《ほどこ》せ」と。乃ち衆を亳中の邑に致《あつ》む。

伊尹は湯とともに同じ徳をもっていた。伊尹は天が夏を敗亡させた原因を思案して言った、「夏はみずからその民を虐げたために、人々によって顚覆された。民こそが邑《くに》を存立させるかなめなのだ。夏の君（桀）が民の怨みをかい、民が離反したからこそ、我々は夏を滅ぼすことができたのである。今わが君はどうして（この夏の敗亡の原因を）鑑《かんが》みられないのか」

そこで摯（伊尹）は湯に（面会して）言った、「私は我が同志とよく力を合わせ（夏に打ち勝ち）ました。（ところが）今、民は邦（殷）から遠ざかり（ふたたび夏に）心を寄せようとしております」

湯は言った、「ああ、私は民に対して何をすれば、人々が私の言葉にそむくことのないようにさせられるだろうか」

摯は言った、「わが君、民にお与えなさることです。夏の財宝や田地がありましょう。（これらを分け与えるとの）よきお言葉をつげなされませ」

そこで（湯は宣言をおこなうために）人々を亳に集めた。

『尹誥』は全文百十二字の短篇であるが、そこに記された伊尹や湯の言説および両者の関係から、思想面において以下の二点が注目される。

まず第一点は、冒頭の伊尹の言葉からうかがわれる民本主義である。伊尹は天が夏を敗亡させた原因を分析して、「夏は自ら其の有民を絶ち、亦た惟れ衆に蹶る。民に非ざれば与に邑を守るもの亡し」と述べ、夏の滅亡は桀みずからが民の断絶によって招いたものであり、民こそが国の存立の基盤であるとする。伊尹の意図は、いわゆる今日的な民主主義とは異なり、あくまでも政治手段として、君主に対する民の帰服の必要性を説く点にある。こうした政治手段としての民本主義の性格は、人々を従わせるにはどうすればよいかとの湯の問いに対して、夏の財宝を与えよと進言する伊尹の言葉にも端的に示されている。

天が夏を敗亡させた原因は、夏桀の民への断絶にあるとする伊尹の認識は、裏を返せば民を保んずることが国を守る最上の手段であるとの民本主義に結びつく。したがって、『尹誥』における民本主義は天命思想と表裏一体の関係をもつと考えられる。

第二点は、湯と伊尹との特殊な君臣関係である。『尹誥』における伊尹は、湯に対して終始、能動的に描かれている。例えば、冒頭の伊尹の言葉に見える「我は夏を翦滅せり」との断言は、たとえ「我」が「我々」という意味でその中に湯を含めた表現であったとしても、主体はあくまでも伊尹自身であり、夏桀の討伐はもっぱら伊尹によってなされたかのごとき口吻である。また「今、后曷ぞ監ざらんや」との湯への批判と、その後に展開される湯への進言も、みずからが湯を主導して殷の天下統治を保持するのだとの強い使命感に貫かれている。

一方こうした伊尹に対して、湯はきわめて受動的である。湯は滅夏の原因をみずから鑑みて、殷の置かれた現状を認識することができないばかりでなく、伊尹の忠告に対しても、「嗚呼、吾れ何をか民に作して、我が衆の朕の言に違うこと勿からしめんや」と全面的に伊尹に解決を委ね、その進言にすぐさま従う従順な王として描かれている。そこには『史記』殷本紀に記されるような、徳と武勇とを兼ね備えた聖王としての湯の姿は見いだされない。[8]

このように『尹誥』における湯と伊尹との間には、通常の君臣関係では理解しがたい特殊な関係が認められる。ここであらためて注目されるのは、『尹誥』の冒頭におかれた「惟れ尹、既に湯と咸な徳を一にする有り」との一文である。上述の分析を踏まえれば、一見唐突にもみえるこの文章は、伊尹と湯との関係が、徳の共有という、通常の君臣関係とは異なる次元において成立していることを示す、重要な前提になっていると考えられる。

二　『尹誥』と『孟子』との類似性

前節では『尹誥』の思想について二つの観点から検討を加えたが、ここで注意されるのは、『孟子』のなかにこれらと類似する思想が見いだされる点である。

まず『尹誥』に見える民本主義について、『孟子』との類似性を検討してみよう。『孟子』に民を政道の根本とする一種の民本主義が見られることは、すでに多くの先学が指摘するところである。[9]はじめに引用するのは、『孟子』に

おける民の尊重を示す言葉として有名な部分である。(10)

孟子曰、民爲貴、社稷次之、君爲輕。是故得乎丘民而爲天子、得乎天子爲諸侯、得乎諸侯爲大夫。（尽心下篇）

孟子曰く、「民を貴しと為し、社稷之に次ぎ、君を軽しと為す。是の故に丘民に得られて天子と為り、天子に得られて諸侯と為り、諸侯に得られて大夫と為る」

これは国家存立における優先順位を説いた部分であり、「丘民に得られて天子と為る」との言葉からも明らかなように、民の帰服を得てはじめて君主の存在基盤が確保されることを述べている。こうした思考は、滅夏の原因を民への断絶に求め、「民に非ざれば与に邑を守るもの亡ければなり」と述べる『尹誥』のそれと軌を一にする。

次は滅夏・滅殷の原因を説く部分である。

孟子曰、桀紂之失天下也、失其民也。失其民者、失其心也。得天下有道。得其民、斯得天下矣。得其民有道。得其心、斯得民矣。得其心有道。所欲與之聚之、所悪勿施爾也。（離婁上篇）

孟子曰く、「桀紂の天下を失うや、其の民を失えばなり。其の民を失う者は、其の心を失えばなり。天下を得るに道有り。其の民を得れば、斯に天下を得。其の民を得るに道有り。其心を得れば、斯に民を得。其の心を得るに道有り。欲する所は之を与え之を聚め、悪む所は施す勿《な》きのみ」

桀紂の敗亡の原因を「其の民を失う」に求め、民心を獲得するための手段として「欲する所は之を与え之を聚め、悪む所は施す勿きのみ」と説く孟子の主張は、滅夏の原因を「其の有民を絶つ」に求め、民の反意を鎮静させ「我が衆の朕の言に違うこと勿からしめ」る方策として、「后、其れ之れに賚え」と民への恵与を進言する伊尹の主張と、顕著な類似性を示している。『孟子』における民本主義も、『尹誥』のそれと同様、あくまでも民を帰順させるための政治手段として位置付けられており、民本主義と天命思想とが表裏一体の関係をもつことが明らかである。

それでは続いて二点めに挙げた、湯と伊尹との特殊な君臣関係について見てみよう。はじめに取り上げるのは、伊尹が湯に仕えるにいたった経緯に関する万章と孟子との問答である。

萬章問曰、人有言。伊尹以割烹要湯。有諸。孟子曰、否、不然。伊尹耕於有莘之野、而樂堯舜之道焉。非其義也、非其道也、祿之以天下、弗顧也。繫馬千駟、弗視也。非其義也、非其道也、一介不以與人。一介不以取諸人。湯使人以幣聘之。囂囂然曰、我何以湯之聘幣爲哉。我豈若處畎畝之中、由是以樂堯舜之道哉。湯三使往聘之。既而幡然改曰、與我處畎畝之中、由是以樂堯舜之道、吾豈若使是君爲堯舜之君哉。吾豈若使是民爲堯舜之民哉。吾豈若於吾身親見之哉。天之生此民也、使先知覺後知、使先覺覺後覺也。予天民之先覺者也。予將以斯道覺斯民也。非予覺之而誰也。思天下之民、匹夫匹婦、有不被堯舜之澤者、若己推而內之溝中。其自任以天下之重如此。故就湯而說之、以伐夏救民。吾未聞枉己而正人者也。況辱己以正天下者乎。聖人之行不同也。或遠或近、或去或不去。歸潔其身而已矣。吾聞其以堯舜之道要湯、未聞以割烹也。伊訓曰、天誅造攻、自牧宮、朕載自亳。（万章上篇）

万章問いて曰く、「人に言有り。〝伊尹は割烹を以て湯に要む〟と。諸《これ》有りや」と。孟子曰く、「否、然らず。伊尹は有莘の野に耕して、堯舜の道を楽しむ。其の義に非ざるや、其の道に非ざるや、之を祿するに天下を以てするも、顧みざるなり。繫馬千駟も、視ざるなり。其の義に非ざるや、其の道に非ざるや、一介も以て人に与えず。一介も以て諸を人より取らず。湯、人をして幣を以て之を聘せしむ。囂囂然として曰く、〝我何ぞ湯の聘幣を以て為さんや。我豈《あに》畎畝の中に処り、是に由り以て堯舜の道を楽しむに若かんや〟と。湯、三たび往きて之を聘せしむ。既にして幡然として改めて曰く、〝我畎畝の中に処り、是れに由りて以て堯舜の道を楽しまんよりは、吾豈是の君をして堯舜の君為らしむるに若かんや。吾豈是の民をして堯舜の民為らしむるに若かんや。吾豈吾が身に於て親しく之を見るに若かんや。天の此の民を生ずるや、先知をして後知を覚さしめ、先覚をして後覚を覚さしむ。予《われ》は天民の先覚者なり。予将に斯の道を以て斯の民を覚さんとす。予之を覚すに非ずして誰れぞや〟と。天下の民、匹夫匹婦も、堯舜の沢を被らざる者有るを思うこと、己《おのれ》推して之を溝中に内るるが若し。其の自ら任ずるに天下の重きを以てすること此の如し。故に湯に就きて之を説くに、夏を伐ち民を救うことを以てす。吾未だ己を枉げて人を正す者を聞かざるなり。況や己を辱めて以て天下を正す者をや。聖人の行いは同じからざるなり。或いは遠ざかり或いは近づき、或いは去り或いは去らず。其の身を潔くするに帰するのみ。吾其の堯舜の道を以て湯に要むるを聞くも、未だ割烹を以てするを聞かざるなり。伊訓に曰く、〝天誅攻むることを造《な》すは、牧宮自りす。朕《われ》は亳自り載《はじ》む〟と」

「伊尹は料理の腕を振るって湯に取り入った」という歴史伝承の真偽を万章が質問したのに対して、孟子は即座にそれを否定し、有莘の野で耕作していた伊尹が、湯からの三度の招聘にようやく重い腰を上げたのであって、決して伊尹から湯に取り入ったなどということはない、と断言する。[11] 孟子が語る伊尹の言葉に込められた「天民の先覚者」

としての強烈な自負は、『尹誥』における伊尹の意志と符合し、『尹誥』が描く湯に対する伊尹の行為も「是の君をして堯舜の君為らしむる」ための具体的な実践であったと見ることができる。

次は、湯と伊尹との君臣関係を孟子がどのように理解していたかを示す部分である。

（孟子）曰、……天下有達尊三。爵一、齒一、徳一。朝廷莫如爵、鄕黨莫如齒、輔世長民莫如德。惡得有其一以慢其二哉。故將大有爲之君、必有所不召之臣、欲有謀焉則就之。其尊德樂道、不如是、不足以有爲也。故湯之於伊尹、學焉而後臣之、故不勞而王。桓公之於管仲、學焉而後臣之、故不勞而覇。今天下地醜德齊、莫能相尚、無他。好臣其所教、而不好臣其所受教。湯之於伊尹、桓公之於管仲、則不敢召。管仲且猶不可召、而況不爲管仲者乎。（公孫丑下篇）

（孟子）曰く、「……天下に達尊《とうときもの》三有り。爵一、歯《よわい》一、徳一。朝廷にては爵に如くは莫く、郷党にては歯に如くは莫く、世を輔け民に長たるには徳に如くは莫し。悪んぞ其の一を有して以て其の二を慢るを得んや。故に将に大いに為す有らんとするの君は、必ず召さざる所の臣有りて、謀ること有らんと欲すれば則ち之に就く。其の徳を尊び道を楽しむこと、是の如くならざれば、以て為す有るに足らざるなり。故に湯の伊尹に於ける、学びて後に之を臣とす、故に労せずして王たり。桓公の管仲に於ける、学びて後に之を臣とす、故に労せずして覇たり。今天下地は醜《たぐい》し徳は斉しくして、能く相い尚《まさ》るもの莫きは、他無し。其の教うる所を臣とするを好みて、其の教えを受くる所を臣とするを好まざればなり。湯の伊尹に於ける、桓公の管仲に於けるは、則ち敢えて召さず。管仲すら且つ猶お召すべからず、而るを況んや管仲為《た》らざる者をや」

もともと自分の方から参朝しようとしていながら、斉王からのお召しに応じない孟子の行為が、君臣の礼に反するとの景子の批判に対して、孟子は君主のお召しがあればすぐに応じる通常の君臣関係とは異なる特別な関係が存在するとし、湯と伊尹、桓公と管仲の関係を例に挙げ、自己の行動を正当化しようとする。ただし「五覇は三王の罪人なり」（告子下篇）と断定する孟子にとって、覇者の桓公と管仲との関係は「管仲すら且つ猶お召すべからず、而るを況んや管仲為らざる者をや」と、孟子自身が「召さざる所の臣」であることを主張するための引き合いであり、孟子が最も理想としたのは、王者たる湯と伊尹との関係であったと考えられる。

「故に将に大いに為す有らんとするの君は、必ず召さざる所の臣有りて、謀ること有らんと欲すれば則ち之に就く」との言葉は、伊尹に問題の解決を全面的に委ねる湯の姿と重なるものであり、「湯の伊尹に於ける、学びて後に之を臣とす、故に労せずして王たり」との孟子の発言からは、湯が天下の王となるために実質的な役割を果したのは伊尹であったとの認識をうかがうことができる。

伊尹に対する孟子の理解は、孔子および夏の益・殷の伊尹・周の周公が天下を保有するにいたらなかった理由を説明した以下の部分によってさらに明瞭となる。

孟子曰、……匹夫而有天下者、徳必若舜禹、而又有天子薦之者。故仲尼不有天下。繼世而有天下、天之所廢、必若桀紂者也。故益・伊尹・周公不有天下。伊尹相湯、以王於天下。湯崩、太丁未立、外丙二年、仲壬四年。太甲顚覆湯之典刑。伊尹放之於桐三年、太甲悔過、自怨自艾、於桐處仁遷義三年、以聽伊尹之訓己也、復歸于亳。周公之不有天下、猶益之於夏、伊尹之於殷也。孔子曰、唐虞禪、夏后殷周繼。其義一也。（万章上篇）

孟子曰く、「……匹夫にして天下を有つ者は、徳必ず舜禹の若くにして、又天子の之を薦むる者有り。故に仲尼は天下を有たず。世を継いで天下を有つもの、天の廃する所は、必ず桀紂の若き者なり。故に益・伊尹・周公は天下を有たず。伊尹は湯に相として、以て天下に王たらしむ。湯崩じ、太丁未だ立たず、外丙は二年、仲壬は四年。太甲、湯の典刑を顚覆す。伊尹之を桐に放つこと三年、太甲、過を悔い、自ら怨み自ら艾《おさ》めて、桐に於て仁に処り義に遷ること三年、以て伊尹の己に訓うるを聴くや、亳に復帰す。周公の天下を有たざるは、猶お益の夏に於ける、伊尹の殷に於けるがごときなり。孔子曰く、〝唐虞は禅り、夏后殷周は継ぐ。其の義は一なり〟と」

孟子は、一介の平民が天下を保有するための条件として、舜や禹のような天下の保有者たる徳をもつこと、天子の推薦があることの二つをあげ、孔子が天下を保有するにいたらなかったのは、第二条件である天子の推薦がなかったからであると説く。また、血縁相続によって天下の保有者になったものについては、桀や紂のような暴虐の徒でなければ天はことさらに廃除しないとし、それ故に益・伊尹・周公は天下を保有するにいたらなかったと述べる。孔子についての前段との関連を踏まえれば、益・伊尹・周公の場合も当然、舜や禹のごとき徳をもつことが前提とされており、彼らは徳についての第一条件は満たしていたものの、仕えた君主が桀や紂のような暴虐の徒でなかったために、天下を保有するにいたらなかったとの論理展開となっている。したがって、それに続く後段の伊尹による太甲の追放と復位に関する記述は、湯の典刑を顚覆した太甲を例にあげて、桀紂ほどでなければ天は安易に見捨てないのだということを歴史的に証明しようとしたものと理解される。

孟子はこのように、孔子が天下を保有しなかった理由を説明するとともに、孔子が尊敬した周公が天下を保有しなかった理由についても、夏殷周三代におよぶ歴史事象を踏まえて説明するのである。

ここで注目されるのは、伊尹が益や周公とともに王者たる徳を備えながら天下を保有するに至らなかった一人として位置付けられている点である。伊尹を有徳者と見なす孟子の認識は、「惟れ尹、既に湯と咸な徳を一にする有り」と述べて伊尹は湯と同じ徳を有していたとする『尹誥』のそれと符合し、両者には伊尹を湯と同等の位置に押し上げようとする共通の志向をうかがうことができる。

このように『尹誥』と『孟子』との間には顕著な類似性が認められるわけであるが、こうした現象は、両者が何らかの関連をもつことを示唆する。そこで問題となるのは、『尹誥』と『孟子』との先後関係である。次節ではこの点を明らかにするために、『尹誥』の成立時期について検討を加えてみよう。

三　『尹誥』の成立時期

『尹誥』の成立時期を検討するにあたってまず基準とすべきは、清華簡の年代である。清華簡の年代は、無字の竹簡を用いた炭素十四の年代測定および年輪補正の結果、紀元前三〇五±三〇年、すなわち前三三五年から前二七五年と推定されている。(12) 竹が伐採されてから竹簡の加工を経て書写されるまでには、それほど長期のタイムラグは生じないと思われるので、この年代はほぼ書写年代の目安になると見てよいであろう。

一方、『孟子』七篇の分析から知られる孟子の確実な活躍時期は、梁の恵王と会見した紀元前三二〇年から魯の平公との会見が不首尾に終わった紀元前三〇五年にいたる十六年間であり、(13) 『史記』孟子荀卿列伝によれば、その後は郷里の鄒に帰って弟子の万章らとともに詩書の整理や『孟子』七篇の述作にあたったと伝えられ、生卒年はおおよそ前三七〇年から前二九〇年ごろと推定されている。(14)

したがって、清華簡は孟子とほぼ同時代に書写されたテキストということになり、原本が成立してから流布するまでの期間を考慮すれば、清華簡の原本が成立した時期は、孟子以前に遡る可能性が高いと考えられる。そして、この推測をさらに有力に裏付ける根拠となるのが、郭店簡および上博簡の『緇衣』に『尹誥』が称引されている点である。

郭店簡が出土した郭店一号楚墓の下葬年代は、墓葬形態や副葬品の分析から、およそ紀元前三〇〇年頃と推定されており、炭素測定の結果からもそれが裏付けられる。また湖北省の楚墓から盗掘されたと見なされる上博簡も、炭素測定によって郭店簡とほぼ同時期の書写と推定されている。

『礼記』緇衣篇は、中庸篇・表記篇・坊記篇とともにもとは『子思子』に含まれていたと伝えられており、楚墓から出土した『緇衣』の原本は子思学派の拠点であった魯で成立したと推測される。したがって、『緇衣』のテキストが楚に流伝し墓主が入手して副葬品として埋葬されるまでの期間を考慮すれば、『緇衣』の原本が成立したのは、戦国前期（前四〇三―前三四三年）もしくはそれ以前と見なされる。[15] そして『緇衣』に称引される『尹誥』の成立はそれをさらに溯り、『尹誥』が孟子以前に存在したことは疑問の余地のないところであると言えよう。

ここであらためて留意されるのは、『尹誥』と『緇衣』との学派の共通性である。『尹誥』が『尚書』に属することは、『緇衣』が称引する「尹誥」（傍点筆者）というその名称からすでに明らかであり、さらに『尹誥』が魯の孔子旧宅の壁中から発見された孔壁古文『尚書』の一篇である『咸有一徳』に該当することからも明確に裏付けられる。そして『緇衣』への称引と魯の孔壁出現という二つの事実は、『尹誥』が子思学派と深いつながりをもつ書篇であったことを示唆する。したがって学派の共通性という点からすれば、両者の成立時期は比較的接近していた可能性も考慮しておく必要がある。

このように『尹誥』の成立時期の下限はおおよそ戦国前期と見なされるわけであるが、それでは上限はいつ頃に設定されるであろうか。この問題を検討するために、『尹誥』に見える対話形式に注目してみたい。「尹、天の西邑夏を敗るを念いて曰く」として導かれる伊尹の最初の言葉は、その内容や末尾の「今、后曷ぞ監ざらんや」との語から、湯に向けられたものと見なされる。ところが湯の返答は記されず、その後は「摯、湯に告げて曰く」と伊尹と湯との対話の場面に転換している。こうした状況から、最初の伊尹の言葉は、後段で展開されるような湯との直接対話ではなく、滅夏後の殷が直面した問題に対する伊尹の独白として理解すべきことが知られる。『尹誥』はこの伊尹の独白を起点として「摯告湯曰」→「湯曰」→「摯曰」と両者の直接対話が展開していくのである。

一方、『尹誥』と同じ「誥」の名称をもつ書篇を中心に『尚書』の形式をごく大まかに概観すると、最も古層に属するとされる周書の五誥のうち、王と臣下とが交互にやり取りする形式という点では、周公と成王が登場する『洛誥』に比較的近い。しかし『尹誥』のように直接的な対話を反映したものではなく、『洛誥』では両者の言葉が交互に形式的なまとまりをもって記述されている。また文体についても『尚書』特有の荘重かつ晦渋な表現が用いられており、その資料が周王室の史官の記録に由来することを物語っている。[16] 参考までに『洛誥』の冒頭部分（書き下し文）を引用してみよう。[17]

周公、拝手稽首して曰く、朕《われ》、子の明辟（君）に復（命）す。王、敢えて天の基命定命に及ばざるが如し。予乃ち保（大保）に胤《つ》ぎて、大いに東土を相《み》、其れ基《はじ》めて民の明辟を作せり。予は惟れ乙卯、朝《あした》に洛の師に至る。我、河朔の黎水を卜す。我乃ち澗水の東・瀍水の西を卜せるに、惟れ洛のみ食せり。我又瀍水の東を卜せるに、亦惟《こ》れ洛のみ食せり。来りて図を以てし、及び卜を献ぜしむ。

王、拝手稽首して曰く、公、敢えて天の休を敬《つつし》まずんばあらず。来りて宅を相《み》、其れ周の匹休と作《な》れと。公、既に宅を定む。来らしめ、来りて予に卜の休（吉）なるを視《しめ》す。恆《ひと》しく我が二人の共に貞（卜）せしを吉とす。公、其れ予と万億年まで、天の休を敬しまん。

こうした相違点を踏まえれば、『尹誥』に見える直接的な対話体は、史官の記録としての『尚書』の伝統が薄れ、『論語』などに見えるような問答体が『尚書』中に滲入していく時期に相当し、その上限はおおよそ孔子没後の春秋末頃と見なすことができよう。

これに関連して留意されるのは、『尹誥』の名称の問題である。『緇衣』の称引から明らかなごとく、『尹誥』はすでに戦国前期において「誥」を付した名称を有していたことが知られる。一方、多くの先学が指摘するごとく、書篇の大部分は君王に関する誥命の辞としての性格をもち、それは上述した王室の史官の記録としての『尚書』の本質と密接に結びついている。これに対して『尹誥』は、滅夏後の民への対応に関する伊尹と湯との対話を記したものであり、誥命の辞とは到底見なしがたい。こうした内容と篇名との齟齬は、『尹誥』の篇名が、周書の五誥などとはかなり時代の降った時期に、書篇として位置付けるための明らかな作為として付与されたことを示唆するであろう(18)。

本節におけるこれまでの検討結果を総合的に踏まえれば、『尹誥』の成立時期は、おおよそ春秋末から戦国前期の間と推定される。

四　孟子の思想形成における『尚書』の影響

前節の検討によって、『尹誥』が孟子以前に存在したことはほぼ確実となった。そこで本節では、孟子の思想形成における『尚書』の影響という観点から、あらためて『尹誥』の意義について考察を加えてみたい。

上述のごとく、孟子の事跡を具体的にたどり得るのは、すでに自己の思想を確立させて諸国を遊説していた時期にあたり、それ以前のいわば思想形成期における孟子の事跡についてはほとんど知られない。そうした中で唯一の手がかりは、『史記』孟子荀卿列伝に、孟子は子思の門人から教えを受けたとの記述が見える点である。そしてそれが一定の信憑性をもつことは、子思学派の著作とされる『礼記』中庸・表記・坊記・緇衣の諸篇や郭店簡『五行』・『六徳』・『性自命出』・上博簡『性情論』などと『孟子』との間に認められる思想的類縁性によって裏付けられる。[19]

このように孟子はその思想形成期に子思学派からの影響を受けたと見なされるわけであるが、子思学派との関連から注目されるのは、『孟子』が引用する『尚書』に周書とともに商書が多く見られる点である。

言うまでもなく、『詩』・『書』の重視は孔子にはじまる儒家の伝統であり、儒家系文献における『詩』・『書』の引用は決して珍しいものではない。ただし、そこには時代や思想内容との関連から一定の傾向性が認められる。今、当面の問題である『尚書』の引用についてみると、[20]例えば『荀子』では周書十三条に対して商書一条であるのに対し、『孟子』では周書八条に対して商書十条となっている。革命思想を展開する孟子にとって、最初の武力革命を遂行した湯と伊尹の事跡を記す商書への関心が高かったことは、当然とも言えるが、子思学派の著作と見なされる『礼記』緇衣篇にも、周書八条に対して商書六条と、商書の引用が一定数を占めている。

もとより『尚書』の引用数だけで学派の性格を把握することは困難であるが、少なくとも緇衣篇に商書からの引用が少なからず認められるという事実は、子思学派において商書は周書とともに重視すべき書篇として認識されていたことをうかがわせるものであろう。[21]そして、このような子思学派を紐帯とする『孟子』と『尹誥』との緊密な結びつきを踏まえれば、孟子が『緇衣』にも称引された『尹誥』を読んでいた可能性はかなり高いと見なされる。

それでは孟子の思想形成という観点から、あらためて『尹誥』の意義を二点にまとめてみよう。

第一は、湯と伊尹による夏桀の武力討伐を天命と見なす易姓革命説が認められる点である。孟子の易姓革命説の形成に『尚書』の影響があったことは、すでに『孟子』に引用された書篇の逸文の検討を通して指摘されていたが[22]、その実態は十分に明らかにされていなかった。『尹誥』の発見によって、両者の影響関係がはじめて具体的に証明されたことは、重要な意義をもつ。しかも孟子の易姓革命説と表裏一体の関係にある民本主義も『尹誥』の中に認めることができ、孟子の易姓革命説の基本的な枠組みは、春秋末から戦国前期にかけて成立した書篇のなかにすでに明確な形で存在したことが、あらためて確認されたのである。

第二は、伊尹を湯と同じ有徳者と見なす一種の素王説が認められる点である。第二節において引用した万章上篇の記述からも知られるとおり、孟子は益―伊尹―周公という系列を設定し、彼らも徳の面では天下の王となる資格は十分にそなわっていたが、たまたま天運が悪かったために王になれなかったのだと説明する。このような王の補佐役を素王として位置付ける儒家の思考は、まず孔子が尊敬した周公に適用され、そこから溯って伊尹・益という系譜が打ち立てられたと考えられる。そして重視すべきは、先に引いた孟子の発言からも知られるとおり、儒家における素王説の最大の眼目が、孔子はなぜ王になれなかったのかを合理的に説明する点にあったことである。したがって、『尹誥』にみえる伊尹素王説は、その前提となる周公素王説から孔子素王説へと連なる思考が、すでに孟子以前の段階で存在したことを示唆すると考えられる[23]。さらにこうした点を踏まえれば、『尹誥』冒頭の「惟尹既及湯咸有一德」の「咸」とは、天下の王たる資格をもつ有徳者たちを言外に含んだ表現であったと見ることもできよう。

結　語

『尚書』はまず周書の五誥などを中心とする西周期に溯る原初的な部分を核とし、より時代の古い商書・夏書・虞書といった諸書は、その後に加上されて成立したと推測されている。『詩』・『書』の整理は孔子に始まるとされるが、その伝統は孔子後学によって継承され、歴史事象を通して儒家の正当性を証明するための有力な手段の一つとして、書篇の加上と増修が推進された。そしてその中心的な役割を果たしたのが、魯における子思学派であったと考えられる。『史記』孟子荀卿列伝が、「退きて万章の徒とともに詩書を序し、仲尼の意を述べ、孟子七篇を作る」と詩書の整理を『孟子』七篇の述作とともに特記するのも、そうした伝統が子思学派を経て孟子に受け継がれていたことを物語る。また「尽く書を信ずれば、則ち書無きに如かず」（『孟子』尽心下篇）との批判も、裏を返せば孟子にとっての『尚書』があくまでも儒家の正当性を裏付けるための手段に他ならなかったことを示している。

しかし、春秋末から戦国期にかけて成立したと見なされる書篇の多くは亡逸して、伝存するものの大部分は後代に偽作されたいわゆる偽古文であり、その実態を十分に知ることができなかった。『尹誥』は、これまでほとんど空白であった孟子以前における書篇の実態を具体的に示す資料であると同時に、それらが儒家思想の展開に、どのような影響を与えたかを明らかにする上においても、きわめて重要な意義を有しているのである。

最後に、孔壁古文十六篇の性格について私見を提起し、本章の結びとしたい。孔子旧宅の壁中から発見された古文『尚書』のうち今文『尚書』二十九篇に見えない十六篇は、舜典・汨作・九共・大禹謨・益稷・五子之歌・胤征・湯誥・咸有一徳・典宝・伊訓・肆命・原命・武成・旅獒・冏命の諸篇であるが[24]、現存するものはすべて偽古文であり、その内容は長らく不明であった。今回、これらのうちの『咸有一徳』に該当する『尹誥』が発見されたことによって、はじめて孔壁古文十六篇の内容の一端が明らかとなったわけである。

第三節で指摘したごとく、『尹誥』の成立時期は春秋末から戦国前期の間と推定される。商書の成立過程の詳細は不明とせざるを得ないが、ごく大まかな道筋として、夏桀を放伐して天下の王たることを諸侯に宣言した『湯誓』や太甲の即位および追放・復位に関わる『伊訓』・『太甲』といった商書の中枢をなす篇が順次成立し、その後それらを補充するかたちで諸篇の増修が行なわれたと見なされる。この推測にしたがえば、『尹誥』は商書の中でも後の増修にかかる諸篇に属した可能性が高いであろう。もっぱら天命や保民といった思想面に重点が置かれ、歴史事象という点ではきわめて存在意義が薄いという『尹誥』の性格からもそのことがうかがわれる。

そしてさらに想像を逞しくすれば、このような『尹誥』の後代性は、基本的に孔壁古文十六篇に共通する性格だったのではないかと思われる。孔壁出土という来歴にもかかわらず、漢代の古文家たちが注を加えず、今文『尚書』に比肩する地位を確保することなく、歴史の彼方に滅び去った最大の要因は、内容や形式・文体などの諸点において他の書篇との懸隔が甚だしく、『尚書』として存続するに耐えなかったためではないかと推測されるのである。

注

（1）李学勤『清華簡九篇綜述』（『文物』二〇一〇年第五期）、清華大学出土文献研究与保護中心編・李学勤主編『清華大学蔵戦国竹簡（壹）』（中西書局、二〇一〇年、第一三一頁）

（2）『清華大学蔵戦国竹簡（壹）』（注（1）、第四一～四三頁・一三三～一三四頁）

（3）原釈は「厥」と釈すが、廖名春「清華簡《尹誥》篇補釈」（Confucius2000、二〇一一年一月五日）に従う。

（4）原釈は「捷」と釈すが、復旦大学出土文献与古文字研究中心研究生読書会（執筆 鄔可晶・顧莉丹）「清華簡《尹至》・《尹誥》研読札記（附《尹至》・《尹誥》・《程寤》釈文）」（復旦大学出土文献与古文字研究中心網、二〇一一年一月五日）に従う。

（5）原釈は「胡」と釈すが、復旦大学読書会（注（4））に従う。

（6）原釈は「祚」と釈すが、廖名春氏（注（3））に従う。

（7）簡4第三字の当該字は原釈では「日（實）」と釈されていたが、写真図版の字形を拡大精査した陳剣氏により「田」であるとの指摘がなされた（「清華簡《尹至》・《尹誥》研読札記（附：《尹至》・《尹誥》・《程寤》釈文）」注（4）、陳剣 在2011-1-9 17:25:33 評价道）。それをうけて清華大学がさらなる洗浄と画像の解析を行なった結果、陳剣氏の指摘どおり「田」であることが明らかとなった（賈連翔「清華簡壹—参輯字形表校補札記」、『出土文献』第四輯、中西書局、二〇一三年、第九七～九九頁）。

（8）このような『史記』殷本紀とは異なる湯と伊尹との関係は、必ずしも全くの虚構ではなく、一定の歴史的事実を反映した可能性も考慮される。この点については、松丸道雄「関于偃師商城和伊尹関係的仮説」（『三代考古』（三）、科学出版社、二〇〇九年、第一七六～一九四頁）参照。

（9）金谷治「『孟子』の研究—その思想の生い立ち」（『東北大学文学部年報』第一号、一九五一年、『金谷治中国思想論集 中巻』（平河出版社、一九九七年再収、第一三～五〇頁）等参照。

（10）以下、『孟子』の引用は『十三経注疏整理本 孟子注疏』（北京大学出版社、二〇〇〇年）による。

（11）伊尹がもと料理人であったという話は、『墨子』尚賢中篇・下篇、『荘子』庚桑楚篇、『呂氏春秋』本味篇などにも見いだされ、戦国期において広く行なわれていた形跡がうかがわれる。万章の問いかけも、おそらくこのような状況を背景としてなされたものであろう。なお、伊尹に関する伝承については、蔡哲茂「伊尹伝説的研究」（『中国神話与伝説学術研討会論文集（上冊）』漢学研究中心、一九九六年、第二四三～二七五頁）参照。初出誌刊行後に公表された『清華大学蔵戦国竹簡（伍）』（中西書局、二〇一五年）所収の『湯処於湯丘』・『湯在啻門』には、食にかかわる湯と小臣（伊尹）との問答が記されており、戦国期における伊尹故事の実態が明らかとなった。

(12)『清華大学蔵戦国竹簡（壹）』（注（1）、第一～四頁）

(13)武内義雄『孟子』（『岩波講座世界思潮』第五冊、一九二八年、『武内義雄全集　第二巻』角川書店、一九七八年再収、第四五二～四五九頁）、金谷治「『孟子』の研究―その思想の生い立ち」（注（9））参照。

(14)貝塚茂樹『孟子』（講談社、二〇〇四年、第三九～四〇頁）参照。

(15)『緇衣』の成立時期については、浅野裕一「郭店楚簡『緇衣』の思想史的意義」（『集刊東洋学』第八十六号、二〇〇一年、浅野裕一編『古代思想史と郭店楚簡』汲古書院、二〇〇五年再収、第三九～六五頁）参照。

(16)書篇の体例および性格については、陳夢家『尚書通論（増訂本）』（中華書局、一九八五年）所収「王若曰考」（第一四六～一七〇頁）、「論尚書体例」（第三〇九～三二三頁）参照。

(17)『洛誥』の訓読は、白川静「尚書洛誥解」（『説林』第三巻第八号、一九五一年、『白川静著作集5』（平凡社、二〇〇〇年、第四五七～四七〇頁）による。

(18)すでに戦国前期に「誥」を付した篇名が行なわれていたことは、『孟子』が称引する「康誥」の例からも明らかである。

(19)この点については、浅野裕一『諸子百家』第五章・五 孟子と子思学派（講談社、二〇〇四年、第一四四～一四八頁）参照。

(20)以下、『尚書』の引用数の統計は、松本雅明『春秋戦国における尚書の展開』（風間書房、一九六六年）による。

(21)内藤湖南「尚書稽疑」（『研幾小録』所収、『内藤湖南全集　第七巻』筑摩書房、一九七〇年、第九～一二三頁）は、『尚書』の成立過程について、「即ち初め孔子及び其の門下は周の全盛を理想とし、それより周の統を承けた魯を王とする思想を生じ、次で孔子を素王と推尊する所より殷を尊ぶ思想を生じたものであると思ふ」と述べ、商書の成立が、みずから「丘や殷人なり」（『礼記』檀弓上篇・『史記』孔子世家）と述べた孔子の出自を背景とすることを指摘している。この見解を踏まえれば、商書の述作自体が、孔子没後における儒家の志向を明瞭に示すものであったと言えよう。

(22)松本雅明『春秋戦国における尚書の展開』（注（20）、第一九三～一八四頁）参照。

(23)孔子素王説の形成過程については、浅野裕一『孔子神話―宗教としての儒教の形成』（岩波書店、一九九七年）、同「『君子為礼』と孔子素王説」（『中国研究集刊』別冊特集第四十一号、二〇〇六年）、湯浅邦弘編『上博楚簡研究』（汲古書院、二

〇〇七年再収、第一四七～一七二頁）参照。

（24）『十三経注疏整理本　尚書正義』堯典疏（北京大学出版社、二〇〇〇年、第二四頁）

第四章　『耆夜』の文献的性格

竹田健二

序　言

二〇〇八年に清華大学が収蔵した戦国時代の竹簡（以下、清華簡と略記する）は、『清華大学蔵戦国竹簡（壹）』の刊行により、その中の九つの文献の写真・釈文等が正式に公開された。

清華簡に関する情報は、『清華大学蔵戦国竹簡（壹）』の刊行前から関係者によって発信され、既に検討が始められている[1]。しかし、竹簡の写真等の詳細な情報が得られないうちは、研究を進める上で極めて不都合であった。今回、竹簡の写真・釈文等の正式な公開が開始されたことにより、ようやく清華簡の研究に着手できる段階になった。

本章では、公表された九つの文献の一つである古佚文献『耆夜』について、書誌的な情報を確認するとともに、その全文の釈文を示し、あわせてその文献的性格についての初歩的な検討を加える。

一　『耆夜』の書誌的な情報

本節では、清華簡『耆夜』に関する書誌的な情報を中心として、『清華大学蔵戦国竹簡（壹）』における『耆夜』の

【説明】・【釈文】・【注釈】等の記述に基づきつつ、更に筆者が写真等を検討して確認した情報をまとめて示すことにする。

・釈読を担当したのは趙平安氏。
・竹簡枚数…十四枚。
・簡長…【説明】によれば四十五cm。『清華大学蔵戦国竹簡（壹）』の巻末に収められている「竹簡信息表」（竹簡情報の一覧表）によれば、残欠のない完簡の簡長は四十五・〇～四十五・二cm。
・編綫…【説明】には言及が無いが、「竹簡信息表」によれば三道。写真からも、契口及び編縄の痕跡から、三道が確認できる。但し、各簡の契口はさほど明確ではない。
・簡端…平斉。
・残簡…【説明】によれば十四枚のうち四枚。しかしながら、写真から判断するに、第9・10・11・13・14簡の五枚に竹簡の残欠、及びそれに伴う文字の残欠が認められる。第6簡も下端部分に残欠があるが、文字の残欠はない。「竹簡信息表」によれば、残欠のまったくない完簡は第4・7・8簡のみで、他の竹簡は、断裂した竹簡を接合して復原した、所謂整簡である。
・字数…【説明】によれば各簡二十七字～三十一字。写真から確認した字数は、左表の通り。なお、表中の「文字数」欄は、竹簡上に認められる文字のみの数であり、残欠した部分に記されていたと推定される文字、及び重文を含んでいない。「+重文」欄は、重文符号に従って補うことになる文字数を示す。ちなみに、残欠のない完簡である第4・7・8簡の字数は、それぞれ二十五・二十七・二十八字である。

・十四簡全ての背面に、ノンブルに当たる竹簡番号（「一」～「一四」）が記されている。このため、竹簡の配列に関しては、趙平安氏の原釈文の配列以外には考えられない。

・第14簡の文字列（末尾に重文符号あり）は、竹簡の下端近くまであるものの、その下に更に約一字分留白が存在すると考えられる。文字列の末尾に墨鉤等の記号は記されていないが、留白が存在することから、第14簡がこの文献の末尾に位置することは確実と見られる。

・篇題…第14簡の背面（竹簡番号の下）に「郘夜」と記されており、篇題と見られる。

簡	文字数	+重文
1	28	
2	26	
3	27	5
4	25	1
5	28	2
6	26	3
7	27	1
8	28	5
9	24	
10	28	2
11	22	1
12	27	
13	18	
14	19	

二　『耆夜』の解釈

『耆夜』の内容は、概ね以下の通りである。

武王の即位後八年、周は耆を征伐して勝利を収めた。武王とその臣下らは都に帰還し、文王の太室において飲至の儀礼を行った。儀礼の席上、武王は儀礼の宴席における「客」である畢公と、「主」である周公旦とに対して、それぞれ酒を勧めて歌を作った。続いて周公旦が、畢公と武王とに対して、それぞれ酒を勧めて歌を作った。周公旦は更に、『蟋蟀』と題する歌を作った。

こうした内容から判断して、『耆夜』は以下の六つの部分に区分することができる。

（一）全体の設定についての説明。

（二）武王が、飲至の儀礼の「客」である畢公に対して、爵に満たした酒を勧めて、『楽楽旨酒』と題する歌を作った場面。

（三）武王が、飲至の儀礼の「主」である周公旦に対して、爵に満たした酒を勧めて、『輶乗』と題する歌を作った場面。

（四）飲至の儀礼の「主」である周公旦が、畢公に対して、爵に満たした酒を勧めて、『央央』と題する歌を作った場面。

（五）周公旦が武王に対して、爵に満たした酒を勧めて、『明明上帝』と題する歌を作った場面。

（六）周公が『蟋蟀』と題する歌を作った場面。

本節では、『耆夜』を右の六つの節に区分して、それぞれ本文・書き下し文・現代語訳を示す。なお、本文中、重文符号については文字に置き換えて示した。また漢字の表記は、可能な限り通行の字体に改めた。隷定・釈読については、基本的に『清華大学蔵戦国竹簡（壹）』所収の【釈文】に基づくが、復旦大学出土文献与古文字研究中心研究生読書会等によりホームページ上に発表された各種札記の類等に示された諸説を参考にし、私見も交えて修正を加えた。[2]

（一）

【本文】武王八年、征伐耆、大戡之。還、乃飲至于文太室■。畢公高爲客、召公保奭爲【01】夾■、周公叔旦爲主■、辛公詛甲爲泣、作策逸爲東堂之客■、呂尚父命爲【02】司正■、監飲酒。

【書き下し文】武王八年、耆を征伐し、大いに之に戡《か》つ。還りて、乃ち文の太室に飲至す。畢公高 客と為り、召公保奭 夾と為り、周公叔旦 主と為り、辛公詎《き》甲 泣と為り、作策逸 東堂の客と為り、呂尚父 命もて司正と為り、飲酒を監《み》る。

【現代語訳】武王が即位して八年、周は耆を征伐し、大いに勝利を収めた。武王は都に帰還し、文王の廟において凱旋の宴会を開催した。宴席において、畢公高は客人となり、召公保奭は客の介添え役となり、周公叔旦は主人となり、辛公詎甲は泣（立ち会い役）となり、作策逸は東堂（東側のわきや）の客となり、呂尚父は命ぜられて司正（宴席の進行役）となり、飲酒の儀礼全体を監督した。

（二）

【本文】王舍爵酬畢公、作歌一終、曰『樂樂旨酒』。「樂樂旨酒、宴以二公。恁仁兄弟、【03】庶民和同。方莊方武、穆穆克邦。嘉爵速飲■、後爵乃從■。」

【書き下し文】王 爵を舍《お》きて畢公に酬《すす》め、歌一終を作りて、『楽楽たる旨酒』と曰う。「楽楽たる旨酒、宴するに二公を以てす。恁仁たる兄弟ありて、庶民和同す。方に荘にして方に武、穆穆として邦を克《おさ》む。嘉爵あり速やかに飲め。後爵 乃ち従はん」と。

【現代語訳】武王は酒を満たした爵を畢公にすすめて、歌を一つ作った。その題を『楽楽たる旨酒』という。「楽しき旨き酒がある、この宴は二公（＝畢公・周公）のためのものである。誠実で愛情に富む我が兄弟の活躍があり、（そのおかげで）民は和らぎ調和している。（二人の戦場での活躍は）ともにさかんでたけだけしく、その領内の統治はおだやかでうるわしい。この爵を干しなさい。（そうすれば皆が）続いて干すであろう。」

（三）

【本文】王舍爵酬周公、【04】作歌一終、曰『輶乘』。「輶乘既飭、人服余不冑。叡士奮刃、緊民之秀■。方荘方武、克燮【05】仇讎■。嘉爵速飲、後爵乃復■。」

【書き下し文】王　爵を舍きて周公に酬め、歌一終を作りて、『輶《ゆう》乗』と曰う。「輶乗既に飭《ととの》い、人　余《われ》の冑せざるに服《したが》う。叡《ここ》に士は刃を奮い、緊《こ》れ民は之れ秀《しげ》る。方に荘にして方に武、仇讎を克燮《おさ》む。嘉爵あり速やかに飲め。後爵　乃ち復《ふたたび》せん」と。

【現代語訳】武王は酒を満たした爵を周公にすすめて、歌を一つ作った。その題を『輶乗』という。「軽車（の出撃の準備）が整い、私がまだ兜をかぶらないうちに、臣下たちは私に従った。士たちは刃を振るって勇敢に戦い、（その奮戦の結果）民はさかえる。（士の活躍は）さかんでたけだけしく、敵を打ち倒した。この爵を干しなさい。更に続けて干しなさい。」

（四）

【本文】周公舍爵酬畢公、作歌一終、曰『央央』。「央央戎服■、荘【06】武赳赳。毖精謀猷■、裕徳乃求■。王有旨酒、我憂以浮■、既卒又侑、明日勿慆■。」

【書き下し文】周公　爵を舍きて畢公に酬《すす》め、歌一終を作りて、『央央』と曰う。「央央たる戎服、荘武にして赳赳《きゅう》たり。毖《つつし》みて謀猷を精にし、裕徳乃ち求む。王に旨酒有り、我が憂い以て浮《す》ぎん。既に卒《お》えれば又た侑《すす》めん、明日慆《すぎ》ること勿からん」と。

【現代語訳】周公は酒を満たした爵を畢公にすすめ、あわせて歌をつくって贈った。その題を『央央』という。「（畢公は）色鮮やかな軍装に身を包み、たけだけしく戦った。謹んではかりごとを巧みにし、立派な成果を得た。この宴に王は旨酒をお持ちになった。ここに（これまでの）私の憂いは過ぎ去ることであろう。（畢公よ）既にさかずきを干したのであれば、更に酒を勧めよう、（あなたならば）明日乱れることはないだろうから。」

（五）

【本文】周【07】公又舍爵醻王、作祝誦一終、曰『明明上帝』。「明明上帝、臨下之光、丕顯來格■、歆厥禋盟。於【08】……月有盈缺■、歳有歇行、作茲祝誦、萬壽亡疆■。」

【書き下し文】周公又た爵を舎きて王に醻《すす》め、祝誦一終を作りて、『明明たる上帝』と曰う。「明明たる上帝、下に臨む光、丕顕《ひけん》して来格し、厥《そ》の禋盟を歆《よろこ》ぶ。……に於て……月に盈缺有り、歳に歇行有り、茲の祝誦を作る。万寿疆《かぎ》り亡からん。」

【現代語訳】周公は酒を満たした爵を武王にすすめ、あわせて言祝ぎの歌をつくって贈った。その題を『明明たる上帝』という。「明明たる上帝が下々を照らす光は、明らかに我々のもとに至っている、（これは武王が上帝に対する）祭祀を行うことを（上帝が）喜んでおられることを示している。…月の運行には（一定の周期で）満ち欠けがあり、木星の運行には（一定の周期で）見かけの逆行がある。ここにこの言祝ぎの歌を作る。武王の寿命が永遠でありますように。」

（六）

【本文】周公秉爵未飲、蟋蟀【09】躍陞于堂、〔周〕公作歌一終、曰『蟋蟀』。「蟋蟀在堂、役車其行▮、今夫君子、不喜不樂。夫日【10】□□、□□□荒▮、毋已大樂、則終以康、康樂而毋荒、寔惟良士之方方。蟋蟀在【11】席▮、歲聿云暮▮、今夫君子、不喜▮不樂▮。日月其邁、從朝及夕、毋已大康、則終【12】以祚▮。康樂而毋荒、寔惟良士之瞿瞿。蟋蟀在序、歲聿云暮、今夫君子、不喜不樂、【13】□□□□、〔從冬及夏〕▮。毋已大康、則終以瞿▮。康樂而毋荒、寔惟良士之瞿瞿。」【14】

【書き下し文】周公　爵を秉《と》るも未だ飲せざるに、蟋蟀躍《と》びて堂に陞《のぼ》り、周公 歌一終を作りて、『蟋蟀《しつしゅつ》』と曰う。「蟋蟀 堂に在り、役車其れ行く、今夫れ君子、喜ばざれば楽しまず。夫れ日□□、□□□荒、已大《はなは》だ楽しむこと毋ければ、則ち終に以て康たり。康楽にして荒《すさ》むこと毋かれ、寔《まこと》に惟れ良士は之れ方方たり。蟋蟀 席に在り、歲聿に云《ここ》に暮《く》る、今夫れ君子、喜ばざれば楽しまず。日月其れ邁《ゆ》き、朝従《よ》り夕に及ぶ、已大だ康《やす》んずること毋ければ、則ち終に以て祚《さいわい》あり。康楽にして荒むこと毋かれ、寔に惟れ良士は之れ瞿瞿たり。蟋蟀 序に在り、歲聿に云に暮る、今夫れ君子、喜ばざれば楽しまず。□□□□、〔冬従り夏に及ぶ。〕已大だ康んずること毋ければ、則ち終に以て瞿たり。康楽にして荒むこと毋かれ、寔に惟れ良士は之れ瞿瞿たり。」

【現代語訳】周公が爵を手にしながらまだ酒を飲んでいない時に、蟋蟀が跳んで堂の上に昇ってきた。周公はそれを見て歌をつくった。その題を『蟋蟀（こおろぎ）』という。「蟋蟀が堂の上にいる。（堂の前を）軍役の車両が進んでいく。君子は戦勝を喜ばなければ楽しまない（戦勝の宴では喜んでこそ君子である）。…楽しむことが度を過ぎてなければ、最後まで安んじていられる。安んじていて乱れてはならない、本当に良い士というものはまっすぐで正しいものである。

蟋蟀が座席の上にいる。木星が（時間がたったために）位置を変えた。君子は戦勝を喜ばなければ楽しまない。日月は（一定の規則に従って）運行し、いつも朝が来てから夕べになる。安心し過ぎてなければ、最後に福がある。安んじていて乱れてはならない、本当に良い士は注意深いものである。蟋蟀が堂の前のひさしのある牆のところにいる。木星が（時間がたったために）位置を変えた。君子は戦勝を喜ばなければ楽しまない。…安心し過ぎることがなければ、最後まで用心深さを保てる。安んじていて乱れてはならない、本当に良い士は注意深いものである。」

三　『耆夜』の構成と文献的性格

本節では、『耆夜』の文献的性格について、現段階としての初歩的な検討を行う。

先ず確認しておきたいのは、検討の前提となる、清華簡の年代である。清華簡は、盗掘により出土したものであるため、その出土時期や出土地点が不明であり、また竹簡が副葬されていた墓そのものや、他の副葬品に関する情報が一切ない。このことは、清華簡に含まれている文献の書写時期や成立時期等を検討する上で、大きな問題とならざるを得ない。

しかし、『清華大学蔵戦国竹簡（壹）』「前言」に記されているように、清華簡は二〇〇八年十月十四日、清華大学の要請に応じた中国を代表する十一人の専門家によって鑑定され、その結果「戦国中晩期」の貴重な文献であると判定された。

また二〇〇八年十二月には、清華大学の委託を受けた北京大学加速器質譜実験室と第四紀年代測定実験室とにより、文字の記されていない竹簡の残片を用いたＡＭＳ法によるC14年代測定が行われた。その結果、紀元前三〇五±三〇年との数値が得られ、専門家らによる判定が裏付けられている。清華簡が「戦国中晩期」の文献であるという点については、現時点において、それを覆すに足るだけの信頼できる判断材料はない。

およそ古代中国において、或る文献の原本が成立した後、書写が重ねられて広く流布するためには、或る程度の時間が必要であったと考えられる。このため、「戦国中晩期」の清華簡に含まれる文献の原本の成立時期は、戦国時代初期以前にまで遡る可能性が高く、『耆夜』の成立時期も戦国初期以前と考えられる。このことが、『耆夜』の文献的性格を検討するにあたっての前提となる。

加えて念頭に置かなければならないことは、『耆夜』の内容とその文献としての成立時期との関係である。前節で検討した通り、『耆夜』の内容は、武王が即位して八年後の出来事との設定になっている。もとより、設定がそのようになっているということから、この文献の成立時期を武王八年の直後、もしくはそれに近い時期と判断することはできない。そうした可能性を一概に否定することはできないが、内容上の設定とその文献の成立との間にかなり時間差があることも当然あり得る。

そもそも『耆夜』に記されている武王八年後の出来事が、武王の時代に実際にあった出来事であるかどうかは定かではない。もちろん、内容が史実に近いものである可能性を一概には否定することはできないが、史実とは直接には関係がなく、後世の仮託である可能性も十分考えられる。また、仮にその文献の成立時期が内容の設定されている時期よりもかなり遅れるとしても、記述されている内容そのものは古い出来事をかなり忠実に記録している、ということもあり得る。

以上のことを踏まえつつ『耆夜』の文献的性格を考えるならば、現時点においてどのようなことが考えられるのであろうか。

先ず注目されるのは、『耆夜』は、武王が耆への遠征で勝利した後に行った飲至の儀礼の際の情景を描いている文献として、全体的にまとまりを有しており、体裁も概ねよく整っているという点である。もとより『耆夜』の釈読に関しては、なお問題の残る部分もある。しかし、文献全体として見るならば、形式上も内容上も、『耆夜』には一応の完結性が認められるように見受けられる。

すなわち、先述の通り『耆夜』の竹簡には、各簡とも背面にノンブルに当たる竹簡番号が記されている。このため、その配列は原釈文以外に考えられないのだが、その最終簡である第14簡の下端に一字分ではあるが留白が存在する。この留白は、第14簡が更に他の竹簡と連続する可能性のないことを示しており、従って『耆夜』が、形式上十四枚の竹簡で一つの文献として独立していることは明らかである。

また内容についても、先述の通り、（一）の部分で全体の設定が説明された後、（二）から（六）の部分に至るまで、時間の経緯に添って飲至の儀礼での出来事が描かれていると見て問題がない。また詳しくは後述するように、『耆夜』は、周公旦を中心として構成された文献であると考えられる。そしてその叙述も、特に武王と周公旦が畢公・周公旦・武王に酒を勧めて歌を作ることを述べた（二）から（四）の部分にかけて、句形がよく揃っている。

こうしたことから、『耆夜』は全体としてよくまとまった文献であるように見受けられる。

続いて注目されるのは、古佚文献である『耆夜』の内容は、伝世文献の記述とほとんど重ならないという点である。この点について『清華大学蔵戦国竹簡（壹）』中の『耆夜』の【注釈】〔一〕は、『書経』商書の「西伯戡黎」や『尚書大伝』、及び『史記』周本紀が、「黎」、つまり耆を征伐して勝利した人物を西伯、すなわち文王としていることを指摘し、既に宋代の胡宏や薛季宣から清代の梁玉縄に至るまでの多くの学者が、文王では当時の情勢に合致しないと指摘していると述べ、清華簡『耆夜』の文章はそうした疑いを証明したとしている。しかし、文王が耆を伐ったとする『書経』商書の「西伯戡黎」、『尚書大伝』、『史記』周本紀にしても、耆を征伐した後に行った飲至の儀礼についての記述はない(3)。

僅かに、『清華大学蔵戦国竹簡（壹）』中の【説明】も指摘するように、『耆夜』において周公旦が作った歌として登場する「蟋蟀」という名の歌について、『詩経』国風・唐風の「蟋蟀」との間に関連が認められる。もっとも、この二つの歌は、確かに語句の類似するところがあるけれども、全体として見れば別の歌であり、同一の歌と見なすことはできないと考えられ、両者の関係は今のところ不明である(4)。

『耆夜』の内容が伝世文献の記述とほとんど重ならない点に関して、特に重要と思われるのは、『書経』との関係である。『清華大学蔵戦国竹簡（壹）』「前言」には、『書経』と内容の重複する文献、或いはその体裁が『書経』と類似する文献が清華簡には多数含まれていると述べられている。しかし、『耆夜』について見るならば、内容的に『書経』と重複するところはほとんどないのである。先に触れたように、周が耆（黎）を伐って勝利したという点についてのみは商書「西伯戡黎」と重なるとは言えるが、『書経』ではそれは武王ではなく文王のこととされており、しかも祖伊と紂王との対話の形になっている「西伯戡黎」の内容は、『耆夜』の内容とまったく重ならない(5)。

全体としてよくまとまった文献と見受けられる『耆夜』の内容が、伝世文献の記述、特に『書経』とほとんど重なっていないということからすると、『耆夜』は武王八年の出来事を記すとの設定になってはいるが、文献自体としては実はさほど古いものではないのではないかと思われる。

ここで問題としたいのは、『耆夜』の全体としての構成が、武王ではなく周公旦を中心としているという点である。耆に対する戦勝の後、都に帰還して飲至の儀礼を執り行うこと自体は、当然君主たる武王の役目であったに違いない。『耆夜』において、冒頭の全体の設定についての説明（（一）の部分）に続く場面では、武王が先ず「客」である畢公に対して爵の酒を勧めて『楽楽旨酒』の歌を作り（（二）の部分）、次いで武王は「主」である周公に対して爵の酒を勧めて『輶乗』の歌を作っている（（三）の部分）。このように『耆夜』の前半が武王の行動を中心にして描かれているのは、武王が飲至の儀礼を執行する中心人物であったためと見てよかろう。

しかし、『耆夜』において武王が中心的役割を果たしているのはそこまでであり、後半になると周公旦が中心となる。すなわち、周公旦は先ず畢公に対して爵の酒を勧めて『央央』の歌を作り（（四）の部分）、次いで武王に対して爵の酒を勧めて『明明上帝』の歌を作り（（五）の部分）、更に『蟋蟀』の歌を作る。そこで文献全体は終わっている（（六）の部分）。

特に、周公旦が『蟋蟀』の歌を作ったところで文献が終わっている点は重要である。

『耆夜』に記されている五つの歌の中で『蟋蟀』以外の四つの歌は、いずれも戦勝を収めた後に、都に帰還して行われた儀礼の中で歌われるに相応しいものと見てよい。すなわち、武王が畢公に贈った『楽楽旨酒』、及び周公旦に贈った『輶乗』、並びに周公旦が畢公に贈った『央央』の主題は、いずれも歌を贈った相手の戦場における活躍を称えるところにあると考えられる。また周公旦が武王に贈った歌『明明上帝』は、竹簡の残欠により不明な箇所もあるが、全体としては武王と上天・上帝との関係が良好であることを言祝ぎ、勝利を収めた武王を称えて、その長寿を祈るところに主題があると思われる。

このように、『耆夜』中の『蟋蟀』以外の歌はいずれも、飲至の儀礼に出席した、耆との戦闘の参加者である周の武王とその臣下らを称えることを主題とする、言祝ぎの歌である。それらは、戦勝後に都で行われた儀礼の中で歌われるに相応しく、おそらくそうした言祝ぎの歌を作るという行為自体が、儀礼そのものに組み込まれていたと考えられよう。

これに対して、周公旦が最後の場面で作った『蟋蟀』は、竹簡の残欠があり意味の把握が難しい箇所があるのだが、他の歌とは大いに異なるところがある。

その一つは、この歌は周公が「爵を秉《と》るも未だ飲せざるに、蟋蟀躍《と》びて堂に陞《のぼ》」ったことをきっかけに、周公が作った歌とされている点である。このことは、『蟋蟀』の歌は、それを作ること自体が飲至の儀礼の中に組み込まれていたのではなく、いわば即興で作られたものであることを意味する。加えて、この歌を贈る相手は特定の誰かに特定されていない。他の歌がその飲至の儀礼の場にいた特定の一人に贈られたものであるのに対して、『蟋蟀』はおそらく儀礼に参加している全員に向けたものであったと考えられる。

更に、『蟋蟀』は言祝ぎの歌ではない。「今夫れ君子、喜ばず楽しまず」の句や、「楽しむ毋かれ」「荒《すさ》むこと毋かれ」「康《やす》んずる毋かれ」の句が繰り返され、更に「良士は之れ方方たり」「良士は之れ瞿瞿たり」といった句があることから明らかなように、『蟋蟀』の歌は、武王を含む儀礼の参加者全員に対して、宴席でいつまでも戦勝の喜びに浸るのではなく、今後行動を慎まなければならないと、戒めるところにその主題があると考えられる。

すなわち、『耆夜』は、先ず全体の設定についての説明があり（（一）の部分）、続いて飲至の儀礼の中で武王と周公旦とが作った言祝ぎの歌が続き（（二）～（五）の部分）、最後に周公旦が参加者全員に向けて戒めの歌を即興で作って終わる（（六）の部分）、との構成になっていると理解できる。こうした構成をとる『耆夜』において、全体として中心的な人物として描かれているのは、その後半の中心人物であり、特に結末の箇所で『蟋蟀』の歌を作り、儀礼に参加する周王室関係者全員に対して訓戒を行っている、周公旦と理解すべきである。

仮に『耆夜』が、実際に武王八年に行われた飲至の儀礼を記録することを目的として著述された古い文献であるとするならば、それは武王の側に仕えている史官によって書き記された記録の類ということになるであろうが、それならばあくまでも武王を中心として記述されたと考えられる。『耆夜』全体が君主たる武王ではなく、周公旦を中心としていることは、この文献が武王の言行を記録した古い資料ではないことを示していると推測される。

もちろん、『耆夜』の中には、武王が活躍した時代に関する古い記録の類を踏まえた部分が含まれている可能性は否定できない。むしろ、全くの虚構であるとするよりも、何らかの記録や伝承といったものを踏まえていると考える方が自然であろう。

しかし、『耆夜』の結末の部分において、飲至の儀礼を執行する主役たる武王がまだその場にいる中で、周公旦が訓戒の歌を作り、そこでこの文献が終わっていることからすると、『耆夜』は王の言行の忠実な記録そのものではないと考えられ、この文献の性格を、王の言行の記録と理解するのは無理と思われる。すなわち、『耆夜』は、何らかの記録の類を踏まえているのだとしても、何者かが或る意図をもってそうした記録の類を編集し、成立させたものと理解するのが妥当と考えられる。

そうであるとするならば、その『耆夜』を成立させた者の意図は、周公旦を顕彰することにあったのではないかと考えられる。『耆夜』において、耆に対する戦勝後に都で行われた飲至の儀礼の場において「蟋蟀」の歌を作り、儀礼の参加者に訓戒を垂れる周公旦は、勝利を収めた後も危機意識を失うことなく、なお一層謹んで行動することを、武王をはじめ周王室の中枢にある人々に求めた人物として描かれている。そうした行動を、周公旦が武王のいる中で果たして実際に行ったかどうかは不明であるが、それほど周公旦は周初の周王室において重要な人物だったと主張しようとする者が、『耆夜』を成立させたのではないかと考えられるのである。

以上、『耆夜』は、武王の言行を記録した古い資料ではなく、武王在世の時点において、周公旦が周王室において非常に重要な人物であったと主張せんとする者によって成立した文献と推測されることを述べた。

『耆夜』がそうした意図により成立した性格の文献であるとするならば、その具体的な作者や成立時期については、どのように考えられるであろうか。これらの点については、さまざまな可能性が考えられるものの、現時点では十分に絞り込むことができない。[6] 先述の通り、『耆夜』は文献としてのまとまりを有して体裁も整っており、そしてその内容が伝世文献の記述、特に『書経』と重なっていないことから見て、『耆夜』の成立時期は周初まで遡るとは考えがたい、と指摘するに止めておく。

結語

『耆夜』成立の事情については、今後清華簡中の他の文献に関する検討が進む中で新たな知見が得られ、そしてそれが解明の手がかりとなることが期待できると思われる。清華簡全体の中での『耆夜』の位置等についての検討は、今後の課題としたい。

注

（1）李学勤「清華簡《耆夜》」（光明日報 http://www.gmw.cn/content/2009-08/03/content_957854.htm、二〇〇九年八月三日）、李学勤・劉国忠「清華簡与中国古代文明研究」（二〇一〇年三月二十四日発表、http://www.confucius2000.com/admin/list.asp?id=4348）、沈建華「清華楚簡〝武王八年伐〟争議」（『考古与文物』二〇一〇年第二期）、李学勤・劉国忠「清華簡九篇綜述」（『文物』二〇一〇年第五期）、子居「清華簡九篇九簡解析」（http://www.confucius2000.com/admin/list.asp?id=4481、二〇一〇年六月三十日発表）、陳致「清華簡所見古飲至礼及《夜》中古佚詩試解」（清華大学出土文献研究与保護中心編『出土文献』第一輯、中西書局、二〇一〇年八月）等。

（2）復旦大学出土文献与古文字研究中心研究生読書会「清華簡《耆夜》研読札記」（http://www.guwenzi.com/SrcShow.asp?Src_ID=1347、二〇一一年一月五日発表）、黄人二、趙思木「読《清華大学蔵戦国竹簡（壹）》書後（一）」（http://www.bsm.org.cn/show_article.php?id=1368、二〇一一年一月七日発表）、蘇建洲「《清華簡》考釈四則」（http://www.guwenzi.com/SrcShow.asp?Src_ID=1368、二〇一一年一月九日発表）、米雁「清華簡《耆夜》、《金縢》研読四則」（http://www.bsm.org.cn/show_article.php?id=1381、二〇一一年一月十日発表）、黄人二、趙思木「読《清華大学蔵戦国竹簡（壹）》書後（四）」（http://www.bsm.org.cn/show_article.php?id=1402、二〇一一年二月十七日発表）等。なお、煩雑を避け、一々の注記は省いた。

（3）注（1）前掲の陳致「清華簡所見古飲至礼及《夜》中古佚詩試解」によれば、今本『竹書紀年』にも、武王が耆を征伐したことに関する記事はない。

（4）『詩経』の「蟋蟀」においては、「蟋蟀在堂（蟋蟀堂に在り）」が同じ句として三回繰り返され、蟋蟀の位置や蟋蟀を見る視線に変化が認められないのに対して、清華簡の「蟋蟀」においては、「蟋蟀在堂（蟋蟀堂に在り）」「蟋蟀在席（蟋蟀席に在り）」「蟋蟀在序（蟋蟀序に在り）」と、詩の中で蟋蟀は移動しており、それに伴って蟋蟀を見る視線の変化や時間の経過が存在している。こうした違いから、『詩経』の「蟋蟀」よりも清華簡の「蟋蟀」の方が複雑で技巧的であるように見受けられ、清華簡の「蟋蟀」の成立時期は、『詩経』の「蟋蟀」の成立よりも遅れると理解するのが妥当であるように思われる。戦国時代に作られたものと考えられる石鼓文が、『詩経』の詩を踏まえていると見られることを想起するならば、『耆夜』が『詩経』の詩を踏まえて著述された可能性が考えられる。なお注（1）前掲の子居「清華簡九篇九簡解析」によれば、曹建国は「《論清華簡中的〈蟋蟀〉》」において、清華簡中の「蟋蟀」は戦国時代の作品であるとしている。更に、曹の見解に対して子居は、「春秋晩期」つまり春秋時代後期の作品であるとしている。但し、これらの見解はいずれも、李学勤・劉国忠「清華簡九篇綜述」（『文物』二〇一〇年第五期所収）を踏まえたものであり、まだ『清華大学蔵戦国竹簡（壹）』が刊行されていない時点のものである。

（5）『耆夜』が、武王と周公旦が作った五つの「歌」を、それぞれその歌の名とともに記している点について見ても、『書経』

にはそうした記述がほとんどない。「金縢」では周公旦が「鴟鴞」という名の「詩」を作ったと記すが、その詩の内容は記されていない。僅かに「五子之歌」には、太康の五人の弟が五つの「歌」を作った背景とその歌の内容とが記されているが、それぞれの歌に付けられた歌の名は特になく、また「五子之歌」は偽古文である。

（6）一つの可能性としては、『耆夜』は、春秋時代末から戦国時代初期までの間に儒家によって成立したと考えることができよう。周知の通り、孔子は周公旦を理想と仰いでいたとされる。このため、孔子が周公旦を理想と仰いだのには然るべき理由が存在したと主張しようと、儒家の手によって周公旦を顕彰する『耆夜』が著述されたとの可能性が考えられるのである。或いはまた、武王の在世中にも実質的に周王室を取り仕切っていた人物として周公旦を描き、その姿を孔子に重ねるところに『耆夜』の目的があった、といった可能性もあるのではないかと思われる。しかし、『耆夜』の中には、特に儒家との直接的な関連を窺わせる要素を見出しがたい。また周公旦を理想とすることは、必ずしも儒家だけが行っていたこととは限らない。『耆夜』の成立と儒家との関係は、現時点では、考えられる可能性の一つに過ぎない。

第五章　『湯在啻門』における「気」

竹田健二

序　言

『清華大学蔵戦国竹簡（伍）』によって公開された古佚文献『湯在啻門』には、中国古代思想史上重要な概念の一つである気が登場する。周知の通り、清華簡は北京大学によるＣ14の測定が行われており、紀元前三〇五年±三〇年のものであることが判明している[1]。従って、『湯在啻門』は戦国時代中期には既に存在していた文献であると考えられ、この文献からは戦国時代における気に関する思考の展開を解明する上での手がかりが得られるものと期待される。そこで本章では、『湯在啻門』とそこで説かれている気に関する思考について検討し、戦国時代における気に関する思考の展開について考察を加える。

一　『湯在啻門』の書誌的情報と釈文

本節では、整理者である李守奎氏による『湯在啻門』の「説明」、及び竹簡の写真、並びに巻末の「竹簡信息表」に基づいて、『湯在啻門』の書誌的情報について確認し、その釈文を示す[2]。

『湯在啻門』の竹簡数は合計二十一簡、各簡の簡長は概ね四十四・五㎝、簡幅は〇・六㎝、簡端は平斉、三道編である。満写簡には二十七字から三十一字が記されているが、最終簡の第二一簡は、中央下部から下端にかけて、竹簡全体のおよそ三分の一が留白となっている。李守奎氏は「説明」において「内容保存完整」と述べており、竹簡に脱落したものはないとしている。詳しくは後述するように、『湯在啻門』の内容は確かに全体としてよく整っており、脱簡はないと考えられる。

なお、第11簡と第20簡の二枚は竹簡の上端から第一編痕の付近までが、また第3・4・5・6・12・14・18簡の七枚は第三編痕付近から竹簡の下端までが残欠している。しかし、残欠した部分はいずれも簡端に近い部分に限られており、こうした竹簡の残欠によって失われた文字はないと見られる。

なお、『湯在啻門』の竹簡は、竹簡の背面に順序を示す編号は記されておらず、劃痕も認められない。また篇題も記されていない。『湯在啻門』は、第一簡の字句からつけられた仮題である(3)。

『湯在啻門』の釈文、書き下し文、現代語訳は、以下の通りである(4)。

【本文】

正月己亥、湯在啻門、問於小臣、「古之先帝亦有良言情至於今乎。」小臣答【01】曰、「有哉。如無有良言情至於今、則何以成人。何以成邦。何以成地。何以成【02】天。」

湯又問於小臣曰、「幾言成人。幾言成邦。幾言成地。幾言成天。」小臣答曰【03】、「五以成人、德以光之。四以成邦、五以相之。九以成地、五以將［之］。九以成天、六【04】以行之。」

湯又問於小臣曰、「人何得以生。何多以長。孰少而老。胡猶是人、而【05】一惡一好。」小臣答曰、「唯彼五味之氣、是哉以爲人。其末氣、是謂玉種。一月始【06】揚、二月乃裹、三月乃形、四月乃固、五月或褎、六月生肉、七月乃肌、八月乃正、【07】九月解章、十月乃成、民乃時生。其気朁歡發治、是其爲長、且好哉。其氣奮【08】昌、是其爲當壯。氣融交以備、是其爲力。氣促乃老、氣徐乃猷、氣逆亂以方、【09】是其爲疾殃。氣屈乃終、百志皆竆。」

湯又問於小臣、「夫四以成邦、五以相之、【10】何也。」小臣答曰、「唯彼四神、是謂四正、五以相之、德・事・役・政・刑。」

湯又問於【11】小臣、「美德奚若。惡德奚若。美事奚若。惡事奚若。美役奚若。惡役奚若。美【12】政奚若。惡政奚若。美刑奚若。惡刑奚若。」小臣答、「德濬明執信以義成、此謂【13】美德、可以保成。德變亟執譌以亡成、此謂惡德、雖成又瀆。起事有穫、民長【14】賴之、此謂美事。起事無穫、病民無故、此謂惡事。起役時順、民備不庸、此謂【15】美役。起役不時、大費於邦、此謂惡役。政簡以成、此謂美政。政禍亂以無常、民【16】咸解體自恤、此謂惡政。刑輕以不方、此謂美刑。刑重以無常、此謂惡刑。」

湯又【17】問於小臣、「九以成地、五以將之、何也。」小臣答曰、「唯彼九神、是謂地真、五以將之、【18】水・火・金・木・土、以成五曲、以植五穀。」

湯又問於小臣、「夫九以成天、六以行之、何也。」小【19】臣答曰、「唯彼九神、是謂九宏、六以行之、晝、夜、春、夏、秋、冬、各司不解、此惟事首、亦【20】惟天道。」

湯曰、「天尹、唯古之先帝之良言、則何以改之。」【21】

【書き下し文】

正月己亥、湯啻門に在りて、小臣に問う、「古の先帝亦た良言の情《まこと》に今に至ること有るか」と。小臣答えて曰く、

「有るかな。如し良言の情に今に至ること有る無ければ、則ち何ぞ以て人を成さん。何ぞ以て地を成さん。何ぞ以て天を成さん。」

湯又た小臣に問いて曰く、「幾《なに》をか人を成すと言う。幾をか邦を成すと言う。幾をか地を成すと言う。幾をか天を成すと言う」と。小臣答えて曰く、「五以て人を成し、徳以て之を光《ひろ》くす。四以て邦を成し、五以て之を相《たす》く。九以て地を成し、五以て之を将《たす》く。九以て天を成し、六以て之を行《めぐ》らす」と。

湯又た小臣に問いて曰く、「人何をか得て以て生ず。何をか多くして以て長ず。孰《なに》をか少くして老う。胡ぞ猶《おな》じく是れ人にして、一《ある》ものは悪しく、一ものは好《よ》きか」と。小臣答えて曰く、「唯だ彼の五味の気あり、是れ哉《はじ》めにして以て人を為す。其の末気、是れを玉種と謂う。一月始揚し、二月乃ち裹《つつ》み、三月乃ち形われ、四月乃ち固まり、五月褒《の》びること或《あ》り、六月肉を生じ、七月乃ち肌あり、八月乃ち正《さだ》まり、九月章を解《わか》ち、十月乃ち成り、民乃ち時《こ》れ生ず。其の気の朁歜発治するや、是れ其れ長と為る、且《そもそも》好きかな。其の気の奮昌するや、是れ其れ当壮と為る。気融交して以て備はる、是れ其れ力と為る。気促《せま》りて乃ち老い、気徐《ゆるやか》にして乃ち猷《や》み、気逆乱して以て方《やぶ》る、是れ其れ疾殃と為る。気屈して乃ち終り、百志皆窮まる」と。

湯又た小臣に問う、「夫れ四以て邦を成し、五以て之を相くとは、何ぞや」と。小臣答えて曰く、「唯だ彼の四神、是れを四正と謂う、五以て之を相くるは、徳・事・役・政・刑なり」と。

湯又た小臣に問う、「美徳とは奚若《いかん》。悪徳とは奚若。美事とは奚若。悪事とは奚若。美役とは奚若。悪役とは奚若。美政とは奚若。悪政とは奚若。美刑とは奚若。悪刑とは奚若」と。小臣答えて、「徳　濬明にして信を執りて以て義成る、此れを美徳と謂う、以て保成す可し。徳　変《いつわ》り亟にして譌を執りて以て成る亡し、此れを悪徳と謂う、成ると雖も又た瀆《やぶ》る。事を起して穫る有りて、民長く之に頼《よ》る、此れを美事と謂う。事を起すも穫る無く、民を病ましめて故《ゆゑ》無し、此れを悪事と謂う。役を起こすに時順し、民の備えは庸《もち》いず、此れを美役と謂う。役を起こすに時ならず、大いに邦を費す、此れを悪役と謂う。政簡にして以て成る、此れを美政と謂う。政禍亂ありて以て常無く、民咸な解体して自ら恤《やす》んぜんとす、此れを悪政と謂う。刑軽く以て方《やぶ》らず、此れを美刑と謂う。刑重く以て常無し、此れを悪刑と謂う」と。

湯又た小臣に問う、「九以て地を成し、五以て之を将《たす》くとは、何ぞや」と。小臣答えて曰く、「唯れ彼の九神、是れを地真と謂う、五以て之を将くとは、水・火・金・木・土、以て五曲を成し、以て五穀を植うるなり」と。

湯又た小臣に問う、「夫れ九以て天を成し、六以て之を行らすとは、何ぞや」と。小臣答えて曰く、「唯れ彼の九神、是れを九宏と謂い、六以て之を行らすとは、昼・夜・春・夏・秋・冬、各おの司りて解《おこた》らず、此れを惟れ事首、亦た惟れ天道なり」と。

湯曰く、「天尹、唯れ古の先帝の良言、則ち何ぞ以て之を改めん」と。

【現代語訳】

正月の己亥の日に、湯王は啻門において、伊尹に尋ねた。「古代の帝王は、その善言が今日まで伝わっているか。」伊尹は答えていった。「伝わっております。もしも（古代の帝王の）善言が今日まで伝わっていなければ、（後の王者は）どうやって人を成就させましょうか。どうやって邦を成就させましょうか。どうやって地を成就させましょうか。どうやって天を成就させましょうか。」

湯王はまた伊尹に尋ねて言った。「何が人を成就させると言うのか。何が邦を成就させると言うのか。何が地を成就させると言うのか。何が天を成就させると言うのか」。伊尹が答えて言った。「五つのものが人を成就させ、徳が人を大きくします。四つのものが邦を成就させ、五つのものが邦を助けます。九つのものが地を成就させ、五つのものが地を助けます。九つのものが天を成就させ、六つのものが天を運行させます。」

湯王はまた伊尹に尋ねて言った。「人は何を得て生ずるのか。何を増加させて成長するのか。何を減少させて老いるのか。どうして同じく人でありながら、或るものは悪く、或るものは好いといった差があるのか。」伊尹が答えていった。「それは五味の気によります。この五味の気がはじまりとなり人をつくるのです。その中でも精微な気のことを玉種といいます。（胎児は）始めの一ヶ月の段階で発生し、二ヶ月で輪郭となる形ができ始め、三ヶ月でその外形がはっきりとし、四ヶ月で外形がしっかり固まり、五ヶ月で腕が伸び、六ヶ月で肉が付き、七ヶ月で筋肉と皮膚とができ、八ヶ月で（体が）確定し、九ヶ月で男女を判別し、十ヶ月で完成して、民はこうして生まれます。その気が多くなり奮い立ち、通じて治まると、長寿となりよくなりましょう。（身体を構成する）気が奮い立ち盛んになると、（その身体は）盛んになります。気は性交によって（身体に）あまねく行き渡ります。こうして力が生じます。気が不足すると老い、気がゆるやかになると（身体の活動が）止まり、気が乱れて（その働きが）損なわれます。こうして病や災いが生じます。気が尽きてしまうと（身体の活動は）なくなり、意欲がなくなります。」

湯王はまた伊尹に尋ねて言った。「四つのものが邦を成就させ、五つのものが邦を助けるとは、どういうことか。」伊尹が答えていった。「（四つのものとは）四神のことを指し、四正と申します。五つのものが邦を助けるとは、徳・事・役・政、刑のことです。」

湯王はまた伊尹に尋ねて言った。「美徳とはどのようなものか。悪徳とはどのようなものか。美事とはどのようなものか。悪事とはどのようなものか。美役とはどのようなものか。悪役とはどのようなものか。美政とはどのようなものか。悪政とはどのようなものか。美刑とはどのようなものか。悪刑とはどのようなものか。」伊尹が答えていった。「徳がすぐれており、信用が得られていて正義が行われている、これが美徳というものです。美徳があればそれによって（天下を）保つことができましょう。徳については（それを）詐り、事を急いで（徳が備わっているように）見せかけ、（統治を）完成させることがない、これが悪徳というものです。（そういう統治のやり方では、仮に一旦は統治が）完成しても、崩壊してしまいます。事業に着手した際にはその成果が上がり、民衆が長期にわたってその成果から利益を得ることを美事といいます。事業に着手しながらも、その成果が上がらず、民に災いをもたらして道理がないことを悪事といいます。事業に着手するにあたって（起工する）時期が道理にかなっており、民の（個人的な）蓄えを用いて働かせることがないのを美役といいます。事業に着手するにあたって（起工する）時期が適切ではなく、国家を甚だしく消耗させることを悪役といいます。統治の内容が簡潔で上手くいくことを美政といいます。統治が混乱して一定ではなく、民が皆（為政者から）離反して自力で生活を守ろうとすることを悪政といいます。刑罰が軽く（一般の民の生活を）害することがないことを美刑といいます。刑罰が重く（その基準が）一定ではないことを悪刑といいます。」

湯王はまた伊尹に尋ねて言った。「九つのものが地を成就させ、五つのものが地を助けるとはどういうことか。」伊尹が答えていった。「九神のことを、地真といいます。五つのものが地を助けるとは、水・火・金・木・土の五行が、五つの方向を構成し、五つの穀物を育てることをいいます。」

湯王はまた伊尹に尋ねて言った。「九つのものが天を成就させ、六つのものが天を運行させるとはどういうことか。」伊尹が答えていった。「九神のことを、九宏といいます。六つものもが運行させるとは、昼・夜・春・夏・秋・冬が、それぞれ交代して時間を構成し、その交代を怠ることが無いことを、事首（あらゆる事の発端）といいます。これもまた天道の働きです。」

湯王が言った。「伊尹よ、古の先帝の良言は、どうしてそれを改めようか（改めるところは無い、謹んで従おう）。」

二　『湯在啻門』の内容と構成

本節では、『湯在啻門』全体の内容と構成とについて検討する。

『湯在啻門』は、湯王と小臣（伊尹）との問答を記した文献である。冒頭部分において、問答の行われた時は「正月己亥」、場所は「啻門」との設定がなされた後、湯王と伊尹との間で七つの質問と七つの回答とが交互に行われ、最後は湯王の発言で締めくくられる、との構成になっている。(5)湯王と伊尹との間で重ねて行われている問答は、以下に述べるように、いずれも内容的によくかみ合っている。

それでは、二人の問答の内容について見てみよう。湯王は伊尹に対して、先ず「古之先帝」の「良言」が今に伝わっているかどうかを尋ねる第一の質問をする。この湯王の第一の質問に対して伊尹は、「古之先帝」の「良言」は伝わっており、そうでなければ後世の王者は「成人」（人を整え、成就させること）・「成邦」（邦を整えること）・「成地」（地を整えること）・「成天」（天を整えること）ができようかと、第一の回答をする。「成人・成邦・成地・成天」は、「古之先帝」の「良言」が伝わっているからこそ行われることとされており、それぞれの内容は、人・国家・地・天をそれぞれあるべき理想的なあり方にして完成させることを指し、いずれも王者の行うべき行為であると考えられる。(6)

次いで湯王は、伊尹の回答の中に登場した「成人・成邦・成地・成天」について、それぞれの内容を尋ねる第二の質問をする。これに対して伊尹は、五つのものが人を整え、徳が人を大きくし、また四つのものが邦を整え、五つのものが邦を助け、更に九つのものが地を整え、五つのものが地を助け、九つのものが天を整え、六つのものが天を運行させると、第二の回答をする。

続いて湯王は、人は何を得て生ずるのか、何を増加させて成長するのか、何を減少させて老いるのか、どうして同じく人でありながら或るものは悪く、或るものは好いといった差があるのか、と第三の質問を行う。この質問は、伊尹の第一・第二の回答の中に登場する「成人」について特に焦点を当てた問いと考えられる。これに対して伊尹は、それは「五味の気」の働きによるのだとし、五味の気がもととなって人をつくるのであり、特にその気の中でも精妙な気のことを「玉種」と呼ぶと述べた上で、胎児が十ヶ月で成長する過程について月ごとに段階を追って説明し、続いて、出生してから後に壮年に至るまでの成長の過程、更には疾病の発生原因を含む死に至るまでの身体に関わる現象を気のあり方によって説明する、第三の回答をする。

次いで湯王は、伊尹の第二の回答中に述べられていた「四つのものが邦を整え、五つのものが邦を助ける」ことの内容を尋ねる第四の質問をする。これに対して伊尹は、四つのものとは四神のことで、四正とも呼ぶこと、五つのものが邦を助けるとは徳・事・役・政・刑のことであると、第四の回答をする。

続いて湯王は、伊尹の第四の回答中に登場した徳・事・役・政・刑の五つについて、それぞれの美であるものと悪であるものとを尋ねる第五の質問をする。これに対して伊尹は、君主が信を守り義を実践すること、君主の興す事業が成果を挙げて民の信頼を得ること、民を動員する場合に時宜を得ており、民に負担をかけないこと、統治が簡素で成果を出すこと、刑罰が軽く民の生活を害することがないことを、それぞれの美なるもの、君主が偽って義を実践しないこと、事業を興しても成果が上がらず、正当な理由も無く民を苦しめること、民に役務を課すことが時宜を得ず、国庫からの支出が多大なこと、統治が乱れて安定せず、民が為政者を頼らず自力で生活を守ろうとすること、刑罰が重く、しかも基準が定まらないことを、それぞれの悪なるものとする。

次いで湯王は、伊尹の第二の回答中に述べられていた「九つのものが地を整え、五つのものが地を助ける」ことの内容を尋ねる、第六の質問をする。これに対して伊尹は、九つのものは九神のことであり、地真とも呼ぶこと、五つのものは水・火・金・木・土の五行であり、それらが地を助けるとは、五行が五つの方向を構成し、五つの穀物を育てることである、と第六の回答をする。

続けて湯王は、やはり伊尹の第二の回答中に述べられていた「九つのものが天を整え、六つのものが天を運行させる」ことの内容を尋ねる、第七の質問をする。これに対して伊尹は、九つのものは九神のことであり、九宏とも呼ぶこと、六つのものは昼・夜・春・夏・秋・冬であり、それらが天を運行させるとは、その昼夜と四時とが怠ることなく交代することであり、それこそがすべての事象の発端で、天道の働きであると、第七の回答をする。

この後湯王は、古の先帝の良言には改めなければならないところがないと述べる第八の発言を行って、先帝の良言にそのまま従うことを宣言し、この発言で本文献は終わっている。

以上のような『湯在啻門』の内容と構成に関して特に注意すべき点は、以下の三点である。

先ず第一に、湯王と伊尹との問答という体裁、及びその問答の内容が王者の行為をめぐってのものであることから、この文献は『尚書』と何らかの関連を有するものであることが想起されるという点である。もとより、今のところ『湯在啻門』が『尚書』中の一篇であったかどうかは不明とせざるを得ない。しかし、例えば同じく清華簡に含まれ、かつ古文『尚書』の一篇と考えられる『尹誥』と体裁が類似することなどからすると、『湯在啻門』は『尚書』と関連がある資料である可能性が高いと考えられる。

第二に、湯王と伊尹との間で重ねて行われている問答が、内容的に緊密に対応し、『湯在啻門』の構成が全体として概ねよく整っている点である。

すなわち、「古之先帝」の「良言」は今に伝わっているかどうかと問う湯王の第一の質問と、「古之先帝」の「良言」は伝わっており、そうでなければ後世の王者は「成人・成邦・成地・成天」ができないとする伊尹の第一の回答と、またその伊尹の第一の回答と、「成人・成邦・成地・成天」の内容を問う湯王の第二の質問とは、内容的に緊密に対応している。そして、湯王の第二の質問と「成人・成邦・成地・成天」のそれぞれについて「五・四・九」などの数を示して答える伊尹の第二の回答と、更にこの伊尹の第二の回答を受けて以下に続くところの、「成人」についての湯王の第三の質問、及び「成邦」についての湯王の第四・第五の質問、並びに「成地」についての湯王の第六の質問、更に「成天」についての第七の質問と、それぞれに対する伊尹の第三から第七の回答とは、いずれも内容的に緊密に対応している。

『湯在啻門』の内容と構成に関して注意すべき第三の点は、『湯在啻門』においては、「古之先帝」の「良言」が具体的にどのようなものであるのかについて、本文中にまったく触れられていない点である。

すなわち、『湯在啻門』における湯王の最初の問いと最後の発言とは、ともに「古之先帝」の「良言」に言及しており、本文献は「古之先帝」の「良言」を発端として展開し、かつその「古之先帝」の「良言」に収斂している。換言すれば、本文献の枠組みは全体として「古之先帝」の「良言」を基軸としているのである。にもかかわらず、その「古之先帝」の「良言」が具体的にどのようなものであるのかについては、本文中にまったく触れられていない。また、本文献においては、「良言」を発した「古之先帝」が果たして誰を指すのかについてもまったく触れられていない[7]。

湯王の伊尹に対する第一の質問は、「古之先帝」の「良言」が伝承されているかどうかを問うものであり、「古之先帝」の「良言」そのものを問うているわけではない。また以下の質問もすべて、伊尹が回答した内容に対して向けられたものである。そして、湯王の問いに緊密に対応している伊尹の回答にも、「古之先帝」の「良言」は直接には登場しない。このため、本文献の中心となる部分は、湯王の問いに対する伊尹の回答であり、中でも湯王の第二から第七の質問を導き出すことになる、「古之先帝」の「良言」は伝承されており、それがなければ後世の王者は成人・成邦・成地・成天ができないとする第一の回答であると考えられる。(8)

『湯在啻門』において具体的な「古之先帝」の「良言」についてまったく触れられていないという現象は、「古之先帝」の「良言」を伝承するとされるものが本文献とは別に存在しており、そしてそれが『湯在啻門』の成立する前提となっていたことを強く示唆し、その別に存在する「古之先帝」の「良言」とは、おそらく『尚書』に含まれる虞書や夏書といったものを指している可能性が高いと推測される。

ここで興味深いのは、本文献の結末における湯王の最後の発言である。湯王は最後の発言で、「唯れ古の先帝の良言、則ち何ぞ以て之を改めん」と、古の先帝の良言をどうして改めようか、改めなければならないところはないと述べ、先帝の良言にそのまま従うことを宣言しているのだが、この発言だけを見ると、この時点で湯王は、「古之先帝」の「良言」を既に知っているかのように見受けられる。しかし、本文献の冒頭で湯王は、「古之先帝」の「良言」が今に伝わっているかどうかを伊尹に尋ねており、従ってそもそも湯王は「古之先帝」の「良言」を知らないという設定になっていたと考えられる。本文献中には「古之先帝」の「良言」が具体的には登場していないのであるから、湯王が「古之先帝」の「良言」の具体的な内容を知らないまま、対話の最後にその「良言」を改めずに従うと宣言しているというのは、いささか奇妙に感じられる。おそらくこれは、『湯在啻門』が成立した時点で、「古之先帝」の「良言」を伝承するとされるものが別に存在することは自明のことと見なされていたためと推測される。(9)

以上のように、『湯在啻門』は、湯王と伊尹との問答という体裁、及びその内容から、『尚書』との何らかの関連を想起させるものであり、また湯王と伊尹との対話が緊密に関連して展開する、よく整った構成の文献と見受けられ、そして「古之先帝」の「良言」を記した別の資料の存在を前提として成立したものであると考えられる。加えて、もとより本文献の隷定や釈読にはなお検討の余地があるものの、基本的に本文献の表現には『尚書』に認められるような難解さはなく、比較的平易であるように見受けられる。更に、詳しくは次節で述べるように、『尚書』や『詩経』には気が説かれていないのに対して、『湯在啻門』においては、人間の身体と精神とについて、その発生から死に至るまでの時間の経過に伴う現象をすべて気によって説明せんとする思考の存在が認められる。

こうしたことを踏まえて総合的に考えるならば、本文献の成立はさほど古くはないものと推測される。

この点について参考になるのが、同じく清華簡に含まれている『尹誥』の成立に関する福田哲之氏の指摘である。福田氏は「清華簡『尹誥』の思想史的意義」（『中国研究集刊』第五十三号、二〇一一年六月）において、清華簡のC14の年代測定を踏まえた上で、『尹誥』の思想や『孟子』との間の関連性等について詳細な検討を加え、『尹誥』の成立時期を「おおよそ春秋末から戦国前期の間」と推定している。福田氏はこの『尹誥』の成立時期の検討に際して、特に『尹誥』における湯王と伊尹との対話が、伊尹の独言を起点とし、その後二人の直接対話が展開する形式となっていること、『尚書』の中で『尹誥』と同様に「誥」の名称を持ち、最も古層に属する周書の五誥の中では、王と臣下とが交互に対話する形式である点で『洛誥』が比較的近いものの、『尹誥』のように直接的な対話を反映したものではなく、またその文体が「『尚書』特有の荘重かつ晦渋な表現」である点に注目し、「『尹誥』に見える直接的な対話対は、史官の記録としての『尚書』の伝統が薄れ、『論語』などに見えるような問答対が『尚書』中に滲入していく時期」のものと推測している。

『湯在啻門』も、上述の通り、湯王と伊尹とが直接、かつ繰り返し問答する形式となっている。また「『尚書』特有の荘重かつ晦渋な表現」も認められない。もとより、『尹誥』が古文『尚書』の一篇と考えられるのに対して、『湯在啻門』は『尚書』に含まれるものであったことを直接示す手がかりは今のところ認められない。また『尹誥』に認められる『孟子』との強い関連性も明確に認められるわけではない。このため、『湯在啻門』と『尹誥』との関係についてはなお明らかではないが、『湯在啻門』の成立が『尹誥』の成立よりも古いと見なし得る要素は確認することができない。従って『湯在啻門』の成立時期は、おそらく『尹誥』と同様に春秋末期から戦国前期にかけてか、或いは『尹誥』よりも更に後と推測される。

なお、整理者である李守奎氏は「説明」において、「《湯在啻門》気象宏闊，行文縝密，思想雖駁雜，但以行道有成為本。從清華簡所載眾多的伊尹言行，可見戰國時期伊尹故事之盛行」（『湯在啻門』は幅広い内容で、文章の表現は緻密であり、思想的には雑駁であるが、清華簡に見られる数多くの伊尹の言動からは、戦国時代において伊尹の故事が盛んに説かれた状況を窺うことができる）とし、また「以湯與伊尹為依託，成文當在戰國」（本篇は湯王と伊尹とに仮託して、戦国時代に成立したものであろう）と述べている。李守奎氏は、『湯在啻門』の成立時期を戦国時代と判断した根拠について特に述べていないのだが、その指摘は概ね妥当と考えられる。

また李守奎氏は、論考「漢代伊尹文獻的分類与清華簡中的伊尹」（『深圳大學學報』二〇一三年第三期所収）において、伊尹の登場する清華簡の五篇について、①戦国中期に既に流布していた「『尚書』類文献」である『尹誥』・『尹至』（『尹誥』は班固のいう五十七篇『古文書経』の一つで、真古文『尚書』）、②「其語浅薄」な小説家の言である『赤鵠之集湯之屋』、③湯王と伊尹との故事を記して言葉が分かりやすく、内容が雑駁である『湯處於湯丘』と『湯在啻門』の三つに分類している。そして竹簡の形制が同じく、また同筆である『湯處於湯丘』と『湯在啻門』とは、『尹誥』・『尹至』とは明らかに性格が異なり、仮託された文献であると述べている。この李氏の指摘も概ね妥当と考えられる。

以上、本節では、『湯在啻門』全体の内容と構成とについて検討し、本文献は「古之先帝」の「良言」が本文献とは別に存在することを前提として成立したと考えられること、またその成立時期はおそらく春秋末期から戦国前期にかけてと推測されることを述べた。

続いて次節では、『湯在啻門』において説かれているところの、気に関する思考の内容について検討する。

三　『湯在啻門』における気に関する思考

『湯在啻門』において気概念が登場するのは、湯王の「人何をか得て以て生ず。何をか多くして以て長ず。孰をか少くして老う。胡ぞ猶《おな》じく是れ人にして、一《ある》ものは悪しく、一ものは好《よ》きか」との第三の問いに対する、伊尹の第三の回答中のみ、つまり「成人」についての湯王の問いに対する伊尹の回答の中だけである。「成邦・成地・成天」に関する二人の問答の中に気はまったく登場しない。

伊尹はこの第三の回答の中で、先ず湯王の問うところはすべて「五味之気」によるのだと答え、「五味之気」が人間のはじまりとなるものであり、人間の身体を作ると述べる。そして続けて、「五味の気」の中でも「末気」、つまり特に精微な気のことを「玉種」と呼ぶとし、以下、「末気」がもととなって人間の身体が十ヶ月でできる過程、つまり胎児が十ヶ月で成長する人間の発生の過程について、月ごとに段階を追って説明する。

次いで伊尹は、「其の気の朁歜発治するや、是れ其れ長と為る、且《そもそも》好きかな。其の気の奮昌するや、是れ其れ当壮と為る。気融交して以て備はる、是れ其れ力と為る。気促《せま》りて乃ち老い、気徐《ゆるやか》にして乃ち猷《や》み、気逆乱して以て方《やぶ》る、是れ其れ疾殃と為る。気屈して乃ち終り、百志皆窮まる」と、出生後から死に至るまでの人間の身体の状況について、それらをその身体内部の気のあり方によって説明する。すなわち、先ず気が「朁歜発治」、つまり出生後の人間の身体の内部に充満して盛んになると、その人間は大きく成長する。伊尹はこの気の働きを何とすばらしいものかと述べ、更に人間の身体内部の気が奮い立ち盛んになると、人間は一人前の大人の身体となり、そしてその身体内部の気は、性交によって身体にあまねく行き渡り、活力となるとする。また、この人間の身体内部の気はその身体内部で流通しているのだが、その流通が滞ると老い、気の流通がゆるやかになると身体の活動が止まり、更に気の流通が乱れると身体の働きが損なわれ、そうした結果として疾病が生じるのであり、そして気が尽きてしまうと身体の活動は停止し、意欲が失われるとする。ここで伊尹の第三の回答は終わっている。

以上のように、伊尹の湯王に対する第三の回答の中では、母胎内での成長過程からはじまり、出生してから後に壮年に至るまでの成長の過程、更には疾病の発生原因を含む死に至るまでの身体に関わる現象が、気のあり方によって説明されている。特に人間の死について、死は人間の身体内部における気の運動が尽きてしまったためと説明しつつ、そうした気の運動が尽きてしまうことは「百志」、すなわちその人間の精神的活動の停止をもたらすと説かれていることから、この人間の身体内部の気は、いわば物質的にその身体を構成するだけではなく、その人間の精神的活動をも構成するものとされていると考えられる。従って、『湯在啻門』における気に関する思考は、人間の身体と精神とについて、その発生から死に至るまでの時間の経過に伴う現象をすべて気によって説明せんとする思考であると認められる。

整理者である李守奎氏は「説明」において、「全篇論五味之気與生命之關係尤為詳盡．青玉行気銘之類的気功養生說當與其有密切關係。」（『湯在啻門』は五味の気と生命との関係について論ずることが特に詳細であり、青玉行気銘の類いの気功養生説は本篇の内容と密接な関係がある）と述べている。[10]『湯在啻門』における気は、人間の身体及びその精神的活動について、その発生から死に至るまでを構成するとするものであるが、本文献において、特にその気を操作することについては説かれていない。このため、『湯在啻門』における気に関する思考を気功と全く同じものとは見なし難いように思われるが、両者において気概念自体はいずれも、基本的に人間の身体内部に存在するもので、人間の身体と精神とを構成し、そしてそれらのあり方と密接に関わるとされるものである。従って、李守奎氏の指摘は、概ね妥当と考えられる。

『湯在啻門』における気に関する思考について特に注目される点は、前述の通り、『湯在啻門』の成立時期がおそらく春秋末期から戦国時代初期と推測されることから、こうした『湯在啻門』における気に関する思考は、戦国初期以前に既に存在したものと考えられる点である。

また、先にも触れたように、伊尹の第一の回答に登場する「成人・成邦・成地・成天」の中の、「成人」に関する説明においてのみ気概念が登場し、「成邦・成地・成天」に関する伊尹の説明においては一切説かれていない点も注目される。すなわち、上博楚簡に含まれている道家系の古佚文献『恆先』や『凡物流形』、郭店楚簡『太一生水』などの道家系の出土文献の中では、人間の身体のみならず、万物すべてが気によって構成されるとの思考を見出すことができ、そうした戦国時代初期以前の道家が説いた様々なパターンの宇宙生成論において、気概念は基本的に、万物を構成するものとして説かれている。[11] しかし、『湯在啻門』において、気によって変化が説明されているのは「成人」に関連してのみであり、気の存在する場所として想定されているのは、人間の身体内部に限定されている。すなわち、『湯在啻門』は「成人」や「成邦」に言及する部分が比較的長く、それと較べて「成天・成地」に言及する部分の分量が少ないのだが、「成地」に関して「五」として「水火金木土」の五行について言及があり、また「成天」に関して「六」として「昼夜春夏秋冬」に言及があるものの、こうした天や地という外界の事象にかかわる説明の中では気がまったく登場しない。このため、『湯在啻門』における気に関する思考と戦国中期以前の道家の説く宇宙生成論の中の気に関する思考とは、気が多様な事象を構成するとする点では共通するものの、かなり性質の異なる思考であるように見受けられる。(12)

前節で述べたように、『湯在啻門』は湯王と伊尹との問答という、『尚書』との関連を想起させるような体裁であった。こうしたことを踏まえつつ、『湯在啻門』の中では「成人」に関してのみ気が説かれ、「成邦・成地・成天」については気が説かれていないことからすると、本文献は、おそらくは春秋末から戦国初期にかけて、気に関する思考を受容した儒家が、それを取り込みつつ成立させた文献である可能性が高いと考えられる。

というのも、先にも触れたように、『尚書』や『詩経』には気が説かれていないが、周知の通り『論語』や『孟子』などの儒家の伝世文献には人間の身体に関する気が説かれており、しかも戦国中期の儒家系の出土文献においても専らそうした人間の身体に関わる気が説かれている。(13) すなわち、郭店楚簡や上博楚簡の儒家系の文献においては、『論語』・『孟子』・『荀子』においてもしばしば説かれているところの、人間の身体内部に存在し、人体を構成する要素の一つと考えられる「血気」が説かれている。また、「血気」以外にも、「血気」と同様に人間の身体内部に存在して感情や或いは行動のもととなる「喜怒哀悲の気」や「鬱陶の気」といったもの、或いは君主の精神的活動のあり方を指す「気志」や「志気」などが説かれていた。

もとより、『湯在啻門』の気のように、気を人間の発生や成長、病気や死などといった、人間の身体に関する広範な現象を説明するものとして位置付けるまとまった思考は、戦国期の儒家系の他の出土文献や伝世文献においては、今のところ見出すことができない。しかしながら、気が専ら人間の身体に関わる現象を説明するものであること、しかもその気が「志」、つまり精神的働きとも関連づけられることなどから、『湯在啻門』における気と儒家系の出土文献や伝世文献における気とは、基本的には共通していると考えられる。(14)

私見では、出土文献において確認することのできる戦国時代中期以前の道家や儒家等が説いた気に関する思考はすべて、それらに先行して存在した、世界のあらゆる現象はすべて気によって構成されるとする、気の思想を各思想家たちが受容し、かつそれぞれの思想的立場に応ずる形で更に展開させていったものである。そして、道家や儒家等が受容したところの、彼らの気に関する思考のいわば母胎となった気の思想がおおよそそのようなものであったのかは、『左伝』や『国語』周語に見出すことができる。(15)

すなわち、『左伝』及び『国語』においては、天地自然の間のあらゆる場所には「陰・陽・風・雨・晦・明」を構成要素とする「六気」が存在し、この「六気」が四時や人間の肉体などのあらゆる事象を構成し、また人間の身体内部と外部とを流通するとの気に関する思考が存在する。すなわち、天地自然の間に存在する気が「五味」・「五色」・「五声」へと姿を変え、為政者がその「五味」・「五色」・「五声」を体内に摂取すると、摂取された「五味」・「五色」・「五声」が為政者の身体を構成している身体内部の気を活動させ、また「好悪喜怒哀楽」や闘争心等の人間の精神的作用を生み出し、更にそうして生み出された精神的作用は、言語活動或いは視覚として外界へ向けての働きかけとなるのである。

こうした『左伝』・『国語』における気に関する思考と、『湯在啻門』における気に関する思考とは、「五味」の摂取が人間の身体に及ぼす影響を認め、そしてその「五味」の摂取を為政者の行為として重視する点に関して、強い共通性を認めることができる。すなわち、『湯在啻門』において説かれている「五味の気」は、おそらく「五味」の摂取により人間の身体内部に生ずるところの気を指すと考えられ、食物の摂取と人間、つまり為政者の身体の状態とを密接に関連づける点で、両者の気に関する思考は共通しているのである。

もっとも、『左伝』と『国語』との気に関する思考においては、気は人間の身体に関する現象を説明するだけのものではなく、人間の身体内部のみに存在するものではなかった。すなわち、気は天地自然の間にも存在し、人間の身体内部と外部とを流通するのであり、そうであるが故に人間の身体内部のみならず、外界の事象をも含む極めて広範な事象を説明するものであった。これに対して『湯在啻門』では、人間の身体内部に関してのみ気が説かれており、気の存在する場所はかなり狭い領域に限定されている。また、『左伝』や『国語』では、「五味」の摂取が「五声」や「五色」の摂取と並行して説かれていたが、『湯在啻門』では「五声」や「五色」の摂取については説かれていない。

『左伝』や『国語』における気に関する思考と『湯在啻門』における気に関する思考とのこうした相違点は、『湯在啻門』の気に関する思考が、『左伝』・『国語』に見出すことのできるような、世界のあらゆる事象を気で説明する思考を根柢としながらも、気に関する思考の範囲を人間の身体に関する現象に限定し、身体の多様な現象を説明するものとしてのみ気概念を利用して成立したものであることを示していると推測される。

先述の通り、気を専ら人間の身体に関する現象に限定して説くことは、儒家の伝世文献と出土文献とにおいて広く認められる傾向である。こうしたことから、『湯在啻門』は、儒家が気に関する思考を受容して取り込みつつ、王たる者の為すべきことを説くものとして、湯王と伊尹との対話に仮託して成立させた文献と推測されるのである。(16)

結　語

春秋末期から戦国初期にかけて成立したものであると考えられる『湯在啻門』において、人間の身体と精神とについて、その発生から死に至るまでの時間の経過に伴う現象をすべて気概念によって説明せんとする思考が認められることは、そうした気概念によって人間の様々な現象を説明することが、かなり古くから行われていたことを強く示唆すると考えられる。もとより断片的ではあるが、『湯在啻門』には「気促《せま》りて乃ち老い、気徐《ゆるやか》にして乃ち猷《や》み、気逆乱して以て方《やぶ》る、是れ其れ疾殃と為る」といった、疾病の原因と気とを結びつける思考も認められる。従って、所謂中国古代医学に認められる気に関する思考も、その成立はかなり古いと推測される。

もっとも、『湯在啻門』が成立した事情や、世界のあらゆる事象を気で説明した原初的な思考が様々な展開を遂げていった経緯、その時期、或いは中国古代医学思想との関係等の問題については、なお不明な点が少なくない。その解明については、今後の課題としたい。

注

（1）『清華大学蔵戦国竹簡（壹）』前言参照。

（2）李守奎氏の説明や書誌情報については、拙稿「清華簡（五）所収文献解題『湯在啻門』」（『中国研究集刊』第六十一号、二〇一五年十二月）参照。

（3）本稿執筆時点で公開済みの清華簡の中、湯王と伊尹との問答について記述する文献は、『尹至』（第一分冊）・『尹誥』（同）・『赤鵠之集湯之屋』（第三分冊）・『湯處於湯丘』（第五分冊）・『湯在啻門』（同）の五篇がある。そのうち、『尹至』・『尹誥』・『赤鵠之集湯之屋』の三篇は、簡長約四十五cm、三道編、簡端は平斉で、いずれも篇題があり、また竹簡の背面に連続する劃痕が認められる。これに対して『湯處於湯丘』・『湯在啻門』の二篇は、簡長約四十四・五cm、三道編、簡端は平斉であるが、篇題・劃痕は認められない。

（4）釈読にあたり、李守奎氏による『清華大学蔵戦国竹簡（伍）』所収の釈文、及び注（2）前掲の拙稿「清華簡（五）所収文献解題『湯在啻門』（4）参考文献」に示した諸論考を参照した。なお、漢字については、便宜的に可能な限り通行の字体に改めた。

（5）湯王や伊尹に関する詳しい事蹟は分からず、「正月」が何年のことなのか、また「啻門」がどこなのか、詳細は不明である。

（6）成天・成地については、おそらくは天地に対して祭祀を行うことが含まれ、それぞれに挙げられている「九神」は、具体的には祭祀の対象を指すと推測される。

（7）もとより、湯王が「古之先帝」と呼ぶ以上、その湯王から見て古代の王者である「古之先帝」が堯舜禹等を指す可能性が一応は考えられる。しかし、本文献の中には、湯王から見て古代の王者であることの他に、「古之先帝」に関する直接的な情報がまったく無く、誰を指すのか不明である。

（8）李守奎氏は「説明」において、「本篇内容記湯問小臣古先帝之良言，小臣答以成人、成邦、成地、成天之道，由近及遠，由小及大，比較系統地闡述了當時的天人觀」と述べているが、この指摘は、概ね妥当と思われる。

（9）『湯在啻門』において、伊尹に対して専ら問いを繰り返す湯王に対して、問いに回答する伊尹は博識・多弁であり、また王を納得させ得た優れた人物として描かれているように見受けられ、本文献の中心人物は伊尹であると考えられる。後述する福田哲之氏の「清華簡『尹誥』の思想史的意義」において福田氏は、『尹誥』における伊尹が湯王に対して終始能動的であるのに対して、湯王は伊尹の進言に「すぐさま従う従順な王として描かれ」ており、両者の間には「通常の君臣関係では理解しがたい特殊な関係が認められる」と指摘する。『湯在啻門』の湯王と伊尹との間においても、伊尹の回答を受けて「古之先帝」の「良言」に従うと宣言する湯王は従順であり、『尹誥』における両者の描き方と共通する傾向が認められる。

（10）李守奎氏のいう青玉行気銘とは、天津市歴史博物館に所蔵されている十二面体の小玉柱の銘を指し、所謂気功に関して述べる最古の資料と見なされている。その原拓は羅振玉氏の『三代吉金文存』第二十巻四十九頁に収録されており、郭沫若氏は「古代文字之辯証的発展」（『奴隷制時代』第二版「人民出版社、一九七三年」所収）において、この銘を「行気玉佩（珮）銘」と呼び、「行気、深則蓄、蓄則伸、伸則下、下則定、定則固、固則萌、萌則長、長則退、退則天。天幾春在上、地幾春在下。順則生、逆則死。」と釈読し、戦国時代前期のものと推定している。また石田秀実氏は「踵息考」（坂出祥伸編『中国古代養生思想の総合的研究』「平河出版社、一九八八年」所収）において、この銘文は「天地の機に順うかたちでの気の下降・上昇を、身体の内に実現することを説くもの」であるとする。

（11）拙稿「上博楚簡『恆先』における気の思想」（『中国研究集刊』第三十六号、二〇〇四年十二月）、「気の思想」（湯浅邦弘編著『概説中国思想史』〔ミネルヴァ書房、二〇一〇年十月〕第十章）、「戦国時代における兵家の気の思想と新出土文献」（『中国研究集刊』第六十号、二〇一五年六月）参照。

（12）この点に関して李守奎氏は説明において「簡文論気以人之生老病死為始終」（本文において気を論ずることは、人の生老病死がすべてである）と述べている。

（13）拙稿「先秦時代における儒家の気の思想―戦国時代の竹簡資料を中心に―」（『中国出土文献研究』第十九号、二〇一五年三月）参照。

（14）もっとも、上博楚簡の儒家系文献『容成氏』には、人間の身体外部に存在する「陰陽の気」や「天地の気」が説かれている。「陰陽の気」・「天地の気」について、その具体的なあり方がどのように考えられていたのかは不明だが、その気には人間の規範となるものとしての性格が備わっており、おそらく天地自然の間に存在するものであったと考えられる。従って、戦国時代中期以前の儒家の説く気は、人間の身体内部に存在する気に限定されてはおらず、「陰陽」や「天地」といった広範な事象をも気によって説明されることがあったと考えられる。注十三前掲拙稿「先秦時代における儒家の気の思想―戦国時代の竹簡資料を中心に―」参照。

（15）以下、『左伝』及び『国語』周語における気については、拙稿「『国語』周語における気」（『中国研究集刊』第八号、一九八九年）、「気の思想の成立―『国語』における気を中心に―」（『新潟大学教育学部紀要（人文・社会科学編）』第三二巻第二号、一九九一年）、「『左伝』における気の思想―『国語』における気の思想との比較を中心に―」（『東アジア―歴史と文化―』第二號、一九九三年）参照。

（16）もっとも、『湯在啻門』の気に関する思考が、『左伝』・『国語』における気に関する思考から直接発展したものというわけではないと考えられる。筆者が『左伝』・『国語』における気に関する思考と述べるところは、『左伝』において気に関して発言する複数の人物の言葉をもとに、それらを整合的に理解したものであって、それらの複数の人物の発言から窺える気に関する思考は、世界のあらゆる事象を気で説明する原初的な思考からは既に発展を遂げたものと推測されるからである。すなわち、『湯在啻門』の気に関する思考も、『左伝』・『国語』における気に関する思考も、いずれも原初的な気に関する思考を共通の基盤として、そこから発展したものであるのだが、『湯在啻門』の気に関する思考と比べるならば、『左伝』・『国語』における気に関する思考の方が原初的な気に関する思考により近いと考えられる。

第六章 『湯在啻門』に見える「玉種」

曹 方向

序 言

『清華大学蔵戦国竹簡（伍）』に収録されている『湯在啻門』は、全二十一簡であり、最終簡（第21簡）の末端に残欠が見られるものの、文字の欠損はなく、完備した文献である。その内容は、殷の湯王が伊尹に向かって「古之先帝」の優れた言葉や事跡などについて質問し、伊尹が「成人」・「成邦」・「成地」・「成天」などの道を論じながら答えるというものである。

その中の「成人」については、伊尹は「五味の気」を掲げ、その「末気」（五番目の気）を「玉種」と言う。本篇の第6簡～第8簡には、「玉種」が十ヶ月の間に発育して人になるという胎児の成長過程が書かれており、伝世文献の「十月懐胎」の過程と類似するところがある。これについて整理者は、『管子』水地、『淮南子』精神訓、『文子』九守の三種の伝世文献を参考として列記している。(1)

これまでの出土文献の中で、「十月懐胎」に関する記述が見られるものは複数あるが、そのうち最も古いものは馬王堆帛書『胎産書』である。近年出版された『長沙馬王堆漢墓簡帛集成』においては、『諸病源候論』婦人妊娠諸病候上、『備急千金要方』婦人方養胎、『医心方』妊娠脈図月禁法の三つの伝世医学資料を参考資料として挙げている。(2)

その三種の資料は、胎児の成長に関する描写が類似しており、本章では、その中の『諸病源候論』を例として挙げてみたい。また、大形徹氏が「『長沙馬王堆漢墓簡帛集成』修訂国際学術研討会」で発表した論文の中に掲げている一覧表には、古典籍・字書や前述の資料以外に、『諸病源候論』妊娠転女為男候、『備急千金要方』逐月養胎方（二種）、『医心方』産経（二種）[3]、『説文解字』、『広雅』などの資料も含まれている。これらの資料の整理は、「玉種」の十ヶ月間の生成・成長過程を検討する上で、きわめて大きな助けとなった[4]。

馬王堆帛書や清華簡はすべて出土文献である。清華簡は海外に流出した文物であるが、その出土地は、馬王堆漢墓がある長沙と同様に、もともと楚の領地に属していた場所であると考えられる。このことから、以下、馬王堆帛書『胎産書』を主な比較材料として、清華簡『湯在啻門』に見える「玉種」の成長過程について検討していきたい。

一　第一、第二段階について

まず、『湯在啻門』中の「玉種」の成長過程が述べられている部分の原文を掲げる。以下の原文は、基本的に整理者の釈文に基づくが、一部、解釈を改めた箇所がある。

一月始𠣉（孕？）、二月乃裹、三月乃形、四月乃固、五月或收（呴？）、六月生肉、七月乃肌、八月乃正、九月顯章、十月乃成、民乃時生。

一ヶ月目の懐妊から十ヶ月目の嬰児出生まで、各種文献の主な差異は八ヶ月目に集中している。たとえば、『淮南子』と『文子』は、「胎」となる時間に一ヶ月の差がある。古代の医療条件の下では、おそらく胎児が発育する過程を正確に把握するのは難しい。また、胎児の成長は何ヶ月続いて、身体各部はいつから発育が始まり、いつ完全になるのかということについては、精確に描写することは不可能であろう。

しかし、大まかに言うと、各種文献の記載はおおむね次の四段階に分けることができる。

第一段階：懐胎（一ヶ月目）
第二段階：胎児が初めて人の形となる（二ヶ月目、三ヶ月目）
第三段階：胎児の身体が徐々に発育していく（四ヶ月目以降）
第四段階：生まれる（十ヶ月目）

本篇では、内臓・四肢・血管・毛髪・皮膚などの成長過程について具体的に述べられているが、各種文献には完全に一致する見解はない。そこで、以下、各種文献と比較しながら、本篇の内容を確認し、その特徴を明らかにしていきたい。

まず、第一、第二段階について検討してみよう。

一ヶ月目は、無から有になる最初の段階である。簡文の「⿹勹昜」字は、整理者は、「昜」声に従い、「揚」と読み、「玉種播揚」という意味であるとする。これは「種を蒔く」という角度から推測されたものであると考えられるが、この解釈は理解しがたい。一般的に、胎児の成長の一ヶ月目は受胎の段階である。それゆえ、簡文のこの字は直接「孕」と読めるかどうかを考える必要がある。[5]この字は「勹」に従い「昜」に従う字であり、整理者の隷定には従うべきである。「孕」の異体字「⿰女黽」・「⿰月黽」は、伝抄古文や『玉篇』・『集韻』などの字書・韻書、『周礼』秋官・薙氏、『管子』五行、『太玄』馴などの典籍に見える。したがって、整理者が「⿹勹易」の字を「勹」や「昜」から隷定したことは正しく、従うべきであると考えられる。たとえば『太玄』馴には「⿰女黽其膏」とあり、「⿰女黽」は「孕」と読むことができる。[6]『周易』漸卦「婦孕」の「孕」は、馬王堆帛書『周易』漸卦などでは「繩」に作り、学者たちは今本によって「孕」と釈読している。[7] 古音を調べると、「⿹勹易」字が従うところの「昜」は以母陽部に属し、「孕」・「⿰女黽」・「⿰月黽」・「繩」などの以母蒸部の字（便宜上、下文では「⿰女黽（孕）」と書く）と比べると、声母はみな同じである。また、蒸部と陽部とは通仮の例もある。たとえば、『周礼』秋官・薙氏の「萌之」の鄭玄注には「故書或作夢」とあり、「萌」は陽部に属し、「夢」は蒸部に属す。『荘子』天運の「使民心競」の「競」は、『太平御覧』では「竸」に作る。「競」は陽部に属し、「竸」は蒸部に属す。『呂氏春秋』挙難に見える人名「樂騰」の「騰」は、『新序』では「商」に作る。「商」は陽部に属し、「騰」は蒸部に属す。ゆえに「⿹勹易」は「昜」を音符としており、「⿰女黽（孕）」と読むことができる。

さらに注目すべきは、「勹」の字は古文字資料の中に用例があり、しかも「孕」と通仮する条件も備えているということである。李家浩氏の分析によると、古文字の「勹」と「宛」とは音義が近いとされる。[8] 前掲の『太玄』の「⿰女黽」の字は、ある版本では「婉」に作り、音は「鴛」であり、銀雀山漢簡『孫子兵法』の「晼」に作る「婉」の字に当たる。[9]「宛」と「晼」・「婉」は、同じ影母元部の字に属す。これにより、「勹」は直接「婉（孕）」・「繩（孕）」・「⿰女黽（孕）」と釈読できることがわかる。[10]

文意については、前掲の『太玄』は「⿰女黽其膏」と言う。『淮南子』のように一ヶ月目を「膏」と見なすものであろうと、『胎産書』（第三行）などのように二ヶ月目を「膏」と見なすものであろうと、必ず先に「⿰女黽（孕）」し、その後に「膏」となる。後述のように、簡文の二ヶ月目の「裹」と「膏」とは互いに対応している段階であり、そのため一ヶ月目の「𠣞」は、語句の上でも『太玄』の「⿰女黽（孕）」と対応することがわかる。つまり、「𠣞」は当然「娩」・「⿰女黽」・「⿰月黽」などの字に釈読できるのである。これらの字は使われることが少ないため、直接「孕」と読むべきであると考えられる。

一ヶ月目は受精卵が発育して胚胎を形成するが、古代の技術の条件下では、はっきりと観察することは困難である。そのため、この一段階の胚胎を正面から描写することは難しい。『胎産書』第二行は一ヶ月目の胎の「流形」を述べ、『諸病源候論』などでは「始形」に作る。「流形」は、鋳造する金属の溶液を用いて受胎のことをたとえているのかもしれない[11]。その他、『医心方』が収録する一種の『産経』は、一ヶ月目を「胚」としている。「胚」も生物の一般的な成長規律によって定められた名である。『爾雅』釈詁の郭璞注に「胚胎未成、亦物之始也。」とあり、邢昺疏に「尚未成形而爲形之始、故曰「胚胎未成、亦物之始」、物則形也。」とあり、実際に指すところも受胎である。

「二月乃裹」については、整理者は『淮南子』の用例を根拠として、「裹」は輪郭が初めて現れることであると見なしている。『胎産書』や『諸病源候論』などの医書では二ヶ月目を「膏」と言い、前掲の『太玄』も「⿰女黽其膏」と言うことから、「膏」は凝固した液体であると考えられ[12]、輪郭があるのは当然である。しかし、「裹」と「膏」の語義の関係は密接と言うには十分ではないようである。

華東師範大学中文系出土文献研究工作室の論文では、「裹」は「妊娠時に胎児を包んでいる器官である。これは古くは「胞」・「胞衣」などと言い、実際には今の西洋医学で言うところの羊膜・胎盤などを含んでいる」と指摘しており[13]、またある人は「裹」は「包裹、纏繞」（包む、まきつく）の意味であると見なしている[14]。具体的に指しているのは、おそらく「胞衣」（胎盤）であろう。これらの二つの解釈も道理があると考えられる。

二ヶ月目の胚胎は嚢状（いわゆる「嚢胚」）になり、胎児はまだ人の形をしておらず、嚢の中に収まっているような状態である。『胎産書』の第二行～第三行には、「二月始膏、……是謂始藏」（二ヶ月目に胎児は初めて膏となり、…これを始蔵と言う）とあり、『諸病源候論』妊娠転女為男候にも「二月始藏精氣成於胞裏」（二ヶ月目に初めて精気を胞裏に蔵する）とある。(15) このことから、簡文の「裹」は、「包んで蔵する」という意味であると考えられる。同時に、この段階の胚胎の全体は凝結物のようであり、これを「膏」と称するのは実情とも合致する。これにより、たとえ言葉の使い方に差違があっても、簡文と帛書や『諸病源候論』などの医書の記述とは矛盾がないと考えられる。

「三月乃形」について、整理者は、胎児が人の形になることを指すと述べる。華東師範大学中文系出土文献研究工作室の論文は、胎児が初めて形状をなすことを指すと述べる。(16)『胎産書』・『諸病源候論』・『説文解字』などでもすべて三ヶ月目に「胎」となると言い、これは胎児が初めて人の形になることを指し、(17) 簡文と合致する。

ここまでは、簡文・帛書と伝世文献はおおよそすべて受胎から胎児が初めて人の形になるまでを記載しており、この後はさらに胎児の身体の発育状況を描写する。三ヶ月目以前の胚胎の描写については、いずれも間接的であり、また漠然としたものである。

二　第三、四段階について

次に、第三、第四段階について検討してみたい。

「四月乃固」について、整理者は、胎児が安定していることを指すと述べる。しかし、その意味は曖昧であり、また「三月乃形」とあわせて考えた場合、重複しているように思われる。『胎産書』は四ヶ月目に「成血」（血ができること）を述べ、『諸病源候論』などの医書にも四ヶ月目に「血脈」ができると書かれている。現代医学では、二ヶ月目に胎児に血管が現われるとされ、[18]『胎産書』の血脈の形成時間は遅すぎるようである。しかし、『胎産書』およびその他の医書は四ヶ月目に「血」・「血脈」ができると言い、これは胎児の血管の発育であると考えられるため、誤った結論と見なすこともできない。ただし、簡文の「固」の字は、血脈と関係するとは考えがたい[19]。

前述の通り、胎児は三ヶ月目に初めて人の形となるが、性別はまだ確定していない状態である。古今を問わず、胎児の性別については重大な倫理的問題が存在し[20]、ほとんどの文献で三ヶ月目に胎児の性別の問題や男胎・女胎の養生について言及している。たとえば『胎産書』の第四行~第六行には、三ヶ月目の胎児について「當是之時、未有定儀、見物而化。……欲産男、……欲産女……是謂内象成子。」とあり、胎児の身体や、性別がまだ定まっていないことや、男子の胎児と女子の胎児を養う方法について記載している。類似の記述として、たとえば『諸病源候論』妊娠転女為男候は「至於三月……未有定儀、見物而化。是時男女未分……」と述べ、また『備急千金要方』逐月養胎方には「妊娠三月……當此之時、未有定儀、見物而化。欲生男者……欲生女者……」とある[21]。『医心方』に引用されている『産経』も、三ヶ月目の胎児は性別がまだ確定していないと述べている。また、『胎産書』第二十一行には男子の胎児を養成するための一種の処方箋が紹介されており、「未滿三月」(まだ三ヶ月に満たない状態)が時間の限度であることを特に強調している。Donald J. Harper 氏は、この部分と前述の三ヶ月の胎児の「未有定儀」という内容とは直接関係し、また『胎産書』第二十四行に残存する「三月」も、男子の胎児の養成に効き目がある処方箋に関する内容であると指摘している[22]。つまり、当時において、三ヶ月目は胎児の性別が定まる前の重要な期間なのである。このことから、「四月乃固」は、胎児の性別が確定することを指している可能性がきわめて高い。

「五月或収」について、整理者は、「収」を「褎」と読み、『詩経』の鄭玄箋「褎、枝葉長也。」(褎は、木の枝や葉が伸び広がることである)を引用している。その意味を推測すると、胎児の四肢の成長は、樹木に枝葉が生えるようであるということを述べていると見られる。『胎産書』や『諸病源候論』などの伝世医書が五ヶ月目に「氣」ができると言っていることによると、「收」は胎児が自分で空気を吸うことができる状態を指していると考えられる。たとえば、『胎産書』には「五月……乃使成氣……以養氣。」とあり、『諸病源候論』には「妊娠五月、……以成其氣。」とあり、『医心方』の『産経』の一つには「懷身五月、……以盛血氣。」とある。古代の人々は常に「血」と「氣」とを並列にしており[23]、『胎産書』が前の月に「血」と書き、この月に「氣」と書くのは、理にかなっている。『胎産書』に基づくと、簡文の「收」の字は「丩」声に従い、「呴」と読むことができるようである[24]。「收」・「呴」はすべて「丩」を基本の音符とする。金文の馬駒の「駒」は、一般的に「句」声に従うが、「丩」声に従うものもある[25]。典籍の「鉤膺」の「鉤」は、絛戒鼎の銘文の中では「翼」に従い、「丩」声に従う[26]。また、『漢書』王褒伝に「呴噓呼吸」とあり、その顔師古注に「呴・噓、皆開口出氣也。」とある[27]。

古代の人々は胎動などの現象を根拠として、胎児がすでに呼吸できる状態にあると推測していた可能性がある。あるいは、簡文の「五月或收」の意味は、胎児が呼吸を開始したことを指すとも考えられる。「或」は古代漢語の中でしばしば疑問や推測の語気を示し、ここで用いられているのも偶然ではないのかもしれない。

「六月生肉」については、整理者は『管子』水地の「五臓已具、而後生肉。」（五臓がすでに備わり、その後に肉を生じる）を引用している。「七月生肌」については、整理者は「生長肌膚」（筋肉と皮膚が成長すること）を指すと述べる。「八月乃正」については、整理者は「定型」（形が定まること）を指すと見なしている。これらの注釈は基本的にすべて理にかなっているものである。『胎産書』は六ヶ月目に「筋」ができ、七ヶ月目に「骨」ができ、八ヶ月目に「膚革」（皮膚）ができるとし、『諸病源候論』などの伝世医書とほぼ同じである。たとえ具体的な月の配当と簡文の順序とが大いに異なっているとしても、実際に記録されている内容は皮膚・筋肉・骨格の成長にほかならない。「骨」と

「正」との関係については、『素問』生気通天論に「骨正筋柔」（骨が端正であり筋が柔らかい）とある。簡文の「正」は、まさに『素問』が言う「骨正」であり、胎児の骨格の発育が整うことであろう。こうして、胎児の身体はさらに完全なものとなっていくのである。

筋肉や骨格の発育とともに、胎児は母体の中で活発に動くようになり、七ヶ月目以降から九ヶ月目までは胎動が激しくなる。帛書や伝世医書が七ヶ月目に「骨」ができると言うのは、まさに発育が完成した骨格を指す。簡文の「八月乃正」の「正」は、帛書などの「骨」と対応している。『素問』生気通天論には「謹和五味、骨正筋柔、氣血以流、腠理以密。」とある。発育が完成した骨格は、ようやく人体の支柱の役割を真に果たせるようになる。簡文が述べる「正」は、すでに骨格の発育が完成していること、つまり『素問』が述べる「骨正」を指している可能性があり、また整理者が言うように、胎児の身体の構造が「定型」となったことを指している可能性もある。この両者は、結局のところ同じ意味であろう。

「九月顯章」について、整理者は、「意思與成功相近」（意味は成功と近い）と見なしている。その意味を理解すると、胎児が完全に成長する、すなわち間もなく出産であることを指していると考えるのが合理的である。間もなく生まれる嬰児は当然、身体の各部位が完全に発育している状態である。ある学者は、「顯章」は皮膚の筋目が見えること、あるいは男女の性別が判明することではないかと指摘している。[28] この解釈は具体的ではあるが、必ずしも信用できない。『胎産書』は、九ヶ月目に「始成毫毛」、すなわち胎児のうぶ毛が初めてできるとし、『諸病源候論』や『備急千金要方』なども九ヶ月目に「皮毛」ができる、すなわち胎児の皮膚と毛髪ができると述べており、これは出生時のような光沢のある毛髪が最終的に完成したと理解すべきである。簡文の「顯章」は当然、胎児の身体の発育が完成したことを指しており、具体的には、毛髪が成長したことを指していると理解できるようである。毛髪は人体の表面の最も細かいものであり、胎児の毛髪の発育が完成することは、身体の発育が完成したことの表現でもある。この後、十ヶ月目に嬰児が生まれる。

三　竹簡・帛書と伝世文献との差異について

以下、再び他の文献の「十月懷胎」についての異なる描写について考えてみたい。

本章の冒頭で言及したように、多くの学者が伝世文献や出土文献の中の「十月懷胎」の記述を列記しているが、『管子』・『淮南子』・『文子』などの非医学類の文献は、簡文や『胎産書』などと比べて大きな差違がある。時代が比較的遅い医学文献は、また別に先後の順序がある。非医学類文献と時代が比較的遅い医学文献とは、総括すると次の二つの点が挙げられる。

一つは、非医学類の文献は、多くが隣りあう二つの月に、近い意味の言葉を使っている点である（表1・表2参照）。たとえば、『淮南子』・『文子』・『広雅』の一、二ヶ月目はそれぞれ「膏」と「脂」であり、『淮南子』・『文子』・『広雅』の八、九ヶ月目は、それぞれ「動」と「躁」である。古代漢語において、「膏、脂也（膏は、脂なり）」と「躁、動也（躁は、動なり）」という解釈がしばしば見られるように、これらは語義が非常に近いため[29]、二つの月はそれぞれどんな言葉で区別すべきか判断が難しい。たとえば、『文子』は八ヶ月目は「動」と、九ヶ月目は「躁」と書き、旧注では「八月而動」は「降其神靈」のことであると述べているが、これは実際には胎動を指すと考えられる。しかし、結局のところ、胎動が始まるのが八ヶ月目なのか、それとも九ヶ月目なのかは、区別しがたい。『産経一』および『産経一』の注釈に引用されている『太素』は、『淮南子』や『文子』などと同様であり、もともと非医学類の文献に

	一	二	三	四	五	六	七	八	九	十
『淮南子』	膏	肤	胎	肌	筋	骨	成	動	躁	生
『文子』	膏	脈	胚	胎	筋	骨	成	動	躁	生
『広雅』	膏	脂	胎	胞	筋	骨	成	動	躁	生

表1

	一	二	三	四	五	六	七	八	九	十
清華簡 『湯在啻門』	匓	裹	形	固	收	肉	肌	正	顯章	生
馬王堆帛書 『胎產書』	流形	膏	脂	血	氣	筋	骨	膚革	毫毛	生
『産経二』	始形	膏	胎	血脈	血氣	筋骨	骨髓	膚革	皮毛	生
『産経一』	胚・胞	胎	血脈	骨	動	成	毛髮	瞳子	胃	生
『太素』	膏	脈	胞	胎	筋	骨	成	動	躁	生

表2

基づいて書かれたものなのかもしれない。

もう一つは、胎児の発育の順序を述べる際、すべてが合理的であるとは限らないという点である。同一の書の中でも記述が統一されていないことがあり（表1・表2参照）、たとえば『産経一』と『産経二』の順序には大きな差違がある。具体的な器官の発育の順序に差があるだけでなく、「胎」となる時期についても一ヶ月の差違がある。また、胎児の身体の発育の順序も合理的ではないものがある。たとえば、『淮南子』に記されている成長過程は、七ヶ月目にすでに「成」り、八、九ヶ月目に続けて「動」と「躁」と書かれ、十ヶ月目に「生」まれた後、また「形體以成、五臟乃形」と述べる。『文子』は、一ヶ月目にすでに「膏」ができ、二ヶ月目にすでに血脈ができ、三ヶ月目には前に戻って「胚」ができ、四ヶ月目には「胎」ができると言う。前掲の『医心方』の『産経一』については、五ヶ月目に胎児が「動」き、六ヶ月目に形成した後に、毛髪・内臓（胃）・目（瞳子）ができると書かれている。このように、内容に混乱が見られる文献もある。

結語

以上、本章では、清華簡『湯在啻門』の「玉種」に関する考察を行った。簡文に記されている十ヶ月間の胎児の成長過程は、各種文献の描写と比べると詳述の程度が異なり、そのうち簡文の順序と最も近いものは馬王堆帛書『胎産書』である。表2を見ると、『湯在啻門』の「玉種」に関する簡文は、『胎産書』および『医心方』に収録されている『産経二』とよく似ている。これを甲組の文献と見なした場合、これと相対する『淮南子』、『文子』、『広雅』、『医心方』に収録されている『産経一』、『太素』などの文献は互いに類似性が強く、乙組と見なすことができる。これら二組の文献は、明らかに来源が異なるものである。たとえば、学者は通常、『文子』のこの段の文章は『淮南子』に基づくと認識している。実際には、『広雅』を含む訓詁学の材料も、同じく『淮南子』を来源とするものである可能性がある。しかし、『淮南子』は乙組の真の祖本であるのかどうか、現時点では判断しがたい。なぜなら『淮南子』の編著者もその他の先秦時代の文献を引用した可能性があるからである。甲組の祖本の年代については、清華簡が戦国中晩期の文献であることにより、その祖本の年代も戦国中期より遅いとは考えられない。

現代医学と結びつけて分析すると、簡文と『胎産書』は、比較的理にかなっている。これら二つの文献は、戦国中晩期から漢代初期までの二百年前後の間に展開し、古代の人々、とりわけ戦国時代の楚人と秦漢時代の楚地の人は、胎児の十ヶ月間に成長・発育について、ある程度認識していたと考えられる。

しかしながら、『淮南子』は同じく漢代初期に楚国の故地で編纂されたものである。当時編纂に参加した人々は、『湯在啻門』の類の文献を見ていなかった可能性があるが、『胎産書』のような医学文献と全く接触していなかったとは考えがたい。秦代の焚書を経て、漢代初期は書籍の欠乏が深刻であった。『湯在啻門』と「詩書百家語」の類は非常に近く、焼き払われた可能性が高い。しかし、史書には、医書は焼き払われたものの列には並んでいなかったという明確な記載がある。では、なぜ『淮南子』などの内容と馬王堆帛書『胎産書』には大きな差異が存在するのか。これについては、今後さらに検討を進めていきたい。

注

（1）清華大学出土文献研究与保護中心編『清華大学蔵戦国竹簡（伍）』、一四八頁。本篇の概要については、「清華簡（五）所収文献解題」（『中国研究集刊』第六一号、二〇一五年一二月）、八一―八五頁を参照。

（2）湖南省博物館・復旦大学出土文献与古文字研究中心『長沙馬王堆漢墓簡帛集成（陸）』（中華書局、二〇一四年六月）、一〇一―一〇二頁。本章では、馬王堆帛書『胎産書』を引用する際、学界の慣習に従って、帛書の行列番号を注記することとする。ここで使用している行列番号はすべて『長沙馬王堆漢墓簡帛集成（陸）』のものである。

（3）『医心方』巻二〇の「妊婦脈圖月禁法第一」・「妊婦修身法第二」はそれぞれ『産経』に収録されており、内容は大いに異なる。前者は比較的詳細であり、「黄帝」が「岐伯」に問う部分を冒頭とし、その後、妊婦と胎児の十ヶ月の変化について述べる。以下、岐伯が黄帝に答える際に、胎児の十ヶ月間の成長・発育を簡潔に述べる部分を『産経一』とし、その後の妊婦と胎児の十ヶ月の変化を詳細に述べた部分を『産経二』とする。後者は三つの短篇からなり、月の順に論述するものでもない。

（4）大形徹「《胎産書》之「始」」（湖南省博物館・復旦大学出土文献与古文字研究中心・中華書局主催「『長沙馬王堆漢墓簡帛集成』修訂国際学術研討会」論文集、二〇一五年六月二十七日、於上海・復旦大学）、および大形徹「『胎産書』の「始」」（『漢字学研究』第三号、二〇一五年八月、一一八―一二一頁）参照。

（5）王寧「読《湯在啻門》散劄」、復旦大学出土文献与古文字研究中心網（http://www.gwz.fudan.edu.cn/）、二〇一五年五月

六日。王氏は最終的な結論として「揚」と読んでいるが、論述の過程の中では「孕」と読む可能性に言及している。

（6）伝抄古文字の字形については、徐在国『伝抄古文字編』（線装書局、二〇〇六年十月、一四七四頁）参照。その他の資料については、高亨編著・董治安整理『古字通仮会典』（斉魯書社、一九八九年七月、三三二頁）、馮其庸・鄧安生編著『通仮字彙釈』（北京大学出版社、二〇〇六年二月、八四五頁）などを参照。

（7）湖南省博物館・復旦大学出土文献与古文字研究中心『長沙馬王堆漢墓簡帛集成（參）』（中華書局、二〇一四年六月、三六頁）、白於藍『戦国秦漢簡帛古書通仮字彙纂』（福建人民出版社、二〇一二年五月、六〇七頁）、王輝『古文字通仮字典』（中華書局、二〇〇八年二月、三四九頁）参照。

（8）李家浩「甲骨文北方神名「勹」与戦国文字従「勹」之字——談古文字「勹」有読如「宛」的音」、『文史』二〇一二年第三期。「勹」と「宛」の音義の関係については、六二—六九頁に集中的に論じられている。

（9）（宋）司馬光『太玄集註』、一六五頁。簡帛文献中の関連する通仮の例証については、白於藍『戦国秦漢簡帛古書通仮字彙纂』、四二三—四二四頁参照。

（10）本章の執筆中、筆者の師である李天虹氏（武漢大学）より、これは一つの双声符の字ではないかとの指摘があり、この解釈は正しい可能性がある。陽・元の二つの部は主母音が同じで、関係が密接である。たとえば、『説文解字』では「卝」は「礦」の古文であるとし、「卝」は元部に属し、「礦」は陽部に属す。新蔡葛陵楚簡の甲三・第15簡の「潒栗」は、李天虹氏は「戰慄」あるいは「顫慄」と読み、「戰」・「顫」はいずれも元部に属し、「潒」は「象」声に従い、陽部に属す。「勹」が「宛」の発音を取る際も元部の字に属し、陽部の「昜」声であるとの注が加えられている。李天虹「新蔡楚簡補釈四則」（簡帛研究網、二〇〇三年十二月十七日）、陳偉主編『楚地出土戦国簡冊［十四種］』（経済科学出版社、二〇一〇年第二刷、四〇六頁、注釈四三六—四三七頁）参照。

（11）Donald J. Harper「Early Chinese medical literature: The Mawangdui Medical Manuscripts」（『Columbia University Press』、一九九七年）三七八頁注釈六、大西克也「試説「流形」」（『出土文献』第一輯、中西書局、二〇一〇年八月）一八一—一八四頁、周祖亮・方懿林『簡帛医薬文献校釈』（学苑出版社、二〇一四年五月）二七六頁参照。

(12) その例としては、『左伝』成公十年の孔穎達疏に「雖凝者曰脂、釋者曰膏。其實凝者亦曰膏。」、『大戴礼記』の盧弁注に「凝者爲膏。」とある。

(13) 華東師範大学中文系出土文献研究工作室「読《清華大学蔵戦国竹簡（伍）》書後（三）」、武漢大学簡帛研究中心・簡帛網（http://www.bsm.org.cn/）、二〇一五年四月十七日。

(14) 簡帛網・簡帛論壇「清華簡《湯在啻門》初読」第一四帖、二〇一五年四月二十一日。

(15) 『雲笈七籤』が引用する『文子』には「二月而胞」とあり、別本とは異なる。しかし、前人注の『文子』は、多くは『雲笈七籤』の引用文によって改められたものであると考えられる。王利器『文子疏義』（中華書局、二〇〇〇年九月、一一八頁）参照。

(16) 華東師範大学中文系出土文献研究工作室「読《清華大学蔵戦国竹簡（伍）》書後（三）」、簡帛網、二〇一五年四月十七日。

(17) 『医心方』（丹波康頼撰・高文柱校注『医心方』、華夏出版社、二〇〇一年一月）巻二〇の「妊婦脈圖月禁法」に附されている胎児発育の図示には、一ヶ月目・二ヶ月目はただ黒点で表示されているのみで、三ヶ月目に胎児の形状を描き出している。その根拠は、まさしく『医心方』が収録する『産経』の「三月始胎」である。

(18) 『文子』は二ヶ月目を「脈」と言い、これと一致するようである。しかし、これは偶然の一致である可能性もある。『文子』の「十月懐胎」については、簡文・帛書および伝世医書とすべて異なる。もし『文子』がもともと三ヶ月目の「胚」を繰り上げて一ヶ月目にし、もともと一ヶ月目の「膏」を後ろに移して二ヶ月目にし、もともと二ヶ月目の「脈」を後ろに移して四ヶ月目にし、もともと四ヶ月目の「胎」を繰り上げて三ヶ月目にしているならば、帛書・医書などとおおむね対応すると考えられる。そうでなければ、『文子』が記す順序は、単独の例であるだけでなく、あまり合理的でもない。

(19) 整理者が「固」と読む字は、簡文は「古」声に従い、学者は改めて「骨」と読んでいるが、たとえ通仮が成立可能であっても、事実に合わない。後述の胎児の筋肉と骨格の発育状況を参照。

(20) 男女の性別の問題に関する古文字資料は、甲骨文の中にすでに少なからずある。胎児の性別を予測することは、遙か昔からの伝統であるとも言える。

(21) 類似の表現は、『医心方』が収録する一種の『産経』に見え、「懐身三月……當此之時、未有定儀、見物而化。」とある。しかし、この『産経』が直接述べていることは胎児の性別ではなく、疾病の問題であり、前述の三種とは異なる。

(22) Donald J. Harper「Early Chinese medical literature: The Mawangdui Medical Manuscripts」、『Columbia University Press』、一九九七年、三七九頁注五。

(23) たとえば、『管子』禁蔵に「食飲足以和血氣。」と、『礼記』三年問に「凡生天地之間者、有血氣之屬、必有知。」とある。

(24) 本章の執筆中、李天虹氏は、この「收」は『産経』などが言及する「成」と対応関係があるかもしれないと指摘した。本章では、『産経』が述べるところと簡文とは対照できる箇所が比較的少ないと見なしていることから、しばらくはこの説を取らず、以後、再検討したい。

(25) 字形については、容庚編著、張振林・馬国権摹補『金文編』（中華書局、一九八五年七月、六七七頁）参照。

(26) 呉振武「㑀戒鼎補釈」、『史学集刊』一九八八年第一期、四—六頁。

(27) これ以外に、『荘子』大宗師は魚を「相呴以濕」と書く。五ヶ月目に胎児はなお母体におり、羊水の中で呼吸しており、これはまさに魚が水中で呼吸するように普通のことである。胎児が母体で呼吸することに「呴」の字を用いているのは、これとは無関係ではないのかもしれない。

(28) 関連する意見はインターネット上の論壇や論文に見える。王寧「読《湯在啻門》散札」（復旦大学出土文献与古文字研究中心網、二〇一五年五月六日）参照。

(29) これらの語は語義が近く、古典籍では互いに解釈できる。たとえば、『楚辞』天問の洪興祖注に「膏、脂也。」と、『淮南子』主術訓の「人主靜漠而不躁」の高誘注に「躁、動也。」とある。

参考文献

・白於藍『戦国秦漢簡牘帛書通仮字彙纂』、福建人民出版社、二〇一二年五月。
・大形徹『馬王堆出土文献訳注叢書　胎産書・雑禁方・天下至道談・合陰陽方・十問』、東方書店、二〇一五年三月。

・大形徹「『胎産書』の「始」」、『漢字学研究』第三号、二〇一五年三月。
・大西克也「試説「流形」」、『出土文献』第一輯、中西書局、二〇一〇年八月。
・Donald J. Harper「Early Chinese medical literature: The Mawangdui Medical Manuscripts」『Columbia University Press』、一九九七年。
・馮其庸・鄧安生編著『通仮字彙釈』、北京大学出版社、二〇〇六年二月。
・高亨纂著・董治安整理『古字通仮会典』、齊魯書社、一九八九年七月。
・何寧『淮南子集釈』、中華書局、一九九八年十月。
・華東師範大学中文系出土文献研究工作室「読《清華大学蔵戦国竹簡（伍）》書後（三）」、簡帛網、二〇一五年四月十七日。
・湖南省博物館・復旦大学出土文献与古文字研究中心『長沙馬王堆漢墓簡帛集成』、中華書局、二〇一四年六月。
・李家浩「甲骨文北方神名「勹」与戦国文字従「勹」之字――談古文字「勹」有読如「宛」的音」、『文史』二〇一二年第三期。
・馬継興『馬王堆古医書考釈』、湖南省科学技術出版社、一九九二年十一月。
・清華大学出土文献研究与保護中心編『清華大学蔵戦国竹簡（伍）』、中西書局、二〇一五年四月。
・司馬光『太玄集註』、中華書局、一九九八年九月。
・中国出土文献研究会「清華簡（五）所収文献解題」、『中国研究集刊』第六一号、二〇一五年十二月。
・王寧「読《湯在啻門》散札」、復旦大学出土文献与古文字研究中心網、二〇一五年五月六日。
・王輝『古文字通仮字典』、中華書局、二〇〇八年二月。
・王利器『文子疏義』、中華書局、二〇〇〇年九月。
・呉振武「焂戒鼎補釈」、『史学集刊』一九八八年第一期。
・徐在国『伝抄古文字編』、線装書局、二〇〇六年六月。
・周祖亮・方懿林『簡帛医薬文献校釈』、学苑出版社、二〇一四年五月。

第七章　『祭公之顧命』考

草野友子

序　言

清華簡の第一分冊に収録されている『祭公之顧命（祭公）』は、周の穆王に対して祭公謀父が遺訓を告げるという内容であり、『逸周書』祭公篇と対照させることで、テキストの校訂作業を進展できる文献である。本章では、『祭公之顧命』の基礎情報を確認した上で釈読を提示し、本篇の特質について考察していきたい。

一　基礎情報

まず、『祭公之顧命』の整理者である沈建華氏の「説明」と「竹簡信息表」に基づき、本篇の基礎情報を整理しておこう。

竹簡は全二十一簡。完簡の長さは約四十五cm、三道編。第1簡・第9簡は上端がやや残欠、第3簡・第5簡・第7簡・第11簡・第14簡は下端がやや残欠しているが、いずれも文字の欠損はない。第4簡は下端が残欠し、一文字の半分が欠損している。第16簡は上端・下端ともに残欠し、それぞれ一文字の半分が欠損している。第19簡には文字が明瞭ではない箇所がある。以上のように、残欠や文字の欠損などが一部見られるが、保存状態は比較的良好である。竹簡（完簡）の形状を図示すれば、次のようになる（整理者「説明」および「竹簡信息表」には各編痕の間の長さの記載がないため、竹簡の原寸大写真図版を筆者が測定した）。

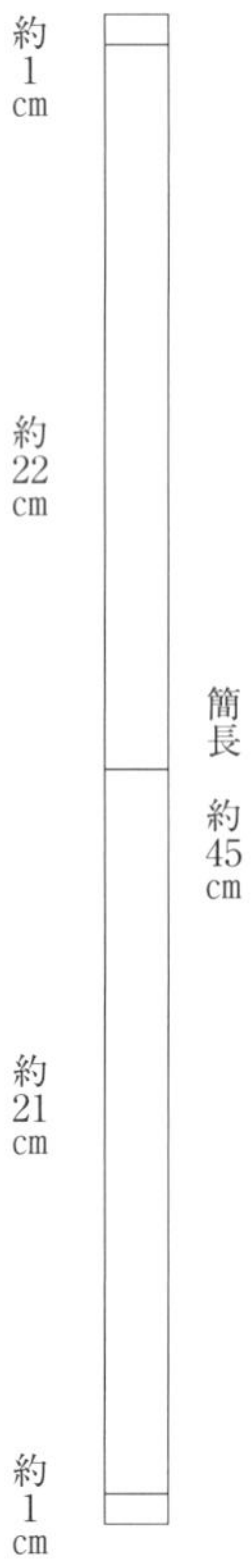

簡毎に筆写されている文字は二十三字～三十二字と均等ではない。竹簡の背面には、順序を示す編号が書かれている（整理者は「無次序編號」と記しているが、これは誤りである）。第21簡の表面の下部には、篇題の五字「[illegible]（祭）公之[illegible]（顧）命」が記されている。篇題について、『礼記』緇衣は「葉公之顧命」に作り、郭店楚簡・上博楚簡『緇衣』は「[illegible]（あるいは幹）公之寡命」に作り、はじめの一字をどのように隷定すべきかについては異なる見解がある。

祭公謀父は、周公旦の子孫である。『左伝』僖公二十四年に「凡・蔣・邢・茅・胙・祭、周公之胤也。」とあり、封国は今の河南省鄭州市の東北にあたる。伝世文献において祭公は、周王朝の老臣として、周の穆王に対して何度も諫言している。たとえば『国語』周語上には、祭公が穆王の犬戎征伐に反対したことを記載しており、また『左伝』昭公十二年には、祭公が『祈招』の詩を作って、穆王の天下遊行を諫めたという記載がある。

本篇は、病を患って重篤な状態である祭公が、臨終前に見舞いに来た穆王を戒めて、夏・商の敗亡の教訓と文王・武王の成功という歴史的経験が、周王朝の事業の基盤を守ってきたということを述べる。また、執政を行っていた三公に対しては、さらに良く穆王を補佐するように頼んでいる。
整理者は、本篇を『逸周書』祭公篇（以下、今本）の祖本と見なしており、両者を対照させることによって今本の誤字・脱字の問題が解決すると指摘する。また、今本では「邦」の字が除かれている、あるいは改めて「国」の字となっているのは、明らかに漢人が高祖（劉邦）の諱を避けた結果であると述べる。さらに重要な点として、簡文中に当時の三公、すなわち畢䚯・井利・毛班の名号が見えることを挙げる。井利・毛班は西周の金文に見えるため、今本の誤りを正すだけでなく、西周の制度の研究に対しても重要な意義を備えている。

二 釈読

本節では、『祭公之顧命』全体の釈読を行う。以下、凡例、釈文、訓読、和釈、語注の順に掲げる。

《凡例》
・【 】内の算用数字は、竹簡番号を示す。
・「釈文」は、整理者の沈建華氏による原釈文および「清華簡《祭公之顧命》与《逸周書》校記」を基本としつつ、先行研究を総合し、筆者が最終的に確定したものである。合文・重文符号がある箇所は、釈文に直接反映させている。□は未釈の文字を示す。
・「和釈」中の（ ）は、その直前の語句や内容に関する補足説明等を行ったもの、〔 〕は、文意を明らかにするために筆者が語句を補ったものである。

・「語注」は、整理者による注釈と先行研究をもとに作成しているが、紙幅の都合上、筆者が特に重要と判断したもののみを掲載している。諸氏の説を注記する場合、その氏名のみを掲げる。論文・札記の題目・掲載年月日等については、本章末尾の「参考文献」に列記している。

《釈文》

王若曰、「祖祭公、哀余小子、昧其在位、旻天疾威、余多時假懲。我聞祖不豫【1】有遲、余惟時來見、不淑疾甚、余畏天之作威。公其告我懿德。」

祭公拜手【2】稽首曰、「天子、謀父朕疾惟不瘳。朕身尚在茲、朕魂在朕辟昭王之所、亡圖不知命。」【3】

王曰、「嗚呼、公、朕之皇祖周文王・烈祖武王、宅下國、作陳周邦。惟時皇上帝【4】宅其心、享其明德、付畀四方、用膺受天之命、敷聞在下。我亦惟有若祖【5】周公暨祖召公、茲迪襲學于文武之曼德、克夾紹成康、用畢【6】成大商。我亦惟有若祖祭公、修和周邦、保乂王家。」

王曰、「公稱丕顯德、【7】以余小子揚文武之烈、揚成康昭主之烈。」

王曰、「嗚呼、公、汝念哉。遜措乃【8】心、盡付畀余一人。」

公懋拜手稽首曰、「允哉。」

乃召畢桓・井利・毛班曰、「三公、謀父朕【9】疾惟不瘳、敢告天子、皇天改大邦殷之命、惟周文王受之、惟武王大敗之、【10】成厥功。惟天奠我文王之志、董之用威亦尚宣臧厥心、康受亦式用休、亦美【11】懋綏心、敬恭之。惟文武中大命、戡厥敵。」

公曰、「天子、三公、我亦上下譬于文武之受【12】命、皇戡方邦、丕惟周之旁、丕惟后稷之受命是永厚。惟我後嗣、方建宗子、丕惟周之厚屏。嗚呼、天子、監于夏商之既敗、【13】丕則亡遺後、至于萬億年、參叙之。【14】既沁、乃有履宗、丕惟文武之由。」

公曰、「嗚呼、天子、丕則寅言哉。汝毋以戾茲辠辜【15】亡時遠大邦、汝毋以嬖御塞爾莊后、汝毋以小謀敗大作、汝毋以嬖士塞大夫・卿士、汝毋【16】各家相乃室、然莫恤其外。其皆自時中乂萬邦。」

公曰、「嗚呼、天子、三公、汝念哉。【17】汝毋□豎、唐唐厚顏忍恥、時惟大不淑哉。」

曰、「三公、事求先王之恭明德。刑四方、【18】克中爾罰。昔在先王、我亦不以我辟陷于難、弗失于政、我亦惟以沒我世。」

公【19】曰、「天子、三公、余惟弗起朕疾、汝其敬哉。茲皆保胥一人、康□之、蠥服之、然毋夕□。【20】維我周有常刑。」

王拜稽首舉言、乃出。

祭公之顧命【21】

《訓読》

王若《か》く曰く、「祖祭公、哀れなる余小子、其れ位に昧《くら》く、旻天《びんてん》疾威し、余 多時に假《おお》いに懲す。我れ祖 豫《こころよ》かざるに遅有るを聞きて、余 惟《こ》の時に来たりて見るに、不淑にして疾甚だし。余 天の威を作すを畏る。公 其れ我に懿徳を告げよ。」と。

祭公 拜手稽首して曰く、「天子、謀父朕の疾は惟れ瘳《や》まず。朕が身は尚お茲に在るも、朕の魂は朕の辟《きみ》昭王の所に在り、図ること亡くして命を知らず。」と。

王曰く、「嗚呼、公、朕の皇祖周文王・烈祖武王は、下国に宅《お》りて、作して周邦を陳《おさ》む。惟の時 皇上帝は其の心を宅《はか》り、其の明徳を享《う》け、四方を付畀《ふひ》し、用て天の命を膺受《ようじゅ》し、敷《あまね》く下に聞こゆ。我れ亦た惟れ若祖周公暨《およ》び祖召公は、茲に学を文武の曼徳に迪襲し、克く夾して成康に紹《つ》ぎ、用て大商を畢成すること有り。我れ亦た惟れ若祖祭公、周邦を修和し、王家を保乂《ほがい》すること有り。」と。

王曰く、「公 丕顕《ひけん》の徳を称《あ》げ、余小子を以て文武の烈を揚げ、成康昭主の烈を揚げよ。」と。

王曰く、「嗚呼、公、汝 念《おも》わんかな。乃《なんじ》の心を遜措し、尽く余一人に付畀せん。」と。

公懋《つと》めて拝手稽首して曰く、「允《まこと》なるかな。」と。

乃ち畢桓・井利・毛班を召して曰く、「三公、謀父朕の疾 惟れ瘳まず、敢えて天子に告ぐ、皇天 大邦殷の命を改め、惟れ周文王 之を受け、惟れ武王 大いに之を敗り、厥の功を成す。惟れ天 我が文王の志を奠《さだ》め、之を董《ただ》すに威を用てするも亦た尚お宣らかに厥の心を臧《よ》くし、康受するも亦た式《そ》れ休を用てし、亦た美《よ》く綏心《すいしん》に懋《つと》め、之を敬恭す。惟れ文武 大命に中《あた》りて、厥の敵に戡《か》つ。」と。

公曰く、「天子、三公、我れ亦た上下は文武の命を受くるに譬うるに、皇《おお》いに方邦を戡《さか》んにし、丕惟《またすなわ》ち周 之れ旁《ひろ》くし、丕惟《またすなわ》ち后稷の命を受くるは是れ永厚なり。惟れ我が後嗣、方《おお》いに宗子を建て、丕《ここ》に惟れ周の屛を厚くす。嗚呼、天子、夏・商の既に敗るるに監《かんが》みれば、丕《ここにおい》て後を遺す亡く、万億年に至るまで、参して之を叙ぶ。既に沁《おわ》らば、乃ち履を宗に有ち、丕に惟れ文武の由あるなり。」と。

公曰く、「嗚呼、天子、丕《ここにおい》て言を寅《つつし》まんかな。汝 戻を以て茲に皋辜して時《こ》の遠き大邦を亡《うしな》う毋かれ、汝 嬖御を以て爾の荘后を塞ぐ毋かれ、汝 小謀を以て大作を敗る毋かれ、汝 嬖士を以て大夫・卿士を塞ぐ毋かれ、汝 各家 乃《なんじ》の室を相《おさ》むる毋かれ。然らば其の外を恤《うれ》うる莫し。其《ねが》わくは皆な時《こ》の中《うち》自《よ》り万邦を乂《おさ》めんことを。」と。

公曰く、「嗚呼、天子、三公、汝 念わんかな。汝 □孯、唐唐として顔を厚くし恥を忍ぶ毋かれ。時《こ》れ惟れ大いに不淑なるかな。」と。

曰く、「三公、事えて先王の恭明徳を求め、四方を刑し、克く爾の罰に中《あた》らん。昔 先王在りて、我れ亦た我が辟を以て難に陥れず、政を失う弗し。我れ亦た惟れ以て我が世に没せん。」と。

公曰く、「天子、三公、余 惟れ朕の疾より起きる弗し。汝 其れ敬まんかな。茲に皆 保ちて一人を胥し、康□之、蠲《うれ》えて之に服し、然らば夕□する毋し。維れ我が周に常刑有ればなり。」と。

王拝稽首して言を挙げ、乃ち出ず。　祭公之顧命

《和釈》

〔穆〕王はこのように言った、「祖祭公よ、哀れな余小子（私）は、〔王の〕位に暗く、偉大なる天は威を降し、私は長い間大いに懲戒を受けている。私は祖（祭公）の病気の状態が長く続いている（好転の兆しがない）と聞いて、今こうして会いに来て見たところ、〔あなたは〕優れない状態で病状が非常に重い。私は天が威を降すことを畏れている。公は私にそのすぐれた徳を告げてくれ。」と。

祭公は拝手稽首して言った、「天子よ、謀父（私）は病が癒えず、我が身は今なおここにありますが、我が魂は我が君である昭王の所にあり、謀ることができず命も知らないのです。」と。

王は言った、「ああ、公よ、私の皇祖周文王・烈祖武王は、下国にいながら、周の国を治めた。この時に皇上帝はその心をはかり、その明徳を享け、四方の国々を〔周に〕与え、そうして〔周は〕天の命を受けとめ、〔その名声は〕あまねく下々に聞こえた。私はまた祖周公および祖召公は、学を文王・武王の長く続く徳に踏襲し、よく補佐をして成王・康王に〔それを〕継がせ、そうして大商（殷）を終わらせた〔と知っている〕。私はまた祖祭公が、周の

国を治めて和し、王家を保んじ治めた〔と知っている〕。」と。

王は言った、「公は偉大な徳を示して、余小子（私）に文王・武王の功績や、成王・康王・昭王の功績を明らかにしてくれ。」と。

王は言った、「ああ、公よ、あなたはよくよく考えよ。へりくだってあなたの心を〔下に〕置いて、ことごとく私一人に与えようとしている。」と。

公は丁重に拝手稽首して言った、「そのとおりです。」と。

そこで畢桓・井利・毛班を召して言った、「三公よ、謀父（私）の病は癒えないため、あえて天子に告げましょう、皇天は大邦殷の命を改め、周の文王はこれを受け、武王は大いにこれ（殷）を敗り、その功を成し遂げました。これは天が我が文王の志を定め、正しく治めるのに威厳を用いるのもまたなお明らかにその心を善良にするためで、康んじ受けるのもまた休（福祥）を与えるためで、また〔文王は〕よく安らかな心につとめ、これを慎み深くしました。このように文王・武王は大命に応じて、その敵に勝ったのです。」と。

公は言った、「天子よ、三公よ、私はまた上下は文王・武王が命を受けたことに譬えると、大いに国を盛んにし、また周を広げ、また后稷が命を受けたことが永く厚かったのです。私の後継ぎは、大いに宗子を建て（諸侯を封建して）、大いに屏を厚く〔して守りを固める〕でしょう。ああ、天子よ、夏・商がすでに敗北したことに照らし合わせてみれば、この時にあたって後を遺すことがなく、万億年に至るまで、参考にして（教訓として）このことを述べてきました。〔それが〕すでに浸透していれば、福を宗室に保っていけるでしょう。ここには文王・武王の道があるのです。」と。

公は言った、「ああ、天子よ、この時にあたって言を慎んでください。あなたはでたらめな行いで罪を犯してこの遠い大邦（諸侯）を失ってはいけません、あなたは愛妾によってあなたの〔正夫人である〕荘后を塞いではいけません、あなたは小臣の策謀によって大臣の仕事を失敗させてはいけません、あなたは嬖士（愛臣）によって大夫・卿士を塞いではいけません、あなたは各家があなたの宗室を治めることがあってはいけません。そうすればその外を憂えることはなくなるでしょう。どうか皆この内側から万国を治めてください。」と。

公は言った、「ああ、天子よ、三公よ、あなたがたはよくよく考えてください。あなたは□して惑い、〔中身のない〕大言を言って厚かましい顔で恥にも〔平気で〕耐えてはいけません。これは大いに良くないことです。」と。〔公は〕言った、「三公よ、〔王に〕事えて先王の恭しく明らかな徳を求め、四方に刑を行い、よくその罰に当たってください。昔 先王がいた頃は、私は我が君を難に陥れるようなことをせず、失政を行うこともありませんでした。〔まもなく〕私は我が世に没しようとしています。」と。

公は言った、「天子よ、三公よ、私は私の病から起きることはありません。あなたがたは慎んでください。ここに皆 一人（君）を補佐して、康んじて……し、憂えて我が君に仕え、そうすれば国が終わり断絶することはないでしょう。これは我が周に常刑があるからです。」と。

王は拝し稽首して〔祭公の〕言を顕彰し、そうして退出した。　　祭公之顧命

《語注》

（1）哀余小子、昧其在位

今本では「次予小子」となっており、「次」は「汝」（＝「閔」）であるとの解釈がなされている。「昧」は暗いの意味（「闇也。」〈『説文解字』〉、「昧、闇也、謂闇蔽無知也。」〈玄応『一切経音義』〉）。『尚書』文侯之命に類似の用例が見える

（①）。

王若曰、「父義和、丕顯文武、克慎明德、昭升于上、敷聞在下[②]。惟時上帝集厥命于文王。亦惟先正、克左右昭事厥辟。越小大謀猷、罔不率從。肆先祖懷在位。嗚呼、閔予小子嗣[①]、造天丕愆、殄資澤于下民、侵戎、我國家純。即我御事、罔或耆壽俊在厥服、予則罔克。曰惟祖惟父、其伊恤朕躬。嗚呼、有績、予一人永綏在位。父義和、汝克紹乃顯祖、汝肇刑文武、用會紹乃辟、追孝于前文人。汝多修扞我于艱。若汝予嘉。」（『尚書』文侯之命）

（2）旻天疾威、余多時假懲

『毛詩』小雅・節南山之什・小旻に「旻天疾威、敷于下土（旻天疾威、下土に敷く）」、毛公鼎に「旻天疾威」とある。「假」は大、「懲」は懲戒の意。整理者は、今本の「溥愆」と意味が近いとする。

（3）我聞祖不豫有遲、余惟時來見、不淑疾甚、余畏天之作威

「不豫」とは、快くないこと、天子や身分の高い人物が病気の状態であることを指す。『尚書』金縢に、「王有疾、弗豫（王に疾有りて豫からず）」とある。「遲」は、久しい、長いの意（「久也。」〈『広雅』釈詁〉）。

「不豫有遲」について、整理者は「不久於世」（世に久しからず＝まもなく亡くなる）ということであるとする。一方、復旦大学出土文献与古文字研究中心研究生読書会（以下、復旦読書会）は、「遲」は、緩慢や遅らせる（時を延ばす）という意味であるとして、祭公の病気が持続して長い間好転の兆しが見られないことを指すとする。和釈では、復旦読書会の解釈に従った。

（4）公其告我懿徳

「懿徳」は、偉大な徳、美徳の意。『毛詩』周頌・清廟之什・時邁に、「我求懿徳、肆于時夏、允王保之（我れ懿徳を求めて肆《ゆえ》に時《こ》の夏において、允《なが》く王 之を保て）」とある。

（5）朕身尚在茲、朕魂在朕辟昭王之所、亡圖不知命

「圖」は、謀るの意。「昭王」は、康王の子であり、穆王の父、すなわち穆王の先代の王である。今本では「朕身尚在茲、朕魂在于天。昭王之所勗、宅天命」となっており、相違が見られる。

（6）宅下國、作陳周邦

整理者は、「作」は「始也。」（『毛詩』魯頌・駉「思無斁、思馬斯作〈思《こ》れ斁《いと》う無し、思れ馬斯《すなわ》ち作《はじ》む〉」の毛伝）、「陳」は「猶處也。」（『周礼』内宰「作其事」の鄭注）とする。一方、復旦読書会は、「作」は造作の意、「陳」は「甸」（治めるの意）であるとする。そして、『尚書』多士の「乃命爾先祖成湯革夏、俊民甸四方（乃ち爾が先祖の成湯に命じて夏を革めしめ、俊民 四方を甸《おさ》めしむ）」、『毛詩』小雅・谷風之什・信南山の「信彼南山、維禹甸之（信なる彼《か》の南山、維れ禹 之を甸《おさ》む）」、その毛伝「甸、治也。」の例を引用している。整理者の「作」の解釈は従うべきであるが、「陳」は復旦読書会の解釈はさらに合理的である。『尚書』益稷に「萬邦作義」とあり、『史記』夏本紀の引用では「萬國爲治」に作っており、「義」と簡文の「陳（甸）」とは同じであると考えられる。ただし、王引之『経義述聞』第三巻では、「萬邦作義」の「作」は「始」の意味でもあるとも指摘されている。

（7）惟時皇上帝宅其心、享其明德、付畀四方、用膺受天之命、敷聞在下

「宅」は、「度」に同じ（今本では「度」）。『尚書』康誥に「汝丕遠惟商耉成人、宅心知訓（汝 丕《ここにおい》て遠く商の耉成人《こうせいじん》を惟《おも》い、心を宅《はか》りて訓を知れ）」とある。「享」（隷定は「卿」）について、蕭旭氏は「卿」を顕彰の意（「卿、章也。」〈『説文解字』〉）であるとする。「付畀」とは、与えるの意で、『尚書』顧命に類似の用例が見える（①）。

王若曰、「庶邦侯甸男衛、惟予一人釗報誥。昔君文武、丕平富、不務咎、底至齊、信用昭明于天下。則亦有熊羆之士・不二心之臣、保乂王家②、用端命于上帝。皇天用訓厥道、付畀四方①。乃命建侯樹屏③、在我後之人。今予一二

伯父、尚胥暨顧、綏爾先公之臣服于先王。雖爾身在外、乃心罔不在王室。用奉恤厥若、無遺鞠子羞。」群公既皆聽命、相揖趨出。王釋冕、反喪服。（『尚書』顧命）

「胥受」とは、受け止めるの意。「敷聞在下」は、注（1）『尚書』文侯之命②に用例が見える。

（8）我亦惟有若祖周公暨祖召公、茲迪襲學于文武之曼德、克夾紹成康、用畢成大商

整理者は、「迪」は進むの意（「進也。」〈『爾雅』釈詁〉）、「襲」は継ぐの意（「襲、繼也。」〈『漢書』揚雄伝・注〉）とするが、「迪」には踏む（その通りに実行する）という意味がある（「允迪厥德〈允に厥の徳を迪《ふ》む〉」〈『尚書』皐陶謨〉）ため、「迪襲」で踏襲と解釈した。「曼」は、『毛詩』魯頌・閟宮に「孔曼且碩、萬民是若（孔《はなは》だ曼にして且つ碩なり、万民是れ若《したが》え）」、その毛伝に「長也。」とあり、今本の「蔑」に通じる。『尚書』君奭に用例が見える（①）。

公曰、「君奭。在昔、上帝割申勸寧王之德、其集大命于厥躬、②惟文王尚克修和我有夏。亦惟有若虢叔・有若閎夭・有若散宜生・有若泰顚・有若南宮括、又曰、『無能往來茲迪彝教、①文王蔑德、降于國人。』亦惟純佑秉德、迪知天威、乃惟時昭文王。迪見冒聞于上帝、惟時受有殷命哉武王、惟茲四人、尚迪有祿。後暨武王誕將天威、咸劉厥敵、惟茲四人、昭武王惟冒、丕單稱德。在今、予小子旦、若游大川。予往暨汝奭其濟。小子同未在位、誕無我責收、罔勖不及。耇造德不降、我則鳴鳥不聞。矧曰『其有能格。』」（『尚書』君奭）

「夾」は補佐の意（「輔也」〈『蒼頡篇』〉）、「紹」は継ぐの意。「畢」と「成」とは同義である（「祝告曰、利成。」〈『儀礼』少牢饋食礼〉、「畢也。」〈鄭注〉）。

今本では、「我亦維有若文周公暨列祖召公、茲申予小子追學於文武之蔑。周克龕紹成康之業、以將大命、用夷居大商之衆」となっており、相違が見られる。

（9）我亦惟有若祖祭公、修和周邦、保乂王家

「修和」は、天下を治めて和げるの意。注（8）『尚書』君奭②に用例が見える。今本では「執和」となっている。

「保乂」は、保んじ治めるの意。注（7）、『尚書』顧命②に用例が見える。
（10）公稱丕顯徳、以余小子揚文武之烈、揚成康昭主之烈
「丕顯徳」は、偉大な徳の意。『尚書』洛誥に「公稱丕顯徳、以予小子、揚文武烈（公 丕顯の徳を称《あ》げ、予小子を以て、文武の烈を揚げよ）」とある。「主」は、君の意（「君也。」〈『爾雅』釈詁〉）。
（11）遜措乃心、盡付畀余一人
「措」は、置くの意（「置也。」〈『説文解字』〉）。金文に「遜純乃用心」という用例がある。沈建華氏は、「惜」の可能性も指摘している。
（12）公懋拜手稽首曰、「允哉。」乃召畢桓・井利・毛班曰、……
「懋」は、つとめるの意（「勉也。」〈『説文解字』〉）。「井利」「毛班」は、金文や『穆天子伝』にその名が見える。畢桓は『穆天子伝』に見える「畢矩」と関係があるか否かが議論されている。今本では、「祭公拜手稽首曰、允乃詔、畢桓于黎民般。」となっている。劉洪濤氏は、「于黎」が「井利」、「民般」が「毛班」に当たるのではないかと、音通の可能性を指摘している。なお、沈建華氏は、三公に関する論文「清華楚簡《祭公之顧命》中的三公与西周世卿制度」を発表している（『中華文史論叢』二〇一〇年第四期〈総第一〇〇期〉、二〇一〇年十二月）。
（13）敢告天子、皇天改大邦殷之命、惟周文王受之、惟武王大敗之、成厥功
『尚書』の中に類似の文が見える。
・王出在應門之内。太保率西方諸侯、入應門左。畢公率東方諸侯、入應門右。皆布乘黄朱。賓稱奉圭兼幣曰、「一二臣衛、敢執壤奠。」皆再拜稽首。王義嗣徳、答拜。太保暨芮伯、咸進、相揖、皆再拜稽首曰、「敢敬告天子、皇

天改大邦殷之命、惟周文武、誕受羑若、克恤西土。惟新陟王、畢協賞罰、戡定厥功、用敷遺後人休。今王敬之哉。張皇六師、無壞我高祖寡命。」（『尚書』顧命）

・太保乃以庶邦冢君、出取幣、乃復入、錫周公。曰、「拜手稽首、旅王若公。誥告庶殷、越自乃御事。嗚呼、皇天上帝、改厥元子茲大國殷之命。惟王受命、無疆惟休、亦無疆惟恤。嗚呼、曷其奈何弗敬。天既遐終大邦殷之命。茲殷多先哲王在天、越厥後王後民、茲服厥命。厥終智藏瘝在。夫知保抱攜持厥婦子、以哀籲天、徂厥亡出執。……」（『尚書』召誥）

（14）惟天奠我文王之志、董之用威亦尚宣臧厥心、康受亦式用休、亦美懋綏心、敬恭之

「奠」は、定めるの意であり、今本では「貞」。「董之用威」については、『左伝』文公七年伝に、「夏書曰、戒之用休、董之用威、勸之以九歌、勿使壞（夏書に曰く、之を戒むるに休《よろこ》びを用てし、之を董《ただ》すに威を用てし、之を勧むるに九歌を以てし、壊《やぶ》らしむる勿かれ、と）」とある。「董」は正すの意、「威」は刑罰の意。「宣」は、明らかの意（「民未知信、未宣其用。」〈『左伝』僖公二十七年伝〉、「明也。」〈杜預注〉）。「臧」は、よいの意（「善也。」〈『説文解字』〉）。『尚書』酒誥に、「小子、惟土物愛、厥心臧、聰聽祖考之彝訓（小子、惟れ土物もて愛《おし》み、厥の心もて臧《よ》くし、祖考の彝訓を聰聴せよ）」とある。

復旦読書会は、今本に従い、「寛壮」と釈読する。

「式」は、「それ」と読む（発語の辞）。「休」は、さいわい・福祥・恩賞など、喜ばしいことを指す。『尚書』多方に、「惟典神天、天惟式教我用休、簡畀殷命、尹爾多方（惟れ神天に典《のつと》れば、天惟れ式れ我に教《つ》ぐるに休を用てし、簡《か》えて殷の命を畀《あた》え、爾の多方を尹《おさ》めしむ）」とある。「美」（隷定「岏」）は、今本の「先」に当たると見られ、今本が「先王」となっているのは後人が付したものであると考えられている。

▼「不惟」の用法

丕惟（またすなわち）

庶士・有正、越庶伯君子、其爾典聽朕教。爾大克羞耇惟君、爾乃飲食醉飽、丕惟曰、爾克永観省、作稽中德。

（『尚書』酒誥）

丕惟（ここにこれ）

厥圖帝之命、不克開于民之麗。乃大降罰、崇亂有夏、因甲于内亂。不克靈承于旅、罔丕惟進之恭、洪舒于民。

（『尚書』多方）

(15) 惟文武中大命、戡厥敵

「中」は、応じる、対応するの意（「律中太簇」〈『礼記』月令〉、「猶應也。」〈鄭注〉）。西周晩期から春秋時代の金文の中には「膺受大命」の句が頻出し、清華簡『封許之命』（第五分冊所収）にも「膺受大命」の句が見える。膺・受はいずれも受ける、得るの意味である。古典籍の「中」はしばしば「得」と読まれるため、簡文の「中」も直接「得」と読み、周の文王・武王が天命を得るという意味である可能性がある。

(16) 天子、三公、我亦上下譬于文武之受命、皇戡方邦、丕惟周之旁、丕惟后稷之受命是永厚

「戡」は、盛んの意（「盛也。」〈『広雅』釈詁〉）。「旁」は、広い、広がるの意（「溥也。」〈『説文解字』〉、「大也。」〈『広雅』釈詁〉）。

今本では、「天子、自三公上下、辟于文武、文武之子孫、大開方封于下土。天之所錫武王時疆土、丕維周之□□□后稷之受命、是永宅之」となっており、相違が見られる。「方封」の「封」は「邦」であり、それ以下の「于下土。天之所錫武王時疆土」は衍文である可能性がある。

(17) 惟我後嗣、方建宗子、丕惟周之厚屏

「方」は、おおいに、の意（「大也。」〈『広雅』釈詁〉）。「宗子」は諸侯の意、「屏」は守りの意。注（7）『尚書』顧命③に「建侯樹屏」（諸侯を封建して〈王家の〉守りを立てる）という文が見える。また、『毛詩』大雅・生民之什・板に「大邦維屏、大宗維翰。懷德維寧、宗子維城、無俾城壞、無獨斯畏（大邦維れ屏なり、大宗維れ翰《まも》りなり。德を懷けば維れ寧し、宗子は維れ城なり。城をして壞《やぶ》れ俾《し》むること無かれ、独りとなること無かれ斯れ畏る）」とある。

（18）監于夏商之既敗、丕則亡遺後、至于萬億年、參叙之

「參」は、調べて参考にすること（「驗也。」〈『荀子』解蔽・楊倞注〉）。

▼「丕則」の用法

丕則（ここにおいて〈於是〉、かならず）

王曰、「嗚呼、封、敬哉。無作怨、勿用非謀非彝蔽時忱、丕則敏德。用康乃心、顧乃德、遠乃猷裕、乃以民寧、不汝瑕殄。」王曰、「嗚呼、肆汝小子封。惟命不于常。汝念哉、無我殄享、明乃服命、高乃聽、用康乂民。」（『尚書』康誥）

丕則（ここにおいて）

周公曰、「嗚呼、繼自今嗣王、則其無淫于觀、于逸・于遊・于田、以萬民惟正之供。無皇曰、『今日耽樂。』乃非民攸訓、非天攸若、時人丕則有愆。無若殷王受之迷亂、酗于酒德哉。」（『尚書』無逸）

（19）既沁、乃有履宗、丕惟文武之由

「沁」は、「咸」であり、「終」と読む。今本では、「既畢」となっている。「履」は、福の意（「福也。」〈『爾雅』釈詁〉）。「有履宗」とは、福佑（神のたすけとめぐみ）を宗室に保つことを言う。「由」は、道の意（「道也。」〈『荀子』哀公・楊倞注〉）。

（20）汝毋以戾茲辠辜亡時遠大邦

「戾」は、罪の意（「辠也。」〈『爾雅』釈詁〉）。「時」は、「是」（これ）と読む。「遠」は、遙か遠いの意（「遼也。」〈『説文解字』〉）。

（21）汝毋以嬖御塞爾莊后、汝毋以小謀敗大作、汝毋以嬖士塞大夫・卿士

今本は「汝無以嬖御固莊后、汝無以小謀敗大作、汝無以嬖御士疾大夫卿士」と、『礼記』緇衣は「毋以小謀敗大作、毋以嬖御人疾莊后、毋以嬖御士疾莊士・大夫・卿士」と、郭店楚簡・上博楚簡『緇衣』は「毋以小謀敗大作、毋以嬖御人息（塞）莊后、毋以嬖御士息（塞）莊士・大夫・卿士」となっている。復旦読書会は、郭店楚簡『語叢（一）』に「息」と「疾」が通じている例があるとして、「疾」に読み替えている。

（22）汝毋各家相乃室、然莫恤其外。其皆自時中乂萬邦

「相」は、おさめるの意（「治也。」〈『爾雅』釈詁〉、「季公亥與公思展與公鳥之臣中夜姑相其室。」〈『左伝』昭公二十五年伝〉、「治也。」〈杜預注〉）。「其皆自時中乂萬邦」は、『尚書』の中に類似の文が見える（「其自時中乂〈其《ねがわ》くは時《こ》の中《うち》自《よ》り乂《おさ》めんことを〉」〈『尚書』召誥〉、「其自時中乂。萬邦咸休、惟王有成績〈其《ねがわ》くは時《こ》の中《うち》自《よ》り乂《おさ》めんことを。万邦咸休《みなよろこ》び、惟れ王に成績有らん〉」〈『尚書』洛誥〉）。

（23）汝毋□⿱臤力、唐唐厚顏忍恥、時惟大不淑哉

「⿱臤力」は、「眩」と読めるか（「惑也。」〈『広雅』釈詁〉）。「唐唐」は、大言のこと（「大言也。」〈『説文解字』〉）。「厚顏」は、顔が厚い、厚かましいこと。「□⿱臤力」について、復旦読書会は、「康康」と釈読する。李松儒氏は、「汝毋㤅賢」と釈読する。一方、劉洪濤氏は、「汝毋茲（?）堅堅康康」と釈読すれば、今本の「泯泯芬芬」に合うとする。

（24）三公、事求先王之恭明德、刑四方、克中爾罰。

「事」について、復旦読書会は「敷」と釈読し、「敷聞在下」の「敷」と同様の意味とする。ここでは、そのまま「事」（つかえる）の意味で解釈した。

(25) 昔在先王、我亦不以我辟陷于難、弗失于政、我亦惟以沒我世。

金文（毛公鼎など）に「欲汝弗以乃辟陷于艱」といった類似の文が見える。

(26) 茲皆保胥一人、康□之。蠥服之、然毋夕□、維我周有常刑。

「舍」は、「胥」と読み替え、たすけるの意とする（「相也。」〈『爾雅』釈詁〉）。「一人」は、王のことを指す。「康」は、安んじるの意（「安也。」〈『爾雅』釈詁〉）。「服」は、つかえるの意（「事也。」〈『爾雅』釈詁〉）。「蠥」は、憂えるの意（「憂也。」〈『楚辞』天問〉）。「夕」は、終わるの意（「終也。」〈『説文解字』〉）、「□」はおそらく「絶」であり、「夕□」とはおそらく「終わり絶することがない」という意味であろうと整理者は指摘する。

周忠兵氏は、□の右側が「子」であると見られることから、「康子之」と隷定し、「康慈之」と釈読する。林文華氏はその説を受けつつ、「皆保余一人、康慈之、蠥（乂）傅之、然毋（無）夕（懌）。□、……」といった釈読を提示する（「蠥」〈乂〉は、輔弼の意。「伓」「附」「傅」は通じる）。

「周有常刑」については、伝世文献にいくつか用例が見られる（「汝則有常刑」〈『尚書』費誓〉、「國有常刑」〈『周礼』小宰〉、「寡君使躒謂吾子、『何故出君。有君不事、周有常刑。子其圖之。』」〈『左伝』昭公三十一年伝〉）。

(27) 王拜稽首舉言、乃出。

「舉」は、顕彰すること（「顯也。」〈『荘子』応帝王・成玄英疏〉）。今本では「黨」となっており、「善」と意味が近い（「善也。」〈『爾雅』釈詁〉）。復旦読書会は、「譽」であり、賛美・賞贊の意味であるとする。

三 本篇の特質

本節では、まず清華簡『祭公之顧命』と『逸周書』祭公篇の対照表を掲げ、続いて清華簡『祭公之顧命』の特質について考察を加えていきたい。

対照表

	清華簡『祭公之顧命』	『逸周書』祭公篇（『逸周書彙校集注（修訂本）』）
①	王若曰、「祖祭公、哀余小子、昧其在位、旻天疾威、余多時假懲。我聞祖不豫有遲、余惟時來見、不淑疾甚、余畏天之作威。公其告我懿德。」	王若曰、「祖祭公、次予小子、虔虔在位。昊天疾威、予多時溥愆。我聞祖不豫有加、予惟敬省。不弔天降疾病、予畏天威、公其告予懿德。」
②	祭公拜手稽首、曰、「天子、謀父朕疾惟不瘳。朕身尚在茲、朕魂在朕辟昭王之所、亡圖不知命。」	祭公拜手稽首曰、「天子、謀父疾維不瘳。朕身尚在茲、朕魂在于天。昭王之所勗、宅天命。」
③	王曰、「嗚呼、公、朕之皇祖周文王・烈祖武王、宅下國、作陳周邦。惟時皇上帝宅其心、享其明德、付畀四方、用膺受天之命、敷聞在下。我亦惟有若祖周公暨祖召公、茲迪襲學于文武之曼德、克夾紹成康、用畢成大商。我亦惟有若祖祭公、修和周邦、保乂王家。」	王曰、「嗚呼、公、朕皇祖文王、烈祖武王、度下國、作陳周。維皇皇上帝度其心、寘之明德、付俾於四方、用應受天命、敷文在下。我亦維有若文周公暨列祖召公、茲申予小子追學於文武之蔑。周克龕紹成康之業、以將大命、用夷居大商之衆。我亦維有若祖祭公之執和周國、保乂王家。」

④	王曰、「公稱丕顯德、以余小子揚文武之烈、揚成康昭主之烈。」	王曰、「公稱丕顯之德、以予小子揚文武大勳、弘成康昭考之烈。」
⑤	王曰、「嗚呼、公、汝念哉。遜措乃心、盡付畀余一人。」	王曰、「公無困我哉。俾百僚乃心率輔、予一人。」
⑥	公懋拜手稽首、曰、「允哉。」	祭公拜手稽首曰、「允乃詔、畢桓于黎民般。」
⑦	乃召畢桓・井利・毛班曰、「三公、謀父朕疾惟不瘳、敢告天子、皇天改大邦殷之命、惟周文王受之、惟武王大敗之、成厥功。惟天奠我文王之志、董之用威亦尚宣威厥心、康受亦式用休、亦美懋綏心、敬恭之。惟文武中大命、戡厥敵。」	公曰、「天子、謀父疾維不瘳、敢告天子、皇天改大殷之命、維文王受之、維武王大尅之、咸茂厥功。維天貞文王之重用威、亦尚寛壯厥心、康受乂之、式用休、亦先王茂綏厥心、敬恭承之。維武王申大命、戡厥敵。」
⑧	公曰、「天子、三公、我亦上下譬于文武之受命、皇戡方邦、丕惟周之旁、丕惟后稷之受命是永厚。惟我後嗣、方建宗子、丕惟周之厚屏。嗚呼、天子、監于夏商之既敗、丕則亡遺後、至于萬億年、參叙之。既沁、乃有履宗、丕惟文武之由。」	公曰、「天子、自三公上下、辟于文武、文武之子孫、大開方封于下土。天之所錫武王時疆土、丕維周之□□□后稷之受命、是永宅之。維我後嗣、旁建宗子、丕維周之始并。嗚呼、天子、三公、監于夏商之既敗、丕則無遺後難、至于萬億年、守序終之。既畢、丕乃有利宗、丕維文王由之。」
⑨	公曰、「嗚呼、天子、丕則寅言哉。汝毋以戾茲辠辜亡時遠大邦、汝毋以嬖御塞爾莊后、汝毋以小謀敗大作、汝毋以嬖士塞大夫卿士、汝毋各家相乃室、然莫恤其外。其皆自時中乂萬邦。」	公曰、「嗚呼、天子、我不則寅哉寅哉。汝無以戾□罪疾、喪時二王大功。汝無以嬖御固莊后、汝無以小謀敗大作、汝無以嬖御士疾大夫卿士、汝無以家相亂王室而莫恤其外。尚皆以時中乂萬國。
⑩	公曰、「嗚呼、天子、三公、汝念哉。汝毋□𠢕、唐唐厚顔忍恥、時惟大不淑哉。」	嗚呼、三公、汝念哉。汝無泯泯芬芬、厚顔忍醜、時維大不弔哉。

⑪	曰、「三公、事求先王之恭明德、刑四方、克中爾罰。昔在先王、我亦不以我辟陷于難、弗失于政、我亦惟以沒我世。」	昔在先王、我亦維丕以我辟險于難、不失于正、我亦以免沒我世。
⑫	公曰、「天子、三公、余惟弗起朕疾、汝其敬哉。茲皆保胥一人、康□之。蠶服之、然毋夕□、維我周有常刑。」	嗚呼、三公、予維不起朕疾、汝其皇敬哉。茲皆保之、曰、康子之攸保、勗教誨之、世祀無絶。不、我周有常刑。」
⑬	王拜稽首舉言、乃出。	王拜手稽首黨言。
	祭公之顧命	

（1）伝世文献との関係

整理者が指摘しているとおり、清華簡『祭公之顧命』と『逸周書』祭公篇とは文字の異同があるものの、同一の文献であると見られる。祭公が穆王に対して諫言している事例は、伝世文献にも見られる。

『左伝』昭公十二年には、周の穆王が天下を遊行し、至る所に車の轍と馬の足跡を残そうとしたが、祭公謀父が『祈招』の詩を作って諫言したという内容が見える。また、『国語』周語上では、穆王の犬戎征伐に際して、祭公謀父が、代々の先王と文王・武王は徳によって国を治めていたことや、先王の制度について述べ、むやみに兵力を用いるべきではないと諫言する。しかし、結果的に穆王は諫言を聞き入れずに犬戎征伐を行い、それ以降、犬戎は来朝しなくなったとされる。『左伝』や『国語』に見える祭公の穆王に対する諫言は、本篇にも通じるものである。特に、文王・武王の徳を顕彰し、殷王朝の悪政と武王による殷の打倒についても言及している『国語』の記述は本篇と共通する。

本篇において注目すべきは、穆王・祭公・三公の関係であろう。本篇での穆王は、自分の過失を認めつつ、祭公からの訓戒を真摯に受け止めようとする謙虚な姿勢が見られる。穆王の発言の中には、文王・武王・成王・康王・昭王と、その補佐官であった周公・召公の名が挙げられており、穆王と祭公の関係もそれらに相当させようとする穆王の意識が窺える。祭公は当初、自らが臨終寸前であるために発言を控える態度を取っていた。しかし、穆王からの強い要望があったため、ついにそれに応じて、遺訓を告げることにする。そこで召されたのが三公であった。祭公は、自身がこれまで行ってきたことや、補佐官として重視すべき事柄を三公に述べ、王の補佐官としての役割を全うするように鼓舞している。つまり祭公は、自分に代わる補佐官として三公を位置づけているのである。

周の基盤を築いた先王には、必ず優秀な補佐官がいた。王と優秀な補佐官による国家の統治、それが周にとって理想の形であったことは、このことからも窺える。

（2）「受命」について

本篇において特徴的なこととしては、しきりに「受命」について説かれている点である。対照表⑦⑧のように、殷から周への王朝交替が、天からの命によるということが何度も述べられている。今本では⑦「維武王申大命」、⑧「丕維文王由之」となっているが、本篇でその該当箇所は「惟文武中大命」、「丕惟文武之由」となっており、文王・武王の功績であることが明らかに強調されている。また、対照表⑧には、文王・武王が命を受けたとするだけなく、周の始祖である后稷の頃からすでに命を受けていたとする記述すらある。その背景には、武王による殷討伐を正当化するという意識があったのではないかと考えられる。

すでに公開されている清華簡の中には、周の「受命」について説かれている文献が含まれている。たとえば、『程寤』（第一分冊所収）は、殷王朝の末期に、周の文王が妻の見た夢に鑑み、太子発（すなわち後の武王）に訓戒するという内容である。そこには、衰亡しかけている殷に代わって周が命を受けたことを示す記述があり、これは本篇とも通じるものである。また、文王が太子発（後の武王）に対して遺訓を告げる『保訓』（第一分冊所収）では、文王が太子発に対して「不及爾身受大命（爾の身 大命を受けるに及ばず）」と述べている箇所がある。さらに、周初の許国封建に関する文献である『封許之命』（第五分冊所収）にも、周王と呂丁との対話の中で周の受命に関する記述がある。このような周の受命に関する記載は、清華簡の『尚書』『逸周書』関連文献を考える上でも重要な点であろう。

（3）成立年代について

最後に、本篇の成立年代について触れておこう。清華簡の書写年代は、C14の年代測定の結果、紀元前三〇五±三〇年であると発表されている。これは「戦国中晩期」に相当し、文献の書写・流布にかかる時間を考慮すれば、原本の成立時期は少なくとも戦国前期以前まで遡れると考えられる。しかしながら、穆王の時代は紀元前十世紀頃とされ、どの地点を成立年代と見るかは判断しがたい。形式面から見ると、「王若曰」から始まり、「王曰……王曰……」と続く形式は、『尚書』や西周の金文などに見え、特に王の発言のみで構成されているものは古い形式であると考えられている。そして、しだいに「王曰」だけではなく「公曰」も組み込まれるようになる。本篇では、「王曰」の後に、「公曰」が連続するという二段構成であるため、この時期に相当すると推測される。さらに時代が降ると、「王曰」に答える形で「公曰」と続くという対話形式になるからである。

清華簡『祭公之顧命』と『逸周書』祭公篇との前後関係については、より明確に内容を理解できる清華簡の方が古い写本であると考えられる。『逸周書』祭公篇の中に誤字や衍文と見られる部分や難読箇所が多数あるのは、文献が書き写されていく中で誤写されたからであると推測される。

清華簡に含まれている『逸周書』関連の文献としては、『皇門』（第一分冊所収）、『命訓』（第五分冊所収）があり、

『程寤』も失われた『逸周書』の一篇ではないかと見られている。すなわち、『逸周書』の中に含まれている数篇は、少なくとも戦国時代前期以前にはすでに成立し、流布していたのである。清華簡『祭公之顧命』などの『逸周書』関連文献の発見は、『逸周書』の資料的価値の再評価を促すものであるとも言えよう。

結　語

以上、本章では、清華簡『祭公之顧命』の全体の釈読を試み、その特質を述べた。ただし、その検討は基礎的なものにとどまっている。清華簡には『尚書』や『逸周書』に関連する文献が多数含まれており、それらがすべて公開された後に、『祭公之顧命』という文献を今一度検討する必要があろう。これについては、今後の課題としたい。

参考文献

・黄懐信・張懋鎔・田旭東撰『逸周書彙校集注（修訂本）』、上海古籍出版社、二〇〇七年。
・清華大学出土文献研究与保護中心編・李学勤主編『清華大学蔵戦国竹簡（壹）』、中西書局、二〇一〇年十二月。
・沈建華「清華楚簡《祭公之顧命》中的三公与西周世卿制度」、『中華文史論叢』二〇一〇年第四期（総第一〇〇期）、二〇一〇年十二月。
・沈建華「清華簡《祭公之顧命》与《逸周書》校記」、『出土文献研究』第一〇輯、二〇一一年七月。
・夏含夷『興与象：中国古代文化史論集』（「先秦時代「書」之伝授——以清華簡《祭公之顧命》為例」）、上海古籍出版社、二〇一二年六月。
・黄懐信「清華簡《祭公》篇校釈」、『清華簡研究』第一輯（清華大学出土文献研究与保護中心編、『清華大学蔵戦国竹簡（壹）』

国際学術研討会論文集』)、中西書局、二〇一二年十二月。
・蘇建洲「拠清華簡《祭公》校読《逸周書・祭公解》札記」、『中国文字』新三八期、二〇一二年十二月。
・李学勤『初識清華簡』(「清華簡《祭公》与師詢簋銘」)、中西書局、二〇一三年六月。
・季旭昇主編『清華大学蔵戦国竹簡(壹)読本』、台湾芸文印書館、二〇一三年十一月。
・張懐通『《逸周書》新研』、中華書局、二〇一三年十二月。
・張懐通『先秦史論集』、中国古文献出版社、二〇一四年二月。
・楊蒙生「清華簡《祭公之顧命》「康軒之，保伓之，肰母夕要」句解」、『出土文献研究』第一二輯、二〇一四年三月。
・高飛「由清華簡《祭公之顧命》再論西周「三公」」『廊坊師範学院学報(社会科学版)』、二〇一二年第五期。
・杜勇「清華簡《祭公》与西周三公之制」、『歴史研究』二〇一四年第四期。
・浅原達郎「祭公之顧命「危言」危言―もしくは卮言―」、『日古』第二三号、二〇一四年九月)
・陳穎飛「清華簡祭公与西周祭氏」、『江漢考古』二〇一二年第一期。
・黄甜甜「由清華簡三篇論《逸周書》在後世的改動」、『中華文史論叢』二〇一六年第二期(総第一二二期)。
・魏慈徳「従出土的《清華簡・祭公之顧命》来看清人対《逸周書・祭公》篇的校注」、『厦大中文学報』二〇一六年第三輯。
・蔡哲茂「読清華簡《祭公之顧命》札記五則」、『簡帛』第一三輯、二〇一六年十一月。
▼武漢大学簡帛研究中心「簡帛網」(http://www.bsm.org.cn/)
・魏宜輝「関於「箭之初文」的補釈」(二〇〇七年十二月十八日)
・黄人二・趙思木「読《清華大学蔵戦国竹簡》書後(一)」(二〇一一年一月七日)、「読《清華大学蔵戦国竹簡(壹)》書後(三)」(二〇一一年一月九日)、「読《清華大学蔵戦国竹簡(壹)》書後(四)」(二〇一一年二月十七日)
・黄傑「初読清華簡釈文筆記」(二〇一一年一月七日)、黄傑「読清華簡筆記(二)」(二〇一一年一月九日)
・何有祖「清華大学蔵簡読札(一)」(二〇一一年一月八日)

・曹方向「記清華簡第一冊九篇竹書的若干書写情況」（二〇一一年一月三十一日）
・蔡哲茂「読清華簡《祭公之顧命》札記一則」（二〇一一年三月十七日）、「読清華簡《祭公之顧命》札記第二則」（二〇一一年四月二十二日）、「読清華簡《祭公之顧命》札記第三則」（二〇一一年五月四日）、「読清華簡《祭公之顧命》札記第四則」（二〇一一年五月五日）、「読清華簡《祭公之顧命》札記第五則」（二〇一一年五月十三日）
・王寧「清華簡《祭公之顧命》中的「井利」弁析」（二〇一二年十二月二十四日）

▼復旦大学出土文献与古文字研究中心（http://www.gwz.fudan.edu.cn/）

・復旦大学出土文献与古文字研究中心研究生読書会「清華簡《祭公之顧命》研読札記」（二〇一一年一月五日）
・蔡偉「拠清華簡校正《逸周書》三則」（二〇一一年一月六日）
・沈之傑「読清華簡《祭公之顧命》札記一則」（二〇一一年一月九日）
・蕭旭「清華竹簡《祭公之顧命》校補」（二〇一一年一月十一日）
・胡凱「清華簡《祭公之顧命》集釈」（二〇一一年九月二十三日）
・楊家剛「《祭公》校札（一）」（二〇一二年十月二十九日）
・高中華「清華簡「不豫有遲」再考察」（二〇一二年八月六日）
・張懐通「清華簡《祭公》解構」（二〇一二年五月八日）、「《祭公》与惇史」（二〇一二年四月二十五日）
・張世超「佔畢脞説（五・六）」（二〇一二年二月二十九日）

第八章　『周公之琴舞』考

中村未来

序　言

清華簡には、経書や史書、術数関連書等、多岐にわたる内容の文献が含まれている。その中でも、古代の「詩」や「楽」の観点から注目を集めている文献に『周公之琴舞』（『清華大学蔵戦国竹簡（三）』〈以下、清華簡（三）〉、中西書局、二〇一二年十二月所收）がある。

『周公之琴舞』には、初めに周公旦の教誡的内容の詩が配され、続いて成王が作成したとされる教誡的内容の九章一組の詩が記述されている。特に、成王の詩の第一章は、今本『毛詩』周頌・敬之に類似する内容と考えられ、整理者をはじめ、複数の研究者によって、本篇と『毛詩』との関連性が指摘されている。筆者も、拙稿「清華簡『周公之琴舞』の文献的性格」（『二〇一四年国立高雄餐旅大学応用日語系「観光・言語・文学」国際学術研討会論文集』、二〇一四年十一月）において、本篇に見える敬之詩と『毛詩』周頌・敬之とを比較し、文字や押韻の相違について指摘した。以下、行論の便宜上、拙稿の概要を四点に分けて略記する。なお、次に掲げた表1は、今本『毛詩』周頌・敬之と『周公之琴舞』に見える敬之詩との対照表であり、網掛けや囲み文字はそれぞれ押韻箇所を表している。

表1　今本『毛詩』周頌・敬之と清華簡『周公之琴舞』敬之詩との対照表

	『毛詩』周頌・閔予小子之什・敬之		『周公之琴舞』敬之詩（第二・三簡）
①	敬之敬之、天維顯思、命不易哉。	啓	敬之敬之、天惟顯帀、文非易帀。
②	無曰高高在上、陟降厥士、日監在茲。		毋曰高高在上、陟降其事、卑監在茲。
③	維予小子、不聰敬止。	亂	汔我夙夜、不逸敬之、
④	日就月將、學有緝熙于光明。		日就月將、教其光明。
⑤	佛時仔肩、示我顯德行。		弼持其有肩、示告余顯德之行。

（1）『周公之琴舞』敬之詩に見える「文」字について

表1より、両詩を対照すれば、両詩がおおよそ同内容であることが窺えるものの、重要な語句の相違も認められる。特に、第一句目の「命不易哉」の「命」字と「文非易帀」の「文」字との相違は注意すべき内容であると考えられる。

『周公之琴舞』に見える「文」字について、整理者は「文徳」の意とする。『毛詩』周頌・武には「允れ文なる文王」とあり、その孔穎達疏に「有文徳者之文王」とある。また、『国語』周語下には「夫れ敬は、文の恭なり」とあり、その韋昭注に「文とは、徳の総名なり」とある。

『毛詩』中、「文」字は「徳」字と共に用いられることが多い。例えば、『毛詩』周頌・清廟には「済済たる多士、文の徳を秉る」とあり、大雅・江漢には「其の文徳を矢し、此の四国を洽せしむ」とある。また、儒家系文献である『礼記』孔子閒居に「『詩』に云う（中略）其の文徳を弛し、此の四国を協ぐ。大王の徳なり」と大雅・江漢が引用され、『論語』季氏にも「夫れ是の如きが故に遠人服せざれば、則ち文徳を修めて以て之を来たす」と述べられているとおり、儒家においても、「文（文徳）」は人々を感化し得る徳目として位置づけられていたことが窺える。

「文」について、『荘子』には「文は質を滅ぼし、博は心を溺らす。然る後民始めて惑乱し、以て其の性情に反りて其の初めに復ること無し」（繕性）や「是れ故に明に駢なる者は、五色に乱し、文章に淫す」（駢拇）と語られ、また『墨子』辞過には、昔は美しい彫刻や文飾を喜ぶことはなかったが、今は王が見栄のために無駄にこれらの装飾を民に作らせているという記述が見られるとおり、[1] 道家や墨家においては「文」が人為的かつ本来の生活を乱れさせる有害のものとして装飾や文飾の意で解されていたことが分かる。以上の内容よりすれば、「文」を特に「徳」と関連付けて、人々を感化し従わせることのできる人為的徳目として重視していたのは、儒家の特徴であったと言うことができるであろう。本篇には敬之詩以外の詩中にも、「徳」や「文」に関する記述が散見する。従って、本篇の敬之詩に見える「文非易帀」の「文」字についても、無理に今本に合わせて「命」字に読み替える必要はなく、後に儒家が積極的に受容することとなった「文（文徳）」の意で解するのが妥当ではないか。

（2）敬之詩の押韻の相違

従来、今本『毛詩』敬之では、「之・思・哉・士・茲・子・止」（之部）と「将・明・行」（陽部）において押韻することが王力はじめ多くの研究者により指摘されてきた（『王力文集』第六巻、山東教育出版社、一九八六年十二月）。そのため、今本の押韻で考えるならば、敬之詩は「敬之敬之」より「不聰敬止」までが前半部、「日就月将」以降が後半部ということになる。しかし、『周公之琴舞』敬之詩では、押韻箇所が「之・帀・事・茲」（之部）および「夜・将・明・行」（鐸陽合韻）と今本と異なっている。すなわち、『周公之琴舞』の押韻を考えれば、本篇の前半部はちょうど「啓曰」にあたる「敬之敬之」より「卑監在茲」まで、また後半部は「乱曰」にあたる「汔我夙夜」以降ということになる。

（3）敬之詩を引用する伝世文献について

敬之詩は、多くの伝世文献に引用が確認できる。表1の対照表に附した①～⑤の番号でその引詩状況を示せば、次の表2のようになる。

表2　伝世文献における今本『毛詩』周頌・敬之の引詩状況

①	『左伝』僖公二十二年、『左伝』成公四年、『列女伝』仁智、『漢書』匡張孔馬伝、『後漢書』宗室四王三侯列伝
②	『漢書』巻二十五郊祀志下
③	×
④	『韓詩外伝』巻三・巻八、『潜夫論』讃学、『淮南子』脩務訓
⑤	『韓詩外伝』巻三、『説苑』巻一君道
①～⑤	『新書』巻十礼容語下

表2より明らかなとおり、今本『毛詩』敬之の③の箇所「維予小子、不聰敬止」のみを引用する文献は管見の限り見受けられない。ただし、③をさらに細分化した語句単位で言えば、「予小子」や「敬止（之）」などは、『毛詩』や『尚書』にもその記述が確認できる。また、清華簡『周公之琴舞』敬之詩の③の句「迄我夙夜、不逸敬之」に見える

「夙夜」も、『毛詩』や『尚書』などの文献に散見する語句であると言える。恐らく、今本および清華簡の③の句に関しては、『毛詩』や『尚書』に類似した語句が多く見られることからも、句全体が伝世文献に引用されるということはなかったものの、各語句単位で一種の定型表現として使用されていた可能性はあろう。また、『周公之琴舞』敬之詩については、「啓曰」「乱曰」で換韻していることからも、③の句に押韻を意識した今本とは異なる語句が選択され、使用された可能性がある。ただし現時点においては、『周公之琴舞』成立時、すなわち敬之詩引用時に換韻に合わせて定型表現に手が加えられたのか、或いは『周公之琴舞』にとられた敬之詩こそが今本『毛詩』敬之の原初に近い形であるのか、はたまた今本および清華簡に見える両敬之詩が全くの別本であったのかについては未詳であると言わざるを得ない。

以上表2の引詩状況から見て、敬之詩の句は、戦国～漢代にかけて一定のまとまりごとに流布し、ある程度定型句として使用されていたことが窺われた。特に、『左伝』に敬之詩の一部（①部分）の引用が見られる点からしても、敬之詩の素材となる詩の成立は、『左伝』に該当内容が記述されるより遙か以前であったと考えられる。また、本篇の発見により、先秦の文献では一部分のみしか見られなかった敬之詩の全文が、語句に揺らぎはあるものの、戦国中晩期にはすでに今本『毛詩』敬之と類似したまとまりで存在していたことが明らかとなった。

（4）諸子の楽論から見た『周公之琴舞』

また拙稿では、諸子（主に儒家・道家・墨家）の楽論を考察することにより、本篇を詩や楽を重んずる儒家的要素を多分に含んだ文献と捉え、古代礼楽の制定者として尊崇された周公旦に仮託された文献であった可能性があろうと結論付けた。

以上のように、筆者はこれまで、清華簡『周公之琴舞』に見える敬之詩を中心に取り上げて検討を加えてきたが、本篇にはその他九つの詩が記述されている。これらの詩の内容や、本篇全体の主題については、いまだ考察が不十分であった。そこで、本章では、まず清華簡『周公之琴舞』の全体構成及び本篇における特徴的な語句について論ずる。次に、本篇を通して見た思想的特質、特に「祖先祭祀」と「徳」に焦点を当てて検討を試みることとする。

一　『周公之琴舞』の構成と特徴的語句

まず、本篇の書誌情報について、整理者の李守奎の「説明」に基づき確認してみたい。

竹簡数は全十七簡、簡長は約四十五㎝。三道編綫。本篇の第一五簡上部約半分は欠失している。また、第一七簡も下部が半分以上欠失しているが、上部末字の後に墨鉤が見え、その下が留白となっているため、それが篇末であったことが窺える。竹簡の背面には講読に当たっての順序を示す番号（編号）が記されており、錯簡や脱簡の疑いはない。第一簡の背面上端には、篇題「周公之琴舞」が記述されているが、本篇の正面に記された本文の書きぶりとは僅かに筆跡が異なるようにも見受けられる。

『周公之琴舞』は、周公の詩（四句のみ）と成王の九章一組の詩より成る。ただし、その内容は、祖考・先君を重んじなければならないとするもの、慎んで政治を助けるようにと卿大夫へ呼びかけるもの、また天運に則り正しく政治を行う必要を説くものや、天の恩恵と徳とを関連付けるものなど、多岐にわたる。

頌詩の構成については、『左伝』宣公十二年に次のような記述が見える。

楚子曰く「爾の知る所に非ざるなり。夫れ文に、止戈を武と爲す。武王 商に克ち、頌を作りて曰く「載ち干戈を戢め、載ち弓矢を櫜にす。我 懿徳を求め、時の夏に肆ね、允に王として之を保つ」と。又た「武」を作り、其の卒章に曰く「爾の功を耆し定む」と。其の三に曰く「時を鋪きて繹ぬ、我が徂けるは惟れ定まらんことを求むるなり」と。其の六に曰く「萬邦を綏んじ、屢しば豊年なり」と。

この内容より、『左伝』の当該箇所が記述された当時において、「武」という詩が少なくとも六章以上で構成されていたと考えられていたことが窺える。なお、ここで挙げられている「其の卒章」の詩とは今本『毛詩』で言えば周頌・武に、「其の三」の詩とは周頌・賚に、「其の六」の詩とは周頌・桓に当たる。

王国維は、六章からなる「武」の楽章の内訳を「昊天有成命」「武」「酌」「桓」「賚」「般」としている[2]。また、松本雅明も「周頌三十一篇は、ことごとく一篇一章よりなっている」「それらの詩も、ことごとくが独立して形成されたのではなく、もと数章よりなっていた詩が、各章に分解されて記載されて、一章がおのおの一篇として数えられるにいたったものの存することが、しだいに明かになってきた[3]」と述べている。

以上のように、先行研究では、祭礼の際には頌詩が切り離されたり組み合わされたりして使用されていた可能性が指摘されてきた。この観点よりすれば、敬之詩以外は逸詩と考えられる『周公之琴舞』も、各詩篇に分離される以前の構成を残した文献であったか、あるいは複数の独立した詩篇がある時期において、組み合わされて一篇にまとめられた文献であった可能性があるであろう。

また、本篇には舞踊を連想させる特徴的な語句や文献の場面設定を窺うことのできる記述が見える。以下、特に注目すべき三点について取り上げて考察してみたい。

（1）「九絉（卒）」

整理者は九篇の詩について、『周公之琴舞』では「九絉（卒）」と称されているが、「九卒」あるいは「九遂」と読み、『爾雅』釈詁に「卒、終也」とあるのを引用して説明している。また、「九絉」は「九終」「九奏」と同義であり、『逸周書』世俘に「籥人《やくじん》九終」とあり、朱右曾『逸周書集訓校釈』に「九終、九成也」とあることを引き、儀礼祭祀を行う際に九曲を演奏することを指すとする。(4) なお、清華簡所収文献のうち、『周公之琴舞』同様、詩関連文献と考えられる清華簡（一）『耆夜』及び清華簡（三）『芮良夫毖』には、それぞれ「作歌一終」「芮良夫乃作毖再終」と見え、歌や毖（戒めの言葉）の演奏（あるいは徒歌）回数が「終」字で表わされていたことが分かる。

李学勤は、本篇の構成および九絉（卒）に関して、「『周公之琴舞』の原詩は十八篇であったが、伝世の過程で消失した、あるいは実際の祭礼時の需要などにより、紆余曲折を経て現在の構成となった」と述べている。(5)

本篇がもともと何章構成であったかについては、現時点においては資料的制約のため未詳と言わざるを得ないが、本篇は各詩の押韻や字数が異なることから、(6) 綴合詩の可能性も考えられ、篇全体が一時期に成立していない可能性も高い。ただし、『周公之琴舞』には、全ての竹簡の背面に、その順序を示す編号が記されている。そのため、少なくともこの編号が加えられた時点においては、本篇はある程度まとまりのある一篇と見なされていたと考えてよかろう。

（2）「啓曰」と「乱曰」と

『周公之琴舞』に見える各詩は、「啓曰」と「乱曰」の二つの部分に分けて記述されている。これについて、整理者は、詩の初めの部分を「啓」、終わりの部分を「乱」というとしている。

「乱」については、『論語』泰伯、およびその朱熹集注に次のようにある。

子曰「師摯之始、「關雎」之亂、洋洋乎盈耳哉」。（子曰く「師摯の始、「關雎」の亂、洋洋乎として耳に盈つるかな」）

朱熹集注：「亂、樂之卒章也」。

また、「乱曰」は『楚辞』によく見られる形式であり、その他に同じような性質を持つ表現として「小歌曰」「倡曰」「重曰」などが挙げられる。(7)

白川静は、「乱曰」や「小歌曰」について、本来は歌謡であったものが次第に徒誦を交えたもの、語り物的な性格のものに変質していく過程で、一篇の感情の統一を篇末に求めて、特に曲調豊かな小謡的な歌謡が最後に付加され、曲節の著しく昂揚した終曲となったのではないかとしている。(8)

以上のように、朱熹や白川の説に従えば、「乱曰」は歌謡の「卒章」「終曲」を表すものと考えられる。しかし本篇中、このように五・六句という短い間隔のうちに、朱熹や白川の言う「乱曰」が連続して記述されていたとすれば、このような用例は他に類がなく、不自然であるように思われる。『周公之琴舞』に見える敬之詩と『毛詩』周頌・敬之とを対照すれば、「啓曰」はまさに敬之詩の前半部を、「乱曰」は敬之詩の後半部を指していることが窺える。そのため、本篇における「乱曰」とは、整理者が指摘するとおり、各詩の後半部を示すものであったと解釈すべきであろう。

従来、このように「啓曰」「乱曰」として「詩」を二つに分断して表現するテキストは見られなかった。これは、先に記した「九絉（卒）」と共に楽曲や舞踊を連想させる本篇に見られる特徴的な語句であると考えられる。

（3）場面設定の記述

今本『毛詩』周頌・敬之の詩序には、「「敬之」は群臣進みて嗣王を戒むるなり」とある。ところが、『周公之琴舞』に見える敬之詩は成王の詩とされており、また本篇は敬之詩の他にも九詩を含むため、詩序の場面設定を直ちに当てはめることはできない。さらに、本篇の周公の第一詩・成王の第一詩の直前には、それぞれ詩の詠まれた状況を説明する「……敬毖を作り、琴舞すること九卒」の一文が見える。

これについて、楊曉麗は、「敬毖」という語句がこの琴舞の創作目的を示しており、また「琴舞九卒」という語句がこの詩の構成を表しているとし、これを本篇の小序とみなしている(9)。

確かに、今本『毛詩』とは異なり、文献の内容自体に詩の場面設定や説明が見られる点は、本篇の特質の一つと捉えることができるであろう。しかしながら、清華簡中に含まれるその他の詩関連文献、清華簡（一）『耆夜』および清華簡（三）『芮良夫毖』にも、詩の詠まれた背景を示す説明文が見られる。そのため、本篇に見えるこの一文のみを小序と関連づけることには注意が必要である。

清華簡『耆夜』には、耆を討伐した武王とその臣下が都に帰還し、飲至の儀礼を行った様子が記されている。本篇中には五篇の詩が見えるが、その中の一篇、周公が宴席において最後に歌った教誡的内容の詩が、今本『毛詩』唐風・蟋蟀と類似することが指摘されている(10)。これは、『周公之琴舞』に今本『毛詩』の一篇（敬之詩）が含まれていたことと同様に、今本『毛詩』と清華簡詩関連文献との関係を考察する上で注目される。また、『耆夜』に見える「蟋蟀」以外の逸詩に関しても、それぞれどの人物がどの人物に向けて詠んだものか、その詩を詠んだ状況設定が明示されている点が、『周公之琴舞』と共通している。

一方、『芮良夫毖』は、『周公之琴舞』の整理者李守奎によって、『周公之琴舞』と形制・筆跡が同一であることから、同時に書写された可能性が指摘されている文献である。『芮良夫毖』にも、『周公之琴舞』や『耆夜』同様、はじめに周の厲王の時代の情勢（場面設定）が記され、続いて芮良夫の二つの毖（戒めの言葉）が記述されている。本篇には、君主が天の常理を畏敬すべきであることや君臣が利を貪り享楽に耽ってはならないこと等、教誡的な言葉が述べられており、『周公之琴舞』同様、「曰」や「二啓曰」と各毖の冒頭が明示されている点に特色がある。またその内容については、『芮良夫毖』の整理者である趙平安によって、『毛詩』大雅・桑柔や『尚書』周書との関連が指摘されている。

以上のように、『周公之琴舞』には、経書である『毛詩』とは異なり、文献の冒頭にその詩の詠まれた状況を示す場面設定が述べられていることがその特徴として挙げられた。しかし、清華簡に含まれるその他の詩関連文献でも、その詩がいかなる背景で詠まれたかについて当該篇中で言及されており、また『毛詩』や『尚書』諸篇と関連する語句内容が多く含まれる点も共通するものであったことが窺われた。ただし、『耆夜』には紀年（武王八年）が記されており、故事を意識した歴史文献の如く状況説明がより詳細であることや、「啓曰」や「乱曰」などの舞踊を思わせる語句の使用が見られないこと、本文中に詩題が示されていることなどが、『周公之琴舞』や『芮良夫毖』と異なる点であり、その性質の差異として注意すべきであると考えられる。

二　『周公之琴舞』に見える思想的特色

はじめに述べたとおり、『周公之琴舞』には、今本『毛詩』周頌・敬之とおおよそ同内容と考えられる詩が含まれている。伝世文献中、敬之詩の句については、主に「天命が容易ではない」ことを臣下が為政者に諫言する文脈（本章表１①）や、[11] また天が為政者の行いを監視し、その行為如何によって禍福を降すという文脈（表１②⑤の句）で引用されていることが分かる。[12] さらに表１④の句については、学習の大切さやそのたゆまぬ積み重ねを重視する文脈で詩が引用されている。(13) このように断章取義的に詩を引く伝世文献においては、「天命の不確かさ」と「学習の重要性」に敬之詩引用の主眼が置かれていたことが窺えるのである。

それでは、『周公之琴舞』における敬之詩の意義とは、上記伝世文献に見える引用と類似するものであったのか。また、本篇全体に見える主題とは如何なるものであったのか。本節では、『周公之琴舞』全体をとおして「天人相関」の思想および「祖考祭祀」に関する記述が散見する点に注目し、以下、徳との関わりを含めてその特質について検討してみたい。

（1）天と徳と

西周時代、「徳」とは為政者にとって、政治を行う上で重要な要素と認識されていた。池澤優は「天は王に「徳」を降し、王は更にそれを臣に頒布し、それに対しては臣下が王に忠誠を尽くすことにより王朝の秩序は確立」していたと述べている。(14) 徳について、『尚書』酒誥には次のように見える。

庶士・有正、越び庶伯・君子、其れ爾朕が教えを典聴せよ。「爾大いに克く耇と君とに羞《すす》めて、爾乃ち飲食し酔飽せよ」と。丕ち惟に曰く「爾克く永く観省して、作稽 徳に中れ。爾尚うるに克く饋祀を羞《すす》めて、爾乃ち自ら介して用て逸せよ。茲れ乃ち允に惟れ王の事に正たるの臣なり。茲に亦た惟れ天若の元徳、永く王家から忘せざらん」と。

ここには、王が多士に向かって、何かをするにも止めるにも徳に適うようにし、神に供物を捧げ、そして各々の安楽を願う。そうであってこそ王の家臣と言えるのであり、天神の与えた大きな徳も王家から失われることはないであろうと述べる内容が見える。この酒誥の記述からも、王が天から降された徳を臣下に押し広げ、臣下が謹んで徳を守り祭祀を行うことにより、さらにはそれが王家の繁栄に繋がるとして、徳が為政や王朝の秩序と深く関連付けられていた状況を窺うことができるであろう。

また「徳」の字は、もともと「省」（軍事的な巡察や征伐などを意味する）字に通ずる文字と考えられており、西周期に使用された「徳」についても、それが倫理的な徳性を重んずる語として用いられていたわけではなく、四方の国や人々をあまねく服属させ、安住させるという強制的かつ現実的側面を備えたものであったと解されていた[15]。

小倉芳彦によれば、徳はその後、現実の行動（諸国の巡視や征伐）から切り離された心性の問題に抽象化されるようになるとされる[16]。また同氏は、金文における「徳」字の用例を基準に『尚書』中に頻見する「徳」字の新古の弁別を試みることも可能であるとして、「周公之徳」（金縢）、「殷先哲王徳」（康誥）、「文王徳」（君奭）などは原初的な用法に近い一方、「穢徳」「比徳」「三徳」「凶徳」「義徳」「天徳」などは後出の成語であろうとし、さらに「徳」と「力」を対照し、「徳」と「志」を対照する例は、戦国期以降のものであろうとしている[17]。すなわち、西周時代において、はじめ「刑罰」や「征伐」をも含めた政治的統制力を意味した「徳」は、春秋戦国期にはそこから「刑」や「力」を切り離し、内面的道徳性を意味するようになる。そして、『礼記』楽記に「徳者性之端也、樂者徳之華也」と見えるように、人の徳性と関連づけられて説かれるようになるのである。

それでは、『周公之琴舞』において、天と徳とは一体どのように記述されているのであろうか。成王の第五詩啓には「嗚呼、天多降徳、汸〓（滂滂）在下。攸自求敓（悦）[18]、諸尓多子、逐思忱之（嗚呼、天徳を降すこと多く、下に滂滂《ぼうぼう》たり。攸《もっ》て自ら敓〈悦〉を求む。諸《およ》そ尓多子、逐《あつ》くして思《こ》れ之《こ》れに忱せよ）」とあり、天はとめどなく徳を降す存在として描かれていることが分かる。また卿大夫はその天の喜悦を求めるが、慎んでこの恩恵に応える必要があると説かれている。

しかしその一方で、「余逯思念、畏天之載（災）[19]、勿請福之侃（愆）[20]（余逯《つつし》んで思念するも、天の災いを畏るれば、福の愆を請うこと勿《な》し）」（成王第七詩乱）というように、成王が天を災いを降す存在として畏れ、災いを避けるためにも行き過ぎた福を求めることはしない、と自戒の言葉を述べる箇所も見える。(21) さらに、成王の第三詩乱には次のように述べられている。

非天詮（歆）徳、緊莫肯造之、夙夜不懈、懋敷其有敓（悦）、裕其文人、不逸監余。(22)

（天の歆する徳に非ざれば、緊《ああ》肯えて之を造する莫し。夙夜懈らず、懋《つと》めて其の有悦を敷き、其の文人を裕《みた》さば、逸せずして余を監みよ。）

ここでいう「歆」については、『左伝』襄公二十七年に「能歆神人」とあり、その杜預注に「歆享也。使神享其祭、人懐其徳」とある。すなわち、当該句では、天が悦び受ける徳でなければ、天は助けを施すことがないとされており、恐れ慎み怠ることなく、天が悦ぶ徳を敷き広げようとする成王の態度、またそうして徳が祖考を満たしたならば、なおざりにせずに自身を見定めて欲しいという天へ向けた成王の言葉が示されていると考えられる。つまり、王が天の悦ぶ徳を修養し頒布すれば、上天と地下を行き来する祖先神（祖考）は満たされ、それら祖考の仲介により、天も王に助けを施してくれると説かれているのである。また、徳について、『左伝』僖公五年には、周書の引用として次のような記述が見える。

公曰く「吾が享祀豊絜なり。神 必ず我に據らん」と。對えて曰く「臣 之を聞く。鬼神は人を實れ親しむに非ず。惟だ徳に是れ依る、と。故に周書に曰く『皇天 親無し、惟だ徳を是れ輔く』と。又た曰く『黍稷馨しきに非ず。明徳惟れ馨し』と。又た曰く『民は物を易えず。惟だ徳繄れ物』と。(23) 是くの如くんば、則ち徳に非ざれば民和せず、神享けず。神の馮依する所は、将に徳に在らんとす。若し晉 虞を取りて、明徳以て馨香を薦めば、神其れ之れを吐かんや」と。聴かず。晉の使いに許す。宮之奇 其の族を以いて行る。曰く「虞 臘せず。此の行に在らん。晉更に擧げざらん」と。

ここでは、天や鬼神が人を親疎で区別し愛するのではなく、徳ある者を助けるのであると説かれており、統治者にとって徳がいかに大切であるかが述べられている。本篇にも「介睪（懌）寺（持）徳、不畀用非頌（容）。（懌を介《たす》け徳を持《たす》く、畀《あた》えざるは用て容に非ざるもの）」（成王第八詩啓）と、成王が臣下を戒める言葉が見える。これは前後の文脈上、皇天や神霊は徳に慎むものを助け、礼儀に適わぬものには福を与えない、という内容であると考えられ、『左伝』僖公五年と類似する思想が含まれていると考えられる。[24] 先述した成王の第五詩啓と同様、ここでも王は徳に務めるよう臣下に戒めの辞を述べていることが窺えるのである。以上の記述より、本篇に見える徳は、天・祖考・王を結びつける為政の重要な要素として、さらには王を通して卿大夫にも慎むべきものとして重視され説かれていたものであったことが明らかとなった。これらは西周期の金文にも通ずる古い意義を有した徳の記述と捉えることができるであろう。[25]

ところが、本篇には「良徳とは其れ如臺《いかん》」（成王第八詩乱）というように、明らかに徳に善悪の徳性を含んだ、後代のものと考えられる成語も見受けられる。「良」字については、西周金文中、ほぼ全て固有名詞（人名）に使用されており、[26]『尚書』中でも偽古文『尚書』に十数例、その他比較的成立年代の下ると考えられる秦誓篇に一例、呂刑篇に一例見られるのみである。[27] そのため、西周期の「徳」観念を含みながらも、本篇全体の成立時期は時代の下った春秋期以降〜戦国中期以前であったと推測される。

(2) 祖考（祖考祭祀）について

西周期には、王のみならずその臣下に至るまで、各々祖先の徳に則り、その徳を謹んで守り行うことによって、政治の秩序が保たれると考えられていた。[28] つまり、先王を補佐した祖先のように、臣下はその徳を受け継いで現在の王にも慎んで仕えることが求められ、それによって君臣関係の強化がはかられたのである。西周中期の虎簋蓋に「更厥祖考（厥の祖考を更《つ》ぎ）」と見え、後期の梁其鐘に「帥井祖考（祖考に帥井〈型〉す）」と見えるのもその一例である。また『尚書』酒誥や『毛詩』大雅・抑にも、それぞれ「聰聽祖考之彝訓（祖考の彝訓を聰聽せよ）」や、「罔敷求先王、克共明刑（敷ねく先王の、克く明刑を共しくするを求むる罔し）」と記され、祖考のやり方に則れば繁栄するが、逆に祖考のやり方を損なえば、為政は頽廃へ向かうとされている。

『周公之琴舞』にも、全篇を通して、祖考のやり方に則り、慎んで政治を行うべきことが述べられている。本篇中、祖考について記された箇所を挙げれば、以下の十箇所である。

①周公第一詩：「無悔享君、罔㒸（墜）其考。享惟滔（慆）帀、考惟型帀。[29]（君を享するを悔《おこた》ること無かれ、其の考を墜すこと罔かれ。享は惟れ慆いにし、考は惟れ型《のっと》れ）」

②成王第一詩啓：「天惟顯帀、文非易帀。毋曰高=（高高）在上、陟降其事、卑監在茲。（天惟れ顯らかにして、文易うるに非ず。高高と上に在りと曰う毋かれ、其の事に陟降し、卑《ひく》きに監みて茲に在れ）」

③成王第二詩啓：「假哉古之人。夫明思慎、用仇其有辟、允丕承丕顯、思修亡斁[30][31]（假《よ》きかな古の人。夫 思慎を明らかにし、用て其の有辟に仇《はい》せり。允に丕いに承け丕いに顯らかにして、思《こ》れ修にして斁《そこ》なうこと亡し）」

④成王第二詩乱：「已、不曹（造）[32]哉。思型之、思毷（勖）彊之、用求其定、裕彼熙不落。[33]思慎。（已《ああ》、造せざるかな。思れ之に型り、思れ之に勖彊し、用て其の定まらんことを求む。彼の熙きを裕《みた》し落とさず。思れ慎まん）」

⑤成王第三詩乱：「夙夜不懈、懋敷其有悅、裕其文人、不逸監余。（夙夜 懈らず、懋《つと》めて其の有悅を敷き、其の文人を裕《みた》さば、逸せずして余を監みよ）」

⑥成王第五詩乱：「桓稱其有若、曰享答余一人。（桓《おお》いに其の有若を稱《あ》げ、曰《ここ》に余一人に享答せよ）」

⑦成王第六詩：「其余沖人、服在清廟(34)。(其れ余沖人、清廟に服す)」「余用小心寺(持)、惟文人之若。(余用て小心して持《たす》け、惟れ文人に之れ若《したが》わん)」

⑧成王第七詩啓：「思有息、思憙在上、丕顯其有位。右帝才茖(客)(35)、不失惟同。(思《こ》れ有息にし、思れ上に憙《よろこ》ばし、丕いに其の有位を顯かにせん。帝を右け客を才し、失せずして惟れ同じくせん)」

⑨成王第八詩乱：「罔克用之、之墜于若。(克く之を用いる罔くんば、之れ若を墜さん)」

⑩成王第九詩：「嗚呼、弼(弗)敢荒悳〓(德。德)非惰帀、純惟敬帀(36)、文非毄(動)帀、不墜修彥(37)。(嗚呼、敢えて德を荒《やぶ》らず、德惰するに非ず。純惟れ敬み、文動かすに非ず、修彥を墜さず)」「汔我敬之、弗其墜哉、思豐其復(報)、惟福思甬(38)(用)、黄耇惟程(39)。(汔くは我之を敬み、其れ墜さず。思《こ》れ豊かな其の報い、惟れ福を思《こ》れ用《もつ》て、黄耇 惟れ程とす)」

本篇冒頭の周公の詩①や成王の詩④⑥⑦⑧⑨⑩では、先君や祖考を祀り、そのやり方に則るべきことが説かれており、また③では王が臣下の祖先を称え、その徳を落とすことなく仕えるようにと戒める内容が見える。さらに②および⑤では、徳を通して天と人とを結びつける祖考の様子が記されている。本篇のこれらの記述には、西周期から受け継がれた祖考祭祀と徳の思想が色濃く反映されていると考えられる。

本篇における祖考の呼称は「考」や「文人」「黄耇」など多様であるが、おおよそ王も臣下も徳を称え、祖考に則り行動すべきことが説かれていることが分かる。さらに言えば、本篇には「孺子王」(成王第四詩啓)や「清廟」(⑦)などの語句が見え、皇天・鬼神の加護を求める記述が散見することからも、その主題が、新しく即位した王が宗廟にて儀礼を行う際に、天や祖考を称えつつ、慎んで為政に励むことを宣言する内容にあったものと考えられる。

周公旦は、『礼記』中庸に「武王末受命。周公成文・武之德、追王大王・王季、上祀先公以天子之禮。斯禮也、達

乎諸侯・大夫及士・庶人。（中略）子曰「武王・周公、其達孝矣乎。夫孝者、善繼人之志、善述人之事者也。（武王末《お》いて命を受く。周公 文・武の德を成し、大王・王季を追王し、上 先公を祀るに天子の禮を以てす。斯の禮や、諸侯・大夫及び士・庶人に達す。〈中略〉子曰く「武王・周公、其れ達孝なるか。夫れ孝は、善く人の志を繼ぎ、善く人の事を述ぶる者なり）」とあるように、文・武の志を継ぎ、大王・王季を追王する孝徳の者として描かれている。また、『礼記』明堂位に「武王崩、成王幼弱。周公踐天子之位以治天下。六年、朝諸侯於明堂、制禮作樂、頒度量、而天下大服（武王崩じて、成王幼弱なり。周公天子の位を踐みて以て天下を治む。六年、諸侯を明堂に朝せしめ、禮を制し樂を作り、度量を頒《わか》つ、而して天下大いに服す）」とあるように、周公旦は幼い成王を輔け、礼楽を制定した古代聖人として認識されていた人物である。清華簡には周公の言行を示す文献が本篇の他にも多く含まれているが、[40] 本篇もこれらの文献同様、周公および成王に仮託して作成された文献の一つであった可能性が考えられる。

（3）『周公之琴舞』に見える敬之詩の意義

最後に、本篇に見える敬之詩の意義について、検討してみたい。

本篇成王の第一詩には、次のように、おおよそ今本『毛詩』周頌の敬之詩と類似する内容が見える。

成王第一詩啓：敬〓之〓（敬之敬之）。天惟顯帀、文非易帀。毋曰高〓（高高）在上、陟降其事、卑監在茲。

（之を敬み之を敬め。天惟れ顯らかにして、文易うるに非ず。高高と上に在りと曰う毋かれ、其の事に陟降し、卑《ひく》きに監みて茲に在れ）

成王第一詩乱：訖（汔）[41] 我夙夜、不兔（逸）敬之、日就月將、教其光明。弼寺（持）其有肩、貽（示）告余顯德之行。

（汔《こいねがわ》くは我夙夜、逸ならずして之を敬まん。日就しく月將く、其の光明を教えよ。其の有肩を弼持し、余に顯德

の行いを示告せよ）

先述したとおり、清華簡に見える敬之詩と今本『毛詩』敬之詩、さらには『左伝』や『漢書』に引用された敬之詩の語句とを比較した場合、最も注目すべき相違は、成王第一詩啓に見える「文非易帀」の解釈であろう。今本『毛詩』を含め、その他の伝世文献では全て、当該句を「命不易哉」に作っており、「天命の容易には保ち難い不確かさ」を述べる文脈となっていることが分かる。しかしながら、本篇において「易」字は他に三箇所見えるが、それらは全て「変化」の意を表していると考えられる。

①成王第三詩啓：不易威儀（威儀を易えず）

②成王第六詩啓：其余沖人、服在清廟、惟克小心、命不夷(42)歇(43)、對(44)天之不易（其れ余沖人、清廟に服す。惟れ克く小心し、命歇《つ》くさず、天の易わらざるに對う(45)）

③成王第八詩啓：佐持王聰明、其有心不易（王を佐持して聰明にし、其の有心易えず）

また、成王第九啓には「嗚呼、弼（弗）敢荒悳＝（徳、徳）非惰帀。純(46)惟敬帀、文(47)非毄（動）帀、不墜(48)修彥。（嗚呼、敢えて徳を荒《やぶ》らず、徳惰するに非ず。純惟れ敬み、文動かすに非ず、修彦を墜さず）」とあり、「文非易帀」と類似する構文・内容が見える。これよりすれば、本篇成王第一詩に見える「文非易帀」も、「文（徳）の不確かさ」を述べたものではなく、「文（徳）は変えてはいけない」と成王の自戒の念を表す辞と捉えるのが自然であると言えるだろう。

以上、伝世文献中、「天命が容易ではないこと」を強調する文脈で引用されていた敬之詩「命不易哉」句であるが、本篇中では、祖考文王の徳を変えずに、そのやり方に従って慎み政治を行うという文脈で記述されていた可能性が高いことを指摘した。また『周公之琴舞』では、その他の詩にも一貫して、天や祖考を称え、徳に勉めて慎んで祖考のやり方に則るべきことが説かれており、本篇に見える敬之詩（成王第一詩）も、その文脈に合致するものであったことが窺われた。

『周公之琴舞』には、部分的には古い語句や言い回しが用いられながらも、「徳」に関しては春秋期以降の心的な要素を含む用法が見え、西周期にすでに篇全体が一つの文献として成立していたとは考えにくい。恐らく、本篇は、宗廟歌に関する様々な詩編（敬之詩のような）や語句が組み合わせられて、一篇としてその文脈が整えられ成立した文献であろうと思われる。

なお、本篇中、成王第七詩乱には、「孜（孝）敬非怠荒」と「孜」字が記述されているが、李学勤主編『字源』に「孜字最先見于戰國古文字材料中」と述べられるとおり、当該字は春秋期以前には見られない文字である。(49) 勿論、本篇の成立後、転写が繰り返される中で、何らかの同義（あるいは同音）の文字が「孜」字に書き換えられた可能性も考えられることから、「孜」字の使用が直ちに本篇の成立時期を戦国期以降と決定付ける根拠にはなり得ない。しかし、少なくとも清華簡『周公之琴舞』は、「徳」に内面的徳性が付与された「良徳」の記述が見られ、春秋期以前には確認できない「孜」字の使用が認められることから、春秋期以降、西周の儀礼や経に関する様々な要素が綴合され整えられて、最終的に戦国期に書写され残された文献であったと考えられる。

結　語

以上、『周公之琴舞』の内容と構成を確認し、伝世文献や清華簡における詩関連文献との比較検討を行った結果、『周公之琴舞』の特質として、以下の点が明らかとなった。

（1）『周公之琴舞』には、舞踊を連想させる「九絉（卒）」や「啓曰」「乱曰」などの特徴的な語句が見られた。

（2）清華簡に含まれる詩関連文献の共通点として、その詩がいかなる背景で詠まれたかについて当該篇中で言及されている点、また『毛詩』や『尚書』諸篇と関連する語句内容が多く含まれている点が挙げられた。ただし、今本『毛詩』の引詩状況や詩題の記述の有無など、清華簡に含まれる詩関連文献相互にも差異が見られる点には注意しなければならない。

（3）『周公之琴舞』は、それぞれの詩の独立性や綴合の有無については、なお不明な点を残すが、全篇を通して、一貫して天や祖考を称えつつ、慎んで徳に勉め、祖考のやり方に則るべきことが説かれていたことが明らかとなった。本篇には、『尚書』や『毛詩』などの古い文体が多く用いられながらも、「良徳」のように後代の「徳」観念を示すと考えられる成語も見受けられた。

（4）恐らく、本篇は春秋期以降、宗廟歌に関する様々な詩編や語句が組み合わせられて、一篇として整えられ、成立した文献であった可能性がある。

なお、『毛詩』と『尚書』の関連性については、先行研究でもいくつかの指摘が見られる。白川静は、閔予小子・訪落・敬之の三篇の関連を説く際、次のように述べている。

> 思うに前三篇は、みな孤子即位の情を抒べて、神霊の昭臨を禱ったもので、おそらく即位廟告の詩であろう。（中略）即位始政のときに当って孤子の情を訴えることは、『尚書』周書の諸篇にも見えるところであって、例えば「大誥」に「弗弔天降割于我家、不少延、洪惟我幼沖人、嗣無彊大歴服、（中略）已、予惟小子、若渉淵水、予惟往求朕攸濟」とあるほか、予小子・我沖子・我幼沖人などの語が、周書諸篇に見えている。[50]

また、『毛詩』蕩之什・抑について山邊進は、次のように指摘する。

> 本篇の押韻形式は、第一・二章が共通するのみで、第三章以下の各章はそれぞれ独自の押韻形式を用いており、

その成立年代および成立過程については、綴合詩の可能性も含めて、明らかにし難い。本篇の詩意については、「徳」を最重要視する姿勢が伺えるなど、全章にわたって教訓詩的な意味合いが強い。また、前述の如く、全体の構成は『尚書』無逸篇と近いところがあり、穿った見方をすれば、無逸篇などの「書篇」を手本として再編集されたのかも知れない[51]。

偽古文『尚書』である夏書・五子之歌には、五篇の訓戒的内容の詩が詠み込まれており、「詩」や「書」などの古典をもとに偽作されたことが明白である。清華簡にも、『毛詩』や『尚書』と深く関連する文献が多く含まれている。今後刊行予定の「詩」「書」関連文献の内容も含め、これらの思想的類似性や、「詩」や「書」の引用に関する問題、「詩」や「書」自体の成立の問題についても、総合的に検討していく必要があるであろう。

注

（1）當是之時、堅車良馬不知貴也、刻鏤文采不知喜也。何則。其所道之然。（中略）當今之主、其爲衣服、則與此異矣。（中略）以爲錦繡文采靡曼之衣、鑄金以爲鉤、珠玉以爲珮、女工作文采、男工作刻鏤、以爲身服。此非云益煖之情也、單財勞力畢歸之於無用也。以此觀之、其爲衣服、非爲身體、皆爲觀好（『墨子』辭過）。

（2）「周大武楽章考」（『觀堂集林』巻二）参照。

（3）『松本雅明著作集6　詩経諸篇の成立に関する研究（下）』（弘生書林、一九八六年十二月、六一四頁）。

（4）さらに「九絉」について、整理者は『尚書』益稷の孔穎達疏に見える「九成」と同義であろうとしている。『尚書』益稷には「簫韶九成」とあり、その孔穎達疏には「鄭云「成猶終也」。毎曲一終、必變更奏、故『經』言九成、『傳』言九奏、『周禮』謂之九變、其實一也。」とある。

（5）本章末に掲載した参考文献Zを参照。

（6）押韻については、参考文献X参照。

（7）『荀子』賦にも「小歌曰」と見え、後の漢賦にもこのような表現が散見する。

（8）『白川静著作集8　古代の文学』（平凡社、二〇〇〇年四月、六三九頁）。

（9）参考文献b参照。

（10）竹田健二「清華簡『耆夜』の文献的性格」（『中国研究集刊』第五三号、二〇一一年六月）参照。竹田は、「「蟋蟀」の歌は、武王を含む儀礼の参加者全員に対して、いつまでも戦勝の喜びに浸るのではなく、今後行動を慎まなければならないと、戒めるところにその主題がある」としている。なお、戦国期の新出土文献上博楚簡（一）『孔子詩論』には、逸詩（と考えられる七篇）を含めて約六十篇、現行本『毛詩』の約五分の一の詩篇の名称が確認できる。その中には「蟋蟀」詩の名称も見えており、戦国中期頃には「蟋蟀」が詩題の付いたある程度まとまった形式の詩として流布していた状況が窺われる。恐らく、『周公之琴舞』に見える「敬之」詩もこのようにある程度まとまりのある文献として、すでに戦国中期頃には広まっていたのではないかと考えられる。

（11）例えば、『左伝』成公四年には次のようにある。「夏、公如晉。晉侯見公、不敬。季文子曰「晉侯必不免。詩曰『敬之敬之。天惟顯思、命不易哉』。夫晉侯之命在諸侯矣、可不敬乎」」。ただし、『列女伝』仁智では、敬之詩の「命不易哉」部分が引用されておらず、そのため引詩によって、逆に天（道）が顕かであることを強調する内容となっている。

（12）例えば、『説苑』巻一君道には次のようにある。「宋人聞之、夙興夜寐、早朝晏退、弔死問疾、戮力宇内。三年、歳豊政平。嚮使宋人不聞君子之語、則年穀未豊而國未寧。詩曰『佛時仔肩、示我顯德行』。此之謂也」。

（13）例えば、『韓詩外伝』巻八に次のように見える。「子貢曰『君子亦有休乎』。孔子曰『闔棺兮乃止播耳。不知其時之易遷兮。此之謂君子所休也。故學而不已、闔棺乃止』。詩曰『日就月將』。言學者也」。

（14）『「孝」思想の宗教学的研究——古代中国における祖先崇拝の思想的発展』（東京大学出版社、二〇〇二年一月、五七頁）。

（15）小南一郎『古代中国　天命と青銅器』（京都大学術出版会、二〇〇六年八月）や、小倉芳彦『中国古代政治思想研究』（青木書店、一九七〇年三月）等に詳しい。

（16）注（15）小倉（一九七〇年）前掲書、七四頁。
（17）注（15）小倉（一九七〇年）前掲書、七二頁。
（18）『爾雅』釈詁に「怡・懌・悦・欣・衎・喜・愉・豫・愷・康・媅・般、樂也」とある。また整理者は当該句を、成王が多士に向けて、徳を修め天の喜悦を求めるよう訓戒する内容と捉えている。
（19）「畏天之載」の「載」字について、整理者は『毛詩』大雅・文王に「上天之載、無聲無臭」とあり、毛伝に「載、事」とあるのを引く。一方、胡敕瑞（参考文献P）は清華簡（三）『芮良夫毖』にも「畏天之降載（災）」という語句が見えることから、当該箇所も「載」を「災」と読むべきであろうとしている。『周公之琴舞』と『芮良夫毖』とは形制や記された文字の書体から、同一人物により筆写された可能性が高いと指摘されており、密接に関わると考えられるため、今は胡氏に従う。
（20）「叚」について、整理者は「愆」字と隷定し、「過」の意としている。「愆」字は籀文では「㥶」に作る（『説文解字』巻十一）。そのため、字形の通用から、ここでは整理者に従って解釈する。
（21）以下のとおり、『毛詩』や『尚書』でも、天はしばしば災いを降す存在として描かれている。「天降慆德、女興是力」（『毛詩』大雅・蕩）や、「天降時喪、有邦閒之。」（『尚書』多方）など。
（22）『毛詩』周頌・我将に「我將し我享す、維れ羊維れ牛、維れ天其れ之を右けよ」とあり、その鄭箋に「言神饗其德而右助之」とある。
（23）偽古文『尚書』蔡仲之命に「皇天無親、惟德是輔」とあり、偽古文『尚書』君陳に「黍稷非馨、明德惟馨」、偽古文『尚書』旅獒に「人不易物、惟德其物」とある。
（24）成王第八詩啓には「佐持王聰明、其有心不易、威儀藹藹、大其有謨、介懌持德、不畀用非容（王を佐持して聰明にし、其の有心 易えず。威儀藹藹とし、大なるかな其の有謨。懌を介け《たす》徳を持く《たす》、畀え《あた》ざるは用て容に非ざるもの）」とあり、乱には「良德其如臺、曰享人大……罔克用之、之墜于若（良徳とは其れ如臺《いかん》。曰く享人大……克く之を用いる罔くんば、之れ若を墜さん）」とある。
（25）なお、清華簡（一）に、子思学派と深く関連すると考えられる文献『尹誥』が見える。この冒頭には「惟れ尹、既に湯及咸な徳を一にする有り」と記されており、臣下である伊尹が湯王と同じ徳を持っていたという記述が見え、注目される。
(26) 西周中期の倗生簋（格伯簋）に一例、「良馬」の用例が見える（『殷周金文集成』四二六二―四二六五）。
(27) 『尚書』秦誓に「番番良士、旅力既愆、我尚有之」、呂刑に「非佞折獄、惟良折獄、罔非在中」とある。
(28) 注（15）小南（二〇〇六年）前掲書を参照。
(29) 「考」字について、整理者は清華簡（三）では当該字を「孝」字と隷定しているが、参考文献Xでは「考」字のままでとり、「先父（亡父）」の意と解し、『尚書』康誥の「子弗祇服厥父事、大傷厥考心」や、君牙の「纘乃旧服無忝祖考」とおおよそ同意であるとしている。「考」字と「孝」字は通用するため、当該箇所における「考」字が「孝」字と解すべきものであった可能性も考え得る。ただし、本篇第一三簡には「攷敬非怠荒」と「攷」字が見え、整理者はこれを「孝」字と定め、『左伝』文公十八年に「孝敬忠信爲吉德」とあるのを引いて説明している。このように、本篇においては「孝」字と「考」字が区別し書き分けられていた可能性も考えられる。また現時点において刊行されている清華簡中には、他に『皇門』に一箇所「考」字が見えるが、これも祖考の意として記述されていることが分かる。そのため、本篇においても今は「考」字は「考」字として解しておく。
(30) 「夫」について、整理者は『尚書』召誥「夫知保抱攜持厥婦子」や、その孔穎達疏「猶人人」を引き説明している。あるいは当該字を「薄」と読み、『方言』に「薄、勉也」とある記述を引用する。
(31) 整理者は「思」を句頭の助詞としている。『毛詩』大雅・文王に「思皇多士、生此王國」とあり、朱熹『詩集伝』に「語辭」とある。
(32) 「不曹」について、整理者は『毛詩』周頌・閔予小子に「遭家不造」とあり、その鄭箋に「遭武王崩、家道未成」とあることを引き、「不造」の意と解している。
(33) 「裕」を整理者は「欲」と解している。また、「熙」については『毛詩』周頌・酌に「時純熙矣」とあり、鄭箋に「熙、興」とあることを指摘している。さらに「落」について、整理者は『国語』呉語「民人離落」、韋昭注「殞也」を引用して説明している。一方、子居（参考文献T）は「裕」を『荀子』富国に「足國之道、節用裕民、而善臧其餘」とあること等を引き、「充裕」「充足」の意としている。また朱熹『詩集伝』は「熙」を「光」と解している。
(34)「清廟」については、『毛詩』周頌・清廟の鄭箋に「清廟者、祭有清明之德者之宮也。謂祭文王也」とある。
(35)「莟」について、整理者は「落」字とし、『爾雅』釈詁に「始也」とあることを指摘するが、その後、補釈（参考文献X）では「才」を「察」の意とし、また「莟」を『毛詩』周頌・有客「有客有客、亦白其馬」の「客（詩序によれば、殷の遺民微子）」の意として解している。これに対し、藪敏裕（新釈漢文大系一一二『詩經 下』）は「有客」の「客」を「祖霊ないしその尸」としている。本篇においては、文脈上、藪氏に従う。
(36)「純」については、『毛詩』周頌・維天之命に「於乎不顯、文王之德之純」とある。
(37)「修」について、整理者は「善」と解し、「彥」について『毛詩』鄭風・羔裘に「彼其之子邦彥兮（彼の其の之子は邦の彥なり）」とあり、毛伝に「彥、士之美稱」とあるのを引く。
(38)整理者は「甬」字を「庸」と隷定し、「大」の意ではないかとしている。一方、黄傑（参考文献E）は当該字を「用」字として解し、直前の「惟」や「思」の語詞によって、倒置がおきているとする。
(39)「程」について、整理者は「盈」字と読み、『毛詩』召南・鵲巣「維鵲有巣、維鳩盈之」の毛伝に「滿也」とあることを引く。一方黄傑（参考文献E）は『毛詩』小雅・小旻に「哀哉爲猶、匪先民是程、匪大猶是經」とあることを挙げて「所效法之人、亦即法度」の意とする。
(40)清華簡（一）『耆夜』『皇門』『周武王有疾周公所自以代王之志（金縢）』など。
(41)「訖」について、整理者は『毛詩』大雅・文王有声に「文王有聲、遹駿有聲、遹求厥寧、遹觀厥成」とあり、『詩集伝』に「遹、義未詳、疑與「聿」同、發語辭」とあることを引いて、「訖」を句頭につく語気詞であり、「遹」あるいは「聿」と読む可能性があるとしている。一方、李鋭（参考文献S）は「訖」を「汔」（こいねがう）と読む可能性を指摘している。
(42)「夷」について、整理者は楊樹達『詞詮』の『毛詩』大雅・瞻卬の注を引き、助詞と解している。一方、子居（参考文献T）は「夷」を「遲」と通ずるとして（『古字通仮会典』）、「遲歇」を「遲滞」「止歇」の意とする。
(43)「歇」は、『左伝』宣公十二年に「憂未歇也」とあり、杜預注に「歇、盡也」とある。

(44)「對」について、『毛詩』大雅・皇矣に「帝作邦作對」とあり、毛伝に「對、配也」とある。参考文献Z「論清華簡《周公之琴舞》「疐天之不易」」に詳しい。
(45)「對天之不易」については、一見、『尚書』大誥に「爾亦不知天命不易」と見え、君奭に「不知天命不易、天難諶」とあるのに類似する表現かと思われるが、本篇中においては、「対」字が見えることからも、『毛詩』周頌・清廟に「對越在天、駿奔走在廟」とあり、同じく周頌・般に「敷天之下、裒時之對、時周之命」とあるように、「天に対する（応える）」清廟歌の内容に近いものと考えられる。
(46)「純」については、注(36)参照。
(47)「文」について、整理者は「徳之総名也」と述べている。
(48)「修」については、注(37)参照。
(49)李学勤主編『字源』（天津古籍出版社、二〇一二年十二月、当該字の文責：張標）。
(50)『白川静著作集10　詩経Ⅱ』（平凡社、二〇〇〇年一〇月、五六六頁）。
(51)石川忠久『新釈漢文大系一一二詩経下』（明治書院、二〇〇〇年七月、二一二一―二一二三頁）。

参考文献
■インターネット上の論文・札記類
●簡帛網（http://www.bsm.org.cn/）
A. 黄傑「初読清華簡（三）《周公之琴舞》筆記」（二〇一三年一月五日）
B. 黄傑「初読清華簡（叁）《芮良夫毖》筆記」（二〇一三年一月六日）
C. 黄傑「初読清華簡（叁）《良臣》・《祝辞》筆記」（二〇一三年一月七日）
D. 孫合肥「読《清華大学蔵戦国竹簡（叁）》札記」（二〇一三年一月九日）
E. 黄傑「再読清華簡（叁）《周公之琴舞》筆記」（二〇一三年一月十四日）

F. 無語「釈《周公之琴舞》中的「彝」字」（二〇一三年一月十六日）
G. 王寧「読清華簡三《赤鵠之集湯之屋》散札」（二〇一三年一月十六日）
H. 呉雪飛「清華簡（三）《周公之琴舞》補釈」（二〇一三年一月十七日）
I. 楊博「簡述楚系簡帛典籍的史料分類」（二〇一三年一月十七日）
J. 蘇建洲「初読清華三《周公之琴舞》・《良臣》札記」（二〇一三年一月十八日）
K. 楊坤「説清華竹書所見従爾・重貝之字」（二〇一三年十月八日）
L. 楊坤「跋清華竹書《周公之琴舞》」（二〇一四年一月八日）
M. 陳致「読《周公之琴舞》劄記」（二〇一四年四月二十六日）
●清華大学出土文献研究与保護中心（http://www.tsinghua.edu.cn/publish/cetrp/6831/index.html）
N. 胡敕瑞「読清華簡札記之二」（二〇一三年一月五日）
O. 胡敕瑞「読清華簡札記之三」（二〇一三年一月七日）
P. 胡敕瑞「読清華簡札記之四」（二〇一三年一月七日）
Q. 王志平「清華簡《周公之琴舞》楽制探微」（二〇一三年六月五日）
●清華大学簡帛研究（http://www.confucius2000.com/admin/lanmu2/jianbo.htm）
R. 黄甜甜「《周公之琴舞》札記三則」（二〇一三年一月五日）
S. 李鋭「読清華簡3札記（三）」（二〇一三年一月十四日）
T. 子居「清華簡《周公之琴舞》解析」（《学燈》第二九期）（二〇一四年一月四日）
●復旦網（http://www.gwz.fudan.edu.cn/Default.asp）
U. 羅運環「清華簡「彪」字新考」（二〇一三年二月十七日）
V. 方建軍「論清華簡「琴舞九絉」及「啓・乱」」（二〇一四年八月二十七日）

■学術書・学術雑誌掲載論文
W．文物編輯委員会『文物』（総第六七五期、二〇一二年第八期）
　李学勤「新整理清華簡六種概述」
　李守奎「清華簡《周公之琴舞》与周頌」
　趙平安「《芮良夫諮》初読」
X．李守奎「《周公之琴舞》補釈」（『出土文献研究』第十一輯、中国文化遺産研究院、二〇一二年十二月）
Y．陳致「清華簡《周公之琴舞》中「文文其有家」試解」（清華大学出土文献研究与保護中心編・李学勤主編『出土文献』第三輯、中西書局、二〇一二年十二月）
Z．李学勤『初識清華簡』（中西書局、二〇一三年六月）
　「論清華簡《周公之琴舞》「寋天之不易」」

　「論清華簡《周公之琴舞》的結構」

　「「九絉」與「九律」――兼釈商末「己酉方彝」」

a．清華大学出土文献研究与保護中心編、李学勤主編『出土文献』（第四輯）（中西書局、二〇一三年十二月）

　陳鵬宇「周代古楽的歌、楽、舞相関問題探討―兼論清華簡《周公之琴舞》」

　馬楠「試説《周公之琴舞》「右帝在路」」

b．姚小鴎・楊曉麗「《周公之琴舞・孝享》篇研究」（『中州学刊』二〇一三年第七期、河南省社会科学院、二〇一三年八月二十三日）
■「清華簡」国際学術研討会（於アメリカ・ダートマス大学、二〇一三年八月二十九日―九月二日）
c．顧史考「〈周公之琴舞〉初探」
d．呉萬鐘「清華簡《周公之琴舞》之啓示」

第九章　統治手段としての「恥」
——『命訓』と『逸周書』三訓と——

中村未来

序言

中国古代において、「恥」を示す表現や字句は実に多様であった。『尚書』商書・仲虺之誥には徳化の及ばないことを自責する「慙徳」の語が見え、『孟子』滕文公下では「未同而言、觀其色、赧赧然、非由之所知也」と恥で真っ赤になった様子が「赧」字で表わされている。また「羞」字は『説文解字』丑部に「進獻也。从羊、羊所進也」とあり、後に転じて恥を表すようになり、「辱」字も本来「耨」（くさぎる）の意であったものが、後に汚濁、恥辱、侮辱等の意を表すようになったとされる[1]。このように、「慙・羞・辱・赧」の来歴は様々であるものの、『礼記』内則に「将為不善、思貽父母羞辱、必不果」、『史記』貨殖列伝に「若至家貧親老、妻子軟弱、歳時無以祭祀進醵、飲食被服不足以自通、如此不慙恥、則無所比矣」と見えるとおり、前漢頃にはすでに相互に熟語を形成し、各文献において「恥」の意で頻出していたことが窺える。

また、古典を見れば、「恥」が人に及ばないと感じた際や戦いに敗れた際、自らの行動を振り返り深く反省する際など、様々な感情に端を発していたことが分かる。このような「恥」観念は、東アジア文化圏に広く共通する認識であり、これらの検討を通して、我々は自らの倫理観や行動規範を深く理解することができると考える。

しかし、その「恥」観念の根幹が形成されたと思われる中国古代思想については、ほとんどが儒家思想に関する検討に留まっており、いまだ十分な考察がなされているとは言い難い。そのため、本章ではまず、第一節において「恥」に関する日中の先行研究について論じ、その概要と問題点とを挙げる。次に第二節では先秦時期（特に春秋戦国期）における「恥」の用例を確認し、第三節・第四節において、特に注目すべき『逸周書』三訓（度訓・命訓・常訓）に見える恥について新出土文献も利用しつつ、検討してみたい。

一　日中の恥観念研究について

第二次世界大戦終結の翌年、ルース・ベネディクトはその著『菊と刀』において、西洋の「罪の文化」に対して、日本を「恥の文化」と規定した。そして、内在化された「罪」の自覚とは異なり、「恥」はあくまで他者の批判に対する反応であり、自らの悪行が世間に漏れない限り、恥の文化に生きる人々は思い悩むことはない、と述べている(2)。しかしこれを受けて、日本の学界では様々な観点からベネディクトの恥に対する見解に異議が唱えられた。特に、中国における恥との関係から自説を論じたものに、森三樹三郎『「名」と「恥」の文化』（講談社現代新書、一九七一年。二〇〇五年に再刊）がある。森は名を表とすれば恥はその裏に当たるとし、『論語』為政の「道之以政、齊之以刑、民免而無恥。道之以德、齊之以禮、有恥且格」を引いて、古代中国における恥が世間や他者といった外面的な評価のみに付随するものではなく、人を悪から善に向かわせる内面的な動力としても語られていたと指摘する。また、森はこのように内面化した恥の意識を、「慎独」という言葉で表現したものに『中庸』の「君子戒慎乎其所不睹、恐懼乎其所不聞。莫見乎隱、莫顯乎微。故君子慎其獨也」や、『大学』の「小人閒居為不善、無所不至、見君子而后厭然、揜其不善、而著其善。人之視己、如見其肺肝然、則何益矣。此謂誠於中、形於外、故君子必慎其獨也」があったとする。さらに、胡凡「論中国伝統恥感文化的形成」も森と同様、「慎独」を「恥」と関連づけて下記のように記している。[3]

首先是注重内省・慎獨、強調反求諸己、通過正己而達到正人。羞恥之心是人的一種内心体驗、是一種心理情感、它主要是人通過對外界的反映而達成内心的變化、做出反應、進而建立一種内省・反求諸己的思維模式而制約人的正己・修身的過程、這一點構成恥感文化的核心内容。

この他、宇野精一「恥について」や井婷「儒家文化中「恥」的心理意蘊及啓示」も森同様、儒家思想の恥観念を中心に検討している。特に井婷も「恥」と「慎独」の関連性に注目し、「儒家講究徳内行外、儒家的「恥」并不是外在的、而是内在的。」、「儒家的慎獨不要求有旁觀者、或至少是想象出來的旁觀者。」等と述べている。[4]

一方、宮川尚志『中国宗教史研究　第一』は、「尚不愧于屋漏」という『詩』[5]に出て、『中庸』に引かれ、『大学』に「慎独」などとして展開する「恥」の観念が、道教や仏教においては庶民の「罪」と結びつけられて説かれるようになると指摘する。そのため、中国では礼、恥の意識の支配する士大夫文化の影響下に、道教・仏教的諸神とのやり取りをとおして罪刑意識が強まった庶民社会が存在していたのだと説く。

このように、中国に関する恥の研究については、主に儒家的内省の恥を中心とし、それに道教・仏教隆盛後の側面を補足する形で、ベネディクトの説に異を唱えるものが多かったことが分かる。確かに、『中庸』や『大学』に見える「慎独」は自己を規制する重要な概念であり、君子における「恥」観念とも密接に関わるものであると認められる。そのため、恥はベネディクトが唱えるような単に外面的な抑止力としてのみならず、内からの規範としても十分に作用するものであったと言える。恥を道徳の基礎体系として位置付けない西洋文化とは異なり、徳目の一つとして捉える日本文化の大本は、このような中国古代思想に通じていると考えられるであろう。ただし、先行研究では、「慎独」と「恥」との関係については君子の自己規制としての面が強く説かれており、また道教における「恥」観念も士大夫層と庶民層とを分離し、対比的に捉えられているが、果たして恥は階層によって厳密に区別されるものであったのであろうか。為政者にとっての恥とは、また民にとっての恥とは一体何か。以下、従来の研究において、ほぼ議論の対象外となっていた儒家系文献以外の古典や、近年新たに公開された新出土文献に記された「恥」の記述も含め、中国古代における「恥」認識について改めて検討してみたい。

二　春秋戦国期における「恥」認識

恥の記述は、経書の中でも比較的成立が古いと考えられている『書』や『詩』にはほとんど見出すことができない。森三樹三郎（前掲書一九〇頁）は、中国でも極めて古い時代には、天（天罰）に対する罪の意識が強烈であり、「恥」よりも「罪」の意識の方が強かったとしている。一方、『左伝』や『国語』などの史書について言えば、恥の記述は、そのほとんどが戦闘における敗北を意味する語や報復の理由付けとして登場している。(6)史書に見えるこれらの「恥」は、多く緊迫した外交関係の中で諸侯やその臣下によって語られており、まさにベネディクトの言う他者を強く意識した恥観念（屈辱感）を示すものと考えられる。しかし史書の記述のみでは、そもそも「恥」がどのように定義づけられ、活用されていたのか不明な点が多い。この点を明らかにするためには、春秋戦国期に活動した思想家たちの「恥」認識を確認する必要があるであろう。

そこでまずは、先行研究でも多く取り上げられていた『論語』や『孟子』などの儒家文献に見える恥の規定について確認してみたい。

『論語』顔淵や里仁には「子貢問友。子曰「忠告而善道之、不可則止、無自辱焉。」」、「子游曰「事君數、斯辱矣、朋友數、斯疏矣。」」とあり、友人や君主に忠告する場合、過剰になりすぎると、疎んじられたり、侮辱を受けることになるという記述が見える。ここには、他者評価や外聞を気にする発言者の態度が見え、史書の用例に通ずる「恥辱」の意で「辱」が用いられていることが分かる。これと同様に、『礼記』内則にも「父母雖沒、將為善、思貽父母令名、必果。將為不善、思貽父母羞辱、必不果。」と、「令名」と対になる形で、世間の評価を意識した「羞辱」の用例が見える。これらの恥の用法は、春秋戦国期においても広く見られる用法であったと考えられる。

しかしその一方で、『論語』憲問には「子曰「其言之不怍、則為之也難。」」とあり、自らの大言を恥なければ、その言葉を実行することは難しいと内省を促すような内容が見え、また『孟子』尽心上には「孟子曰「君子有三樂、而王天下不與存焉。父母倶存、兄弟無故、一樂也。仰不愧於天、俯不怍於人、二樂也。得天下英才而教育之、三樂也。」」と、天に恥じるべき不徳がなく、人に恥じるべき行為がないことを君子の三楽の一つとして、自己の内面を修養し規制の行き届いた状態を高く評価する内容も存在する。ここには、単なる屈辱感とは異なる内省を重視した恥観念を窺うことができるであろう。さらに、『論語』『孟子』には、直接的に「恥」について論ずる次のような記述も見える。

①憲問恥。子曰「邦有道穀。邦無道穀、恥也。」（『論語』憲問）

②子曰「篤信好學、守死善道。危邦不入、亂邦不居。天下有道則見、無道則隱。邦有道、貧且賤焉、恥也。邦無道、富且貴焉、恥也。」（『論語』泰伯）

③孟子曰「人不可以無恥。無恥之恥、無恥矣。」孟子曰「恥之於人大矣。爲機變之巧者、無所用恥焉。不恥不若人、

何若人有。」（『孟子』尽心上）

④徐子曰「仲尼亟稱於水曰「水哉、水哉」。何取於水也。」孟子曰「原泉混混、不舍晝夜、盈科而後進、放乎四海。有本者如是、是之取爾。苟爲無本、七・八月之間雨集、溝澮皆盈、其涸也、可立而待也。故聲聞過情、君子恥之。」（『孟子』離婁下）

右記①②の『論語』の記述では、よく時勢を見て、国に正しい道があれば仕えて禄を受けるべきであるが、正しい道が行われていない場合に禄を受けて富むことは恥であるとされている。また、④の『孟子』でも、君子は実質の伴わない評判を恥じると述べられており、『論語』同様に、君子の内省を説くものとして「恥」が語られていることが分かる。一方③では、「恥」が君子や役人に限らず、人にとって重要なものであり、恥を知らなければ恥をかき、人に及ばないことを恥なければ、人に追いつくことはできないとして、より強く自己修養を促す内容が述べられていたと考えられる。また、『孟子』には「羞悪之心、義之端也」や「無羞悪之心非人也」（公孫丑上）、「羞悪之心、人皆有之」（告子上）のように、人は本来必ず「羞悪之心」を持ち、それは義の端緒であるという四端説が見え、ここからも「恥」が人にとって重要な自己修養の要素として捉えられていたことを認識することができる。

　他方、儒家が恥を頼りに取り上げ、内省や教訓として重視していたのに対し、『墨子』所染には「此四王者、所染不當、故國殘身死、為天下僇。擧天下不義辱人、必稱此四王者」や、「其友皆好矜奮、創作比周、則家日損・身日危・名日辱、處官失其理矣、則子西・易牙・豎刀之徒是也」と見え、恥が史書と同様に世間的な体面を脅かされることや屈辱感を表すものとして記述されていたことが分かる。また『莊子』秋水には「是故大人之行（中略）世之爵祿不足以爲勸、戮恥不足以爲辱」とあるように、すぐれた人物は、爵禄や刑罰・恥辱によって鼓舞されたり辱められたりすることはない、と「恥」が否定的に語られていることが窺える。

それでは、内省の手段としての「恥」は、儒家のみが主張したものであったのであろうか。

森三樹三郎は、『管子』にも「廉恥」の語句が見え、国家統治の重要な要素として「恥」が説かれていたと指摘する（前掲書一七一—一七三頁）。『管子』に見える「恥（廉恥）」の規定は次のとおりである。

⑤國有四維……何謂四維。一曰禮、二曰義、三曰廉、四曰恥。禮不踰節、義不自進、廉不蔽惡、恥不從枉。（牧民）

⑥商賈在朝、則貨財上流。婦言人事、則賞罰不信。男女無別、則民無廉恥。貨財上流、賞罰不信、民無廉恥、而求百姓之安難・兵士之死節、不可得也。（權修）

右記⑤では、恥が礼・義・廉と共に、国家の四つの大綱の一つとされ、邪なものに付き従わないことを指すとされている点が注目される。ただし、この恥の記述は、儒家の説く自己を内省するだけの「恥」とは異なり、より統治手段として確立された「恥」の規定を示しているように思われる。また、⑥では男女の区別がなくなると、民衆に廉恥心がなくなり、結果的に国難に百姓の力を借りることができない状況に陥ると述べられている。このように、『管子』では『論語』や『孟子』のような自己修養を強く押し出す内容ではなく、「恥」を国家統治、特に民を活かすための手段として、「礼」や「義」と同列に扱い、同等の価値を付与していることが分かる。

さらに、一九九四年に上海博物館が購入した戦国中晩期頃の出土文献とされる上博楚簡『天子建州』にも注目すべき「恥」の記述が見える。当該箇所は次のとおり。

視百正、顧還肩、與卿大夫同恥度。士視、目恆顧還面、不可以不聞恥度、民之儀也（甲本第七～八簡）[7]

ここでは、天子が百官の長や士に接見する際の立ち居振る舞いに関する内容が示されている。この「同恥度」について、本篇の整理者である曹錦炎は「恥辱之標準尺度相同」と述べており、「不可以不聞恥度、民之儀」については、「亦即必須知道恥辱之標準尺度」、「各階層的庶民」の「法度、基準」と注している。一方、侯乃峰「『天子建州』「恥度」解」は、音通の関係から「恥」を「止」と隷定し、『毛詩』鄘風・相鼠の鄭箋「止、容止」とあるのを引いて、「礼節」の意としている。さらに、『論語』為政に見える「道之以徳、齊之以禮、有恥且格」や子路篇の「行己有恥、使于四方不辱君命、可謂士矣」に見える「恥」についても、「礼」と関連のある「止度」「節度」の意ではないかと指摘する。[8]「恥」を「止」と釈読すべき例は管見の限り他の出土文献には見えず、また侯乃峰のように、『論語』の記述を直ちに「止度」「節度」と解することにはより慎重な態度が求められるように思われる。しかし、この『天子建州』に見える記述は文脈上、確かに「礼節」に通ずる規制を示す「止」の用例に近い「恥」字であると考えられ、侯氏の主張は傾聴に値する。

『礼記』曲礼上に「禮不下庶人、刑不上大夫」と語られているものの、以上、『管子』や上博楚簡『天子建州』で確認したとおり、戦国期にはすでに礼義と同様に、恥が人民統治の手段の一つとみなされていた可能性が高いことが窺われるであろう。

三　清華簡『命訓』と『逸周書』三訓に見える「醜（恥）」

『逸周書』は『漢書』芸文志では書類に分類され、『隋書』経籍志では史類に分類されるなど、[9]目録類でも評価が一定せず、その成立や変遷過程の不確かさから、従来、研究対象として取り上げられることがあまりない文献であった。しかし、二〇〇八年に清華大学が入手し、順次公開を進めている戦国中晩期の「清華大学蔵戦国竹簡」（以下、清華簡）[10]には、『逸周書』皇門や祭公と類似する書が含まれており、また亡佚した『逸周書』程寤との関連が指摘されている書が見られることなどから、改めてその価値が見直されてきている。なお、上博楚簡や清華簡等の新出土文献は、出土地不明の非発掘簡であるため、その真偽問題が常に議論にのぼり、資料的価値に疑問を呈する研究者も存在する。[11]確かに、これらの資料を取り扱うには、様々な面に考慮し、慎重な態度で臨まねばならないであろう。ただし、購入時の竹簡の状態や使用文字の地域性・時代性、伝世文献との思想内容や語句の比較等、これまでの研究蓄積より見れば、筆者は上博楚簡および清華簡を戦国期の文献として取り扱うのに、特に問題はないものと考える。[12]

清華簡中、「恥」の記述で特に注目されるのは、清華簡『命訓』である。[13]清華簡『命訓』は、おおよそ現行本『逸周書』命訓と合致する内容の文献であり、[14]「恥」についての重要な記述が見られるものの、これまで「恥」観念の研究においては顧みられることのなかった文献である。そこで、本節では清華簡『命訓』を中心に、内容に関連性が認められる『逸周書』三訓について検討する。まずは清華簡『命訓』の全体構成を把握するため、その訳注を示す。続いて本篇および『逸周書』三訓に見える「恥」の記述に焦点を当て、それらがどのように捉えられていたのか考察してみたい。

（一）清華簡『命訓』訳注

凡例

・本訳注は、整理者（劉国忠）やその他の先行研究を参考に、筆者の考察を加えて作成した。
・「釈文」中の【】内の数字は竹簡番号を示し、〈〉の数字は語注番号を示す。
・□は竹簡の残欠により欠失した一文字分の空白を表している。
・「釈文」に見える波線は清華本と現行本とに相違がある箇所を、二重傍線は竹簡本のみに見える語句を、点線は竹簡本と現行本の語順が転倒している箇所を示している。

・「日本語訳」については、適宜、新字体（常用字体）に改めた。
・「釈文」「訓読」「日本語訳」中の〔　〕部分は、筆者が適宜補った箇所である。
・「語注」に見えるアルファベットは、次に挙げる参考文献に附したアルファベットと対応している。

参考文献

（書籍・雑誌等）

A．黄懐信・張懋鎔・田旭東撰『逸周書彙校集注』（修訂本）（上海古籍出版社、二〇〇七年）
B．黄懐信『逸周書校補注訳』（三秦出版社、二〇〇六年）
C．牛鴻恩注訳『新訳逸周書　上・下』（三民書局、二〇一五年）
D．王連龍『《逸周書》研究』（社会科学文献出版社、二〇一〇年）
E．谷中信一「『逸周書』の思想と成立について――斉学術の一側面の考察」（『日本中国学会報』第三十八号、一九八六年十月）
F．程浩「釈清華簡《説命》中対応今本〝震〟之字――兼談《帰蔵》・《筮法》的〝震〟卦卦名」（『出土文献』第六輯、二〇一五年四月、中西書局）
G．劉国忠「清華簡《命訓》初探」（『深圳大学学報』二〇一五年第三期〈五月〉）
H．趙平安「釈清華簡《命訓》中的〝耕〟字」（『深圳大学学報』二〇一五年第三期〈五月〉）
I．谷中信一「清華簡『命訓』訳注」（『出土文献と秦楚文化』第九号、二〇一六年三月）

（専門ｗｅｂサイト）

●清華大学出土文献研究与保護中心（http://www.tsinghua.edu.cn/publish/cetrp/）

J. 清華大学出土文献読書会「清華簡第五冊整理報告補正」（二〇一五年四月八日）

●武漢大学簡帛研究中心簡帛網（http://www.bsm.org.cn/）

K. 簡帛論壇「清華五《命訓》初読」（二〇一五年四月十日―）

L. 華東師範大学中文系出土文献研究工作室「読《清華大学蔵戦国竹簡（伍）》書後（一）」（二〇一五年四月十二日）

M. 付強「卜辞〝過〟字続説」（二〇一五年四月十三日）

N. 蔡一峰「読清華伍《命訓》札記二則」（二〇一五年四月十四日）

O. 華東師範大学中文系出土文献研究工作室「読《清華大学蔵戦国竹簡（伍）》書後（三）」（二〇一五年四月十七日）

P. 付強「読清華簡（五）劄記一則」（二〇一五年四月十七日）

Q. 単育辰「佔畢隨録之十八」（二〇一五年四月二十二日）

●復旦大学出土文献与古文字研究中心（http://www.gwz.fudan.edu.cn/）

R. 金宇祥「談清華伍〈命訓〉與左塚漆棋局的耕字」（二〇一六年一月十六日）

釈文

□〔天〕(1)生民而成大命。命司德(2)、正以禍福、立明王以訓之、曰「大命有常、小命日成(3)」。日成則敬、有常則廣。廣以敬命、則度【1】□□〔至于〕極(4)。夫司德司義(5)、而賜之福。福祿在人、人能居(6)。如不居而重義、則度至于極。或司不義而降之禍。禍過(7)在人、人【2】□〔能〕(8)毋懲乎。如懲而悔過、則度至于極。夫民生而恥不明。上以明之、能無恥乎。如有恥而恆行、則度至于【3】極。夫民生而樂生穀(9)。上以穀之、能毋(10)勸乎。如勸以忠信、則度至于極。夫民生而痛死喪。上以畏之、能毋恐【4】乎。如恐而承教、則度至于極。

六極既達、九奸[11]倶塞。達道道天以正人。正人莫如有極、道天莫如無極。道天有極則不威、不威【5】則不昭。正人無極則不信、不信則不行。夫明王昭天信人以度功。功地以利之、使信人畏天、則度至于極。

夫天道三【6】、人道三。天有命、有福、有禍。人有恥、有市冕、有斧鉞。以人之恥當天之命、以其市冕當天之福、以其斧鉞當天之禍。□〔六〕[12]【7】方三述[13]、其極一、弗知則不行。

極[14]命則民墮乏、乃曠[15]命以代其上、殆於亂矣。極福則民祿、民祿干善、干善違則不行[16]。極禍【8】則民畏、民畏則淫祭[17]、淫祭罷家。極恥則民只[18]、民只則傷人、傷人則不義。極賞則民賈[19]其上、賈其上則無讓、無讓則不順。極罰則民多詐、多詐則【9】不忠、不忠則無復[20]。凡厥六者、政之所殆。天故昭命以命之曰、「大命世罰、小命命身」。福莫大於行、禍莫大於淫祭、恥莫大於【10】傷人、賞莫大於讓、罰莫大於多詐。是故明王奉此六者[21]以牧萬民、民用不失[22]。

撫之以惠、和之以均。斂[23]之以哀、娯之以樂【11】。訓之以禮、教之以藝。正之以政、動之以事[24]。勸之以賞、畏之以罰。臨[25]之以中[26]、行之以權[27]。權不法、中不忠[28]。罰□□□〔不服、賞[29]〕【12】不從勞。事不震[30]、政不成。藝不淫、禮有時。樂不伸、哀不至。均不一、惠必忍人[31]。凡此物厥權之屬也。

惠而不忍人、人不勝【13】□〔害、害[32]〕不知[33]死。均一不和。哀至則匱[34]、樂伸則荒。禮□□〔無時[35]〕則不貴、藝淫則害於才[36]。政成則不長、事震則不功。以賞從勞、勞而不至、以【14】□□〔罰從[37]〕服、服而不釮[38]。以中從忠則賞、賞不必中。以權從法則不行、行不必法。法以知權、權以知微[39]、微以知始、始以知終[40]。【15】

訓読

〔天〕民を生じて大命を成す。司徳に命じて、正すに禍福を以てせしめ、明王を立てて以て之に訓えて、曰く「大命常有り、小命日び成る」と。日び成れば則ち敬し、常有れば則ち廣なり。廣にして以て命を敬すれば、則ち度 極に〔至る〕。夫れ司徳は義を司りて之に福を賜う。福祿 人に在らば、人能く居す。如し居せざれど義を重んずれば、則ち度 極に至る。或いは不義を司りて之に禍を降す。禍過 人に在らば、人〔能く〕懲らしめらるること毋からんや。如し懲らしめられて過を悔ゆれば、則ち度 極に至る。夫れ民生れて恥明らかならず。上以て之を明らかにすれば、能く恥無からんや。如し恥有りて恆に行えば、則ち度 極に至る。夫れ民生れて生穀を樂しむ。上以て之を穀せば、能く勸むること毋からんや。如し勸むるに忠信を以てすれば、則ち度 極に至る。夫れ民生れて死喪を痛む。上以て之を畏れしむれば、能く恐るること毋からんや。如し恐れて教を承くれば、則ち度 極に至る。

六極既に達せば、九奸倶に塞がる。道に達すとは、天に道いて以て人を正すなり。人を正すは極有るに如くは莫く、天に道うは極無きに如くは莫し。天に道うに極有れば則ち威あらず、威あらざれば則ち昭らかならず。人を正すに極無ければ則ち信あらず、信あらざれば則ち行われず。夫れ明王は天を昭らかにし人を信にし以て功を度るなり。地に功して以て之を利し、人を信にし天を畏れしむれば、則ち度 極に至る。

夫れ天道に三あり、人道に三あり。天に命有り、福有り、禍有り。人に恥有り、市冕有り、斧鉞有り。人の恥を以て天の命に當て、其の市冕を以て天の福に當て、其の斧鉞を以て天の禍に當つ。〔六〕方三述、其の極は一にして、知らざれば則ち行われず。

極命なれば則ち民墮乏し、乃ち命を曠くして、以て其の上に代わらんとすれば、亂るるに殆し。極福なれば則ち民祿あり、民祿あれば善を干むるも、善を干めて違えば則ち行われず。極禍なれば則ち民畏れ、民畏るれば則ち淫祭し、淫祭すれば家を罷さす。極恥なれば則ち民只い、民只えば則ち人を傷つけ、人を傷つくれば則ち義ならず。極賞なれば則ち民 其の上に賈し、其の上に賈すれば則ち讓ること無く、讓ること無ければ則ち順わず。極罰なれば則ち民 詐り多く、詐り多ければ則ち忠ならず、忠ならざれば則ち復いること無し。凡そ厥の六者、政の殆き所なり。天故に命を昭らかにして以て之に命じて曰く、「大命世よ罰し、小命身に命ず」と。福行わるるより大なるは莫く、禍淫祭するより大なるは莫く、恥人を傷つくるより大なるは莫く、賞譲るより大なるは莫く、罰詐り多きより大なるは莫し。是れ故明王此の六者を奉じて以て萬民を牧えば、民用いて失せず。

之を撫んずるに惠を以てし、之を和するに均を以てす。之を斂むるに哀を以てし、之を娯しましむるに樂を以てす。之を訓うるに禮を以てし、之を教うるに藝を以てす。之を正すに政を以てし、之を動かすに事を以てす。之を勸めしむるに賞を以てし、之を畏れしむるに罰を以てす。之に臨むに中を以てし、之を行するに權を以てす。權法ならず、中忠ならず。罰〔服せしめず、賞〕勞に從わず。事震せず、政盛せず。藝淫せず、禮時有り。樂伸せず、哀至らず。均一ならず、惠必ず人に忍ぶあり。凡そ此の物厥れ權の屬なり。

惠して人に忍びざれば、人勝げて〔害せず、害して〕死を知らず。均一なれば和せず。哀至れば則ち匱しく、樂伸すれば則ち荒む。禮時無ければ則ち貴からず、藝淫すれば則ち才を害す。政盛すれば則ち長ぜず、事震すれば則ち功せず。賞を以て勞に從えば、勞すれども至らず、〔罰〕を以て服に〔從〕えば、服すれども釞せず。中を以て忠に從えば則ち賞あり、賞あれど必ずしも中ならず。權を以て法に從えば則ち行せず、行は必ずしも法ならず。法は以て權を知り、權は以て微を知り、微は以て始を知り、始は以て終を知る。

日本語訳

〔天〕は民を生んで大いなる命を成した。司徳に命じて、禍福を下すことによって〔人々の行いを〕正しくさせ、明王を立ててこれに教えて言うには「大命は〔人為では如何ともしがたい〕常〔不変〕のものであり、小命は日々

〔の行動によって〕下されるものである」と。日々〔自らの行動によって〕下されるものであるので、〔人々は命を〕慎み、また不変のものであるので、〔命は〕大いなるものである〔と認識する〕のだ。普遍のものであり〔かつ人々が〕命を慎めば、法度は最適に〔行われる〕。そもそも、司徳は義を司って人々〔の行動を測り、人々〕に〔それに見合った〕福を与える。福禄が人に与えられれば、人は安んじていられる。もし安んじていられずとも〔人が〕義を重んじていれば、法度は最適に行われる。〔司徳は〕また不義を司って人々〔の行動を測り、人々〕に〔それに見合った〕禍いを下す。禍過が人に与えられれば、人は戒められないことがあろうか。もし戒められて過ちを悔いれば、法度は最適に行われる。そもそも民は生まれながらにして、恥を認識しているものではない。〔しかし〕上（王）がこれを〔民に〕明らかにすれば、〔民は〕廉恥心を持たないことがあろうか。もし〔民が〕常に廉恥心を持って行動すれば、法度は最適に行われる。そもそも民は生まれながらにして、生を楽しむものである。〔そのため〕上（王）がこれを生かせば、〔民は〕努め励まないことがあろうか。もし〔民が〕まごころから努め励めば、法度は最適に行われる。そもそも民は生まれながらにして、死を痛むものである。〔そのため〕上（王）がこれを畏れさせれば、〔民は〕畏怖の念を抱かないことがあろうか。もし〔民が〕恐れて〔王の〕教訓を受け入れれば、法度は最適に行われる。

六極が全て至上の状態に達したならば、九奸（九つの偽徳）もことごとく塞がれる。道に達するとは、天に順って人〔の行動〕を正すのである。人を正すには極限があるに越したことはなく、天に順うには極限がないに越したことはない。天に順うのに極限があれば〔天〕威はなくなり、〔天〕威がなければ〔天道は〕明らかにはならない。人を正すのに極限がなければ〔人に〕信じられず、信じられなければ〔教化は〕行われない。そもそも明王は天を明らかにして人を信用させ、功績をはかるものである。地に恩恵を立てて人に利益をもたらし、人を信用させ〔人に〕天を畏れさせれば、法度は最適に行われる。

そもそも天道には三つあり、人道にも三つある。天には命があり、福があり、禍がある。人には恥があり、市冕（紼絻：賞）があり、斧鉞（罰）がある。人の恥を天の命に対応させ、市冕（賞）を天の福に対応させ、斧鉞（罰）を天の禍に対応させる。〔六〕つの道と〔それぞれ対応するものをまとめた〕三つの働きについては、その極まるところは一つであり、〔それを〕知らなければ〔法度はうまく〕行われない。

度を超えた命であれば、民は〔自らの力ではどうすることもできずに〕怠惰になり、そうして命を蔑ろにし、その上に取って代わろうとするようになるので、〔国が〕乱れることになるであろう。度を超えた福であれば、民は禄を得、民が禄を得れば〔今まで以上に強欲に〕善を求めるものであるが、善を求めて〔道を〕違えば〔真の善行は〕行われない。度を超えた禍いであれば、民は畏れるようになり、民が畏れれば祭るべきではない神を淫らに祀るようになり、祭るべきではない神を淫らに祀れば〔費用がかさみ〕、その家を経済的に窮乏させることになる。度を超えた恥であれば、民は害を加えるようになり、民が害を加えれば人を傷つけることになり、人を傷つければ道義に外れることになる。度を超えた賞であれば、民はその上に取引を持ちかけるようになり、その上に取引を持ちかければ謙り譲ることがなくなり、謙り譲ることがなければ従順でなくなる。度を超した罰であれば、民は詐ることが多くなり、詐ることが多ければ忠実でなくなり、忠実でなくなれば〔上に〕報いることがなくなる。おしなべてこの六者は、政治を危うくするものである。天はそこで命を明らかにして明王に命じて言うには、「大命は代々罰を下し、小命は〔各個人の〕身に命ずる（下る）ものである」と。福は〔真の善行が〕行われるより大きなものはなく、禍いは淫祭を行うより大きなものはなく、恥は人を傷つけるより大きなものはなく、賞は謙り譲るより大きなものはなく、罰は詐りが多いことより大きなものはない。そうであるから、明王はこの六者を掲げて万民を養うので、民は服従し〔道も〕失われることはない。

恩恵によって民を安心させ、公平にして民を和睦させる。悲哀によって民〔の感情〕を収斂し、快楽によって民〔の心〕を娯しませる。礼儀によって民〔に振る舞い方〕を訓え、技芸によって民を教育する。政令によって民を導き、軍事によって民を動員する。褒賞によって民を努め励ませ、刑罰によって民を畏怖させる。中正によって民に対応し、権（権宜）によって民を統治する。権（権宜）は常法を墨守せず、中正はまごころ〔を考慮するもの〕ではない。罰は〔強制的に必ず服従させるものではなく、賞は〕力役に応じて与えられるものではない。軍事は〔民を〕動揺させず、政令は頻繁には出されない。技芸は淫らにせず、礼儀は時宜に応じてとり行う。快楽は行き過ぎず、悲哀も度を超さない。公平であっても全く等差がないわけではなく、恩恵にも必ず残忍なものがある。これらのものは、全て権宜（臨機応変の術）に属するものである。

恩恵を施して人に同情心をふりまけば、人は数えきれぬ程の害をなし、害をなして死を認識する（恐れる）こともない。公平であり全く等差がなければ〔人々は争奪状態となり〕和睦しない。悲哀が度を超せば〔精神気力は〕疲弊し、歓楽が行き過ぎれば〔人々は〕勝手気ままに振る舞う。礼儀が時宜に適うものでなければ〔そのような礼儀に〕価値はなく、技芸が淫らであれば〔誤った使われ方をした〕才能は害されることになる。政令が頻繁に出されれば長続きせず、軍事が〔民を〕動揺させれば功績は得られない。力役に従って褒賞を与えたならば、〔人々は実際に〕労働したとしても力を尽くすことはなく、〔罰〕して〔強制的に〕服従させたならば、服従したとしても〔ほとんど〕効き目はない。まごころに従って中正にすれば褒賞は得られるが、得られた褒賞は必ずしも中立公正なものではない。法に従って権（権宜）を行えば統治はうまくいかず、統治は必ずしも法を墨守するものではない〔ことが分かる〕。法は〔臨機の方策である〕権を知り、権〔を知れば、物事の〕機微を知り、機微〔を知れば、物事の〕始めを知り、始め〔を知れば、物事の〕終わりを知る。

語注

〈1〉竹簡上端が欠損しているため、本篇では冒頭の一字が不明となっているが、現行本では、「天」と記されていることが分かる。本篇には、冒頭の「□（天）生民而成大命。（中略）曰「大命有常、小命日成」」と呼応する句形「天故昭命以命之曰、「大命世罰、小命命身」」（第一〇簡）が見られ、そこからも欠けた一文字は「天」字であろうと考えられるため、現行本に従い、「天」と解釈している。

〈2〉「司德」について、黄懐信（B）は「天神、主禍福」という。また、類似する表現に「司命」があり、『楚辞』九歌に「大司命」「少司命」として、寿命と運命とを司る星神の歌が見え、『荘子』外篇・至楽にも「荘子不信曰「吾使司命復生子形、為子骨肉肌膚、反子父母妻子、閭里・知識、子欲之乎」とあり、運命を司る神とされている。

〈3〉「大命」「小命」については、『荘子』雑篇・列禦寇に「達大命者隨、達小命者遭」とあり、天が降す大命と個人に降される使命としての小命が、対比的に語られている箇所が見える。

〈4〉竹簡上端が欠損しているため、本篇では二字が不明となっているが、現行本では、「至于」と記されているため、現行本により「至于」を補った。また「極」について、整理者（劉国忠）は『逸周書』度訓の「天生民而制其度、度小大以正、權軽重以極、明本末以立中」を引いて説明し、黄懐信（B）は「中正、無偏差」と言い、谷中信一（I）は「最高度の達成、すなわち極みの意」としている。

〈5〉「司義」については、下文にも「或司不義而降之禍」と見える。「司義」と「司不義」とが対応していると考えられるため、ここでは「司」字を動詞として解釈する。

〈6〉「居」について、整理者は『荘子』斉物論・成玄英疏に「安処也」とあることを引いて解釈している。

〈7〉「過」は、李学勤主編『字源』（天津古籍出版社、二〇一二年）に「過或通「禍」。……《睡虎地秦墓竹簡・為吏之道》「……過去福存」。」（文責：師玉梅）とあるとおり、「禍」と同義と考えられる。

〈8〉竹簡上端が欠損しているため、本篇では一字が不明となっているが、現行本では、「能」と記されているため、現行本により「能」字を補った。

〈9〉「㝅」について、整理者は「穀」字に隷定し、『詩経』小雅・天保の毛伝に「禄也」とあることを引用しているが、華東師範大学中文系出土文献研究工作室（O）が指摘するとおり、「㝅」（『説文解字』に「乳也」とある）字のままで「生」意と解釈し、下文の「痛死喪」に対する句形「楽生㝅」と捉えるべきであると考える。

〈10〉「勸」について、現行本の陳逢衡注（A）に「勉也」とある。一方、谷中信一（I）は当該字を「勧誘」の意で解している。ただし、当該箇所は前後の文脈上、民が主語であると考えられる。そのため、今は陳注に従って解釈する。なお、第一二簡に見える「勸」字も同義と考える。

〈11〉「九迂（奸）」について、現行本では、「六間」に作っており、整理者もそれに従い、「六間」に作るべきであろうとしている。一方、清華大学出土文献読書会（J：以下、読書会）は、『逸周書』常訓に「困在坌、誘在王、民乃苟、苟乃不明、哀楽不時、四徴不顕、六極不服、八政不順、九徳有奸、九奸不遷、万物不至、夫礼非剋不承、非楽不竟、民是乏生。」とあり、その潘振注に「奸、詐也。遷、改也。」、陳逢衡注に「九徳有奸、謂作偽。」とあることや、『逸周書』文政に「九徳：一忠、二慈、三禄、四賞、五民之利、六商工受資、七祇民之死、八無奪農、九足民之財。」とあること等を引き、清華簡『命訓』に見られる「九奸」を「九徳的反面」と述べている。確かに、『逸周書』常訓には「六極、命・醜・福・賞・禍・罰。六極不嬴、八政和平。八政、夫・妻・父・子・兄・弟・君・臣。八政不逆、九徳純恪。九徳、忠・信・敬・剛・柔・和・固・貞・順。」という記述も見え、六極と九徳との関連が密接であったことが窺える。読書会の解釈が妥当であろうと考えられるため、今はこれに従う。

〈12〉竹簡下端が欠損しているため、本篇では一字が不明となっているが、現行本によって「六」字を補った。

〈13〉『逸周書』命訓篇の唐大沛注（A）に「曰命・曰禍・曰福・曰醜・曰紼絻・曰斧鉞、有此六方、方即道也。術者、道之用也。天人相合、則道之用惟三述耳。論其極、三術実皆一理耳。」とある。

〈14〉「極」について、孔晁注（A）に「此下六極謂行之極、其道殆近。」とあり、唐大沛注（A）に「此「極」字与上文極字不同、竟也、窮也。敬天命不可廃人事、若極命、則万事悉聴天命而人事無所持権、故怠于為善。此下数節皆言過中之害。」とある。

〈15〉「曠」について、朱右曾注（A）に「曠、空也。言不敬命而有覬覦之心。（中略）言有遁心也。」とある。

〈16〉「干善違則不行」について、唐大沛注（A）に「極福則民惟知有禄、将懐竊禄之心。干、求也。民既心繫于禄、必将違道以干誉、是干善也。干善者飾其善、非真能行善也。」とある。

〈17〉『礼記』曲礼下に「非其所祭而祭之、名曰淫祀。淫祀無福。」とある。

〈18〉「」字について、整理者は「只（枳）」と読み、『小爾雅』広言に「害也」とあるのを引いて説明している。一方、暮四郎（網名、K）は、整理者の指摘する用法は稀であるため、「只」と隷定し、「忮」の意とすべきであろうと述べている。「忮」は、『説文解字』巻十一・心部に「很也」とある。また『詩経』邶風・雄雉に「不忮不求、何用不臧。」とあり、その毛注に「忮、害」とある。今は暮四郎に従う。

〈19〉「賈」について、『説文解字』巻七・貝部に「賈市也」とあり、その段玉裁注に「市、買売所之也。因之、凡買・凡売、皆曰市。賈者、凡買売之称也。」とある。また、戴侗『六書故』動物四に「坐肆居売之謂賈、行儈買売之謂販、通曰商。」とある。「商」は、『説文解字』巻四・商部に「从外知内也」とあり、『広雅疏証』巻第一・

釈詁にも「度也」とある。従って、類義の「貫」も「度る」意に解し得ると考え、ここでは「上と取引する」意と解釈することとする。

〈20〉整理者は『左伝』昭公六年の杜預注に「報也」とあるのを引いて解釈する。これに従う。

〈21〉六者とは、命・福・禍・恥・賞・罰を指すと考えられる。

〈22〉「民用而不失」について、唐大沛注（A）は「操此六方三術之用而不流於過中失正、以治天下之民、民服其教守其法、忍好悪安本分、而無民憧・民禄・民鬼・民叛・民貫・民詐之虞、則上不失其道、民亦不失其道、天下大治矣。」とする。また「用」について、牛鴻恩（C）は「聴従、指服教守法、忍好悪安本分」と述べている。今はこれに従う。

〈23〉「斂」について、黄懐信（B）は「収斂、不放縦」と述べる。また牛鴻恩（C）は「疾痛死喪之事通過哀傷使之収斂感情」としている。

〈24〉「事」について、朱右曾注（A）に「浚築師旅之事」とある。

〈25〉「臨」について、整理者は『論語』為政に「臨之以荘則敬」とあり、その邢昺注に「自上涖下曰臨」と言うのを引く。

〈26〉現行本では「忠」に作る。整理者は「衷」と解する。下文の「権」に対する語であると考えられるため、整理者に従う。

〈27〉「撫之以恵（中略）行之以権」について、唐大沛注（A）は「此皆言牧民之政。（中略）上文十事皆臨民之道。而立法必以中為準。用中之道非執一也、必権而得中乃可行之。末二句総束上文。」としている。「行之以権」について、牛鴻恩（C）は「以通権達変来実行政令」とし、「之」を「政令」の意で解しているが、谷中信一（I）は

『淮南子』説山訓注に「行、猶使也」とあり、ここでは治者が民に向かって「行」するのであるから、治めるとほぼ同義に釈した」と述べている。

「撫之以惠（中略）行之以權」の箇所は、すべて哀・楽や賞・罰等のように、関連の深い二句により構成されていることが分かる。そのため、最後の句「行之以權」も直前の「臨之以中」句と類似した構文である可能性が高く、「之」も民を指すであろうと考えられるため、今は谷中に従う。

〈28〉現行本では「忠不忠」に作っており、文意未詳であった。

〈29〉竹簡下端が欠損しているため、本篇では三字が不明となっているが、現行本によって「不服賞」字を補った。

〈30〉当該字「⿱⿰丰丰田（震）」について、整理者は「待考」としている。程浩（F）は字形から「理」とし、趙平安（H）・金宇祥（R）は「耕」字には「田」「禾」「来」に従うものなど異体字が多いとして、「耕」字に隷定している。また、趙平安は当該字「耕」（耕部見母字）を「震」（文部章母字）と音通するとして、第一二簡に「動之以事」と記されることも加味しつつ、「震可以表示動的意思、震読為振、可以訓為治」と述べている。「震」については、黄懐信（B）が「惊（驚）」とし、牛鴻恩（C）が「震、矜張（唐大沛）。震矜（朱右曾）。即驕傲、盛気凌人。」と述べている。第一四簡にも同字が見える。

〈31〉「忍人」について、整理者は『左伝』文公元年に「且是人也、蠭目而豺聲忍人也。」とあり、この杜預注に「能忍行不義」とあるのを引用して説明している。なお、『孟子』公孫丑上に「孟子曰人皆有不忍人之心。先王有不忍人之心、斯有不忍人之政矣。以不忍人之心、行不忍人之政、治天下可運之掌上。」とあり、その趙岐注に「言人人皆有不忍加惡於人之心也。」「先聖王推不忍害人之心、以行不忍傷民之政、以是治天下、易於轉丸於掌上也。」とある。

〈32〉竹簡上端が欠損しているため、整理者の原釈文では□□と二字分の空格を想定しているが、図版から明らかなように、欠損部分には一字分のスペースしかないことが分かる。整理者の原注〔三三〕には「拠今本、簡文所欠損之字当補為「害」字重文」と述べられているため、これに従い「害」の二字（重文）を補った。

〈33〉「知」字は、現行本では「如」に作っている。

〈34〉「匱」について、黄懐信（B）は「乏也。哀極則神乏、故曰哀至則匱。」という。

〈35〉竹簡の欠損により、本篇では数文字が不明となっているが、現行本によって「無時」字を補った。

〈36〉「才」について、唐大沛注（A）は「人之才力当務正事、作為淫巧、則聡明誤用、故害于才。或曰、才・財古字通、淫巧之物害於財」としている。

〈37〉竹簡上端が欠損しているため、本篇では二字が不明となっているが、整理者の説により「罰従」字を補った。

〈38〉「釮」について、整理者は『論語』為政の「斉之以刑、民免而無恥」を引いて、「恥」と読むのではないかとしている。「釮」字は、韓孝彦等『五音篇海』に「音斉、利也。又音蹐字」とある。そのため、「服而不釮」は服従しても効き目はない意と解釈できるのではなかろうか。また、『左伝』文公七年に「服而不柔、何以示懐」とあり、清華簡『命訓』と類似した構文が見られる。その杜預注には「柔、安也」とあることから、本篇における「釮」も、「柔（やすんずる）」と類似する意であった可能性もあろうと思われる。

〈39〉「微」について、『説文解字』巻二・彳部に「隠行也」とある。機微の意に解する。

〈40〉現行本『逸周書』常訓に「慎微以始而敬終、終乃不困」、『左伝』襄公二十五年に「書曰『慎始而敬終、終以不困』。」とあり、当該箇所と類似した表現が見える。

（二）清華簡『命訓』と『逸周書』三訓の「恥」に関する考察

次に、清華簡『命訓』中に見える「恥」の記述について検討してみたい。清華簡『命訓』においては、以下の箇所に「恥」に関する内容が見られる。

⑦夫民生而恥不明、上以明之、能無恥乎。如有恥而恆行、則度至于極。（第三～四簡）

⑧夫天道三、人道三。天有命・有福・有禍。人有恥・有市冕・有斧鉞。以人之恥當天之命、以其市冕當天之福、以其斧鉞當天之禍。□〔六〕方三述、其極一、弗知則不行。（第六～八簡）

⑨極命則民墮乏、乃曠命以代其上、殆於亂矣。極福則民祿、民祿于善、于善違則不行。極禍則民畏、民畏則淫祭、淫祭罷家。極恥則民枳（害）、民枳則傷人、傷人則不義。極賞則民賈其上、賈其上則無讓、無讓則不順。極罰則民多詐、多詐則不忠、不忠則無復。凡厥六者、政之所殆。天故昭命以命之曰「大命世罰、小命命身」。福莫大於行、禍莫大於淫祭、恥莫大於傷人、賞莫大於讓、罰莫大於多詐。是故明王奉此六者、以牧萬民、民用不失。（第八～一二簡）

右記⑦には、民衆は生来、恥を認識するものではないが、上に立つものが恥を明らかにすることによって恥を認識し、それを習慣化することで統治制度が適切に行われるのだと説かれていることが分かる。また、⑧では人道の「恥・市冕（賞）・斧鉞（罰）」が、天道の「命・福・禍」にそれぞれ当たるとされ、それらの根本は一つであると記述されている。⑨でも、「命・福・禍・恥・賞・罰」について、もしそれらが過度になった場合、政治を危うくする危険性があると戒める内容が見える。特に⑨中、「恥」については、恥が行き過ぎれば民は害をなし、人を傷つけること（不義）になるとされ、人を傷つけることが「恥」の最大のものであると述べられていることが窺える。「命訓」では、明王は恥を含むこの「六者」を活用して、万民を養う必要があると説かれているのである。

ただし、ここで注意しなければならないのは、現行本『逸周書』命訓では、清華簡『命訓』で「恥」と記されている文字が、「醜」と記されている点である。この「醜」字については、潘振が「悪」の意とし、陳逢衡が「恥」、唐大沛が「類（善悪）」と解釈する等、先行研究においても諸説紛々としていた。[15] また「醜」について、王連龍は「悪」の意とし、『逸周書』三訓を『荀子』以前の性悪論を説くものと解する一方、[16] 谷中信一は『逸周書』中に見える「醜」字について、朱右曾・丁宗洛・劉師培らが「類（同類）」と解釈することを是とし、「醜」は斉の方言であった可能性が高いと結論付けている。[17] さらに、谷中は「清華簡（伍）『命訓』の思想と成立」で、清華簡『命訓』は現行本『逸周書』命訓より後に成立したものであり、斉の方言である「醜（類の意）」を知らない者が、当該字を「醜悪」の意に解し、それを意味の近い「恥」に置き換えた可能性があるとするが、「醜」字は『管子』大匡に「不畏悪親聞容昏生無醜也」とあり、この戴望注に『廣雅』を引いて「醜、恥也」と言い、また『荘子』至楽に「愧遺父母妻子之醜而爲此乎」とあり、この王叔岷注に「案醜猶恥也」とされ、さらに『呂氏春秋』孝行覧・慎人「蓋君子之無所醜也若此乎」の高誘注に「醜猶恥也」とあるように、「恥」の意で使用されることも多い。この他、賈誼『新書』俗激中の『管子』の四維を説く箇所でも、「廉恥」が「廉醜」と記述されている。[18] 清華簡『命訓』が発見されたことにより、少なくとも戦国期には陳逢衡が指摘するとおり、当該箇所を「恥」字として認識するテキストが存在したことが明らかとなったのである。[19]

それでは、ここに記された天道の「命」にあたるとされる人道の「恥」とは、一体どのようなものであったのか。それを理解するためには、思想内容や使用語句等から、命訓と強い関連性を持つとされる「度訓」「常訓」も含め、『逸周書』三訓に見える「醜（恥）」認識について、再検討する必要があるであろう。[20]

そこで、まずは「度訓」「常訓」における「醜（恥）」の用例を確認してみたい。[21]

⑩人衆、賞多罰少、政之美也。罰多賞少、政之惡也。罰多則困、賞少則乏、[22]乏困無醜、教乃不至。是以民主明醜以長子孫、子孫習服、鳥獸仁德、土宜天時、百物行治。（度訓）

⑪天有常性、人有常順、順在可變、性在不改、不改可因、[23]因在好惡、好惡生變、變習生常、常則生醜、醜命生德。明王於是立政以正之。（常訓）

⑫明王自血氣耳目之習以明之醜。醜明乃樂義、樂義乃至上、上賢而不窮。（常訓）

⑬六極、命・醜・[24]福・賞・禍・罰。六極不羸、[25]八政和平。八政、夫・妻・父・子・兄・弟・君・臣。八政不逆、九德純恪。九德、忠・信・敬・剛・柔・和・固・貞・順。（常訓）

右記⑩の度訓の記述では、民衆は賞が多く、罰が少ない政治を善政とみなすものであり、罰が多く賞が少なければ困窮し、醜（恥）じることがなく、教化を施すこともできない。そうであるから、君主は恥を明らかにして子孫を育み、子孫がそれを習慣化すれば、鳥獸もまた仁德を得て百物はうまく治まると記述されている。民衆を治めるために、まずその困窮を救い、経済的安定を目指すべきとする内容は、その他『管子』牧民にも「倉廩實、則知禮節。衣食足、則知榮辱。」とあり、『孟子』梁惠王上や『孟子』滕文公上にも「民則無恆產、因無恆心。……此惟救死而恐不贍、奚暇治禮義哉。」、「民之爲道也、有恆產者有恆心、無恆產者無恆心」と類似する記述が見受けられ、これらが戦国期に共通して見られる経済政策を重視する表現であったことが窺える。また、⑪⑫の「常訓」には、習慣が恥を生み出すものであり、明王が民衆にそれを明らかにすることで、民衆は道義を楽しみ、政治はうまくいくという内容が記されている。ここで注目すべきは、⑩⑪⑫に記される恥が、普段の習慣から生じたものであり、また逆に恥じる行爲を習慣として民衆に行わせることで、彼らを統治する手段として確立していたと考えられる点であろう。ここから、『逸周書』三訓では、恥が礼と同じような慣習法的特徴を備えたものと認識されていたことが窺われる。[26]さらに⑬には、

「命訓」でも民衆統治の要として記述されていた、命・醜（恥）・福・賞・禍・罰の「六極」が語られ、それらが乱れることなく適切に行われれば、夫・妻・父・子・兄・弟・君・臣の八政も和らぎととのうと述べられている。また、⑪には「六極」の中でも、「醜（恥）」と「命」とが「徳を生むもの」として並列に取り上げられている。[27] 天道の「命」を人道の「醜（恥）」に当たるものとする「命訓」の記述と「常訓」との関連性の深さが窺えるであろう。

四　統治手段としての「恥」

（一）『逸周書』三訓に見える「命」と「恥」、「徳」と「義」

それでは、『逸周書』三訓に「以人之恥當天之命[28]」「醜（恥）命生徳[29]」等と述べられた、「命」に対する「恥」とは、一体どのようなものであったのか。

命については、清華簡『命訓』冒頭にも、次のように記されている。

⑭□（天）生民而成大命。命司徳、正以禍福、立明王以訓之、曰「大命有常、小命日成」。……夫司徳司義、而賜之福、福祿在人、人能居、如不居而重義、則度至于極。或司不義而降之禍、禍過在人、人□（能）毋懲乎。如懲而悔過、則度至于極。

右記⑭では、天が民衆を生み、大命を下し、司徳に命じて禍福によって行いを正させるとある。司徳は人々の「義」「不義」を司り、それに応じて禍福をもたらす天神とされている。[30] そして明王を立てて、変わることのない「大命」と、日々の努力次第で変化する「小命」とがあることを教えるのだと述べられている。この記述は、資料⑨に「天故昭命以命之曰、「大命世罰、小命命身」。」（清華簡『命訓』）とあり、やはり「大命」が代々にわたって罰を下すのに対し、「小命」は個人の身の振り方によって下されるものとされていることと呼応していることが分かる。このように、「命」を大小二つに分け、従来の絶対的な「天命」の他に、個人の努力如何によって変化させることのできる「小命」を説く内容は、西周期には見られぬものであり、ここから、本篇がより下った春秋戦国期の時代性を反映した文献であった可能性が高いことが窺われる。

一方、恥については、資料⑩の『逸周書』度訓に「是以民主明醜以長子孫、子孫習服、鳥獣仁徳」とあったように、君主が民衆に恥を明らかにし、子孫がそれを習慣として行った場合には、恥は人々を規制する手段となり、さらには鳥獣にも「徳」を与えるものとされていた。また資料⑨に「極恥則民枳（害）、民枳則傷人、傷人則不義」（清華簡『命訓』）と見えるとおり、「恥」が適切に機能しなければ、人は「不義」を行うことになると戒める内容も見られた。このように、『逸周書』三訓中では、「恥」は「命」と同様に「徳」と結びつけられ、また「義」とも関連付けられて、人の悪行を抑え、善行を進める指針として説かれていたことが理解できる。

（二）『逸周書』三訓に見える思想と諸子との関連

「命訓」に「夫民生而恥不明、上以明之、能無恥乎」とあるように、民衆は生来全く恥を認識していないとされ、また、統治の要となる「六極」について、過度にしすぎると逆に政治を危うくするとしながらも、その「六極」の一つに「罰」を加え、命や恥などと同等の価値を付与している点からしても、[31]『逸周書』三訓は「羞悪之心、人皆有之」[32]、「道之以政、齊之以刑、民免而無恥」[33]等という早期の儒家思想とは異なる思想を有するものであったと考えられる。

また、第三節において述べたとおり、王連龍は『逸周書』三訓に見える「醜」字を「悪」の意とし、三訓を『荀子』以前の性悪論を説くものと解しているが、[34]『荀子』には『管子』[35]同様、「恥」を「廉恥」という成語で、礼義や辞譲などの徳目と並列して説く、次のような記述が見える。

⑮人之生固小人、無師無法則唯利之見耳。人之生固小人、又以遇亂世、得亂俗、是以小重小也、以亂得亂也。君子非得勢以臨之、則無由得開內焉。今是人之口腹、安知禮義。安知辭讓。安知廉恥隅積。亦呥呥而噍、鄉鄉而飽已矣。（『荀子』栄辱）

右記⑮では、人は師や法がなければ、利益を際限なく求めるものであり、その上、乱れた情勢・習慣の中で、よりその性質を増す結果となる。また、そもそも人の口や腹は礼義や辞譲、廉恥や物事の筋道を知らないものであるから、君子が勢位につき、教化しなければならないのだとされている。ここで注目すべきは、「廉恥」に礼義と同等の価値が付与されている点、本来、人間が道義や廉恥などの徳目を認識するものではないと記述されている点、「乱俗」がさらに乱を重ねることに繋がるとして、習俗（習慣化）が人々の治乱に深く関連していると述べられている点であろう。これは、『孟子』の「羞悪之心、人皆有之」という記述とは異なり、『逸周書』三訓の記述と合致する。

ただし『逸周書』三訓の冒頭は、全て天と人との関わりから説き起こされている[36]。特に「命訓」では天道と人道を関連付けて説き、その根本を一として政治の主軸に据えていた[37]。ここには、天人の分を説く『荀子』や「何謂道。有天道、有人道。無爲而尊者、天道也。有爲而累者、人道也。主者、天道也。臣者、人道也。天道之與人道也、相去遠矣、不可不察也[38]。」と説く『莊子』とは、明らかに一線を画する天人相関の思想が見られる。

一方、三訓に見られるような天道と人（明王）の統治法とを結びつけて説く文献としては、次の『管子』の記述が挙げられる。

⑯持滿者與天、安危者與人。失天之度、雖滿必涸。上下不和、雖安必危。欲王天下、而失天下之道、天下不可得而王也。得天之道、其事若自然。失天之道、雖立不安。其道既得、莫知其為之。其功既成、莫知其釋之。藏之無形、

天之道也。疑今者察之古、不知來者視之往。萬事之生也、異趣而同歸、古今一也。（形勢）

⑰天之道、滿而不溢、盛而不衰、明主法象天道、故貴而不驕、富而不奢、行理而不惰、故能長守貴富、久有天下而不失也、故曰「持滿者與天」。（形勢解）

右記では、明主は天道の働きを指針として行動するので、長年にわたり富貴を保ち、天下を失うことがないとされている。天の働きに統治法を結びつけて説く資料⑯⑰にも、明確に天人相関の思想が示されていると言えるであろう。

なお、このように、人道と天道とを関連付けて説くものに黄老思想文献があり、『管子』も『漢書』芸文志では「筦子八十六篇」として道家に分類されていることから、両者には類似した思想が含まれていたと推察される。ただし、遠藤哲夫が指摘するとおり、[39]『管子』は『隋書』経籍志以降の目録類ではほとんど法家に列せられており、また『荘子』天下や『荀子』非十二子にはその名が見えない等、当時の思想系統には属さぬ特異な存在であったことが分かる。また、金谷治が形勢篇について「天に従うとともに人をも棄てないところのあるのが、『老子』や『荘子』の道家とは違った点[40]」とするように、「命訓」も本章第三節で確認した通り、後半部分は人為的統治のみを語るものとなっている。

以上、本節では、『逸周書』三訓中、「恥」が「礼」や「義」と同様の統治手段とみなされていたこと、また明王が天道の働きを人治の指針としていたことを確認してきたが、これらは『管子』と近似した思想内容であったと考えられる。想像を逞しくすれば、この思想は、諸子が斉の稷下で相互に交流することを通して発展し、清華簡『命訓』の記された戦国中晩期頃にはある程度流布したものであったと言えるのではなかろうか。

結語

以上、本章では春秋戦国期の「恥」認識について、まずは諸子の文献に見える用例を確認し、続いて、従来あまり取り上げられることのなかった『逸周書』三訓で説かれる「恥」がどのようなものであったか、諸子の用例と比較検討した。その結果、「恥」については、『論語』や『孟子』が内省や自己修養を促すものとして重視していたのに対し、『管子』では「恥」が「礼」や「義」と並列され、国家統治の要とされていたことが明らかとなった。戦国後期に活動した『荀子』にも、「廉恥」の語が礼義や辞譲と列記されている。『荀子』には、斉の稷下の学のもと編纂されたと考えられている『管子』の影響が見られるとされるが、[41]「恥」についても、従来の儒家的内省の要素に、『管子』が説く「廉恥」の内容を取り込んで活用した可能性があるのではなかろうか。

一方、『逸周書』三訓においても、恥は習慣化することにより、人々の悪行を抑え、善行を進める指針として、天道の「命」に対するものと説かれていたことが判明した。『逸周書』三訓が、天人相関の思想を説き、恥を禍・福・賞・罰と同様に民衆統治の要として重要視する点は、まさに『管子』に類似するものであると言える。『逸周書』三訓と『管子』の根幹を為す思想（経言）とは、あるいはかなり近接した時代に形成されたものであった可能性も考えられよう。

中国古代、「恥」は外交上や他者とのやりとりにおける恥辱を表す「恥」や、君子や為政者が自身を内省する「恥」、そして為政者が民衆統治のために活用した慣習法としての「恥」等、様々な場面で用いられていたことが明らかとなった。漢代以降、儒教が国教化し、国政において主導的役割を果たすようになるとともに、人々は『論語』や『孟子』中に説かれる「自己修養を強く促す恥」をその主流とみなすようになった。また、もともと『管子』に説かれていた「廉恥」の徳は次第に儒教の中心道徳として認識されるようになると指摘されるが[42]、その後も賈誼『新書』俗激中に「管子曰「四維、一曰禮、二曰義、三曰廉、四曰耻。四維不張、國乃滅亡」。云使管子愚無識人也、則可、使管子而少知治體、則是豈不可爲寒心。今世以侈靡相競、而上無制度、棄禮義、捐廉醜、日甚、可爲月異而歳不同矣」と取り上げられ、顧炎武『日知録』でも「禮儀廉恥（中略）然而四者之中、恥尤爲要。（中略）所以然者、人之不廉而至於悖禮犯義、其原皆生於無恥也。故士大夫之無恥、是謂國恥」と述べられるとおり[43]、『管子』に見える四維（特に廉恥）の思索は、政策を論ずる上で重要な指針として評価されてきたと言える。

　このように、「恥」には内省及び統治手段の両側面が含まれており、時にこれらは諸子の学派を超え、影響を与え合いながら緩やかに融合し、今日の我々の行動規範としても引き継がれていると考えられる。

注

（1）李学勤主編『字源』（天津古籍出版社、二〇一二年、一一八三―一一八四頁、一一八五頁）。
（2）Ruth, Benedict. *The Chrysanthemum and the Sword: Patterns of Japanese Culture*, 1989. (10. The Dilemma of Virtue 222-224)
（3）胡凡「論中国伝統恥感文化的形成」（『学習与探索』一九九七年第一月、一四〇頁）。
（4）井婷「儒家文化中「恥」的心理意蘊及啓示」（『哈爾濱師範大学社会科学学報』二〇一一年第三月、二〇頁）。
（5）『毛詩』大雅・抑。
（6）例えば、『左伝』哀公二年に「今鄭為不道、棄君助臣、二三子順天明、從君命、經德義、除詬恥、在此行也」、哀公十一年に「齊人伐魯、而不能戰、子之恥也」とあり、『国語』越語上に「昔者夫差恥吾君于諸侯之國、今越國亦節矣、請報之」とある。

（7）馬承源主編『上海博物館蔵戦国楚竹書（六）』（上海古籍出版社、二〇〇七年七月、三二一―三三三頁）。

（8）侯乃峰「『天子建州』「恥度」解」（webサイト：簡帛網、二〇〇八年二月十六日）。

（9）なお、『隋書』経籍志では汲冢書と注され、その後、『新唐書』芸文志・『宋史』芸文志等には「汲冢周書」と記されたが、現在では『逸周書』と『汲冢書』とを関連づけて解釈する説は否定的に見られている。

（10）文字や語句、文献内容、C14年代測定法などから、清華簡は多くの研究者により、戦国中晩期の文献であろうと指摘されている。

（11）冨谷至「「骨董簡」とよばれるモノ」（中国出土資料学会編『地下からの贈り物　新出土資料が語るいにしえの中国』（東方書店、二〇一四年第初版）、三四二―三四八頁）。

（12）出土文献の真偽問題については、胡平生「論簡帛辨僞與流出簡牘搶救」（『出土文献研究』第九輯、二〇一〇年一月）、大西克也「「非発掘簡」を扱うために」（『出土文献と秦楚文化』第八号、二〇一五年三月）、福田哲之「浙江大学蔵戦国楚簡の真偽問題」（『中国研究集刊』第五五号、二〇一二年十二月）、丹羽崇史「考古学研究からみた非発掘簡―商周青銅器研究との対比を中心に―」（『出土文献と秦楚文化』第九号、二〇一六年三月）、朱鳳瀚「関於中国簡牘的辨偽」（『出土文献と秦楚文化』第九号、二〇一六年三月）等に詳しい。なお、本章で使用している「非発掘簡」という呼称は、大西論文に依拠している。

（13）李学勤主編『清華大学蔵戦国竹簡（伍）』（中西書局、二〇一五年）所収。

（14）現行本『逸周書』命訓と清華簡『命訓』には、語句や表現に異同が散見する。両者の語句の差異については、拙稿「清華簡（五）所収文献解題」『命訓』（『中国研究集刊』第六一号、二〇一五年十二月）を参照。

（15）黄懐信、張懋鎔、田旭東撰『逸周書彙校集注』（修訂本、二〇〇七年）。

（16）王連龍『《逸周書》研究』（二〇一〇年、一〇三―一〇九頁）。

（17）谷中信一「『逸周書』の思想と成立について――斉学術の一側面の考察」（『日本中国学会報』第三八号、一九八六年、一三―一四頁）。

（18）『新書』俗激に「今世以侈靡相競、而上無制度、棄禮義、捐廉醜、日甚、可爲月異而歳不同矣」とある。

（19）清華簡『命訓』では、正確には「恥」は「佴」字と記述されている。「佴」字については、前漢期の馬王堆漢墓帛書『経法』や定州漢墓竹簡『論語』にも「恥」の異体字としての用例が見える。

（20）『逸周書』三訓の関連性については、王連龍『《逸周書》研究』、谷中信一『《逸周書》研究（一）――初三篇の成立と思想についての一考察』等に詳しい。

（21）現時点において、清華簡中に「度訓」「常訓」のテキストは発見されていない。そのため、以下「度訓」「常訓」の引用は『逸周書彙校集注』（上海古籍出版社、二〇〇七年）による。

（22）王引之云「賞多則乏、當作「賞少則乏」。」

（23）「因」、黄懐信『逸周書校補注譯』（三秦出版社、二〇〇六年、一八頁）：「〔因〕依、沿襲」。

（24）「聽」、『逸周書彙校集注』（修訂本）（上海古籍出版社、二〇〇七年、五二頁）：「盧訂「醜」。各家從」。

（25）「羸」、黄懐信『逸周書校補注譯』（三秦出版社、二〇〇六年、二二頁）：「〔羸〕借爲「淫」、過也」。

（26）資料⑦の「命訓」でも、恥を習慣化して行うべきことが記されている。

（27）唐大沛は、この「命」を「明」の誤写であろうと述べているが（『逸周書彙校集注』、「常訓」）、当該箇所のみ「明」を「命」と誤写する可能性は低いと考えられるため、ここは陳逢衡の指摘するとおり、「命」字のままで解釈すべきであると考える。

（28）本章⑧の「命訓」を参照。

（29）本章⑪の『逸周書』常訓を参照。

（30）黄懐信『逸周書校補注譯』（三秦出版社、二〇〇六年、八頁）。

（31）資料⑦⑧⑨⑬を参照。

（32）『孟子』告子上。

(33)『論語』為政。

(34) 王連龍『《逸周書》研究』（二〇一〇年、一〇三―一〇九頁）。

(35) 資料⑤⑥を参照。

(36)『逸周書』度訓「天生民而制其度」、『逸周書』命訓「天生民而成大命」、『逸周書』常訓「天有常性、人有常順」。

(37) 資料⑧を参照。

(38)『荘子』在宥。

(39)『管子　上』（明治書院、一九八九年、一〇頁）。

(40)『管子の研究』（岩波書店、一九八七年、七二頁）。

(41)『管子』と『荀子』の影響関係については、佐藤將之『荀子禮治思想的淵源與戰國諸子之研究』（国立台湾大学出版中心、二〇一三年）第三章・第四章に詳しい。

(42) 森三樹三郎『「名」と「恥」の文化』（二〇〇五年（再刊）、一七三頁）。

(43) この他、柳宗元「四維論」や欧陽脩『五代史』五四、司馬光『資治通鑑』二九一や朱熹「己酉擬上封事」等も『管子』の四維について論じている。

参考文献

Ruth, Benedict. *The Chrysanthemum and the Sword: Patterns of Japanese Culture*. Singapore: Tuttle Pub., 1989.（初版 Houghton Mifflin Harcourt, 1946）

森三樹三郎『「名」と「恥」の文化』（講談社現代新書、一九七一年〈二〇〇五年講談社学術文庫より再刊〉）。

宮川尚志「第十五章　道教の倫理観念の一考察――「暗室を欺かず」の語について」（『中国宗教史研究　第一』所収、同朋舎出版、一九八三年）。

宇野精一、「恥について」（『カレント』、一九九八年十一月号）。

李学勤主編『清華大学蔵戦国竹簡』（伍）（中西書局、二〇一五年）。

中国出土文献研究会「清華簡（五）所収文献解題」（『中国研究集刊』第六一号、二〇一五年十二月）。

黄懐信・張懋鎔・田旭東撰『逸周書彙校集注』（修訂本）（上海古籍出版社、二〇〇七年）。

王連龍『《逸周書》研究』（社会科学文献出版社、二〇一〇年）。

谷中信一「『逸周書』の思想と成立について——斉学術の一側面の考察」（『日本中国学会報』第三八号、一九八六年）。

谷中信一「『逸周書』研究（一）——初三篇の成立と思想についての一考察」（『早稲田大学高等学院研究年誌』第二八号、一九八四年）。

谷中信一「清華簡（伍）『命訓』の思想と成立」（国際学術シンポジウム「非発掘簡の資料価値の確立」（二〇一六年三月十一日、於日本女子大学）。

黄懐信『逸周書校補注譯』（三秦出版社、二〇〇六年）。

佐藤將之『荀子礼治思想的淵源与戦国諸子之研究』（国立台湾大学出版中心、二〇一三年）。

遠藤哲夫『管子　上』（明治書院、一九八九年）。

金谷治『管子の研究』（岩波書店、一九八七年）。

第三部　清華簡研究の展開

第一章　『保訓』と三体石経古文——科斗体の淵源——

福田哲之

一　『保訓』の特異性

『保訓』は『清華大学蔵戦国竹簡（壹）』[1]に収録された九篇のうちの一篇で、重病を患った周の文王が太子の発（後の武王）にあてた遺言を内容とする。『清華大学蔵戦国竹簡（壹）』の出版に先駆けて、この『保訓』のみは『文物』二〇〇九年第六期に全簡のカラー図版および釈文が公表されたが、先行公表の理由について同誌所収の李学勤「論清華簡《保訓》的幾個問題」は、「惟王五十年」ではじまる周の文王の遺言という内容の重要性と同時に他の清華簡諸篇に較べて『保訓』の竹簡の長さが特殊（短簡）であり、文字の風格が他と異なっていたことが整理上有利な条件になったと述べている。[2] こうした内容・簡長・書風の特異性はおそらく相互に無関係ではなく、『保訓』の考察においても重要な鍵となるであろう。

このうち書法風格の観点から注目されるのは、『保訓』と魏の三体石経中の古文との間に緊密な共通性が認められる点である。[3] すなわち『保訓』は、戦国簡牘を中心とする文字・書法研究に新たな進展をもたらすと同時に、三体石経の再評価にもつながる貴重な資料と見なされる。

本章ではこのような意図から『保訓』と三体石経古文との関係を中心に検討を加え、字体史[4]における『保訓』の意義を明らかにしてみたい。

二　三体石経古文の再評価

三体石経古文は伝抄された二次資料であるため、これまでその資料的信憑性をめぐってさまざまな見解が提出されてきている。本節では字体にかかわる論点を中心に三体石経古文に対する評価の変遷をたどり、伝抄古文研究における『保訓』発見の意義を確認しておきたい。

まず取り上げるのは、西晋の衛恆『四体書勢』に見える以下の記述である。[5]

自黄帝至三代、其文不改。及秦用篆書、焚燒先典、而古文絶矣。漢武時、魯恭王壞孔子宅、得尚書・春秋・論語・孝經。時人以不復知有古文、謂之科斗書。漢世秘藏希得見之。魏初傳古文者、出於邯鄲淳。恆祖敬侯寫淳尚書、後以示淳、而淳不別。至正始中、立三字石經、轉失淳法、因科斗之名、遂效其形。

邯鄲淳の古文を継承する衛覬（敬侯）を祖父にもつ衛恆は、荀勗・和嶠・束晳等とともに西晋の武帝のときに出土した汲冢書の整理を担当し、当時において古文に最も精通した人物の一人であった。この衛恆の批判を前提として三体石経の信憑性に対し否定的な見解を示したのが王国維である。

衛恆四體書勢謂、魏初傳古文者出於邯鄲淳。至正始中立三字石經、轉失淳法、因科斗之名、遂效其形。然則魏石經殘字之豐中鋭末或豐上鋭下者、乃依傍科斗之名而爲之、前無此也。自此以後、所謂古文者、殆專用此體。郭忠恕輩之所集、決非其所自創、而當爲六朝以來相傳之舊體也。自宋以後、句中正輩用以書説文古文、呂大臨輩用以摹古彝器。至國朝西清古鑑等書所摹古款識、猶用是體。蓋行於世者幾二千年、源其體勢、不得不以魏石經爲濫觴矣。

王氏は伝抄古文に共通する「豐中鋭末」或いは「豐上鋭下」の科斗体は三体石経を濫觴とするとし、それ以前にこのような書体は存在しなかったと述べる[6]。ただし留意すべきは、王氏はその一方で以下のごとく、三体石経中の古文は壁中本もしくはその転写本にもとづき、当時の字指学家の手に出るもので、決して杜撰なものではないと述べている点である[7]。

今就魏石經遺字中古文觀之、多與説文所載壁中古文及篆文合、説文篆文中本多古文。且有與殷周古文謂殷虚書契文字及古金文。至壁中書、則多先秦文字也。合而爲許書所未載者。然則謂魏石經古文出於壁中本、或其三寫、四寫之本、當無大誤。即謂出於當時字指學家之手、然雖非壁中之本、猶當用壁中之字、固不能以杜撰議之矣。

これらの議論から、王氏が否定したのはあくまでも三体石経古文の書法風格にかかわる信憑性であって、字形などの組織構造の面ではむしろその資料的価値を高く評価していたことが知られる。このような王氏の見解に対して、書法風格の面においても一定の拠り所をもつとしたのが、啓功『古代字体論稿』[8]である。

可以了然、「淳法」的失掉、至少包括兩層關係。一是因爲每個書寫人的個性風格不同、所以在傳抄轉寫時不能不有其差異。二是碑版和簡册的用途不同、所以藝術効果的要求也就不同。那麼可以説、《正始石經》雖然筆法上某些地方失了「淳法」、但字的組織構造和它所屬的大類型、總風格、都是有其出處、不同於杜撰的。

啓功氏の見解は、三体石経と古文字資料の手写体との間に毛筆の弾力性に由来する共通の筆画構造が見られる点に着目し、書写者の個性風格の相違、碑版と簡冊との用途の相違という二層の関係から衛恆の批判の真意を明らかにし、三体石経古文の資料性を再評価した点で重要な意義をもつ。

周知のとおり王国維は羅振玉とともに『流沙墜簡』を刊行し、漢代の簡牘文字に精通していたが、当時はいまだ戦国簡牘は知られておらず、戦国期以前の手写体の実物に関する情報はほとんど皆無であった。王氏の見解の背景にはそうした時代の制約を考慮しておく必要がある。(9) 大量の戦国簡牘が出土し当時の多様な手写体を実見し得る今日においては、三体石経と戦国期以前の手写体との間に一定の関連を認め得るとする啓功氏の見解の妥当性について、もはや贅言を要しないであろう。

ただしここで留意すべきは、『保訓』の発見により三体石経古文の字体についての認識に、さらなる変更の必要が生じたことである。『保訓』発見以前においては、ほぼすべての論者が、衛恆の発言を踏まえて邯鄲淳の書法〝淳法〟に対する三体石経の失掉を前提に議論を展開していた。例えば先に引用した啓功氏もその前段で、手写と比較して刊刻された三体石経には用途差にかかわる一種の「毛病」があると指摘し、以下のように述べている。(10)

回頭來看魏石經的古文、實有一種毛病、即是筆畫的彈力表現得非常呆板一律、胸部都較誇大。其實這也不難理解、把簡册上的字迻寫入碑、便有整齊一律的要求、即如漢隷的木簡中春君等簡、總算是最工整而接近漢碑的了、武威出土的《儀禮》簡更是精寫的經書，但拿來和《熹平石經》比較，仍然有手寫的和刊刻的差別。

すなわちごく単純に言えば、これまでの議論においては「淳法」の失掉を共通の前提としつつ、その度合いをどのように解釈するかというところに否定論と肯定論との分岐点が存在した。ところが『保訓』の発見によって戦国期に三体石経に類する科斗体が実在したことが明らかとなり、その結果、逆に「淳法」の資料性に対して再考の餘地が生じることとなったのである。

この点について馮勝君「試論清華簡《保訓》篇書法風格与三体石経的関係」は、遣策、文書などの実用性竹簡の書写を担当する「書手集団A」に対して、底本にもとづき古書類の書写を担当する「書手集団B」の存在を想定し、底本の書法風格を忠実に模倣、伝承せんとする「書手集団B」によって、先秦に源をもつ『保訓』に類似する書法風格が引き継がれて曹魏の三体石経に至ったとの理解も決して不可能ではないとした上で、以下のように述べている(11)。

而且還有另外一種可能，即三體石經的刊刻，依據的底本不是流傳於外的邯鄲淳等人的抄本，而是秘藏於皇室的孔壁原本。如果是這樣的話，三體石經較之邯鄲淳等人的抄本應該更加忠實於孔壁原本。因爲外間難見孔壁原本眞貌，所以誤認爲三體石經與「淳法」的不同之處是摹寫之失。事情的眞相可能正相反，即邯鄲淳等人的抄本是歷經輾轉傳抄的，在書法風格上已經與接近孔壁原本的三體石經略有差異。

これは邯鄲淳等の伝抄古文に比してむしろ三体石経のほうが壁中書原本により忠実なものであった可能性を指摘し、従来の両者の位置づけを逆転させた画期的見解として注目に値する。このように『保訓』の発見は従来の三体石経研究に新たな局面をもたらすこととなったのである。

ただしここであらためて留意されるのは、『保訓』の字体がこれまでに出土した戦国簡牘文字に例を見ないきわめて特異な性格をもつ点である。すなわち『保訓』の字体の特異性をどのように理解するかという問題は、同時に三体石経古文の再評価とも深く結びついており、古代字体研究においても重要な意義をもつと見なされる。以下ではこのような意図から、『保訓』字体の特異性とその要因について、先学の研究を踏まえながら考察を加えてみたい。

三　『保訓』字体の特色

『保訓』字体を中心主題とする先行研究として、管見では前節でも引用した馮勝君氏の「試論清華簡《保訓》篇書法風格与三体石経的関係」と李守奎氏の「《保訓》二題」中の第二題「《保訓》文字衆体雑糅、可能是書法習作」とが挙げられる。両氏は『保訓』字体の特異性とその要因についてそれぞれ独自に論を展開しており、いずれも傾聴すべき重要な問題が提起されている。

本節ではまず李守奎氏の論考を拠り所としながら『保訓』字体の特色について考察を加えてみたい。李氏の論考には三体石経をはじめとする伝抄古文についての言及は見られず、もっぱら楚簡などの戦国簡牘文字との比較を中心に立論されている。李氏は『保訓』の特徴として以下の四つを挙げ、『保訓』の字体は独一無二で、しかも他の清華簡諸篇に比べて簡長が著しく短い竹簡に書写されていることから、『保訓』一篇は「書法練習之作」であった可能性を指摘する。(12)

一、衆體雜糅、甚至羼入它系文字的特徵、與實用書體有所不同。
二、筆畫屈曲誇張、帶有美術字的一些特徵。帶眼睛的「隹」字古文字中很罕見、簡文的寫法應当是鳥蟲書的影響。
三、文字多寫異體、有意求變。
四、文字時有錯訛、書手文化水平不一定很高。

李氏が挙げる四つの特徴のうち一・二は『保訓』字体の特徴についての分析、三・四は異体の多用や錯訛の存在など書手との関係を指摘したものであり、とくに後の二つは『保訓』字体の特異性における個人的要因を理解する上で重要な意味をもつ。

ここであらためて留意されるのは、李氏が「文字有很突出的個人書寫特徵」として挙げる例の中に、通常の簡牘の書写に用いられる俗体とは異なり、むしろ青銅器銘文などに用いられる正体への強いこだわりをうかがわせる写法が見いだされることである。以下ではその具体例として「又」字・攴旁の用例を取り上げてみたい。まず李氏の分析を引用し[13]、あわせて『保訓』中の「又」字・攴旁の全用例および関連する資料の図版を掲げる（図1）（引用中の字形は便宜上アルファベットを用い図1と対応させて示した）。

簡文中的「又」作A、例如受B（簡7）・复C（簡4）・得D（簡6）・寺E（簡9）、攴旁F（簡5）等、由左右兩筆和中間右曳一筆構成、與習見的兩筆的G（包山16）有明顯不同、C（复）・E（寺）等字中的「又」旁左右兩筆不相連屬、右曳誇張、與楚文字中「心」旁相似。這種寫法的「又」爲目前楚文字中所僅見。

図1

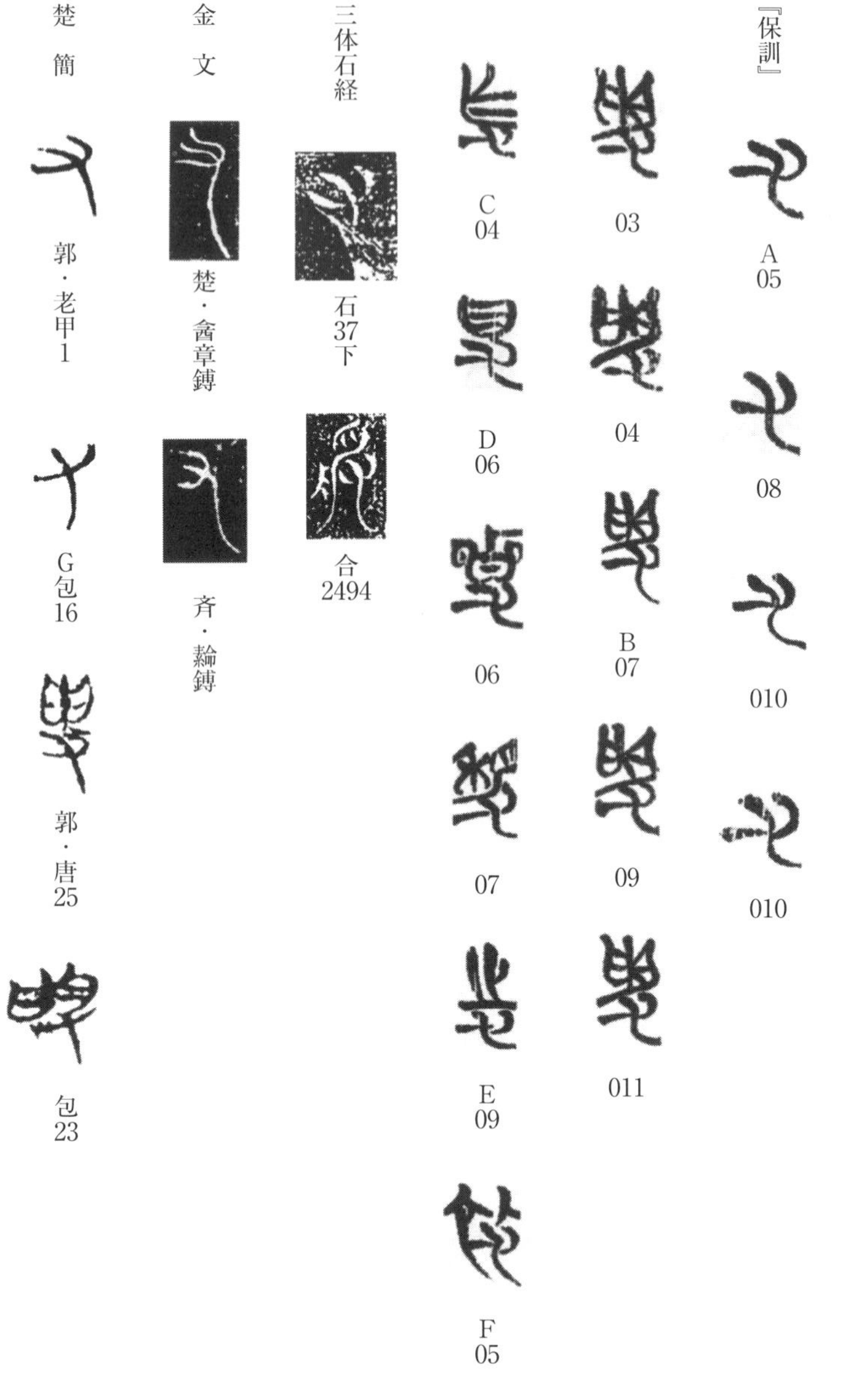

上に引用した李氏の分析中、個人の書写特徴として指摘される「由左右兩筆和中間右曳一筆構成」は三体石経にも

見え、青銅器銘文などに用いられる正体と基本的に合致する。これに対して「習見的兩筆」は戦国簡牘文字に見える通行の俗体を指す。したがって両者の相違は見方を変えれば正体と俗体との様式上の差異に対応するものと言うことができる。

また引用文後段において李氏が指摘する「「心」旁相似」について見ると、『保訓』の用例には左右両筆部分に不安定な揺れが見いだされることから、本来であれば中心部で連結すべき両筆が食い違った結果、このような特異な形体が生じた可能性が高い。したがって「「心」旁相似」は書手が通常の俗体とは異なる正体の書法を十分に理解しないまま底本の形体を模倣したために生じた一種の訛形と見なされ、個人の書写特徴というよりもむしろ李氏が特徴の四に挙げた「書手文化水平不一定很高」に起因する現象と見るべきではないだろうか。

いずれにしても、以上の分析によってこれらの特徴の背後には、正体様式に忠実であろうとする書き手の強い意識が存在していることが明らかとなる。そしてさらに重要な点は、こうした意識は『保訓』字体の諸処に認めることができ、李氏が特徴の一に挙げた「與實用書體有所不同」や二に挙げた「筆畫屈曲誇張、帶有美術字的一些特徵」などの諸点についても、字体における用途差という要因を適用することによって統合的な理解が可能となる点である。

次節では、李守奎氏とは異なる観点に立つ馮勝君氏の論考を手がかりとして、さらにこの問題を追及してみよう。

四　『保訓』の書法風格と国別問題

馮勝君氏は三体石経古文が斉魯地区文字写本に来源するとの前提から、書法風格と文字形体との両面にわたって分析を加え、以下のごとく『保訓』を「書法風格具有齊魯地區特徵的楚文字抄本」と位置付ける。(14)

《保訓》篇雖然從書法風格上接近三體石經、而三體石經源於戰國齊魯地區文字寫本。但簡文中絕大多數文字從形體結構的角度分析還是典型的戰國楚文字、也就是説『保訓』篇的書法風格可能源於齊魯地區、但文字形體却基本上是楚文字（只有零星的非楚文字形體、如上文表格中的「及」字）。在這種情況下、我們認爲文字形體還是判定簡文國別與地域特徵的主要條件、所以我們不同意把《保訓》篇定性爲具有齊系文字特徵的抄本。或許我們可以説《保訓》篇是書法風格具有齊魯地區特徵的楚文字抄本、這種描述是否合適、希望得到專家學者的指教。

この馮氏の見解は、『保訓』の書法風格上の特異性の要因を主として地域差に求めたものであり、書法風格の問題を国別研究の視点からとらえようとする試みはきわめて魅力的である。しかし一方でなお疑問とすべき点も残されている。確かに三体石経古文が斉魯文字の特徴と合致する部分が多いことは、すでに多くの先学によって指摘されてきており、さらに馮氏自身によって統計的にも裏付けられたところである。[15] しかしそれはあくまでも文字形体の面においてであって、書法風格の面については、今のところ斉魯地区出土の戦国簡牘は知られておらず、三体石経古文の書法風格が斉魯地区のそれをどの程度反映したものであるかは不明とせざるを得ない。もちろんその可能性を否定するつもりはないが、斉魯地区にかかわる書法風格の問題は、なお今後の新資料の発見に俟つところが大きいことを十分に認識しておく必要があろう。

ところでこの論考は馮氏自身が述べるごとく、馮氏が公子小白の網名で復旦大学出土文献与古文字研究中心網站に発表した「発一份清晰的《保訓》図片並談簡文与伝抄古文的関係」の文章とそれを中心とする網友との議論を踏まえたものである。議論の要点については論考中にまとめられているのでここでは繰り返さないが、留意されるのは、網友の議論の中に『保訓』や伝抄古文の字体と青銅器銘文に見られる正体との関連に言及したコメントが認められることである。この種の観点に対して馮氏は以下のように述べ、むしろ『保訓』と三体石経との間に認められる固有の特色を重視する立場を示している。(16)

至於其來源是不是一定要坐實爲青銅器銘文、現在還不好確定。另外簡文中與三體石經相近的筆法・筆勢、與一些只見于三體石經（特別是那個「隹」旁的寫法）相結合、我覺得恐怕不是偶然的。簡文中有一些「又」旁起始部分筆畫由兩筆分別寫成、這在以前的竹簡文字中也不多見、而這也是三體石經古文的一個特徵。這些因素湊在一起、對於我們重新認識三體石經應當具有積極的意義。

確かに青銅器銘文に見える正体と『保訓』字体との間には相違点が少なからず認められ、両者の関係については慎重な検討が必要である。しかし同時に『保訓』を簡牘という被写材料の枠組みでとらえ直してみると、他の大部分の戦国簡牘文字とは異なり、謹直性や画一性さらには装飾性といった諸点で、青銅器銘文の正体との間に様式上の類似点が少なからず認められることもまた事実である。こうした状況を踏まえれば『保訓』の特異性を理解するためには、より広い視野に立った用途差への着目が必要とされるのではないだろうか。

この点について以下、具体的に「之」字を例に分析を加えてみたい（表1）。とくに「之」字を取り上げる理由は、用例数が比較的多く、しかも正体と俗体との間に顕著な形体上の相違を示し、当該テキストの字体と用途との関係を把握する上で一つの有力な指標になり得ると判断されるためである。

表1　「之」字の字体

	楚文字	齊文字
金文（正体）	 酓章鎛  王孫誥鐘	 陳胎戈  陳純釜
金文（俗体）	 鑄客爐  酓儀鼎	 璽彙1185 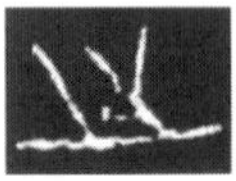 銅雁足燈
簡牘	 天卜  包8	斉魯地区簡牘（未発見）

まず金文と簡牘との両者について資料が備わる楚文字についてみると、鋳造された金文には正体、簡牘文には俗体が用いられており、両者の間には明瞭な字体の使い分けが認められる。ただし留意すべきは金文においても草卒に鏨刻されたものには多く俗体が用いられており、字体は必ずしも被写材料によって既定されるわけではなく、むしろ資料の性質や内容と深くかかわっていることが知られる。この点は『保訓』字体の特異性を理解する上において重要な示唆を与えるであろう。

資料上の制約から十分に把握しがたい部分も残るが、楚文字に認められるこのような対応関係は、地域差を超えて基本的にほぼどの地区にも共通するものであったと見なされる。例えば馮氏の見解との関連から斉金文についてみると、楚金文と同様、鋳造銘には正体が用いられるのに対し、鏨刻されたものには多くの場合、俗体が用いられており、両者には共通の対応関係が認められる。こうした状況を踏まえれば未発見の斉魯地区簡牘についても、その書法風格は明らかにし得ないとしても、少なくとも形体面では楚簡と同様に俗体が用いられた可能性はきわめて高いとみてよいであろう。そしてこのような用途差にもとづく対応関係を念頭に置いた上で、あらためて三体石経および『保訓』の「之」字についてみると（図２）、俗体とは明らかに相違し、字体類型の大枠としてはむしろ正体との間に多くの共通性をもつことが明らかとなる。[17]

図２

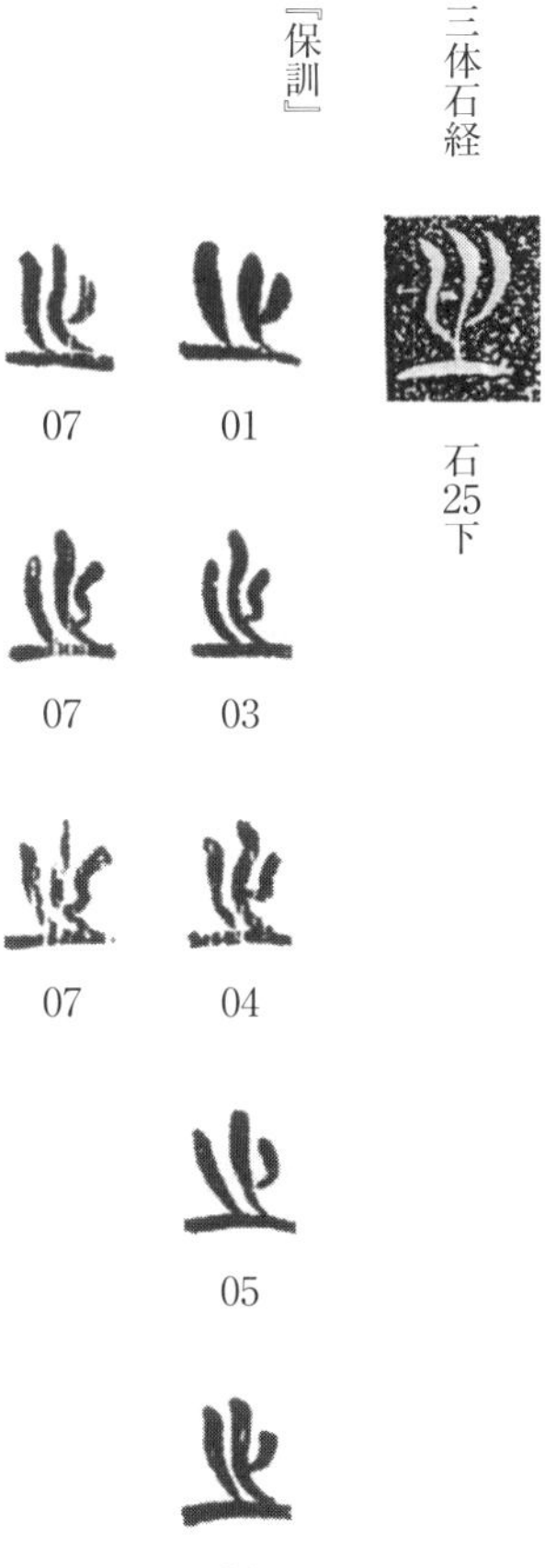

以上の検討により、馮氏が指摘する地域差の要因についてはなお資料上の制約を考慮する必要があり、当面の課題としては、より広い視野から用途差の要因に着目することが、『保訓』字体の特異性の理解にとって重要であることを明らかにした。

ここであらためて強調しておきたいのは、これまで指摘してきた『保訓』字体と青銅器銘文の正体との共通性は、あくまでも他の簡牘文字と比較した場合の特色であって、必ずしも両者の同一性を意味するわけではない、という点である。事実『保訓』字体と青銅器銘文の正体とを比較すると両者の間には組織構造および書法風格の両面にわたって相違点が見いだされ、『保訓』には通常の簡牘に用いられる俗体と共通する例も少なくない。前節で取り上げた李守奎氏の「衆體雜糅」という指摘は、そのような『保訓』字体の多様な側面を的確にとらえたものと言えよう。ただし同時に、馮氏が指摘するごとく『保訓』と三体石経との間にはとくに書法風格の面で偶然とは見なしがたい独自の共通性が認められ、(18)『保訓』字体は決して孤立した存在ではなく、その背後には何らかの共通基盤が存在していたと推測される。これらを総合的に勘案すれば、『保訓』字体は青銅器銘文の正体とは明らかに一線を画し、簡牘の手写という場において特別な用途に用いられた一種の雅体であったと見なすことができよう。そして『保訓』との間に独自の共通性を示す三体石経古文もまた、そうした雅体の系譜に位置するものであったと考えられる。

五　『保訓』と三体石経古文との共通性

本節では前節において提起した仮説にもとづき、『保訓』と三体石経古文との間に認められる独自の共通性について、「辵」の筆法を中心に分析を加えてみたい。

まず指摘したいのは、秦簡と楚簡との間で「辵」下部の「止」の筆法に明瞭な相違が認められる点である。秦簡の用例を見ると「止」字の最初の二画をほぼ例外なくy字型に作っており（図3）、この形体は統一秦以前から一貫して行なわれ、遅くとも戦国中期以前に溯ることが知られる。これに対して楚簡の用例は大部分が逆y字型であり（図4）、他の斉や三晋地区の文字にも楚簡と同様の状況が認められる。

図3
y字型

秦簡

睡『法律答問』180

里9-4正

図4
逆y字型

楚簡

郭『老子』乙10

包247

ここでは比較の便宜上、用例数の多い「辵」を取り上げたが、このような相違は他の「止」系諸字全般に共通して認めることができ、戦国期以前において「止」字の筆法に個人差を超えた地域的な分立が存在したことが知られる。

こうした現象を踏まえた上で『保訓』の「辵」の用例を見ると、一貫して秦簡と同じy字型に作っており、同様な状況は、他の「止」系諸字にも認められる（図5）。

図5
『保訓』

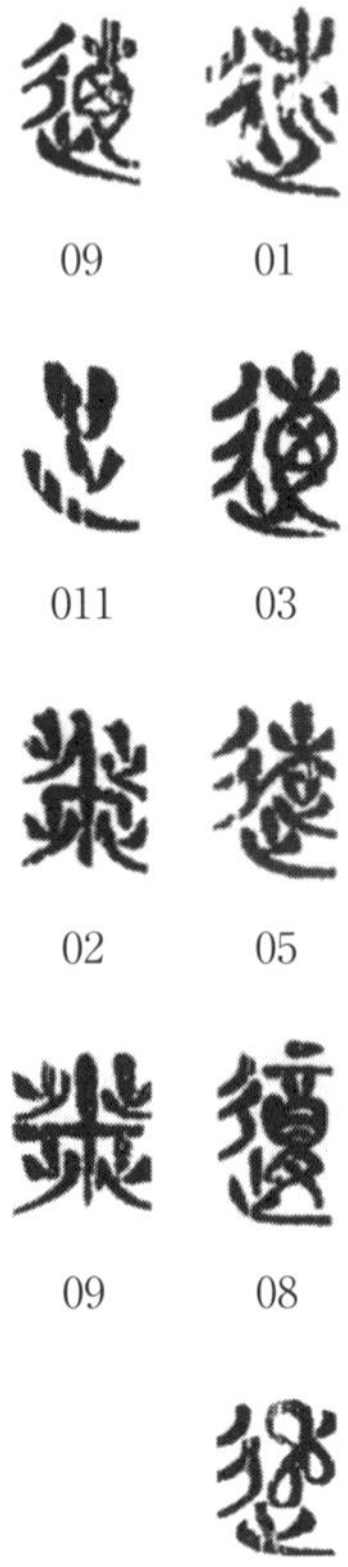

一方、三体石経古文の「辵」は「止」の最初の二畫を二点のように作る独特の形体を示している（図6）。これについては当然、伝抄の間における訛変を考慮する必要があるが、同様の形体は現在確認される三体石経古文の「辵」に一貫して認めることができ、決して杜撰な約省にかかるものではなく、何らかの拠り所をもつと見られる。そこで留意されるのは、秦簡のy字型の中にy字をさらに簡略化して二点のように作る例が認められる点である（図7）。このような例は、今のところ楚簡などの逆y字型には見いだされておらずy字型特有の現象と見なされる。

図6
三体石経

石13上

石13下

図7

秦簡

里
8-507

嶽『爲吏治官及黔首』
1574

この両者の関係については、今後さらに広範な用例分析にもとづく検討が必要であるが、仮に二つの形体の間に脈絡を認め得るとすれば、『保訓』と三体石経とを結ぶ独自の共通性として注目に値しよう。ただしその場合においても、こうした現象を秦系文字の後天的な影響と見なすことはおそらく早計であり、『保訓』や三体石経の来源となった雅体の中に秦系文字と共通する要素が本来的に含まれていた可能性を考慮しておく必要がある。

それに関連してやや唐突ながら、温県盟書に見える用例について言及しておきたい。管見のおよんだ図版によれば[19]、温県盟書に見える「止」字は、基本的に楚簡などと同様の逆y字型に作るが（図8）、留意されるのはWT1 K14:636に例外的にy字型が認められる点である（図9）。この盟書はやや大ぶりな文字で書写されていて他と書法風格を異にする。しかも「往」上部の「之」の部分には『保訓』や三体石経のような正体に類した形体（前掲図2参照）が認められ、この点でも他の盟書と大きく異なっている。もとより時代も地域も異なる『保訓』とにわかに結びつけることはできないが、手写体における雅体の来源を考察する上での興味深い例として注目しておきたい。

図8

温県盟書 WT1 K14:867

「徒」

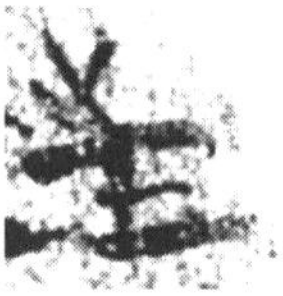

「往」

図9

温県盟書 WT1 K14:636

「徒」

「往」

六　古代字体と用途との関係

これまでの検討を踏まえれば、『保訓』には通常の簡牘に用いられる俗体ではなく、特別な用途の雅体が用いられ、三体石経古文もそのような雅体の脈流に位置するものであったと推測される。それではなぜ『保訓』には特別な雅体を用いる必要があったのであろうか。これについてはやはり周の文王の遺言という『保訓』の内容が深く関与していると考えられる。

例えば清華簡の中には、国家にかかわる重要な典籍として『尚書』類も含まれるが、それらはいずれも通常の俗体で書写されており、『保訓』とは字体を異にする。しかしこれについては、以下のような解釈が可能であろう。すなわち『尚書』類は、基本的に周王が臣下にくだした誥命の類であるのに対して、『保訓』は、歴史的信憑性の問題は暫く置くとしても、少なくとも当時においては周の文王が後の武王である太子の発にあてた遺言と認識され、その内容は文字通りの「宝訓」であった。こうした状況を踏まえれば、『保訓』に通行の俗体ではなく特別な雅体が用いられたのはむしろ当然であり、その権威づけという点からも雅体の使用は不可欠であったと考えられる。

ただし留意すべきは『保訓』は決して習熟した書写者の手になるものではないという点である。上述のごとく李守奎氏は『保訓』について「文化水平不一定很高」の書手による「書法練習之作」と見なしている。これは竹簡の簡長（短簡）と文字中に散見される錯訛とを結びつけた注目すべき見解であるが、本章の検討結果を踏まえて若干の補足を加えれば、『保訓』は雅体書法にかかわる習書的な性格をもったテキストと言うことになろう。その点からすれば、むしろ三体石経古文のほうに雅体の書法風格の典型がよく保存されている可能性も考慮され、第二節で引用した西晋の衛恒『四体書勢』の発言は、雅体であるがゆえに高度に形式化され固定化された書法風格に対して発せられた批判とも解釈できるのではないだろうか。

最後にこのような古代字体と用途との関係について、以下に引用する『説文解字』叙の秦書八体の記述に注目してみたい[20]。

自爾秦書有八體。一曰大篆、二曰小篆、三曰刻符、四曰蟲書、五曰摹印、六曰署書、七曰殳書、八曰隸書。

この八体の排列については、段玉裁が「八曰隷書」の注に「刻符・幡信・摹印・署書・殳書皆不離大篆・小篆、而詭變各自爲體」と述べるように、[21]「刻符」以下「殳書」までの五体が、当時の正体である「小篆」および「大篆」にもとづく用途別書体にあたり、最後に日常用いられる俗体の「隷書」が位置するという構成になっている。段玉裁が四番目の「蟲書」をことさらに「幡信」と言い替えているのは、その前の「四曰蟲書」の段注「新莽六體有鳥蟲書、所以書幡信也。此蟲書即書幡信者」を承けたものである。秦書八体の「蟲書」が新莽六体の「鳥蟲書」に対応し、「鳥蟲書」の用途である「書幡信者」が「蟲書」にも適用されるという段氏の論証自体に異論はないが、なお疑問として残るのは、「蟲書」の用途が「幡信」であったとすれば、なぜ他の「刻符」・「摹印」・「署書」・「殳書」のように用途にもとづく命名をしなかったのかという点である。

この問題について啓功氏は以下のように述べ、秦書八体の「蟲書」はもともと大小篆の手写体の名称であったとの見解を示している。[22]

再看秦代的蟲書。按「秦書八體」、以風格得名有大小篆、以用途得名的、有刻符・摹印・署書・殳書・隷書。至於蟲書、如果是有特殊形體構造、則不合於秦代「同文字」的精神、果是以用途得名、又是做什麼用的?漢代既明標出書幡信、秦代何以不標明?如果秦代也只是書幡信、又何以不稱爲「幡書」?現在從以上對於科斗、鳥蟲書的研究、可以明白、秦之蟲書、即是大小篆的手寫體、所以無從專提用途。我們只要看那些頌功刻石、筆畫勻圓、絶非不經加工的手寫原様、那麼日常用筆書寫的文字、明擺着是一大宗風格、所以需要給它立一個名稱。至於漢代日常通行的字體、已不是篆類、古體字已成爲某些用途上的門面物、它的用途範囲於是縮小到題寫幡信等物、這也是自然的趨勢。

ただ少しく疑問に思われるのは、『説文解字』叙および『漢書』芸文志によれば、「大篆」は『史籀篇』中の文字、「小篆」は『蒼頡篇』中の文字と説明されており、両者の名称は竹簡に手写されたそれぞれのテキストの字体に対して付与されたと見なされる点である。そうであるとすれば、その手写体に重ねて「蟲書」と名付けたとは考えにくいであろう。

啓功氏も注意を喚起するように、(23)秦代の「蟲書」や漢代の「鳥蟲書」を春秋戦国期の南土の武器銘文等に多見されるいわゆる鳥書と直結させる説にはにわかに左袒し難いものの、同時にこれらの装飾字体とまったく無関係と見ることも恐らく行き過ぎであろう。両者を整合的に踏まえれば、秦書八体の「蟲書」はもともと篆類の手写体のなかでも意匠性を帯びた特別な用途に用いる一体であったと考えられる。秦書八体の来源が戦国期以前に溯るとすれば、『保訓』字体と「蟲書」との関連についても、今後なお考慮の余地が残されている。

注

（1）清華大学出土文献研究与保護中心編　李学勤主編『清華大学蔵戦国竹簡（壹）』（中西書局、二〇一〇年）

（2）李学勤「論清華簡《保訓》的幾個問題」（『文物』二〇〇九年第六期、第七六～七八頁、李学勤著『初識清華簡』第九～一四頁、中西書局、二〇一三年六月再収）

（3）『保訓』と三体石経古文との間に書法様式上の共通性が認められることについては、拙稿「清華大学蔵戦国竹簡『保訓』の書法」（『書法漢学研究　第十五号』、二〇一四年、第一～一二頁）参照。なおこの論文は主として真偽問題とのかかわりから『保訓』の書法について分析を加えたものであるが、行論の便宜上、本章の論述と重複する部分のあることを断っておきたい。

（4）本章では啓功氏の定義に従い「字体」の語を、文字の組織構造と書写風格との二方面を包括した意味に用いる。啓功『古代字体論稿』（文物出版社、一九六四年、第二版一九九九年、第一頁）参照。

（5）『晋書』巻三十六、衛恆伝（中華書局、一九七四年、第一〇六一頁）

（6）「魏石経考五」（『観堂集林』巻二十、中華書局、一九五九年、第九七四頁）、同様の見解は「科斗文字説」（『観堂集林』巻七、第三三七～三三九頁）にもみえる。

（7）「魏石経考三」（『観堂集林』巻二十、注（6）、第九六八頁）

（8）啓功『古代字体論稿』（注（4）、第一八～一九頁）

（9）先に引用した『魏石経考五』（注（6）、第九七四頁）の前段には、「洎近世古器大出、拓本流行、然後知三代文字決無此體」とあり、この言からも王氏の立論の根拠となったのは青銅器銘文であったことが知られる。ただそこに付された自注に「惟呉縣潘氏藏不知名古銅器一、筆意近之、而結體復異、乃六國時物也」とあり、伝抄古文と近似する筆意をもった潘祖蔭所蔵の六国期の古銅器への言及が見えることに注目しておく必要があろう。

（10）啓功『古代字体論稿』（注（4）、第一八頁）

（11）馮勝君「試論清華簡《保訓》篇書法風格与三体石経的関係」（清華大学出土文献研究与保護中心編『清華簡研究（第一輯）』（中西書局、二〇一二年、第九七頁）

（12）李守奎「《保訓》文字衆体雑糅、可能是書法習作」（「《保訓》二題」所収、『出土文献（第一輯）』二〇一〇年、第八三―八六頁）

（13）李守奎「《保訓》文字衆体雑糅、可能是書法習作」（「《保訓》二題」所収、注（12）、第八四頁）

（14）馮勝君「試論清華簡《保訓》篇書法風格与三体石経的関係」（注（11）、第九七頁）

（15）馮勝君『郭店簡与上博簡対比研究』（綫装書局、二〇〇七年、第三一五～三二〇頁）

（16）馮勝君「試論清華簡《保訓》篇書法風格与三体石経的関係」（注（11）、第九三頁）

（17）『保訓』の「之」字の用例のうち01の書法風格がやや異なるのは、当該字を含む「日之多」の三字を書写後に改写したためと推測される。字間の状況からみて恐らく脱字の補入にともなう改写であろう。

(18) この点については馮氏論文「試論清華簡《保訓》篇書法風格与三体石経的関係」（注（11）、第九四頁）

(19) 艾蘭・邢文編『新出簡帛研究』口絵 図版四 温県盟書～図版十七 温県盟書（文物出版社、二〇〇四年）

(20) 許慎『説文解字』（中華書局、一九八五年、第三一五頁）

(21) 段玉裁『説文解字注』（上海古籍出版社、一九八一年、第七五八頁）

(22) 啓功『古代字体論稿』（注（4）、第二一頁）

(23) 啓功『古代字体論稿』（注（4）、第二一～二三頁）

図版所拠文献

『保訓』……李学勤主編 沈建華 賈連翔編『清華大学蔵戦国竹簡【壹―参】文字編』（中西書局、二〇一四年）

三体石経……徐在国編『伝抄古文字編（上・中・下）』（綫装書局、二〇〇六年）、簡称は同書に従う。

温県盟書……艾蘭・邢文編『新出簡帛研究』図版四 温県盟書～図版十七 温県盟書（文物出版社、二〇〇四年）

秦簡……『睡虎地秦簡』（簡称・睡）睡虎地秦墓竹簡整理小組『睡虎地秦墓竹簡』（文物出版社、一九九〇年）、『里耶秦簡』（簡称・里）湖南省文物考古研究所編著『里耶発掘報告』（岳麓書社、二〇〇七年）、湖南省文物考古研究所編著『里耶秦簡［壹］』（文物出版社、二〇一二年）、『嶽麓書院秦簡』（簡称・嶽）『嶽麓書院秦簡 壹』放大本（上海辞書出版社、二〇一〇年）

楚簡・楚金文……李守奎編著『楚文字編』（華東師範大学出版社、二〇〇三年）、簡称は同書に従う。

斉金文……孫剛編纂『斉文字編』（福建人民出版社、二〇一〇年）、簡称は同書に従う。

第二章　『良臣』・『祝辞』の書写者――国別問題再考――

福田哲之

一　問題の所在

一九九三年出土の郭店簡(1)によって、楚墓出土の戦国竹書に楚国通行の楚系文字とは異質の非楚系文字が含まれることが明らかとなり、テキストの成立・流伝にかかわる国別問題が注目されるにいたった。その後、新たに上博簡も加えて研究が進められ、他地域で成立し楚に流伝した他地性の戦国竹書には、非楚系文字を具有する例が、少なからず認められることが明らかにされたのである(2)。

ここで確認しておきたいのは、これまで知られてきた郭店簡・上博簡は、すべて楚系の用字習慣をもつ楚人が書写したものと見なされている点である(3)。したがって、そこに認められる非楚系要素は、基本的に書き手の側ではなく、書写者が依拠したテキスト（底本）からの影響とみることができる。

同じ状況は、郭店簡・上博簡のみならず清華簡にも見いだされる。例えば『筮法』には、「夕」・「返」・「祖」などの諸字に晋系文字の特徴がみられることが指摘されているが(4)、同時に「左」字を「口」に従う形体に作る点や「𥃦（見）」と「貝（視）」との使い分けなど、多くの点で楚の用字習慣との合致が認められる。また書法風格の面においても、一貫して楚簡に特徴的な円転様式をそなえ(5)、このテキストが楚人の書写にかかり、その中にみえる晋系文字の特色は底本の影響をうけたものであることが知られる。

こうした状況において注目されるのは、『良臣』に文字・書法の両面で晋系文字との緊密な関連が認められる点である。仮に『良臣』に書写者が楚人であることを示す明瞭な痕跡が認められないとすれば、『良臣』は楚の用字習慣をもつ楚人ではなく、晋の用字習慣をもつ非楚人の手になる可能性が生じる。(6)そして同じ可能性は『良臣』と同写・同冊とされる『祝辞』(7)にも想定されよう。この仮説に従えば、『良臣』・『祝辞』に認められる非楚系要素は、基本的にテキストではなく書き手の側に由来することになる。

このように一口に非楚系文字具有テキストと言っても、書写者がどのような用字習慣をもつかによって、そのテキストの言語的性格は大きく異なってくる。『良臣』・『祝辞』は、楚人の書写者を前提として論じられてきた従来の国別問題に再考をうながす貴重な資料と言えよう。

本章ではこのような問題意識にもとづき、『良臣』・『祝辞』の文字・書法について分析を加え、両篇の性格とその資料的意義を明らかにしてみたい。(8)

二　『良臣』の文字形体

本節では『良臣』の文字形体について分析を加える。はじめに『清華大学蔵戦国竹簡（参）』（以下『清華参』と略記）にもとづき、その概要を記しておく。(9)

『良臣』は全十一簡、文字に缺失はない。黄帝から春秋期までの著名な君主に仕えたすぐれた臣下を記しており、その内容から仮に「良臣」と題した。簡文は連続して書写され、中間に黒の横線で二十の小段に分けられ、黄帝から周の成王までは歴史の順序、春秋の晋の文公から鄭の子産の師・輔までは国別の排列となっている（最後の楚の共王の一条は後補にかかるようである）。竹簡の文字は三晋系の写法に属し、例えば「百」字はすべて「全」に作っている。篇中には「子産之師」「子産之輔」など鄭の子産との関連が詳記されており、作者は鄭と密接な関連をもつ人物であった可能性がある。

劉剛氏[10]はこの『清華参』の指摘を承けて、文字風格・文字形体・用字習慣の各方面から分析を加え、晋系文字との関連を裏付けている。『良臣』が晋系文字の特色をそなえたテキストであることは、劉氏の研究によってほぼ立証されたといってよいであろう。

それでは逆に『良臣』と楚系文字との関係はどうであろうか。この点を明らかにするために、まず『良臣』の全用例（異なり字数一四三字）から楚系と晋系との間で形体面において明瞭な相違をもつ文字を抽出し、それらを［A類］晋系と共通する文字と［B類］楚系と共通する文字とに分類した。その結果を文字ごとに整理し、通し番号（丸囲み数字）の下に相違点を簡潔に記した表を以下に示す。なお※を付した文字は、すでに先行研究において指摘されたものであり[11]、分析に用いた資料については、末尾の「参考文献」に掲げた。

【A類】晋系と共通する文字

①「哀」：「口」の位置の相違。

楚系	晋系	『良臣』
 包山 145  郭店 五行 17	 哀成叔豆	 08

②「後」：楚系は「辵」に従う。

晋系	『良臣』
 侯馬	 05  09

楚系
 包山 227  郭店老子 甲 16

③「卑」：晋系は下部に飾筆を付す。

楚系	晋系	『良臣』
 郭店 緇衣 23  救秦戎鐘	 侯馬	 10

④「史」：楚系は上部を「卜」に作る。

『良臣』
 01  08

楚系	晋系
 包山 138  上博三 中弓 14	 侯馬

⑤※「寺」：晋系は下部を「寸」に作る。

楚系	晋系	『良臣』
 包山 234  帛書乙 7-77	 侯馬	 06

⑥※「百」：晋系は「全」に作る。

楚系	晋系	『良臣』
 包山 137	 中山円壺	 08
 郭店 忠信 7	 貨系 1346	 10

⑦※「肥」：晋系は右旁が垂直に折れる。

楚系	晋系	『良臣』
 包山 250	 璽彙 1642	 10
 望山M 1 116		

⑧※「左」：楚系は「口」に従う。

楚系	晋系	『良臣』
 包山 226	 中山円壺	 08
 郭店 老子丙 6	 璽彙 1651	

⑨※「向」：晋系は上部を∧型、楚系はM型に作る。

楚系	晋系	『良臣』
 包山 99	 貨系 364	 05
 郭店 尊徳 28	 廿三年 襄城令矛	

⑩※「弔」：晋系は右下に飾筆「ノ」を付す。

楚系	晋系	『良臣』
 倗之鼎	 璽彙 2549	 03
 屈叔沱戈	 八年 㝉令戈	 05
		 08
		 09

⑪※「範」：晋系は右旁の上部に「山」を加える。

楚系	晋系	『良臣』
 包山 167	 璽彙 1825	 05
 望山M 1 170	 璽彙 1399	 05
		 07

⑫「禹」：楚系は下部に「土」を加える。

楚系	晋系	『良臣』
 郭店 緇衣 12	 珍秦戦 236	 01
 九店 M 56 39	 璽彙 5124	

⑬「邑」旁：楚系の大部分は左側に位置する。

『良臣』	
 「邦」 09	 「邯」 06
 「郘」 04	 「郎」 11
 「郍」 03	

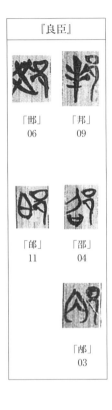

楚系	晋系	
 「邦」 郭店 老子乙 18	 「邵」 中山方壺	 「邦」 侯馬
 「郢」 包山 7	 「郎」 璽彙 2150	 「邦」 哀成叔鼎

［B類］楚系と共通する文字

①「相」：晋系は通常「目」の下に飾筆を付す。

楚系	晋系	『良臣』
 帛書甲 7-77	 中山方壺	 01
 包山 171	 璽彙 1859	 09
 郭店 老子乙 4	 十七年 相邦鈹	

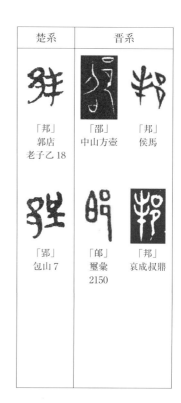

ここでB類の「相」字を取り上げる。『良臣』は楚系と同様「目」の下に飾筆を付さない形に作る。(12) この形体は、甲骨文および西周金文を蹈襲するもので秦系とも共通する。一方、晋系の用例はほぼすべてが「目」の下に「−」または「=」の飾筆を付しており、この形体は晋系の特色の一つの見なされている。(13)

このように『良臣』の「相」は、通常の晋系文字とは形体を異にするが、留意すべきは、晋系にも一例（十七年相邦鈹）『良臣』と同様の形体が認められる点である。(14) これを踏まえれば、晋系内においても例外的に初形にもとづく飾筆を付さない写法が行なわれた可能性も考慮されよう。

以上の分析から、『良臣』の文字形体は一部の例外を除いて、その大部分が晋系文字と合致することが明らかとなる。

三　『良臣』の用字習慣

次に『良臣』の用字習慣の検討に移る。蘇建洲氏は『良臣』（簡5）が昭王の「昭」を、楚系の「卲」とは異なる「軺」に作ることから、底本は楚国のものではないことを指摘している。(15) また劉剛氏は、『良臣』の用字が楚系とは異なり晋系と合致する例として、以下の三例を挙げ、

1、簡2　伊䏊（尹）　簡5　令䏊（尹）

2、簡7雩（越）王勾踐

3、簡6坙（隰）朋

さらに先の蘇建洲氏の見解を引いた後、「韶」字が晋系文字では人名に常用され、とくに三晋の韓国との間に密接な関係がうかがわれることを指摘している。(16)

このように『良臣』は、その内容面の特色から、人名を中心とする用字習慣の検討において、きわめて有効な資料と言える。そこでまず蘇建洲氏の指摘を踏まえ、『良臣』にみえる楚王の諡号（成王・共王・昭王）を他の戦国竹簡と比較すると表1のような結果となる。(17)

表1 楚王の諡号とその用字比較

諡号	『良臣』	『楚居』	『繫年』	上博簡
成王	成王	成王	成王	成王『成王為城濮之行』
共王	恭王	龏王	龏王・龍王	—
昭王	韶王	卲王	卲王	卲王『昭王毀室』

蘇建洲氏の指摘する「昭王」以外に「共王」についても『良臣』と『楚居』・『繫年』との間に用字差異が認められるが、現時点では十分な用例が得られないため、晋系の用字との関係は不明とせざるを得ない。あくまでも推測の域を出ないが、前節における文字形体の分析や上述した用字習慣にかかわる先行研究などを踏まえれば、楚系の「龏（龍）王」に対して「恭王」は晋系の用字に属する可能性が指摘されよう。

次に、楚王の諡号以外の人名や官名について、『良臣』と他の戦国竹書とを比較すると表2のような結果となる。[18]

表2　人名・官名にかかわる用字比較

人名・官名	『良臣』	『繫年』	上博簡
斉桓公	齊𨊻公	齊𧻚公	—
越王句践	雩王句賤	戉公句戔	—
大宰	大宰	大𠞬	『柬大王泊旱』大𠞬

『繫年』にみえる斉桓公の「𧻚（桓）」、越王句践の「戉（越）」・「戔（践）」、『繫年』および『柬大王泊旱』にみえる大宰の「𠞬（宰）」はいずれも楚系の用字と見なされ、これに対して『良臣』はそれぞれ「𨊻」・「雩」・「賤」・「宰」と用字を異にする。現時点では、これらのうちで晋系との関係を裏付け得るのは、劉剛氏が指摘する「雩（越）」のみにとどまるが、他の例も同様に晋系の用字に属する可能性が指摘される。

ただしここで留意されるのは、中山王鼎銘文の「𧻚（桓）王」や中山王玉器墨書の「𧻚（桓）子」などの用例から、晋系では「桓公」の「桓」の表記に楚系と同様「𧻚」が用いられたことが知られる点である。[19] 先に見たように『良臣』では「𧻚」とは異なる「𨊻」が用いられており、この用字は現在までのところ他系（国）においても見いだされないようである。[20] 用例数の制約から断定は差し控えなければならないが、おそらくこれは同系内の異例と見なされ、必ずしも『良臣』と晋系の用字習慣との関連を否定する根拠とはならないであろう。

この点についても先の諸例と同様、今後の検証が俟たれるが、少なくとも『良臣』の多くに非楚系の用字が認められることは、これまでの検討を通してほぼ明らかにし得たのではないだろうか。

四　『祝辞』の文字形体

続いて、『祝辞』の分析に移ろう。同様に『清華参』[21]にもとづき、その概要を記しておく。

『祝辞』は『良臣』と書写者を同じくし、もとは一編竹簡に『良臣』とともに連写されていたと見なされる。『祝辞』は五簡からなり、各簡ごとに巫術の類に属する祝辞一則が書写されている。最初は「恐溺」すなわち溺水を防ぐ祝辞、次は「救火」の祝辞、後半の三則はいずれも矢を射るときの祝辞で、敵人を射る際に用いるもの、禽獣を射るときに用いるもの、甲革を射るときに用いるものの三種に区分される。祝辞はまた呪語でもあり、多くは晦渋で理解できないものもある。

このように『祝辞』は巫術類に属しており、内容を十分に把握しがたい部分が残されている。また類型的な文体をもち、とくに後半の三則は共通の形式からなるため、限定された用例にもとづく分析となる。

それでは『良臣』と同様の手順により、『祝辞』の全用例（異なり字数六十四字）の文字形体について分類・整理した表を以下に示す。

【A類】晋系と共通する文字

①「童」：楚系は「里」の下部を「壬」形に作る。

『祝辞』	晋系	楚系
 03	 璽彙 2264	 望山M２ 13
 04		 包山34
 05		

②※「左」（第二節『良臣』⑧重出）

『祝辞』	晋系
 02	 温県
	 公朱左 自鼎

楚系
 楚帛書残片
 璽彙0162

③「虘」：晋系は下部を「寸」に作る。

楚系	晋系	『祝辞』
 望山M１ 152	 侯馬	 03
 包山202		 04
 王孫誥鐘		 05

④「火」：楚系は上部に横画を加える。

『祝辞』
 02

楚系	晋系
 九店 56-39	 璽彙 3654
 帛書丙 92	
 郭店 唐虞 10	

⑤「堂」：晋系は「土」に作る。

楚系	晋系	『祝辞』
 郭店 性自 19	 兆域図版	 01
 上博 君人 08		

⑥「陽」：楚系は「土」に従う。「日」の下に横画を二本加える例は晋系に見える。

楚系	晋系	『祝辞』
 信陽 3	 璽印菁華 6	 01
 包山 126	 二年 皇陽令戈	 03
		 04
		 05

［B類］楚系と共通する文字

①「也」：楚系は上部の横画が左右に出ない。

晋系	『祝辞』
 三十二年 坪安君鼎	 01
 坪安君鼎	 03
 ⿰氵言陽戈	 04
	 05

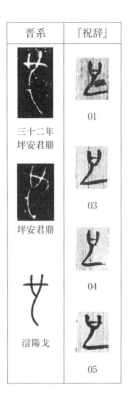

楚系

包山 204

郭店 老子甲 16

郭店 成之 35

ここでB類の「也」字を取り上げる。『祝辞』の「也」は、すべて楚系と同じく上部の横画が左右に出ない形に作る。[22]これに対して晋系の三例は、すべて横画が左右に出る形に作り、[23]この形体は斉・秦の各系（国）にも共通する。[24]以上の用例分析から、『祝辞』の文字形体は大部分が晋系文字の特色と合致するものの、「也」のように楚系文字の特色を示すものも認められ、特定の文字については一部に混淆を生じていた状況がうかがわれる。

五　『祝辞』の用字習慣

上述のように『祝辞』は呪語という特異な内容から、釈読を確定しがたい部分が少なからず残されており、用例数の制約もあって、現時点ではいかなる系（国）の用字習慣を反映したものであるかを明確に把握することは困難である。ここではあらかじめそれを断った上で、簡1の「弱（溺）」字について若干の検討を加えてみたい。

『祝辞』第一則が、落水淹没を防止するための呪語であり、簡1の冒頭二字を「忎（恐）弱（溺）」と釈することは、第二則の「救火」との対応関係からも異論のないところであろう。そこでまず「弱（溺）」字の関連資料を以下に列挙する。

○『祝辞』

［資料1］

簡1「弱（溺）」

○楚系

［資料2］

包山172「㲻」

［資料3］

郭店『老子』甲簡8「㲻」

［資料4］

上博七『武王践阼』簡8「㲻（溺）」

○非楚系

［資料5］

侯馬「汋」人名

［資料6］

中山王鼎「汋（溺）」

［資料7］

晋陶彙6・81「休」

［資料8］

郭店『語叢二』簡36「休（弱）[25]」

楚系では強弱の弱の意をあらわす文字として「㲻」が用いられており[26]［資料2・3］、これが沈溺の意をもつことは、上博七『武王践阼』の用例［資料4[27]］から裏付けられる。一方、晋系では「汋」が用いられ［資料5[28]］、この文字が沈溺の意をもつことは、中山王鼎銘文［資料6］の用例[29]から裏付けられる。これらを踏まえれば、『祝辞』の「弱（溺）」字［資料1］は楚系と近似し、晋系とは異なる可能性が考慮されよう。

ただし両者を詳細に比較すると、『祝辞』の「弱（溺）」［資料1］は、「勿」ではなく「人」に従っており、楚系とは構成要素が異なっている。また「水」の位置も楚系では下部に横向きに配置されるのに対して、『祝辞』では中央に縦向きに配置されており、写法も異なっている。

ここで想起されるのは、晋・斉魯・燕などの諸系（国）では、「弱（溺）」と同音の「休」が行なわれ［資料7・8[30]］、「沈溺の本字[31]」と見なされている点である。これらを踏まえれば『祝辞』の形体は「休」に「弓」を加えた繁体とみられ、楚系とは系列を異にする可能性が指摘されよう。

このように『祝辞』の用字については、十分に把握し難い点が多く残されているが、少なくとも楚系固有の用字と合致する明確な例は見いだされないようである。あくまでも間接的な推測に過ぎないが、『祝辞』の釈読の困難さは、その内容の晦渋さとともに、秦や楚とは異質の用字習慣をもつところに原因の一端があるのではないだろうか。

六　『良臣』・『祝辞』の書法

上述のように『良臣』と『祝辞』とは同じ書写者によるものと見なされており、書法風格は完全に一致する。本節では両篇の書法について分析を加え、晋系文字との関係を明らかにしてみたい。

劉剛氏は『良臣』の文字風格について、

> 整篇文字筆劃豐中鋭末、用筆謹飭、和三晉一系的侯馬盟書字形很是類似、而全無楚文字特種以曲綫取美的線條特徵。

と述べ、具体例として「又」字を挙げて『良臣』と晋系・楚系とを比較し、晋系との共通性を明らかにしている。[32] 風格面の分析はこの一例にとどまるが、その理由について、劉氏は以下のように説明している。

> 文字的風格雖然是戰國諸系之間的重要差別之一、但因為其抽象難以把握的特點、往往讓人有不知所云之感。下面我們再從文字形體和用字習慣兩個方面來説明《良臣》與晉系文字之間的關係。

確かに文字の風格は、その特色を全体として捉えようとすれば、抽象的で理解し難い面をもつことは否めない。しかし風格上の特色を形成する具体的な諸要素（例えば、運筆の特徴・点画の構造・一字の構成など）に着目し、それらについて個別に分析を加えることにより、一定の客観性をもった結論を導くことが可能である。

また、本章が対象とする晋系文字の場合は、春秋戦国期の筆記資料がほとんど皆無である斉系文字や燕系文字とは異なり、幸いにも春秋末の侯馬盟書・温県盟書や戦国中期後半の中山王墓墨書玉器などの筆記資料が存在し、運筆や点画の構造について具体的な比較分析が可能である。

さらにこれまでの国別研究で明らかにされたように、書写者が楚人であっても、もとのテキストの影響によって、その転写本に非楚系文字の特色がそなわる例があり、文字形体や用字習慣は、必ずしも書写者の国別と直結しない場合のあることも考慮しておく必要がある。実際、郭店簡・上博簡では、書写者は楚人であるとの前提から、文字形体・用字習慣の検討に重点が置かれ、書法面の分析はあまり必要とされなかった。しかし本章のように、書写者が戦国諸系（国）のいずれの文字を習得した人物であるかを明らかにしようとする際には、文字形体・用字習慣とともに書法面の検討が不可欠となる。

はじめに全体的な観点から指摘しておきたいのは、両篇は共通の書法様式に従い、一定の速度とリズムで謹直に書写されており、書写者はきわめて安定した書法技能を有していたと見なされる点である。このことは重出字の形体に、ほとんど揺れが認められないことからも裏付けられる(33)。

それでは以下、書法の特色を形成する要素について、個別に関連の図版を掲げた後、それにもとづく分析を記していく。まず最も重要な基本点画である横画を取り上げる。

①「王」字・「皇」字

楚系	晋系	『良臣』
 包山２	 「玉」 中山王墓 墨書玉器	 04
 望山M２ 45	 温県	 01

『良臣』の「王」字・「皇」字を例に横画を分析すると、起筆を強く打ち込んでそのまま真横にスッと引き抜く楔形の筆画構造が認められる。同じ状況は『祝辞』にも明瞭に認めることができる（②参照）。これは晋系の筆記文字である中山王墓墨書玉器や侯馬盟書・温県盟書の筆画と酷似し、両者は共通の様式をもつことが知られる。これに対して楚系は、右廻転の運筆を基調とし、やや右上がりに湾曲し、起筆部分と収筆部分が尖って送筆部が膨らんだ、いわゆる豊中鋭末の筆画構造をもつ。先に引用したように劉剛氏は『良臣』の筆画を「豊中鋭末」と表現するが、これはむしろ楚系文字にあてはまる特色である。[34]

②「言」字・「音」字

楚系	晋系	『祝辞』	
 「言」 包山 2	 「辛」 温県	 「音」 05	 「言」 03
 「言」 郭店 緇衣 29	 「言」 侯馬	 「音」 05	 「言」 04
 「音」 包山 214			 「言」 05

こうした運筆・筆画の特色をよく示す例として、次に『祝辞』から「辛」を構成要素にもつ「言」字・「音」字を取り上げる。注目されるのは『祝辞』では「辛」の下部「十」の横画を、左右それぞれに楔形構造の筆画を用いて「V」字型に作る点である。この写法は、晋系の温県盟書や侯馬盟書と類似するが、楚系の筆記文字では、大部分が左から右へ掬い上げるように一筆で書かれており、両者の運筆・筆画は大きく異なっている。

③「㠯」字

楚系	晋系	『祝辞』
 「既」 包山 245	 「既」 哀成叔鼎	 「飤」 02
 「即」 望山 M2-50	 「既」 鱳部鐘	 「即」 09
	 「即」 貨系 2476 三孔布	

ここからは複数の文字に共通する偏旁の構造に注目する。『祝辞』の「皀」は上部の「白」に対して下部が縦に長い長脚体を示す。同様な形体は晋系文字にも見いだされるが、通常の楚系にはこのような長脚体の様式はほとんど認められない。

④「心」（偏旁を含む）

楚系	晋系	『良臣』	『祝辞』
 「心」 包山 218	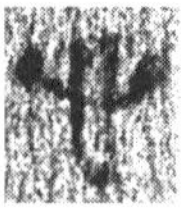 「心」 侯馬	 「忞」 良臣 06	 「心」 祝辞 03
 「忑」 九店 M62 1-13	 「心」 温県	 「忘」 良臣 10	 「忑」 祝辞 01
 「恭」 帛書乙 8-86	 「心」 璽彙 4500	 「恭」 良臣 11	 「忘」 良臣 06

『良臣』・『祝辞』の「心」（偏旁を含む）はすべて中央部分を上部が開いた「∪」字型に作る。同様の「∪」字型は晋系にも認められるが、楚系では大半が「∪」の上部を絞った巾着型であり、両者の間には明瞭な差異が認められる。

⑤「宀」（うかんむり）

『良臣』の「宀」（うかんむり）はすべてが下の文字をすっぽりと覆うような合掌構造をもつ。同様の構造は晋系の侯馬盟書にも認められるが、通常の楚系では角度を広く取って上部のみを覆う構造であり、両者の間には明瞭な差異が認められる。

楚系	晋系	『良臣』		
 「定」 郭店 老乙 15	 「宮」 侯馬	 「定」 09	 「甹」 06	 「宮」 03
 「宋」 包山 109	 「定」 侯馬	 「酓」 10	 「宋」 07	 「宮」 03
 「宮」 秦家嘴 M 13	 「宋」 侯馬	 「宰」 11	 「宦」 08	 「宜」 03

⑥「定」字

楚系	晋系	『良臣』
 包山 165	 八年新城大令戈	 09
 郭店老子甲 14	 璽彙 3061	
 璽彙 3644		

『良臣』の「定」字は〝うかんむり〟の下の「疋」の第一画を「つ」のように曲げた特異な形体をもつ。同じ形体は晋系文字中にも見いだすことができ、両者の緊密な関係を示している。なお楚系には、包山165のように「疋」の第一画の収筆部に巻き込みをもつ例がみえるが、これは楚系の特色である右廻転の運筆によって生じたものであり、特定の筆画のみを屈曲させる『良臣』とは性格が異なる。

以上、『良臣』・『祝辞』の書法を中心に、その特色を形成する諸要素について個別に分析を加えた。その結果、両篇は運筆・点画の構造・一字の構成など、ほぼすべての諸点にわたって晋系文字との間に顕著な共通性を示すのに対して、楚系文字との間にはほとんど共通性が認められないことが明らかとなった。こうした状況は、『良臣』・『祝辞』の書写者が、晋系書法を習得した非楚人であることを雄弁に物語っている。

結　語

本章では、『良臣』・『祝辞』について文字形体・用字習慣・書法の三方面から分析を加えた。その結果を総合的に踏まえれば、書写者は、晋系の用字習慣をもつ非楚人であり、両篇は文字・書法の両面において純度の高い晋系テキストと見なされる。

第二節および第四節で指摘した『良臣』の「相」字や『祝辞』の「也」字などの異例は、例えば上博簡『緇衣』のような、全体的に濃厚な非楚系文字の特色を示しつつ、書写者である楚人の用字習慣がところどころで顔を出すといった状況とは異なり、晋の用字習慣をもつ非楚人の書写者が、楚系の底本の影響や用字の混淆などによって、例外的に楚系文字との合致を生じたものと考えられる。

以上の見解に誤りがなければ、『良臣』・『祝辞』はこれまで出土例のなかった晋系の戦国竹書として位置付けられ、今後、両篇を新たな資料に加えることにより、晋系の文字・書法に関する研究の進展が期待される。最後にそうした観点から、晋系文字と曾侯乙墓竹簡の文字・書法との関連について言及しておきたい。

曾侯乙墓竹簡は、一九七八年に湖北省随県曾侯乙墓から出土した二四〇枚の竹簡で、葬儀の車馬兵甲等の器物を記載した遺策に属し、同出の鎛鐘銘文や出土器物の形制、炭素測定などから下葬年代は、戦国早期の前四三三年と推定されている。[35]従来、曾侯乙墓竹簡の文字は、典型的な楚国文字と見なされてきたが、[36]近年、楚国文字の要素とともに相違点も認められることが指摘されている。[37]

ここで注目したいのは、本章で取り上げた『良臣』・『祝辞』と晋系文字との共通点のなかに、曾侯乙墓竹簡の文字と合致する例が見いだされることである。例えば、第二節・第四節で指摘した「哀」字の「口」の位置や「宮」などの「宀」（うかんむり）の構造をみると、曾侯乙墓竹簡の文字は楚系とは明確に異なり、『良臣』や晋系との間に顕著な類似性を示している（図1）。

図1　曾侯乙墓竹簡と『良臣』・晋系文字との共通性

	曾侯	『良臣』	晋系	楚系
「哀」（口の位置）	 31	 08	 哀成叔豆	 包山 145
「宮」（うかんむり）	 143	 03	 侯馬	 包山 202

このような観点から、あらためて曾侯乙墓竹簡の文字を分析すると、例えば「左」「右」の字形は、両者ともに

「工」に従い、「口」に従う楚系とは明確に異なるが、両者を「工」に従う例は晋系文字にも見いだされる（図2）。

図2　「左」・「右」の形体

楚系	晋系	『祝辞』	曾侯	
 包山228	 三茱壺	 02	 127	「左」
 包山133	 右使車銅形器	用例不見	 144	「右」

さらに書法面でも、曾侯乙墓竹簡には楚系にみえる右廻転の運筆とともに、『良臣』・『祝辞』と同じ楔形構造の筆画が多見され、ちょうど両者の特徴を融合したような状況がうかがわれる。

このように『良臣』・『祝辞』を比較資料として用いることにより、曾侯乙墓竹簡と晋系文字との密接な関係が浮かび上がってくる。曾侯乙墓竹簡については、国別問題とともに戦国早期という時代的要因も考慮する必要があるが、これらについては、筆者の今後の課題としたい。

注

（1）荊門市博物館『郭店楚墓竹簡』（文物出版社、一九九八年）

（2）郭店簡・上博簡を中心とした国別問題については、周鳳五「郭店竹簡的形式特徴及其分類意義」（『郭店楚簡国際学術研討会論文集』湖北人民出版社、二〇〇〇年、第五三〜六三頁）、馮勝君『郭店簡与上博簡対比研究』（綫装書局、二〇〇七年）、蘇建洲『《上博楚竹書》文字及相関問題研究』（萬巻楼、二〇〇八年）等を参照。また、国別問題を含む近年の研究の概要については、拙稿「戦国竹簡文字研究略説」（『漢字学研究 第四号』二〇一六年、第一七七〜一九一頁）参照。

（3）馮勝君『郭店簡与上博簡対比研究』（前掲注2、第二五〇〜二五四頁）。

（4）清華簡『筮法』における晋系文字との関連については、李守奎「清華簡《筮法》文字与文本特点略説」（『深圳大学学報（人文社会科学版）』第三十一巻第一期、二〇一四年、第五八〜六二頁）参照。なお、その後に公表された『清華大学蔵戦国竹簡（陸）』所収の『子産』にも晋系文字の写法が見えることが指摘されている（清華大学出土文献研究与保護中心編 李学勤主編『清華大学蔵戦国竹簡（陸）』中西書局、二〇一六年、第一三六頁、趙平安「《清華簡（陸）》文字補釈（六則）」清華大学出土文献研究与保護中心網站、二〇一六年四月十六日）参照。

（5）楚系文字の書法様式については、拙稿「戦国簡牘文字における二様式」（『第四回国際書学研究大会記念論文集 国際書学研究／2000』、萱原書房、二〇〇〇年、浅野裕一編『古代思想史と郭店楚簡』汲古書院、二〇〇五年再収、第三二九〜三五二頁）参照。

（6）本章における「楚人」、「非楚人」はそれぞれ「楚系文字を習得した書写者」、「楚とは異なる他系（国）文字を習得した書写者」の意味であり、必ずしもその出自を問題としていない。

（7）『良臣』と『祝辞』との同筆・同冊関係については、清華大学出土文献研究与保護中心編 李学勤主編『清華大学蔵戦国竹簡（参）』（中西書局、二〇一二年、第一五六頁）に指摘がある。

（8）以下、本章における『良臣』・『祝辞』の検討は『清華大学蔵戦国竹簡（参）』（注（7））の図版および釈文・注釈による。なお釈文・注釈の担当は、『良臣』が沈建華氏、『祝辞』が李学勤氏である。

（9）『清華大学蔵戦国竹簡（参）』下冊（注（7）、第一五六頁）

（10）劉剛「清華参《良臣》為具有晋系文字風格的抄本補証」（復旦大学出土文献与古文字研究中心網站、二〇一三年一月十七日）

（11）※を付した文字について、晋系文字との関係を指摘する先行研究は以下のとおりである。
・『良臣』［A類］④李守奎「楚文献中的教育与清華簡《繫年》性質初探」（復旦大学出土文献与古文字研究中心編『出土文献与古文字研究（第六輯）』―復旦大学出土文献与古文字研究中心成立十周年紀年文集』上冊、上海古籍出版社、二〇一五年、第二九八～三〇〇頁）、⑤⑦～⑪劉剛「清華参《良臣》為具有晋系文字風格的抄本補証」（前注（10））、⑥『清華大学蔵戦国竹簡（参）』（注（7）、第一五六頁）、『祝辞』［A類］②劉剛「清華参《良臣》為具有晋系文字風格的抄本補証」（注（10））

（12）簡9の下部右端にみえる墨点は句読号であり、飾筆ではない。

（13）林宏明『戦国中山国文字研究』（台湾古籍出版有限公司、二〇〇三年、第三六〇頁）

（14）湯志彪編著『三晋文字編』（作家出版社、二〇一三年、第四八三頁）

（15）蘇建洲「初読清華三《周公之琴舞》・《良臣》札記」（武漢大学簡帛研究中心簡帛網、二〇一三年一月十八日）

（16）劉剛「清華参《良臣》為具有晋系文字風格的抄本補証」（注（10））。

（17）文献別の用字と簡号は以下のとおりである。
『良臣』……成王（簡5）・恭王（簡11）・韜王（簡5）／『楚居』……成王（簡9）・龏王（簡11）・卲王（簡12）／『繫年』……成王（簡29）・龏王（簡77・簡90）・龍王（簡85・簡86・簡87）・卲王（簡82・簡102）／上博九『成王為城濮之行』……成王（簡1）／上博四『昭王毀室』……卲王（簡1・簡5）

(18) 文献別の用字と簡号は以下のとおりである。
『良臣』……齊⿰車亘公（簡6）・雩王句踐（簡7）・大宰（簡11）／『繫年』……齊⿺走亘公（簡20）・戉公句戔（簡110）・大剌（簡83・簡131）／上博四『柬大王泊旱』……大剌（簡10・簡11他十三例）

(19) 張守中撰集『中山王𰯼器文字編』（中華書局、一九八一年、第六五頁）

(20) 戦国期における「桓」の用字差異については、周波『戦国時代各系文字間的用字差異現象研究』（綫装書局、二〇一二年、第一〇〇～一〇一頁）参照。

(21) 『清華大学蔵戦国竹簡（参）』下冊（注（7）、第一六三頁）

(22) 上博簡には、『緇衣』・『性情論』・『亙先』・『采風曲目』・『曹沫之陳』・『鮑叔牙與隰朋之諫』・『呉命』・『成王既邦』・『命』・『挙治王天下』などに通常の楚系文字とは異なる左右に出る形体がみえるが、『命』以外はいずれも他地性文献であり、非楚系要素が混在した例と見なされる。

(23) 湯志彪編著『三晋文字編』（注（14）、第一六八二頁）

(24) 何琳儀『戦国古文字典―戦国文字声系』上冊（中華書局、一九九八年、二〇〇四年重印、第五四四頁）

(25) 『郭店楚墓竹簡』注釈〔九〕参照（注（1）、第二〇六頁）。なお『語叢二』は斉魯系の文字の特色をそなえたテキストであることが馮勝君氏によって明らかにされており（注（2））、この「休」字も斉魯系に属すると見なされる。

(26) 戦国期における「弱」の用字差異については、周波『戦国時代各系文字間的用字差異現象研究』（注（20）、第一四二～一四三頁）参照。

(27) 『武王践阼』簡8「鑑（盤）名（銘）曰、與其溺於人、寧溺₌於₌宋（淵）₌猶可游、溺於人不可求（救）」（馬承源主編『上海博物館蔵戦国楚竹書（七）』上海古籍出版社、二〇〇八年、第一五八頁）

(28) 何琳儀『戦国古文字典―戦国文字声系』、「汋」（注（24）、第三〇九頁）

(29) 中山王鼎銘文「寡人䎽（聞）之、蒦（與）其汋（溺）於人施（也）」（馬承源主編『商周青銅器銘文選 四』文物出版社、一九九〇年、第五六八頁）

(30) 何琳儀『戦国古文字典―戦国文字声系』、「休」（注(24)、第三一六頁）

(31) 『説文解字』十一上、水部に「休、沒也。从水人、讀與溺同」とあり、段注に「此沈溺之本字也」という。

(32) 劉剛「清華参《良臣》為具有晋系文字風格的抄本補証」（注(10)）。劉剛氏が挙げる「又」字の例を見ると、晋系の「侯馬」や「二十七年大梁司寇鼎」の最終筆は『良臣』にくらべてやや曲線がまさっており、むしろ楚系に例示された「芮良夫24」に近い。いずれにしてもこの「又」字のみによって、両篇と晋系文字との文字風格上の共通性を言うことは困難であろう。

(33) 同一字で形体が異なる数少ない例外に「為」字がある。『良臣』の一例（簡11）は「」、『祝辞』の二例（簡3・簡4）は「」に作り、後者は前者の略体と見なされる。この二つはいずれもこれまでに知られていない形体であるが、篇によって異なるのは、依拠したテキストを反映するものであろう。

(34) 楚系文字の筆画の構造については、拙稿「戦国簡牘文字における二様式」（注(5)）参照。

(35) 湖北省博物館編『曾侯乙墓』上下二冊（文物出版社、一九八九年）、李学勤『東周与秦代文明（増訂本）』（文物出版社、一九九一年、第一三九頁）参照。

(36) 何琳儀『戦国文字通論』（中華書局、一九八九年、第四八頁）参照。

(37) 馮勝君『郭店簡与上博簡対比研究』（注(2)、第二六七頁）参照。

参考文献

【戦国文字資料】

・何琳儀『戦国古文字典―戦国文字声系』中華書局、一九九八年、二〇〇四年重印
・湯餘恵主編『戦国文字編』福建人民出版社、二〇〇一年
・馮勝君『郭店簡与上博簡対比研究』綫装書局、二〇〇七年
・周波『戦国時代各系文字間的用字差異現象研究』綫装書局、二〇一二年

【楚系資料】
・李守奎『楚文字編』華東師範大学出版社、二〇〇三年
・張光裕主編『郭店楚簡研究 第一巻文字編』藝文印書館、一九九九年
・李守奎・曲冰・孫偉龍編著『上海博物館蔵戦国楚竹書（一―五）文字編』作家出版社、二〇〇七年
・主編 饒宗頤・副主編 徐在国『上博蔵戦国楚竹書字匯』北京師範大学出版集団・安徽大学出版社、二〇一二年
・李守奎 賈連翔 馬楠編著『包山楚墓文字全編』上海古籍出版社、二〇一二年
・李学勤主編 沈建華 賈連翔編『清華大学蔵戦国竹簡【壹―参】文字編』中西書局、二〇一四年
【晋系資料】
・張守中撰集『中山王嚳器文字編』中華書局、一九八一年
・艾蘭・邢文編『新出簡帛研究』口絵 図版四 温県盟書～図版十七 温県盟書、文物出版社、二〇〇四年
・山西省文物工作委員会編『侯馬盟書（増訂本）』山西古籍出版社、二〇〇六年
・中国法書全集編輯委員会編『中国法書全集 第1巻 先秦秦漢』三八 河北平山中山王嚳墓墨書玉器、文物出版社、二〇〇九年
・西林昭一責任編集『簡牘名蹟選10 河南・山西篇』温県盟書1～7、侯馬盟書1～7、二玄社、二〇一二年
・湯志彪編著『三晋文字編』全六冊、作家出版社、二〇一三年
【斉系資料】
・孫剛編纂『斉文字編』福建人民出版社、二〇一〇年
・張振謙編著『斉魯文字編』全六冊、学苑出版社、二〇一四年

［付記］

本章は、二〇一四年十二月二十六・二十七日に大阪大学で開催された「第五十六回中国出土文献研究会」における筆者の発表

「戦国簡牘文字の書法様式に関する試論―清華簡『良臣』・『祝辞』の文字と書法―」を骨子とする。

初出誌への投稿後に、本章で引用した劉剛氏の論考「清華参《良臣》為具有晋系文字風格的抄本補証」が『中国文字学報　第五輯』（二〇一四年七月、第九九～一〇七頁）に再録されていることを知った。再録版では「二《良臣》也具有楚文字特徴」・「三余論」・「結論」が加えられ、「結論」において、『良臣』は楚人が晋系の底本を用いて書写したものであるとの見解が明示されている。劉氏は「二《良臣》也具有楚文字特徴」のなかで、「《良臣》篇有些文字形體和用字習慣也具有明顯的楚文字特點、而與一般晋系文字不合」の例として、「黄」・「串」・「龠（雚）」・「旻（文）」の四字を挙げ、書写者が楚人であることの傍証とする。しかし、本章で指摘した、大量の晋系文字の含有および晋系書法との緊密な共通性を、すべて底本からの影響として説明することは困難であり、むしろ晋系文字を習得した書写者が一部に楚文字の混淆を生じた、とみるのが妥当であろう。

清華簡には『良臣』・『祝辞』以外にも『筮法』や『子産』など晋系文字の影響を受けたテキストが散見され、墓主と三晋地域とのあいだに何らかの交渉があった可能性が高く、テキストの流入とともに非楚人の移入を含めた多様な状況を考慮しておく必要がある。この点については、李守奎氏が墓主の下葬年代との関連から、鄭の滅国（前三七五）前後に鄭の賢人が楚国に聘用された可能性を指摘し、副葬古書の流伝に関する考察を加えていて、参考になる（李守奎「楚文献中的教育与清華簡《繫年》性質初探」、復旦大学出土文献与古文字研究中心編『出土文献与古文字研究（第六輯）―復旦大学出土文献与古文字研究中心成立十周年紀年文集』上冊、上海古籍出版社、二〇一五年、第二九一～三〇二頁）。

第三章　『楚居』の劃線・墨線と竹簡の配列

竹田健二

序　言

およそ竹簡資料が出土した際に、竹簡と竹簡とを綴る編縄が元の状態のまま残り、冊書が良く保存されていることは極めて少ない。このため、もとの文献を復元する整理作業において、出土した竹簡を改めて配列し、編聯を復元することが行われる。また、残欠している断簡と断簡とを綴合して、一枚の整簡に復元することも行われる。

もっとも、特に伝世文献と対照することのできない古佚文献については、最初の釈文（以下、原釈文）が整理者の手によって公表された後、その竹簡の配列の復元や断簡の綴合に対して、原釈文と異なる見解が提示されることがしばしばある。竹簡の配列の復元や断簡の綴合は、いうまでもなくその文献の釈読に多大な影響を及ぼす。このため、如何に客観的な根拠に基づいて復元を行うかは、極めて重要な問題である。竹簡の形制、或いは記されている文字の様式など、さまざまな角度から慎重に検討を加えた上で、可能な限り整合的に文献の復元を行う必要がある[1]。

竹簡の配列の復元に関して、復元の客観的な手掛かりとなる可能性があるとして、二〇一一年以降注目されているのが、「劃痕」もしくは「劃線」と呼ばれる竹簡の背面に記された線、及び同じく竹簡の背面に記された「墨線」と呼ばれる線である。その発端となったのは、孫沛陽氏が北京大学において収蔵されている漢簡の背面に記された「劃

痕」の存在を指摘したことである。(2)

本章では、『清華大学蔵戦国竹簡（壹）』に収録されている古佚文献『楚居』に関して、その竹簡の配列の復元に劃線・墨線がどのような意味を持つのか、検討を加える。(3)

一　『楚居』の竹簡背面の状況

先ず、『清華大学蔵戦国竹簡（壹）』に収められている【説明】【釈文】及び写真等に基づき、『楚居』の竹簡の形制、及びその背面の状況について確認しておく。

『楚居』の竹簡は合計十六枚、その形制は簡長四十七・五cm前後、編綫は三道である。簡7・9・10・11は下部の竹節の部分から竹簡の下端にかけて残欠し、この残欠した部分にはそれぞれおおよそ四字程度の文字が記されていたと推測される。また、簡1・6・15は第三編綫から竹簡の下端にかけて残欠している。但し、残欠の無い竹簡の状況から判断して、簡1・6・15の残欠した部分にはもともと文字が記されていなかったと推測される。

なお、付録の表によれば、簡2は竹簡の上端が残欠しているとされているが、断簡との綴合が行われて整簡に復元されており、やはり文字の欠落は認められない。また付録の表によれば、簡14も断簡との結合によって整簡に復元されている。

続いて、『楚居』の竹簡の背面の情況について確認しよう。『楚居』の竹簡の背面に関しては、以下の四点が注目される。(4)

第一に、「簡序編號」、すなわち竹簡の配列を示す数字についてである。『楚居』の竹簡背面には、「簡序編號」は記されていない。これまで公開された清華大学所蔵の戦国竹簡（以下、清華簡）第一・第二分冊中の文献において、第一分冊の『尹至』・『尹誥』・『耆夜』・『金縢』・『皇門』・『祭公』、及び第二分冊の『繫年』の竹簡の背面には、各文献における竹簡の配列を示す通し番号の数字が記されている。しかし、『楚居』の竹簡背面には、第一分冊の『程寤』『保訓』と同様に、そうした配列を示す数字が記されていない。

図1　『楚居』竹簡背面の状況

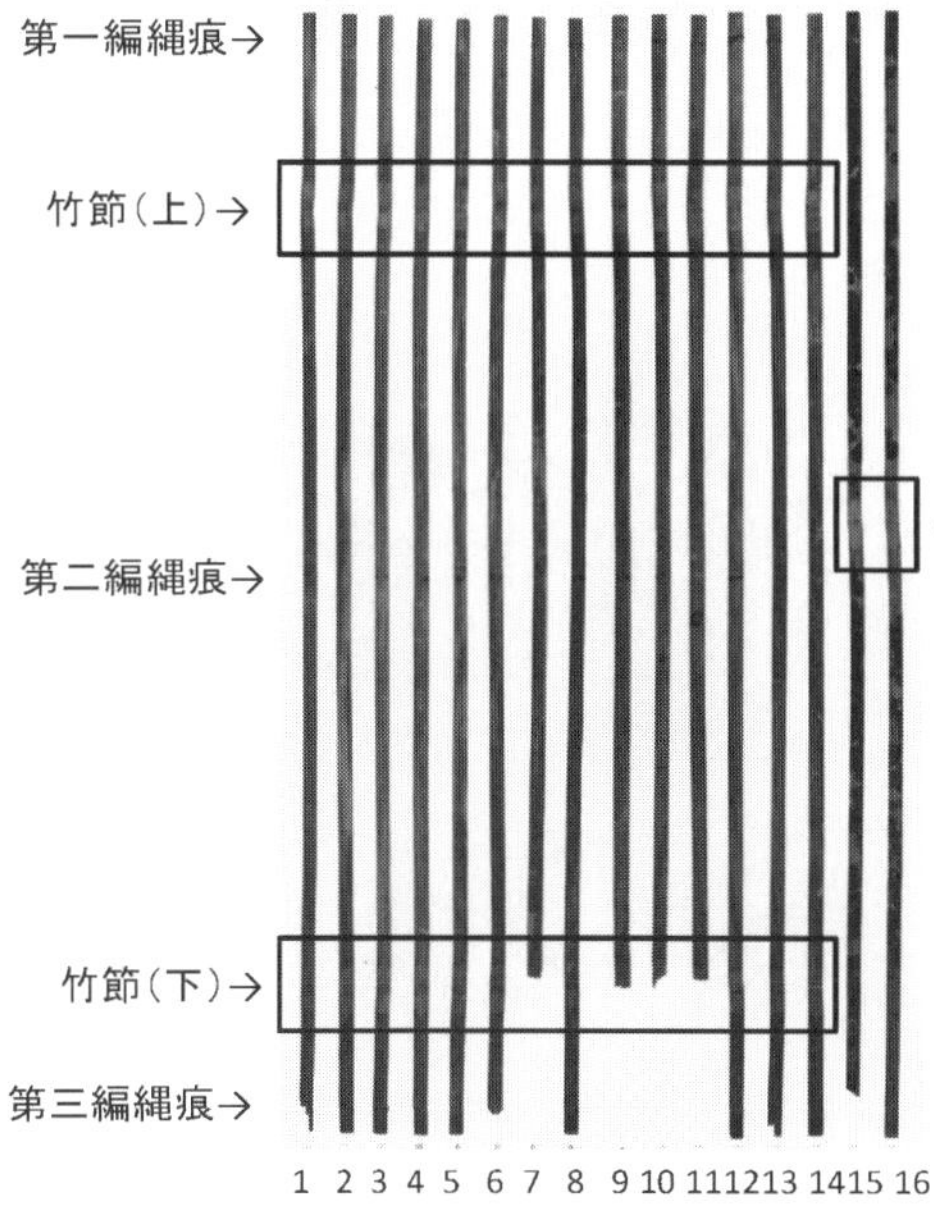

第二に、竹節を削った痕跡についてである。清華簡の竹簡の背面には、竹節を削った痕跡がしばしば認められるが、『楚居』の竹簡背面においてもそうした現象が存在する。注目されるのは、竹節の痕跡の数及び位置が、『楚居』の一六枚の竹簡の中で一様ではないという点である。『楚居』の中には、竹簡背面の上部と下部との二箇所に竹節が存在する竹簡（簡1～14）と、竹簡背面の中央一箇所のみに竹節が存在している竹簡（簡15・16）との、二種類の竹簡が存在するのである。(5)

もとより、竹簡の背面の竹節を削った痕跡の数と位置とが異なっていること自体は、竹簡の表面に対して何ら影響を及ぼすところがない。このため、およそ出土した竹簡の背面の情況が詳しくは分からなかった従来の観点からすれば、竹簡背面の竹節の位置や数が異なっていて

図2　『楚居』簡2～簡6背面の劃線

も、竹簡の形制としてはまったく同一ということとなる。しかし、後述するように、この竹節の痕跡の数及び位置の問題は、劃線の連続との間に関係があり、注目する必要があると考えられる。

第三に、『楚居』の一部の竹簡背面には、右下がりの劃線が認められる点である。劃線に最初に注目した孫沛陽氏が『楚居』の劃線についてどのように見ているのかを、氏の「簡冊背劃線初探」によって確認しておく。[6]

孫氏は、『楚居』簡2～簡6には竹簡の背面に劃線が存在するとした上で、その劃線は、竹簡の正面を向かって右から左へと並べた場合、つまり簡2の左隣に簡3、簡3の左隣に簡4、という形に並べた場合、竹簡背面における劃線が連続しないことになると指摘する。つまり、竹簡の正面を向かって左から右に並べた場合、つまり簡2の右隣に簡3、簡3の右隣に簡4、という形に並べた場合にはじめて、竹簡の背面の劃線が連続するのである。このことについて孫氏は、「按照簡序，正面依従左到右的順序編配成冊，簡背劃線部分連貫。我們稱之爲〝逆次簡冊背劃線〟。」（竹簡の順序について見ると、その正面は竹簡が左から右に順に配列されて簡冊を成しており、竹簡背面の劃線が部分的につながっている。我々はこれを「逆向きの簡冊背面の劃線」と呼んでいる）とし、一つの仮説として、『楚居』の記されていた冊書においては、竹簡の正面が向かって左から右に並ぶ形に配列されていた可能性があるとしている。

なお、『楚居』簡3～簡6の劃線は明らかに連続するが、簡2と簡3との間で劃線が少しずれている。このずれに関して孫氏は「廃簡」という考えを提示している。すなわち、ずれが起きている箇所にはもともと一枚から数枚の竹簡が存在しており、それらは何らかの理由により廃棄されたと考え、そうした「廃簡」を挿入したならば劃線は基本的に連続すると見なすのである。

なお、孫氏は「簡冊背劃線初探」において、『楚居』簡2～6以外の竹簡にも劃線がかすかに見えるが、写真でははっきりとはしないとしており、検討の対象とはしていない。しかし、私見では、写真から簡7・簡8・簡9にも劃線が存在する。この点については後に検討する。

第四に、李天虹氏が「湖北出土楚簡（五種）格式初析」において既に指摘するように、『楚居』の簡6の背面には、墨線が認められる。この墨線は、竹簡背面の上部にある竹節を削った痕跡の直下に記され、右上がりに傾斜している。

図3　『楚居』簡6背面の墨線

ちなみに、孫氏はこの『楚居』の墨線に関しては言及していない。

以上、『楚居』の竹簡の形制、及びその背面の状況について確認した。次節では、『楚居』の竹簡背面の墨線について検討する。

二　『楚居』の墨線

前述の通り、『楚居』簡6の背面の上部の竹節のすぐ下の箇所には、右上がりの墨線が認められる。

ここで注目されるのは、簡6の左右に位置する簡5・簡7のみならず、『楚居』の竹簡には、その背面に簡6の墨線と連続する

図4　包山楚簡の墨線

・『包山楚簡』簡一七背面上部

・『包山楚簡』簡一一九背面上部

・『包山楚簡』簡一五五背面上部

・『包山楚簡』簡二〇二背面上部

図5　上博楚簡の墨線

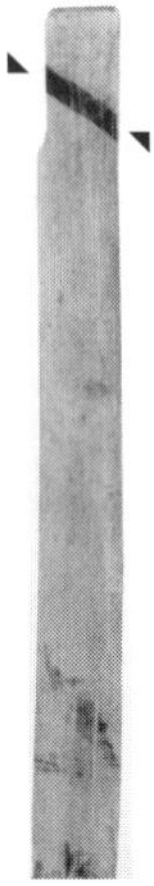
・『荘王既成』簡1背面上部

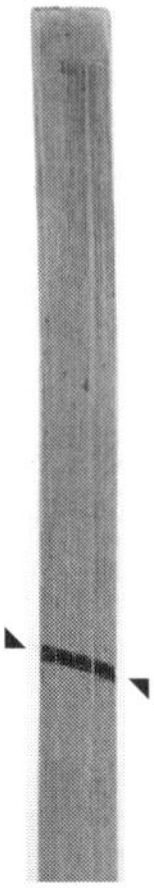
・『命』簡11背面上部

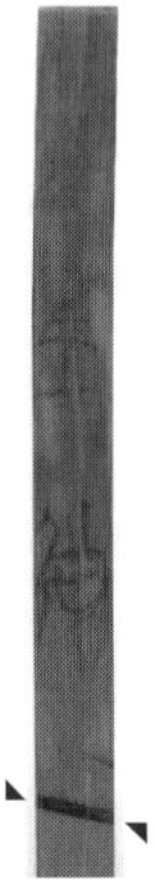
・『王居』簡1背面上部

墨線を有するものが一枚も存在しないという点である。『楚居』の竹簡背面に簡6の墨線と連続するような墨線が存在しないことは、この簡6の墨線は竹簡の配列を解明する手がかりとはなり得ないことを意味する。

出土した竹簡の背面に斜めに墨線が記されているものがあることについては、既に孫氏も指摘しているように、上博楚簡や包山楚簡においても確認できる。[7]しかし、上博楚簡及び包山楚簡の中で竹簡の背面の写真が公開されているものは、篇題などの文字が記されているといった特殊な場合に限られている。このため、その墨線が果たして左右に位置する竹簡に連続しているのかどうかは確認できない。

しかしながら、筆者が二〇一二年八月に上海博物館を訪問した際、博物館の研究員である葛亮氏と面談して伺った話によれば、『上海博物館蔵戦国楚竹書』の第八分冊に収録されている『志書乃言』・『王居』・『命』の三篇には、その竹簡背面に複数の竹簡にまたがる墨線があるとのことであった。[8]『志書乃言』・『王居』・『命』の三篇の中で、現時点で竹簡背面に記されている墨線を確認することができる竹簡は、篇題が記されている『命』簡11の背面のみである。仮に葛氏の言うように、この『命』簡11の墨線がその左右に位置する竹簡の墨線と連続し、複数の竹簡にまたがって存在するものであるとするならば、そうした墨線は竹簡の配列を示すものとして理解できる可能性があるということになる。

もっとも、葛氏の発言を直接裏付ける資料が公開されていない以上、竹簡背面の墨線が一枚の竹簡のみに記されているものなのか、それとも複数の竹簡にまたがって記されているものなのかは、今のところ不明とせざるを得ない。

仮に、葛氏の発言が資料的に裏付けられたとしても、竹簡の背面の写真がすべて公開されている清華簡の『楚居』において、簡6の墨線と連続する墨線が明らかに存在しないことは、或る文献において竹簡背面の墨線は必ずしもその左右に位置する竹簡と連続するというわけではなく、一枚の竹簡だけに単独で記され、竹簡の配列を解明する手がかりとはなり得ない場合も存在することを示している。包山楚簡や他の上博楚簡の中の背面に墨線が記されている竹簡について、果たしてその墨線のすべてが左右に位置する竹簡にもまたがって連続しているのか、それともすべてがそうなのではなく、一枚の竹簡だけに記されているものが含まれているのかはもとより不明であるが、包山楚簡や他の上博楚簡の中にも『楚居』簡6のように、複数の竹簡にはまたがっていない墨線も存在する可能性があると推測される。

この『楚居』簡6の墨線のように、他の竹簡には連続することなく、一枚の竹簡の背面だけに記された墨線は、どの段階で記され、何を意味するものなのであろうか。こうした単独の墨線は、それぞれの竹簡が作成された後、まだ書写や編綴が行われていない時点で記されたとも、また書写や竹簡の編綴が行われて冊書となった後に記されたとも、いずれの可能性も考えられる。十分な資料が得られない現時点では、こうした点についても不明とせざるを得ないが、仮に書写や竹簡の編綴が行われて冊書となった後に記されたとするならば、冊書全体に対して付けられた記号のようであったとも考えられよう。私見では、後述するように劃線にはおそらくはまだ書写や編綴が行われていない時点で竹簡の背面に記されたものがあると考えられることから、墨線も同様に、まだ書写や編綴が行われていない時点で記された可能性が十分にあると思われる。

三　劃線

続いて、『楚居』の竹簡背面の劃線について検討する。

先述の通り、既に孫氏が指摘しているように、『楚居』簡2～簡6の背面には劃線が存在する。しかもそれは、竹簡の正面を上にして見た時に、向かって右から左にではなく、向かって左から右に簡2→簡3→簡4→簡5→簡6と順に並べた場合、その背面で特に簡3～簡6の劃線が明らかに連続する。このことから孫氏は、『楚居』の竹簡が、竹簡の正面を上にして見た場合に、竹簡は向かって左から右に並べられていた可能性があると指摘している。

以上の点に関して筆者は、結論から言えば、確かに孫氏が指摘したような可能性も一応は考えられるが、そうではなかった可能性も十分にあり、『楚居』についてはむしろ、劃線の連続を根拠に竹簡を配列することには問題があると考える。詳しくは後述するように、劃線を根拠として竹簡の配列を復原することが妥当ではない部分があり、竹簡が綴られて冊書が形制された際、その冊書は必ずしも劃線が連続する形となっていたとは限らないと考えるからである。

ここで特に注目したいのは、『楚居』の簡2～6以外の竹簡についてである。先述の通り孫氏は、この簡2～6以外の竹簡について、劃線がかすかに見えるものもあるが、写真でははっきりとは分からないとし、特に検討を加えていない。しかし、私見では『清華大学蔵戦国竹簡（壹）』に収められている写真を見る限り、簡7・簡8・簡9においても劃線の存在を確認できる。しかも、簡7・簡8・簡9の三枚の竹簡の劃線は、竹簡の背面を上にして見た時に、向かって左から右に簡8↓簡9↓簡7と並べた時に連続するように見受けられる。

原釈文は、もとより竹簡の正面の文字列を簡7↓簡8↓簡9の順に釈読しており、この点については孫氏も同じ見解である。孫氏の指摘するように、『楚居』の竹簡が、その正面を上にして見た場合に向かって左から右に、簡7↓簡8↓簡9の順に並べられていたのだとするならば、竹簡の背面は左から右に、簡9↓簡8↓簡7の順に並べられていたということとなる。この時、簡9・簡8・簡7の背面に記されている劃線は連続しない。竹簡の背面が左から右に、簡8↓簡9↓簡7の順に並べられていたとした時にはじめて、これらの竹簡背面の劃線が連続するのである。

仮に、この箇所の竹簡の配列が、竹簡背面の劃線が連続するようになっていたものと考え、しかも孫氏の言うように『楚居』の竹簡は竹簡の正面を上にして見た場合に向かって左から右へと並べられていたとするならば、『楚居』の簡7・簡8・簡9の表面の文字列は、簡7↓簡9↓簡8の順に読まなければならないことになる。つまり、簡8の文字列と簡9の文字列とについて、その先後を入れ替える必要が生じるのである。

図6　『楚居』左から簡9↓簡8↓簡7の背面

図7　『楚居』左から簡8↓簡9↓簡7の背面

竹簡背面の劃線が連続することを手がかりとして、原釈文の竹簡の配列を修正した例としては、清華簡（一）に収められている『程寤』がある。『程寤』の原釈文において、簡5↓簡6↓簡7↓簡8とされていた竹簡の配列に対して、復旦大学出土文献与古文字研究中心研究生読書会は、孫氏が指摘した竹簡背面の劃線の問題に着目し、簡5↓簡7↓簡6↓簡8と、簡6と簡7との順番

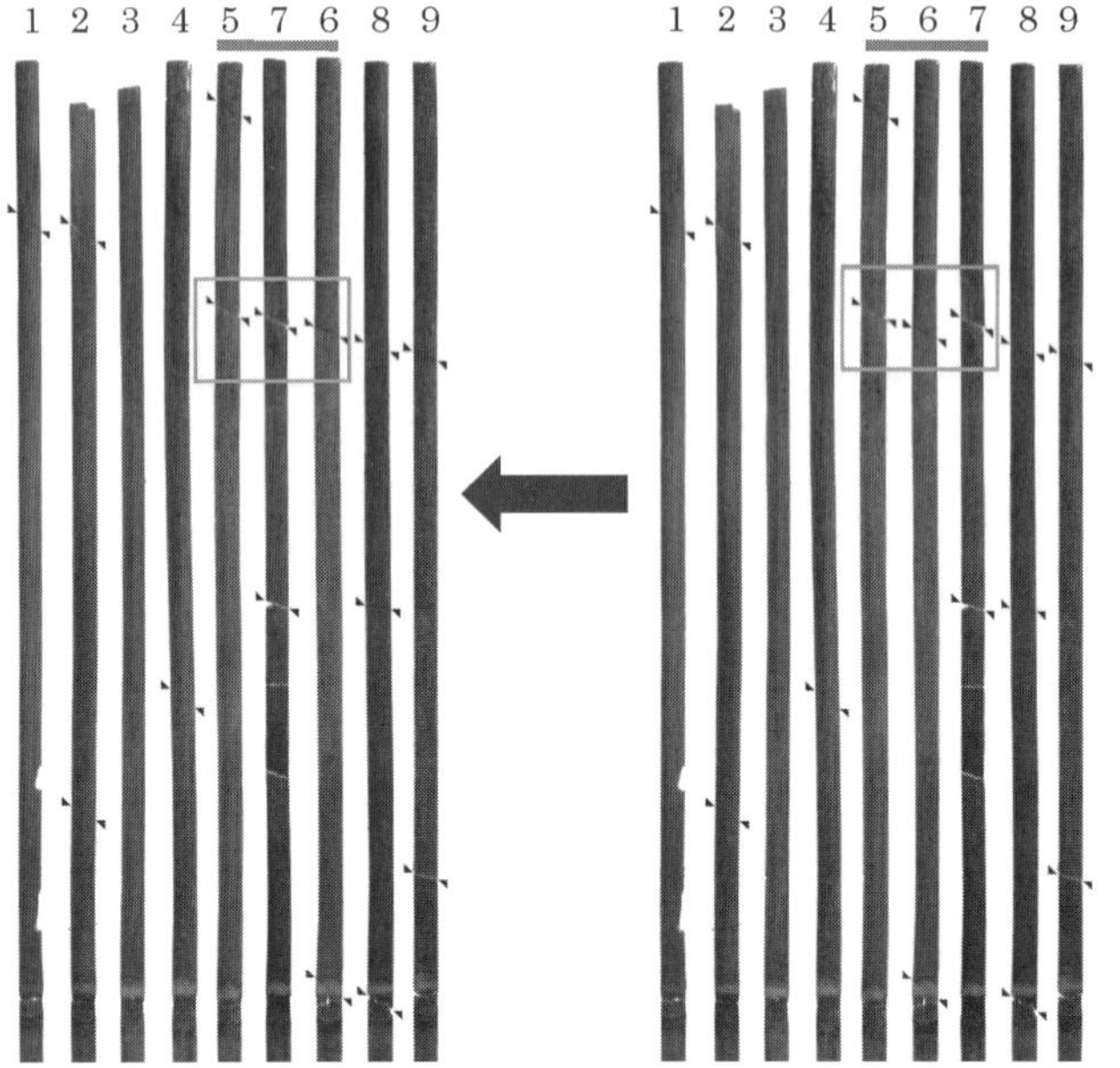

図8『程寤』における竹簡背面の状況と配列の修正

を入れ替える説を提示した[9]。このことは、竹簡の背面の劃線が注目される大きなきっかけとなったといってよい。

それでは、『楚居』についても、『程寤』のように竹簡の背面の劃線が連続するように竹簡を配列し、竹簡正面の文字列を簡7→簡9→簡8の順に釈読すべきであろうか。それとも、原釈文のように竹簡を配列し、つまり劃線が連続しない形に竹簡を配列して、その文字列を簡7→簡8→簡9の順で釈読するべきであろうか。

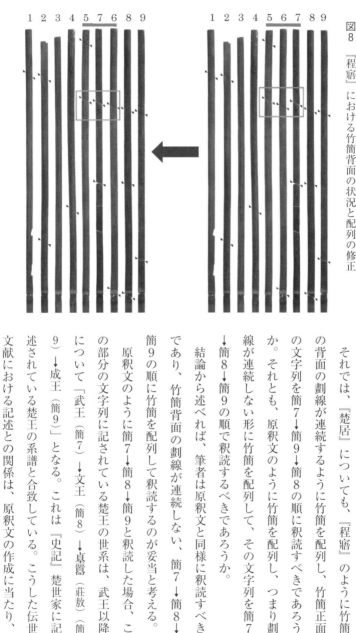

結論から述べれば、筆者は原釈文と同様に釈読すべきであり、竹簡背面の劃線が連続しない、簡7→簡8→簡9の順に竹簡を配列して釈読するのが妥当と考える。

原釈文のように簡7→簡8→簡9と釈読した場合、この部分の文字列に記されている楚王の世系は、武王以降について「武王（簡7）→文王（簡8）→𡊄囂（荘敖）（簡9）→成王（簡9）」となる。これは『史記』楚世家に記述されている楚王の系譜と合致している。こうした伝世文献における記述との関係は、原釈文の作成に当たり、竹簡の配列を決定する重要な根拠となったものと推測される。

もちろん、『楚居』と『史記』楚世家との間には、記述されている楚王の系譜にいくつか相違する点が存在する。この点に関しては、既に浅野裕一氏が「清華簡『楚居』初探」において、楚世家では楚の世系が黄帝から始まるが、『楚居』には黄帝から陸終までの系譜が無く、陸終の第六子の季連から始まる点、また楚世家では霄敖→蚡冒の順序となっているところが『楚居』では逆に蚡冒→霄敖となっている点など、両文献における楚王の世系には相違するところがあると指摘している。(10)

しかし、全体としてみれば、両文献に記されている楚王の世系は、おおむね一致しており、浅野氏も、両文献を比較することによって「若干の食い違いは見られるものの、両者が記す世系がほぼ一致するとの結果が得られた」とし、「この点は、司馬遷がかなり信憑性の高い史料を用いて楚世家を記述したことを裏付けるものとなろう」と指摘する。

仮に、竹簡背面の劃線が連続するように竹簡を配列し、『楚居』の文字列を簡7→簡9→簡8の順に釈読したならば、武王以降の楚王の系譜は、「武王（簡7）→𡨦囂（荘敖）（簡9）→成王（簡9）→文王（簡8）」ということになり、文王の即位した順序が『史記』楚世家とは異なることになる。

もちろん、『楚居』と『史記』楚世家とが、基づく資料が異なっていたために、そもそも楚王の系譜に異なるところがあった可能性も一概には否定できないと思われる。また、先にも述べた通り、『楚居』簡8は残欠の無い整簡であるものの、簡7・簡9はいずれも下部が残欠し、その残欠部分にはおそらく四字程度の文字がもともと記されていたと推測される。仮に簡7→簡9→簡8の順に釈読した場合、簡7の文字列と簡9の文字列との間、また簡9の文字列と簡8の文字列との間には、それぞれ四字程度の文字が存在したこととなるため、その残欠した部分の文字によっては、簡7→簡9→簡8という形での釈読も一応は成立する余地があるものと思われる。

しかしながら、簡7→簡9→簡8の順に文字列を釈読した場合、文王の即位した順序が『史記』楚世家と異なり、『史記』と『楚居』とで武王以降の楚王の世系の中に大きな違いが存在することとなるのは、『楚居』の釈読においてかなり深刻な問題といえよう。

私見では、楚王の系譜について、敢えて『史記』楚世家における世系と一致しない形に理解すべき根拠となり得るものは、現時点では劃線の連続の他にはないように思われる。このため、そうした形での理解に対しては慎重であるべきであって、『楚居』の簡7・簡8・簡9の文字列は、簡7→簡9→簡8の順ではなく、『史記』楚世家における楚王の世系と一致する、原釈文同様の簡7→簡8→簡9の順に釈読するのが妥当と考える。

この『楚居』の簡7・簡8・簡9の文字列を、原釈文と同様に簡7→簡8→簡9の順に釈読し、もともとの冊書における竹簡の配列がそうした順であったとするのであれば、この三簡については、その背面に記されている劃線は冊書の背面において連続しない形であったと理解しなければならない。このことは、劃線を根拠として竹簡の配列を復原することの有効性は限定的であることを意味する。

すなわち、『程寤』簡5・簡6・簡7・簡8の場合は、確かに竹簡背面の劃線が連続することを手がかりとして竹簡を配列し直すことが妥当と考えられたのであるが、『楚居』の場合は、竹簡背面の劃線の連続が竹簡の配列と一致する部分（簡3～6）が存在する一方で、竹簡背面の劃線の連続が竹簡の配列と一致しない部分（簡7～9）も併存しているとしなければならないと考える。こうした現象は、劃線のみを手がかりとして竹簡の配列を復元することは妥当ではない場合があり、劃線を竹簡の配列を復元する決定的な決め手と理解すべきではないことを示していると考えられる。もとより、『楚居』においては、竹簡背面に「簡序編號」がなく、また背面に劃線を認めることのできる竹簡が全体の半分にあたる八枚だけで、しかもその八枚に一本の連続した劃線が記されているわけでもない。竹簡背面の劃線が連続することと竹簡の配列との関係は、個々の文献ごとに、また個々の箇所ごとに、多方面から慎重に検討する必要があり、劃線を根拠として竹簡の配列を復元することの有効性は限定的であるとしなければならないと筆者は考える。

劃線を根拠として竹簡の配列を復原することの有効性は限定的であるのであれば、孫氏が言うように、『楚居』の竹簡が、竹簡の正面を上にして見て向かって左から右へと並べられていた可能性も一応は考えられるが、必ずしもそうではなかったとも考えられることになろう。つまり、竹簡の正面を上にして見た時の竹簡の配列が、向かって右から左の方向であったとしても、また向かって左から右の方向であったにしても、いずれにしても竹簡背面の劃線は連続していない部分が存在するのであって、竹簡の配列は、竹簡の正面を上にして見て向かって右から左へと並べられていた可能性も否定はできないと考えられるのである。

四　劃線と書写・編聯との先後関係

それでは、『楚居』における劃線は、そもそもどのような段階で記され、どのような意味を持つものなのであろうか。この点に関しては、なお慎重に検討する必要があるが、少なくとも『楚居』に関しては、竹簡上に文字列の書写・竹簡の編聯がすべて行われて冊書の状態となった後に、その背面に劃線が記されたとは考えがたい。『楚居』の竹簡背面に劃線が記されたのは、表面の文字の書写も編聯もいまだ行われていない段階だったと考えるのが自然と考えられる。

この点に関連して注目されるのが、竹節の痕跡の数及び位置が、劃線の連続との間に関係があると考えられる点である。すなわち、私見では、清華簡の中の或る同一文献において、竹節の痕跡の数及び位置の異なる竹簡が用いられている場合、竹節の痕跡の数及び位置の異なる竹簡の上にまたがって劃線が連続して記されている現象は確認できない。

先述の通り、『楚居』においては、竹簡背面の上部と下部との二箇所に竹節がある竹簡（簡1～14）と、竹簡背面の中央一箇所のみに竹節がある竹簡（簡15・16）との、二種類の竹簡が用いられている。もっとも、『楚居』は劃線の存在する竹簡が少なく、竹簡背面の中央一箇所のみに竹節が存在している竹簡（簡15・16）には劃線が認められない。

そこで、『清華大学蔵戦国楚簡（貳）』所収の『繫年』第22章・第23章を例として見てみよう。

『繫年』の竹簡背面には、配列を示す番号、すなわち「排序編號」がすべて記されているのだが、同時に大部分の竹簡背面には劃線が記されており、「排序編號」に従って竹簡を配列すると、竹簡上の劃線が前後に位置する竹簡上の劃線と概ね連続する。また、『繫年』においては、原釈文のちょうど章の区分にあたるところで、竹節の位置の異なる竹簡に変わっている場合もあるが、第23章・第24章のように、章の途中で竹節の位置の異なる竹簡に変わっている場合がある。

「排序編號」に従って竹簡の配列が復元された『繫年』第22章・第23章の竹簡の背面について見るならば、第22章第3簡（簡121）から第23章第9簡（簡134）までには連続した劃線が認められるが、その次に位置する第23章第10簡（簡135）の劃線はそれと連続せず、更にこの第23章第10簡（簡135）の劃線は、その次に位置する第23章第11簡（簡136）から同第13簡（簡138）に認められる連続した劃線とも連続していない。

この時、第22章第3簡（簡121）から第23章第9簡（簡134）までにまたがって存在する連続した劃線のある竹簡は、その前にある第22章第1簡・第2簡の竹簡と、図9に示した通り竹節の痕跡の位置が異なる。また、その後にある第

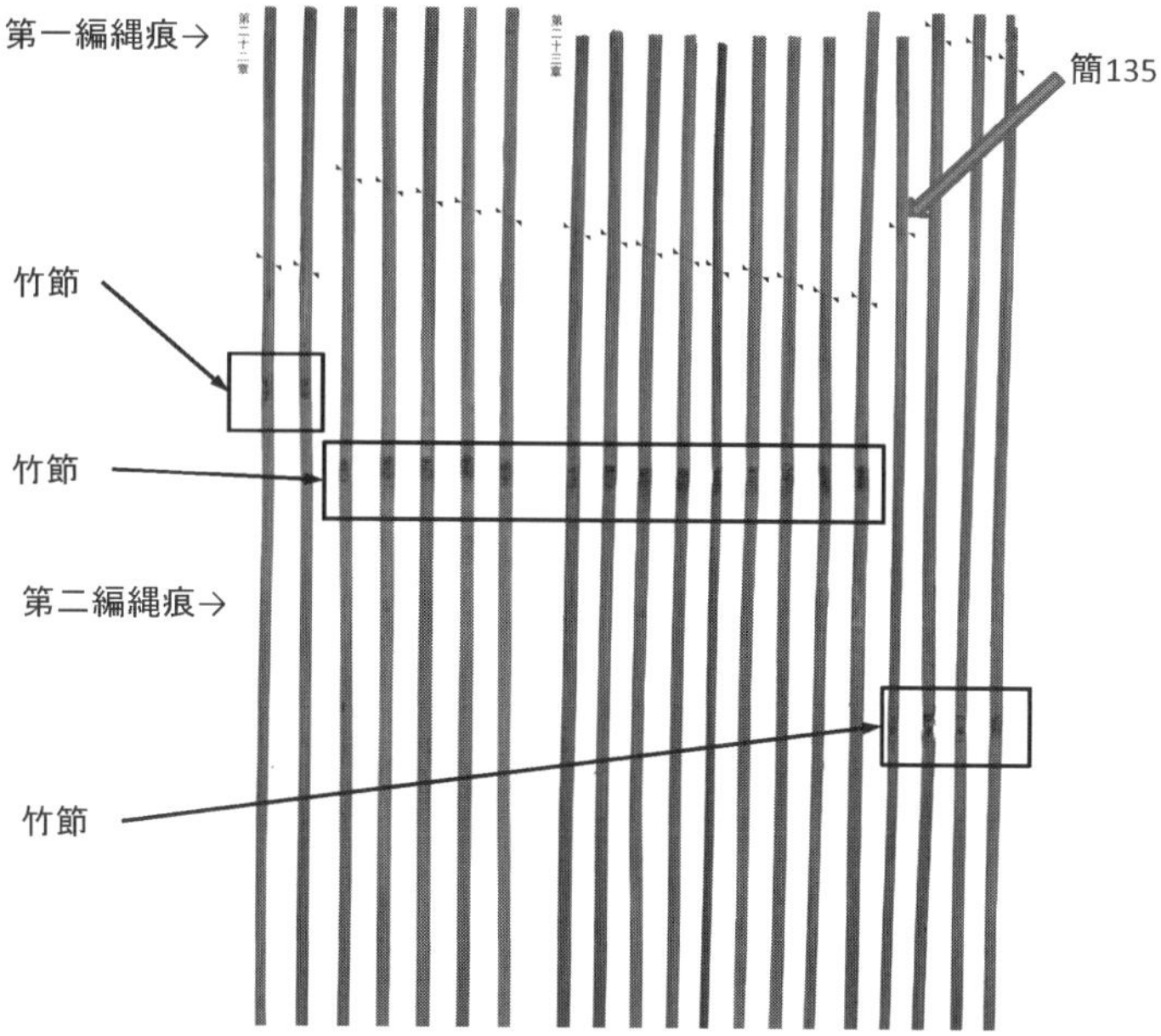

図9　『繫年』第22章・第23章の竹簡の背面の状況

23章第10簡（簡135）以降の竹簡とも、竹節の痕跡の位置が異なる。つまり、連続した劃線は、竹節の痕跡の位置が異なる竹簡にまたがって記されていることがないのである。こうした現象は、『尹至』・『耆夜』・『楚居』及び『繫年』においても確認することができ、竹節の痕跡の数及び位置が、劃線の連続との間に関係があることを示していると考えられる。

　およそ劃線が記された時期を考えるとなれば、書写や編聯が行われる前であれ、その後であれ、劃線を記すことはどちらも可能と考えることができる。しかし、竹節の痕跡に関していうならば、竹節は当然書写や編聯が行われるよりも前に竹簡の背面上に存在していたものである。竹節の位置や数の異なる竹簡の上に、劃線がまたがって記されていることがなく、竹節と劃線との間に密接な関係があるということは、劃線も竹節の痕跡と同様に、書写や編聯が行われる前に既に存在したと考えるのが妥当であろう。

　このことの傍証となると考えられるのが、竹簡正面の文字列が有する内容上のまとまりと、竹簡背面の劃線のまとまりとが対応していない、という点である。

『繫年』の正面の文字列を見るならば、各章の末尾の竹簡には、文字列の終わりに墨鉤が記され、墨鉤から竹簡の下端までが留白になっている。(11) こうした章末の墨鉤や留白は、竹簡正面の文字列の書写にあたり、書写者が各章の内容のまとまりを強く意識していたことを明確に示している。

『繫年』第22章・第23章の背面から明らかであるように、竹簡正面の文字列が有する内容上のまとまりは、竹節の位置から見たときのまとまりと対応していない。従ってまた劃線の連続する竹簡のまとまりとも対応していない。こうしたことから見ても、竹簡表面の文字の書写や編聯が行われた後に劃線が記されたと考えるのは極めて不自然であろう。竹簡背面に劃線が記されたのは、表面の文字の書写や編聯がまだ行われていない段階であったと理解するのが妥当と考えられる。(12)

結　語

劃線・墨線に関して、現時点で筆者が大いに注目しているのは、北京大学が二〇一〇年に収蔵した秦簡牘である。『文物』二〇一二年第六期に掲載された「北京大学蔵秦簡牘概述」によれば、この北京大の秦簡牘には、その背面に「斜度不一定的刻劃痕迹」がある竹簡や、背面に「数道交叉墨線」がある木簡が含まれ、その「劃痕」や「墨線」は編聯の復原の参考になるものであったと記されている。しかも、『文物』に掲載された写真からは、この北京大学の秦簡には編縄がもとの状態のまま残っているように見受けられる。つまり冊書の状態がかなり良く保存されているようなのである。

そうであれば、この秦簡からは、竹簡正面の文字列の向きや、竹簡の背面の劃線・墨線が冊書において実際にどのような情況であったのかについて、かなり明確に把握することができるものと期待される。北京大学の秦簡に関する情報が早く公開されることを期待したい。

注

（1）筆者は以前、残欠している断簡と断簡との綴合に関して、契口の位置が客観的な手がかりとして有効であると考えられることを論じた。拙稿「『曹沫之陳』における竹簡の綴合と契口」（『東洋古典学研究』第十九集、二〇〇五年五月）参照。

（2）孫沛陽氏の指摘の内容は、「簡冊背劃線初探」（「出土文献与古文字研究」第四輯、二〇一一年十二月。論文の末尾に執筆時期として同年六月二十六日と記されている）において公表されたが、指摘自体は、もとよりこれよりも早い。その時期を筆者は正確には把握していないが、遅くとも復旦大学出土文献与古文字研究中心研究生読書会が「清華簡《程寤》簡序調整一則」を発表した二〇一一年一月五日よりも早くに行われている。なお、劃線・墨線に関して言及するところのある先行研究としては、他に『文物』二〇一一年第六期に発表された「北京大学蔵西漢竹書概説」をはじめとする北京大学蔵西漢竹書関連の論文や、賈連翔氏の「清華簡九篇書法現象研究」（『書法叢刊』二〇一一年第四期、二〇一一年七月）、李天虹氏の「湖北出土楚簡（五種）格式初析」（「江漢考古」二〇一一年第四期、二〇一一年十二月）などがある。

（3）なお、以下筆者は、基本的に孫沛陽氏の「簡冊背劃線初探」に従い、竹簡背面に記されている問題の線を「劃線」と「墨線」とに区分する。

（4）以下、『楚居』の竹簡の写真及び他の清華簡の写真は、いずれも『清華大学蔵戦国竹簡』（壹・貳）による。

（5）前述の通り、簡7・9・10・11には竹簡の下部に残欠が認められるが、これらの竹簡は、二つある竹節を削った箇所のうちの下部のところで竹簡が断裂し、そこから竹簡の下端にかけてが残欠している状態である。竹節を削った箇所の強度が弱いために断裂が起きたと推測される。

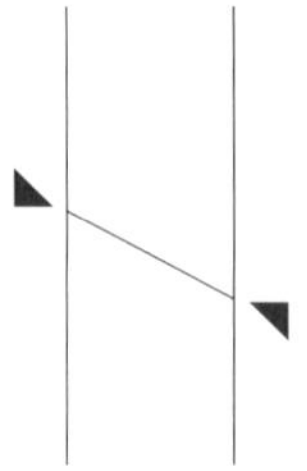
図10　劃線・墨線の表示

(6) 以下、竹簡の写真を用いて劃線及び墨線の位置を示すにあたっては、上の図10のように、竹簡上の劃線・墨線が竹簡の左端・右端に接する外側に、それぞれ三角形を記す形で示すこととし、写真の竹簡上には線を加えていない。

(7) 包山楚簡の写真は『包山楚簡』(文物出版社、一九九一年)、また上博楚簡の写真は『上海博物館蔵戦国楚竹書』(六・八)(上海古籍出版社、二〇〇七年・二〇一一年)にそれぞれよる。

(8) この時の調査に関しては、『中国研究集刊』第五十五号(二〇一二年十二月)所収の中国出土文献研究会「中国新出土簡牘学術調査報告―上海・武漢・長沙―」参照。

(9) 注(2)前掲の復旦大学出土文献与古文字研究中心研究生読書会「清華簡《程寤》簡序調整一則」参照。

(10) 『中国研究集刊』第五十三号(二〇一一年六月)所収。

(11) 但し、第22章には文字列の終わりに墨鉤が無い。

(12) 何晋氏は「浅議簡冊制度中之〝序連〟―以出土戦国秦漢簡為例」(『中国簡牘学国際論壇二〇一二:秦簡牘研究論文集』所収)において、北京大学蔵西漢竹書の『老子』について韓巍氏が、劃線は竹の筒から竹簡が作成される前の段階で既に竹筒の上に記されていたと見るべきと指摘していること(韓巍「西漢竹書《老子》簡背劃痕的初歩分析」(『北京大学蔵西漢竹書』〔貳〕(上海古籍出版社、二〇一二年十二月)所収)参照)に対して、同じ竹筒から作られた竹簡ではなくても、劃線が連続して記されている場合があるとし、その例として清華簡〔一〕『耆夜』の簡10〜12を挙げる。すなわち、この三簡は、竹節の位置から見ると簡10と簡11・簡12との二つに区分され、また簡10は斜めに断裂しているが、簡11・12の劃線の斜度・方向から見ると、簡10の断裂はこの竹簡に記されていた劃線にそう形で起きたと見るべきであり、従ってこの三簡には連続した劃線があったとしなければならないとするのである。しかしながら、左の図11のように、確かに『耆夜』簡11・12には連続している劃線が存在すると認められるが、簡10の断裂は劃線が記されているところで起きてはおらず、第10〜12簡の三簡に連続した劃線があると見なすことは誤りであると筆者は考える。注目しなければならないのは、『耆夜』簡11も実は断裂しており、しかもその断裂は劃線のところではなく、そのわずかに上の部分で起きている点である。このことは、簡10

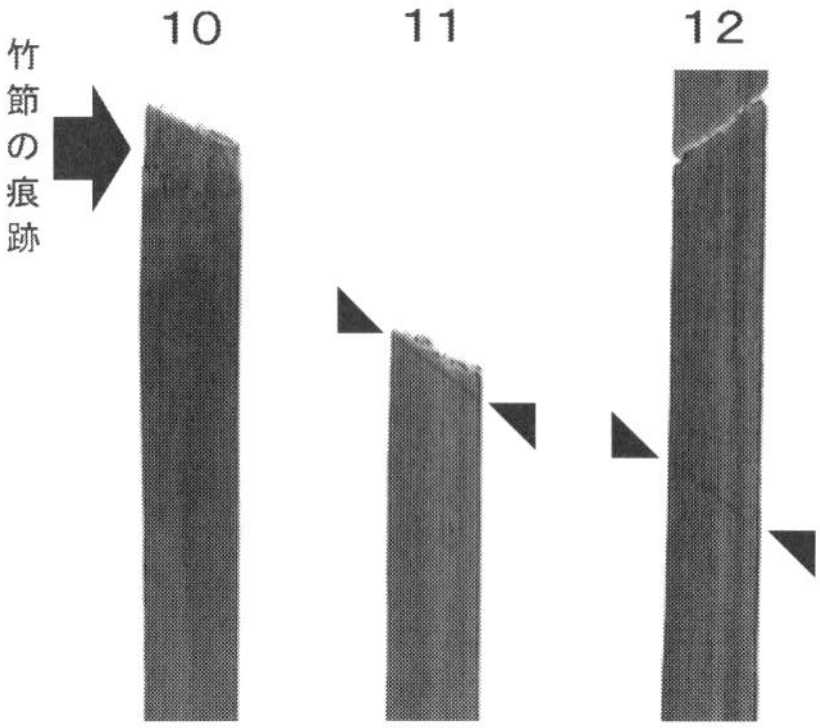

図11　『耆夜』簡10～簡12の背面

の断裂が劃線のところで起きたと見るのは妥当ではなく、簡10や簡11の断裂はそもそも劃線とは直接関係がないということを示していると考えられる。また、清華簡〔二〕の『繫年』においては、すべての竹簡の背面に竹節を削った痕跡とみられる箇所が一箇所ずつあり、またその箇所に「排序編號」が記されているのであるが、竹節の痕跡の位置から見ると『繫年』の竹簡は、簡1～44、45～69、70～95、96～120、121～134、135～138の六種類に区別することができ、しかも竹節の位置が変わるところをまたぐ形で劃線が連続して記されている現象は確認できない。簡69と簡70については、両簡とも劃線が認められるが、竹節の位置が変わるところをまたぐ形で劃線が連続して記されているとは見なしがたい。『清華大学蔵戦国竹簡〔參〕』に収められている各文献についても、筆者の見る所では、やはり竹節の位置が変わる箇所にまたがって劃線が連続して記されているという現象は確認できない。私見では、竹節の位置が変わる箇所にまたがって劃線が連続して記されていることはなく、竹節の位置・数から見た竹簡の分類は、劃線の連続との間にかなり緊密な関係が認められ、竹簡背面に劃線が記されたのは、表面の文字の書写や編聯がまだ行われていない段階と理解するのが妥当であると考える。

第四章　劃線小考——北京簡『老子』と清華簡『繫年』とを中心に——

竹田健二

序言

北京大学が二〇〇九年に収蔵した前漢時代の竹簡（以下、北京簡）において、孫沛陽氏が複数の竹簡の背面に連続する「劃線」、或いは「劃痕」と称される線（以下、劃線）を発見したことを契機として、劃線は近年、竹簡の配列を復原する上で重要な手掛かりとなる可能性があるものとして注目を集めている[1]。北京簡『老子』の劃線に関しては、その後韓巍氏が孫沛陽氏の見解を踏まえて「西漢竹書《老子》簡背劃痕初步分析」（『北京大学藏西漢竹書（貳）』〈上海古籍出版社、二〇一二年〉所収）を発表し、北京簡『老子』の劃線は竹簡が完成した後に竹簡上に記されたものではなく、竹簡の素材である竹筒の段階で螺旋状に記されたものであると指摘した[2]。

これに対して何晋氏は、二〇一二年十一月十七～十九日に武漢大学簡帛研究中心と北京大学出土文献研究所の共催で開催された『中國簡帛學國際論壇二〇一二秦簡牘研究』の会議論文集に収められている論文「浅議簡冊制度中的〝序連〟—以出土戰國秦漢簡爲例」の中で、韓巍氏の見解が北京簡『老子』に見られる劃線の状況をよく説明するものであることを認めつつも、劃線が認められる他の資料から見るならば、北京簡『老子』は特殊な事例であり、その見解は支持できないと述べている。

そこで本章では、韓巍氏の見解に対する何晋氏の批判を手がかりとして、劃線に関する新たな知見を得るべく、北京簡『老子』の劃線と『清華大学蔵戦国竹簡（貳）』所収の『繋年』（以下、『繋年』）の劃線とを中心に検討する。

一　北京簡『老子』の劃線

本節では、先ず韓巍氏の劃線に対する見解を確認しておく。

前述の通り韓巍氏は、北京簡『老子』の劃線は、竹簡が完成した後に竹簡上に記されたものではなく、竹簡の素材である竹筒の段階で螺旋状に記されたとする。この見解の根拠となっているのは、北京簡『老子』の竹簡の中に、二本の概ね平行する劃線が記されているものが含まれていることである。劃線が二本記された竹簡は、二二一枚の中に一九枚確認されており、各竹簡における二本の劃線の位置はすべて、一本が竹簡の上端近く、もう一本がその下方の、竹簡の中央部近くである。(3)

例えば、北京簡『老子』上経の簡1～簡18は、図1・下段の図のように、簡1と簡18とに二本の劃線が、簡2～17に一本の劃線がそれぞれ記されている。(4)簡1の上方の劃線は簡2～17の劃線と、また簡2～17の劃線は簡18の下方の劃線と、いずれもよく連続する。

注目すべき点は、簡18の上方の劃線が簡1の上方の劃線とよく連続し、同時に簡18の下方の劃線が簡1の下方の劃線ともよく連続する点である。韓巍氏は、もともと簡1から簡18の十八枚の竹簡が円環をなしていたとするならば、簡18・簡1の二本の劃線がそれぞれよく連続することを説明できることに着目し、こうした劃線の状況から、劃線は竹簡の素材である竹筒の段階で記されたと見なした。すなわち、図1・上段の図のように、劃線は竹筒の上の簡18の竹簡上端のところから、螺旋状に下降する形で一周して記され、引き続き簡18・簡1の竹簡中央部近くまで記されて終わっており、こうした劃線が記された後に竹筒が裂かれて十八枚の竹簡が作成された結果、簡1・簡18には二本、簡2~17には一本の劃線がそれぞれ記される形になった、とするのである。

以上のように韓巍氏は、北京簡『老子』の劃線を竹簡の作成過程と関連付け、連続する劃線の記されている竹簡のまとまり（以下、竹簡群）は円環をなし、もともと一つの同じ竹筒であったとする。

表1・2は、韓巍氏の論文に示されている表を踏まえて、筆者が「劃線の連続性」欄を追加して作成したものである。各竹簡群の「劃線の連続性」欄には、劃線の位置が竹簡の上端に最も近いものから順に、劃線の連続性に沿って簡号を示した。劃線が二本ある竹簡については、波線の下線が付してあるものが上方の劃線、二重線の下線を付して

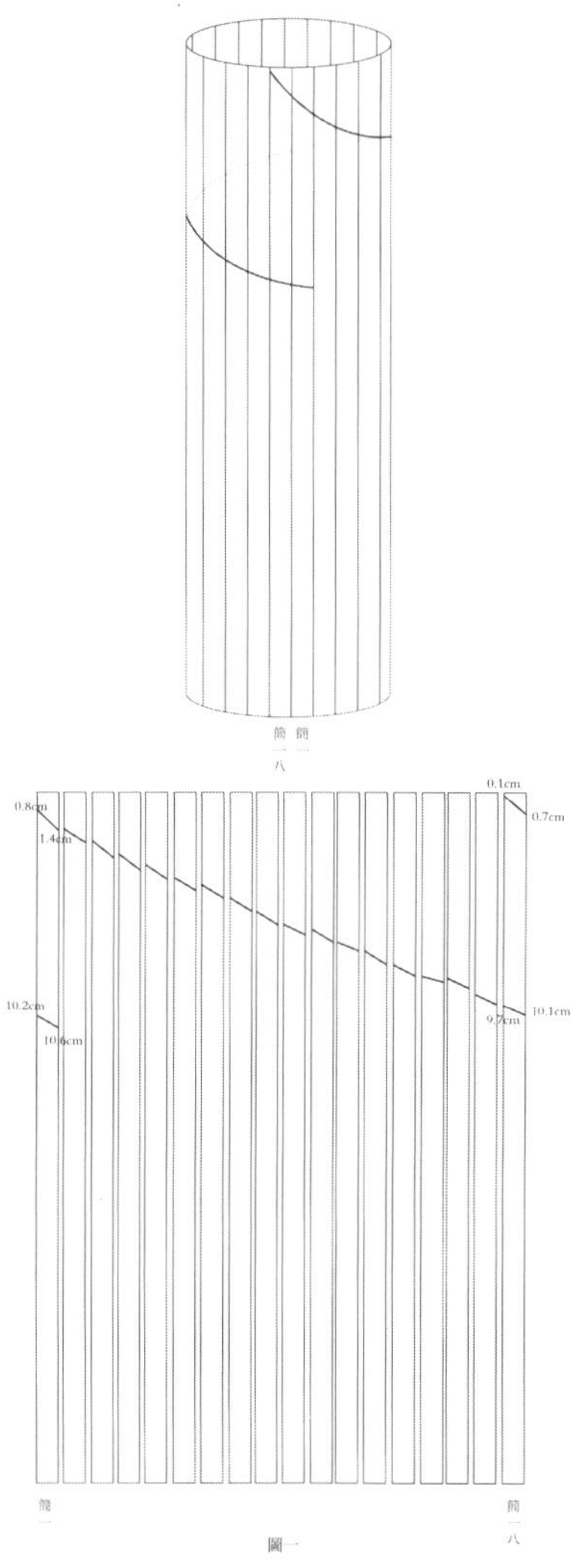

図1　北大簡『老子』上経第1劃線の竹簡群

表1　北京簡『老子』上経の割線一覧

『老子』上経			
割線	簡号	簡数	割線の連続性
1	1-18	18	18 - 1 - 2 - 3 - 4 - （中略） - 15 - 16 - 17 - 18 - 1
2	19-34	16	34 - 19 - 20 - 21 - 22 - （中略） - 30 - 31 - 32 - 33 - 34
3	35-53	19	53 - 35 - 36 - 37 - 38 - （中略） - 50 - 51 - 52 - 53 - 35
4	54-70	17	69 - 70 - 54 - 55 - 56 - （中略） - 66 - 67 - 68 - 69 - 70
5	71-86	16	86 - 71 - 72 - 73 - 74 - （中略） - 83 - （84） - 85 - 86 - 71
6	87-100	14	100 - 87 - 88 - 89 - 90 - （中略） - 95 - 96 - 97 - 98 - 99
7	101-117	17	116 - 117 - 101 - 102 - 103 - （中略） - 112 - 113 - 114 - 115 - 116
8	118-123	6	118 - 119 - 120 - 121 - 122 - 123

表2　北京簡『老子』下経の割線一覧

『老子』下経			
割線	簡号	簡数	割線の連続性
1	124-141	18	124 - 125 - 126 - 127 - 128 - （中略） - 138 - 139 - 140 - 141 - 124
2	142-157	16	157 - 142 - 143 - 144 - 145 - （中略） - 154 - 155 - 156 - 157 - 142
3	158-174	17	158 - 159 - 160 - 161 - 162 - （中略） - 170 - 171 - 172 - 173 - 174
4	175-188	14	188 - 175 - 176 - 177 - 178 - （中略） - 185 - 186 - （187） - 188 - 175
5	189-204	16	189 - 190 - 191 - 192 - 193 - （中略） - 202 - 203 - 204 - 189 - 190
6	205-221	17	221 - 205 - 206 - 207 - 208 - （中略） - 217 - 218 - 219 - 220 - 221

あるものが下方の割線を指す。また、後述する割線の始まったところと見られる竹簡は、簡号を□で囲った。なお、簡号が連続する部分については中間部分を一部省略した。また、簡84と簡187とには割線が認められないが、韓巍氏の表に従い、「（）」を付した上で含めてある。

北京簡『老子』上経の第6割線及び下経の第3割線が記されている竹簡群の中には、二本の割線が記された竹簡が含まれていないが、韓巍氏はそれらも合わせて、上経の八組、下経の六組、合計十四組の竹簡群が、いずれもそれぞれが同一の竹筒から作成されたものと見なしている。

なお、各竹簡群の中で、『老子』上経第8劃線の竹簡群のみは、竹簡数が六枚と少ない。この点について韓巍氏は、同じ竹筒から作成された竹簡はこの六枚以外に存在していたはずであり、それらは他のところで利用されたか、或いは廃棄されたとし、この竹簡群のみは、同一の竹筒から作成された竹簡の揃っていない、不完整のものと見なしている。

興味深い点は、竹簡群の中で劃線の位置が最も竹簡上端に近く、従って竹筒の上で劃線の始まったところと見られる竹簡が、復元された配列においては一番先頭に位置するとは限らず、二番目もしくは三番目に位置することがむしろ多いという点である。(5) 例えば、先に見た上経の第1劃線の竹簡群の場合、竹簡群の中で劃線の位置が最も竹簡の上端に近いのは簡18であるが、竹簡の配列を復原した後に先頭に位置するのは簡1であり、簡18ではない。しかし、下経の第1劃線の場合は、竹簡群の中で劃線の位置が最も竹簡の上端に近いのも、また竹簡の配列を復原した後に先頭に位置するのも、いずれも簡124である。

この点について韓巍氏は、円筒である竹筒のどの竹簡を先頭とするのかは完全に任意であったためであるとし、「製簡工匠」、つまり竹簡の製造にあたった職人は、意識的に劃線の位置が竹簡の上端に近いものから竹簡を配置し、できるだけ劃線の連続性を保っていると見なしている。

次節では、こうした韓巍氏の見解に対して批判的である、何晋氏の見解を確認する。

二　何晋氏の見解

何晋氏は、韓巍氏の見解について以下のように述べている。

這一推論雖然能很好地解釋漢簡《老子》背劃綫的現象，但我對此持懷疑態度，因爲從更多其他的背劃綫資料看，並不支持這一推論。首先從簡數上看，漢簡《老子》一組完整的背劃綫劃過的16至19支簡也許能正好湊成一個竹筒，但《妄稽》簡每組背劃綫卻祗劃過9支左右，而《老子》簡與《妄稽》簡的簡寬是一樣的，所以《妄稽》簡每組9支只能組成半個竹筒；此外清華戰國簡（貳）中一組背劃綫是25支簡左右，而嶽麓秦簡（壹）中《三十四年質日》、《三十五年質日》中的一組背劃綫有多達33、35支的，它們則不可能由一個竹筒製成。其次從竹節位置看，清華戰國簡（壹）中《耆夜》篇簡一〇與一一、一二的竹節位置完全不同，但三簡的背劃綫卻能連貫一致，這說明背劃綫不是在同一個竹筒上完成的，而是在破筒製簡後將許多簡排鋪在平面上刻劃的。另外，一些木簡也發現有背劃綫，這就更與螺旋劃簡的方式無關了。如果我們不承認背劃錢在製作方式上具有普遍性和軌范性，那麼也可以把上述方式視爲《老子》背劃綫製作的特殊方式。

すなわち、何晋氏は、韓巍氏の見解が北京簡『老子』に見られる劃線の状況をよく説明するものであることを認めつつも、劃線が認められる他の多くの資料から見るならば、北京簡『老子』は特殊な事例であり、韓巍氏の見解は支持できないとする。

その理由は、第一に、竹簡数の問題である。北京簡『老子』の各竹簡群に属する竹簡が十六～十九枚であるのに対して、同じ北京簡の『妄稽』は各竹簡の簡幅が北京簡『老子』とほぼ同じであるにもかかわらず、連続する劃線の記されている竹簡群に含まれる竹簡がわずか九枚前後しかないと何晋氏は指摘する。また、清華簡の『繫年』においては、一本の劃線が竹簡二十五枚前後にまたがって連続して記されていること、更に二〇〇七年に湖南大学岳麓書院が収蔵し、『岳麓書院蔵秦簡〔壹〕』（上海辞書出版社、二〇一〇年）によって公開された竹簡資料（以下、嶽麓秦簡）中の『三十四年質日』・『三十五年質日』においては、一本の劃線が竹簡三十三・三十五枚にまたがって連続して記されていることを挙げ、これらについても一つの竹筒から作成された竹簡群であると見なすことはできないと指摘する。

第二に、竹節の位置と劃線との関係の問題である。何晋氏は、『清華大学蔵戦国竹簡〔壹〕』に収められている清華簡『耆夜』の簡10・11・12の三簡において、連続する劃線が、竹節の痕跡の位置が異なる竹簡の上にまたがる形で記されているとし、このことは、劃線が竹筒の上で記されたものではなく、竹筒が裂かれて竹簡が作成された後に、竹簡が平らに並べられた上で記されたものであることを示していると主張する。

なお、この清華簡『耆夜』の劃線に関しては、何晋氏は下記のように注記している。

其中簡一〇沒有明顯的背劃綫，但有與簡一一、一二背劃綫斜度、方向一様的整齊斷口，我認為這個斷口就是背劃綫劃過的地方。

すなわち、実は清華簡『耆夜』簡10においては、はっきりと劃線が認められるわけではない。しかし、簡10に起きている断裂の向きが簡11・12の劃線の向きと概ね一致しており、ちょうど簡11・12の劃線の延長線上で断裂しているように見える。このため何晋氏は、簡10の断裂は、劃線の存在したところで、劃線に沿う形で起きたと見なしているのである。

この他に何晋氏は、木簡にも劃線が存在するものがあることを指摘し、そうした木簡の劃線は、当然螺旋状に記されたものではないとする。

以上、何晋氏による、韓巍氏の見解に対する批判の内容を確認した。

北京簡『老子』の竹簡背面の状況については、整理者によって描かれた図のみ公開されており、残念ながら写真により確認することはできない。しかし、北京簡『老子』の劃線の状況が前節に述べた通りであるとするならば、背面に二本の劃線がある竹簡を手がかりとして、劃線は竹簡が形成される前の竹筒の段階で螺旋状に記されていたとする韓巍氏の見解は、極めて蓋然性が高いと筆者は考える。

それでは、劃線が認められる他の資料と合わせて考えるならば、何晋氏が言うように、やはり北京簡『老子』は特殊な事例と見なすべきなのであろうか。

私見では、北京簡『老子』の劃線は、『繫年』の劃線との間に共通点が認められ、『繫年』の劃線もやはり竹筒の段階で螺旋状に記されていたものと考えられる。そこで次節では、『繫年』の劃線について検討を加える。

三　『繫年』の劃線

『繫年』の劃線については、既に李均明・趙桂芳両氏の論文「清華簡文本復原―以《清華大学蔵戦国竹簡》第一、第二輯爲例」（『出土文献』第三輯、二〇一二年）が、以下の七本の劃線が認められると指摘している。

第1　簡1〜簡22（第1章〜第4章）
第2　簡23〜簡44（第5章〜第7章）
第3　簡45〜簡70（第8章〜第14章の一部）
第4　簡71〜簡95（第14章の一部〜第17章）
第5　簡96〜簡120（第18章の大部分〜第22章の始めの二簡）
第6　簡121〜簡134（第22章の大部分〜第23章）
第7　簡135〜簡138（第23章の終わりの四簡）

しかし、前出の何晋氏の論文「浅議簡冊制度中的〝序連〟——以出土戰國秦漢簡爲例」においては、『繋年』の劃線が以下のように捉えられている。

第1　簡1〜簡25
第2　簡26〜簡44
第3　簡45〜簡69
第4　簡70〜簡95
第5　簡96〜簡120
第6　簡121〜簡134
第7　簡135〜簡138

『清華大学蔵戦国竹簡（貳）』所収の写真を検討した結果、筆者は、李均明・趙桂芳両氏の見解には問題があると考える。また何晋氏による劃線の把握については、基本的には賛同できるものの、やはり一部に問題があると考える。

李均明・趙桂芳両氏は、その論文に示されている図からも窺えるように、『繫年』の或る一枚の竹簡上に記されている劃線をすべて一本だけと捉えている。この点が特に問題である。(6) 確かに『繫年』の竹簡は、背面に劃線が一本のみ認められるものが大部分を占めているが、中にはその背面に劃線が二本記されている竹簡も存在している。

この点に関して何晋氏は、簡45・簡96・簡97の三枚には二本の劃線が存在しているとしている。しかし、『繫年』において二本の劃線が存在している竹簡はこの三枚に止まらず、簡1・45・70・71・96・97の合計六枚と理解すべきである。

基本的に『繫年』においては、何晋氏の指摘する七本の劃線がよく連続しているものと認められる。その劃線の連続性について細かく見るならば、下記の点が注目される。

先ず、『繫年』簡63・64には劃線が確認できない。但し、両簡には竹簡の残欠している部分があり、前後の竹簡の劃線から見て、両簡の残欠した部分に劃線が記されていた可能性がかなり高いと考えられる。

また、『繫年』の簡8・簡60にも劃線が認められない。しかし、『清華大学蔵戦国竹簡（貳）』の写真を見る限り、両簡は他の竹簡と比較して変形や変色が激しいように見受けられる。同書に収められている両簡の竹簡正面の写真に赤外線写真が用いられているのも、両簡の変形が激しかったためと推測される。あくまでも推測に過ぎないが、両簡に劃線が確認できないのは、竹簡の変形のためであり、劃線自体はもともと存在した可能性が十分にあると考えられる。

なお、『繫年』簡8について何晋氏は、竹簡背面の竹節の痕跡の位置が前後の竹簡と異なっており、明らかに後から挿入されたものであるとしている。しかし、簡8の変形、特に簡長の縮小を考慮するならば、その竹節の位置は前後の竹簡と同じと見なすべきと考えられる。

更に、簡44の劃線は、簡26～簡43に認められる第2劃線とも、また簡45～簡69に認められる第3劃線とも連続していない。劃線はこの部分で大きくずれる形になっており、『繫年』において劃線の連続性を欠く例外的な部分と認められる。

この部分で劃線の連続性が欠けている理由については、今後更に慎重に検討する必要があるが、可能性としては、書写や編聯の段階で誤写や竹簡の破損が起こり、別の竹筒から作成された竹簡が用いられた、といったことが考えられよう[7]。

但し、後述する竹節の痕跡の位置から見ると、簡44は簡26～43とその位置・数が同じであるため、別の竹筒から作成された竹簡ではない可能性も考えられる。簡44の劃線の位置は、写真を見る限りでは、簡37と簡38との間あたりに位置する可能性もあるように見受けられ、そうであれば、書写や編聯の段階で順番を誤ったとの可能性も考えられよう[8]。

加えて、『繫年』の簡135について、『繫年』の末尾の部分にあたる簡135から簡138までの四簡は、『老子』上経第8劃線の竹簡群と同様、同一の竹筒から作成された竹簡が揃ってはいない不完整のものということになるが、この簡135には、竹簡の上端から簡長の約五分の一程度下方に劃線が一本存在している。何晋氏は、簡135のこの劃線が前後に位置する簡134・簡136の劃線とそれぞれ連続しないことから、簡44の部分だけでなく、ここでも劃線に大きなずれが生じていると見なしている。

しかし、写真から明らかなように、この竹簡は、竹簡上端から第1編綫までの部分が残欠している。この簡135の残欠について何晋氏は、氏が論文中に示す竹簡と劃線の図からも窺えるように、まったく考慮していない。簡136以降の竹簡背面の劃線の状況から判断するならば、簡135にはもともと、簡136以降の竹簡背面の劃線と連続する劃線が存在していた可能性が高いと考えられる。そうであれば、簡135は劃線が二本記されていた竹簡の一つということになる。

以上のように、『繫年』においては、簡44に関してだけ例外的に劃線の連続性を欠くと認められるが、その他の部分については各劃線の連続性は保たれており、その七本の劃線は全体として非常によく連続しているものと見なしてよい。

続いて、二本の劃線が記されている竹簡について検討する。なお、前述の通り簡135も劃線が二本記されていた竹簡の一つであったと推測されるが、『繫年』簡135から簡138までの四簡は文献の末尾に位置し、不完整である竹簡群と考えられるため、ここでは検討の対象から除外する。

『繫年』簡1・45・70・71・96・97における二本の劃線は、その内の一本は竹簡の上端近くに位置し、もう一本の劃線はその下方、竹簡の中央部近くに位置している。従って、『繫年』と北京簡『老子』とは、一部の竹簡に劃線が二本記されているという点に加えて、その二本の劃線の竹簡上の位置についても、上方のものは竹簡の上端近く、下方のものは竹簡の中央部近くであるという点でもよく共通している。

結論から言えば、韓巍氏の見解は『繫年』の劃線についても適合し、『繫年』の竹簡背面にある劃線も北京簡『老子』の劃線と同様に、それぞれの竹簡が形成される前に竹筒の段階で螺旋状に記されたものであり、『繫年』において連続する劃線が記されている各竹簡群は、それぞれ同一の竹筒から作成されたと考えられる。

このことについては、既に韓巍氏の論文・注［六］においても、「據清華大學出土文獻保護與研究中心沈建華先生介紹，清華簡《繫年》的簡背劃痕應該是刻劃在竹筒上的（孫沛陽在與筆者交流時也提出同樣地意見）」と述べられており、また同注［一〇］においても、「清華簡《繫年》的劃痕很可能也是先刻劃在竹筒上的」との孫沛陽氏の見解が引用されている。しかし、『繫年』の劃線に関する具体的な状況等については触れられていない。そこで、以下詳しく見て

表3　『繫年』の劃線一覧

『繫年』			
劃線	簡号	簡数	劃線の連続性
1	1-15	25	1 - 2 - 3 - 4 - 5 -（中略）- 22 - 23 - 24 - 25 - 1
2	26-44	18	26 - 27 - 28 - 29 - 30 -（中略）- 40 - 41 - 42 - 43 -（44）
3	45-69	25	45 - 46 - 47 - 48 - 49 -（中略）- 66 - 67 - 68 - 69 - 45
4	70-95	26	70 - 71 - 72 - 73 - 74 -（中略）- 93 - 94 - 95 - 70 - 71
5	96-120	25	96 - 97 - 98 - 99 - 100 -（中略）- 118 - 119 - 120 - 96 - 97
6	121-134	14	121 - 122 - 123 - 124 - 125 -（中略）- 130 - 131 - 132 - 133 - 134
7	135-138	4	（135）- 136 - 137 - 138

いくことにする。

前述した『繫年』の七本の劃線の状況を、北京簡『老子』を検討した際に作成したものと同様の表にまとめたのが、表3である。なお、上述の簡44、及び簡8・簡60、簡135については、それぞれ「（　）」を付して表に含めてある。

『繫年』の中の、劃線が二本存在している簡1・45・70・71・96・97の六枚を中心に、それぞれの劃線の連続性を見てみるならば、先ず簡1について、その上方の劃線は簡2以下の劃線とよく連続しており、また簡25の劃線と簡1の下方の劃線ともよく連続する。簡25の劃線と簡26の劃線とは、位置が大きくずれており、連続すると見なすことはできない。

簡45について、簡45の上方の劃線は簡46以下の劃線とよく連続しており、また簡69の劃線と簡45の下方の劃線ともやはりよく連続する。なお、簡45の下方の劃線は、簡44とは位置がかなり離れており、連続するとは見なしがたい。

簡70・簡71について、簡70・簡71の上方の劃線と下方の劃線とは、それぞれよく連続している。そして、簡70・簡71の上方の劃線は簡72以下の劃線ともよく連続している。更に簡95の劃線と簡70・簡71の下方の劃線とがやはりよく連続する。なお、簡95の劃線は、簡96の劃線とは位置がずれており、連続するものとは見なしがたい。

簡96・簡97について、簡96・簡97の上方の劃線と下方の劃線はよく連続している。そして、また簡120の劃線と簡96・簡97の下方の劃線もやはりよく連続する。なお、簡120の劃線は、簡121の劃線とは位置がずれており、連続するものとは見なしがたい。

以上のことから、それぞれ二本の劃線が記されている簡1・45・70・71・96・97は、よく連続する劃線の記されている各竹簡群がもともと円環をなし、各竹簡群はやはり同一の竹筒から作られたものであることを示すものであり、各劃線は竹簡の形成される前に、竹筒の段階で螺旋状に記されたものと見てよいと考えられる。第2・6・7の各劃線の竹簡群については、一枚の竹簡上に二本の劃線が記されているものが含まれていないが、他の竹簡群の状況から判断するならば、これらもおそらく、それぞれもともと同一の竹筒から作られた竹簡群と見てよいと推測される。

『繫年』において連続する劃線の記されている竹簡群が、それぞれ同一の竹筒から作成されたものであることを傍証すると見られるのが、各竹簡群の中の竹簡は、竹簡背面の竹節の痕跡の数及び位置がすべて一致しているという点である。周知の通り、清華簡の竹簡背面には、竹節を削り取ったとみられる痕跡が認められる。『繫年』の場合、どの竹簡も竹節の痕跡は一箇所だが、その位置の違いから、用いられている竹簡は六種類に区分することができる。

注目すべき点は、『繫年』において劃線が連続して記されているそれぞれの竹簡群には、竹節の痕跡から見て同じ種類の竹簡のみが用いられており、竹節の痕跡から見て異なる種類の竹簡との混在が認められないという点である。このことは、よく連続する劃線の記されている各竹簡群が同一の竹筒から作成されたものである可能性の高いことを示していると思われる。

もっとも、『繫年』において、第1劃線の竹簡群と第2劃線の竹簡群とは、各竹簡の竹節の位置がほぼ同じであることからも分かるように、竹節の位置や数が同一である竹簡のすべてが同一の竹筒から作成された竹簡であるわけではない。しかし、竹節の位置及び数から見た竹簡の種類の分類と、劃線の連続性との間に、かなり緊密な関係が認められることは確実である。また、仮に『繫年』の連続した劃線が記されている各竹簡群が、同一の竹筒から作成されたものではなく、異なる竹筒から作成された竹簡の混在しているものだとするならば、先述の一枚の竹簡上に二本の罫線が記されている現象に関して、何故そうした現象が生じたかという点について、新たに別の整合的な説明を加えなければならないことになる。

『繫年』においては、劃線が連続して記されている各竹簡群に、竹節の痕跡の位置の異なる種類の竹簡の混在が認められず、そして清華簡においては、後述するように劃線が竹節の位置から見て異なる種類竹簡をまたぐ形で連続するという現象が認められないことからすると、『繫年』の七つの竹簡群は、それぞれ同一の竹筒から作成されたものと見てよいと考えられる。

以上、本節では『繫年』の劃線について検討を加え、『繫年』において認められる七本の劃線も、北京簡『老子』と同様に、竹簡が形成される前の竹筒の段階で螺旋状に記されたものと考えられることを述べた。

なお、北京簡『老子』と『繫年』とでは、各劃線が記されている竹簡群の中で、劃線の始まったところと見られる竹簡と、復元された配列において先頭に位置する竹簡とが、一致しているかどうかという点で違いが見られる。すなわち、先述の通り、北京簡『老子』の場合は、劃線の始まったところと見られる竹簡が、復元された配列では先頭に位置しない場合がむしろ多かった。しかし『繫年』の場合は、劃線の始まったところとみられる竹簡が、いずれも復元された配列において先頭に位置している。こうした両文献の違いの意味するところについては、なお慎重な検討を要する。もっとも、そもそも竹簡正面の文字列と竹簡背面の各劃線群とは、対応しているわけではない。(9) 書写や編聯の段階において竹簡を配列するにあたっては、同一の竹筒から作成された竹簡群の中で、おおよそ劃線の位置が竹簡の上端に近いものから順に用いられたが、必ず劃線の開始部分の竹簡を先頭に配列しなければならなかったわけではなかったものと推測される。

次節では、以上のことを踏まえて、改めて何晋氏による批判について検討する。

四　連続する劃線の一方式

先述の通り、何晋氏は韓巍氏の見解が北京簡『老子』に見られる劃線の状況をよく説明するものであることを認める一方で、北京簡『老子』の劃線の状況を特殊な事例とした。しかし、北京簡『老子』の劃線の状況と『繋年』の劃線の状況がよく類似し、両文献において連続する劃線が記されている各竹簡群は、いずれも同一の竹筒から作成されたものと考えられた。このため、北京簡『老子』は特殊な事例と見なすべきではないと考えられる。

両文献の他にも、実は清華簡『金縢』において、背面に二本の劃線が記されている竹簡が存在しており、この清華簡『金縢』の一四枚の竹簡も、北京簡『老子』・『繋年』の連続する劃線が記されている各竹簡群と同様に、同一の竹筒から作成されたものと見なしてよいと考えられる。

すなわち、図2に示す通り、『金縢』簡1～3には、竹簡の上端近くとその下方との二カ所に劃線がある。簡1～3の上方の劃線は、その後の簡4～簡14の劃線と概ねよく連続している。しかも簡4～簡14の劃線は、簡1～3の下方の劃線と概ねその角度が等しく、全体として連続すると見なしてよいと考えられる。ちなみに、竹簡背面の竹節を削り取った痕跡について見るならば、十四枚の竹簡はすべて、竹節の痕跡の位置及び数が同じである。

もっとも、簡14の劃線と簡1の劃線とは若干ずれており、この竹簡群が円環をなすとすれば、簡14と簡1との間に二枚程度の竹簡が入るように見受けられる。この点については、『金縢』の竹簡群は、『繋年』末尾の第7劃線の竹簡群や北京簡『老子』上経末尾の第8劃線の竹簡群と同様に、同一の竹筒から作成された竹簡が揃っていない不完整のものであり、不足すると見られる二枚程度の竹簡は廃棄されたか、他に利用されたものと思われる。

以上のように、北京簡『老子』・清華簡『繋年』及び同『金縢』は、よく連続する劃線が認められる竹簡群の中に、劃線が二本記されている竹簡を含んでいる点で共通性が認められ、連続する劃線の記されている竹簡群は、いずれも同一の竹筒から作成されたものと考えられる。(10)

もとより、本稿執筆時点で公開済みの清華簡の中には、『保訓』や『祭公』、『芮良夫毖』のようにほとんど竹簡の劃線が認められない文献もあり、また一部の竹簡にしか劃線がない文献もあることから、北京簡『老子』・清華簡『繋年』・同『金縢』のような形でよく連続する劃線を有する文献は、竹簡資料の中で一部を占めるに過ぎないものと思われる。竹簡資料全体として見るならば、劃線の記され方はかなり複雑であるとしなければならず、すべての劃線がどれも同じ方式によって記されたと理解することには無理があると考えられる。(11)

このことは、これまで発見された戦国期の竹簡の形制が統一されてはいなかったことと合わせて考えてみても、

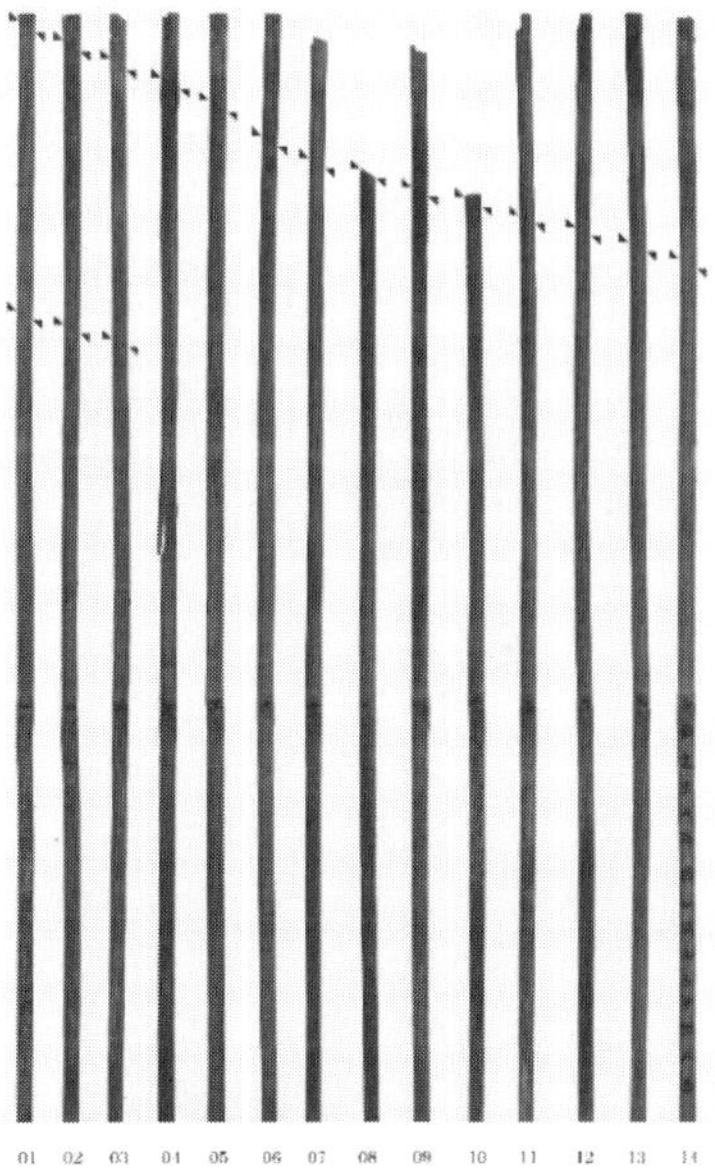

図2　清華簡『金縢』の劃線

さほど不自然なことではないと思われる。例えば竹簡の簡長を見ても、戦国期の竹簡の簡長が一律ではなかったことは明らかである。そして、そうした竹簡の形制の多様性は、竹簡の製作者の違い・地域的な違い・時期的な違いなど、さまざまな要因と関わっているものと推測される。劃線に関しても、竹簡の形制の多様性と同様に、竹簡の製作者の違い・地域的な違い・時期的な違いなど、さまざまな要因によって多様なあり方をしていたと考えられる。

そうした中で、北京簡『老子』・清華簡『繫年』・同『金縢』の三文献において、竹筒の段階で劃線が螺旋状に記されるという、よく連続する劃線を記す一つの方式が認められたことは、劃線の全容を理解する上で重要な意味を持つと筆者は考える。

もとより、北京簡『老子』と『繫年』とでは、それぞれの連続する劃線が記されている各竹簡群に含まれる竹簡の枚数が異なる。すなわち、同一の竹筒から作成された竹簡すべて揃っていない不完整のものと考えられる北京簡『老子』上経第6劃線、及び『繫年』第7劃線の両竹簡群を除くと、北京簡『老子』の各竹簡群に含まれる竹簡は十四～十九枚であるのに対して、『繫年』の各竹簡群は十四～二十六枚であり、『繫年』の方がやや簡数が多く、また簡数のばらつきが大きい。ちなみに、『金縢』において連続する劃線が記されている竹簡の枚数は十四枚である。

前述の通り、何晋氏はこうした両者の竹簡の枚数の違いをかなり重大に捉えている。しかしながら、この竹簡の枚数の相違はさほど不自然なものではなく、竹簡の作成に用いられる竹筒の大きさの違いによって生じ得る程度の差と推測される。むしろ、仮に『繫年』や『金縢』の連続した劃線が記されている各竹簡群の中に、異なる竹筒から作成された竹簡が混在しているとするならば、北京簡『老子』を含めた三つの文献において、連続した劃線が記されている竹簡の一部に、一枚の竹簡上に二本の劃線が記されているものが含まれており、しかもその劃線二本の劃線が他の竹簡の劃線とよく連続するという現象について、新たに別の説明を加えなければならないことになる。

また何晋氏は、連続した劃線が記されている竹簡の枚数に関して、北京簡『妄稽』の連続する劃線が記されている竹簡群の枚数が九枚前後であることを指摘している。本稿執筆時点で『妄稽』はその竹簡の写真等が未公開であるため、詳細は不明であるが、何晋氏が「毎組背劃線互不重合」と述べていることからすると、『妄稽』においては一枚の竹簡上に二本の劃線が記されている現象は認められないと思われる。あくまでも推測に止まるが、『妄稽』の連続する劃線の記されている各竹簡群は、北京簡『老子』上経第6劃線、及び『繫年』第7劃線の両竹簡群（それぞれ竹簡数は六枚・四枚）と同様の、同一の竹筒から作成された竹簡がすべて揃っていない不完整の竹簡群である可能性が一応は考えられる。仮にそうであるとすれば、北京簡『老子』・『繫年』・同『金縢』の三文献に共通して認められる方式の、一種のバリエーションということになろう。

何晋氏はまた、嶽麓秦簡中の『三十四年質日』・『三十五年質日』において、一本の劃線が竹簡三十三・三十五枚にも及んで記されていることも指摘している。嶽麓秦簡『三十四年質日』・『三十五年質日』等の劃線と北京簡『老子』・清華簡『繫年』・同『金縢』の劃線との関係については、今後更に慎重に検討する必要があるが、現時点では、両者の劃線とは、連続する劃線を記す方式が異なると理解するのが妥当と思われる(12)。

なお、何晋氏はまた、清華簡『耆夜』の中では、竹節の位置が異なっている簡10・11・12の三簡の上に、劃線がまたがって連続して記されていたとし、このことは、竹筒が裂かれて竹簡が作成された後、多数の竹簡が平らに並べられた上で記されたものであり、劃線が竹筒の上で記されたものではないことを示していると主張している。

この点に関しては、清華簡『耆夜』の事例についての何晋氏の理解に問題があると筆者は考える。すなわち、何晋氏は、簡10の竹簡の断裂が、劃線に沿う形で起きていると見なしているが、簡11の竹簡の断裂が起きている箇所は、実は簡11の劃線とずれていることから見て、簡10の竹簡の断裂は劃線に沿う形ではなかったと理解すべきである。

これまで公開された清華簡第1～第3分冊の写真を見る限りでは、『繫年』を含めて、或る文献の中に、竹簡の竹節の痕跡の位置・数から見て異なる種類の竹簡が用いられていることは少なくない。しかし、そうした竹簡の種類が切り替わっている箇所において、それをまたぐ形で劃線が連続して記されている事例は確認できない。このため、劃線がよく連続して記されていることと竹節の痕跡から見て同じ種類の竹簡が用いられることとの間には、密接な関連があると考えられる[13]。

最後に、木簡の背面に劃線がある場合があるとの何晋氏の指摘についてであるが、筆者も二〇一二年八月に長沙簡牘博物館を訪問した際、整理室において元館長の宋少華教授から、背面に劃線がある竹簡や木牘があるという話を直接伺っている[14]。木簡或いは木牘の背面に劃線が認められる事例も確かに存在すると見られるが、そうした資料の公開はまだ行われていない。それらについての検討は、資料の公開を待たなければならない。

結　語

本章では、何晋氏による韓巍氏に対する批判を手がかりとして劃線について検討し、北京簡『老子』・清華簡『繫年』・同『金縢』には竹筒の上に劃線を螺旋状に記すという共通した方式が認められることを述べた。こうした方式の劃線が記されている文献については、北京簡『老子』の章の配列が当初は復元困難と見なされていたにもかかわらず、発見された劃線に従って竹簡を配列した結果、その章の配列は現行本とほぼ同一であることが明らかとなったことからも分かるように、劃線が竹簡の配列を復元する上で極めて重要な手がかりとなり得ると見られる。

しかし、竹簡資料全体として見るならば、劃線の記され方はかなり複雑で、北京簡『老子』・清華簡『繫年』・同

『金縢』の劃線とは異なるあり方のものも多く、劃線のすべてが竹簡の配列を復原する手がかりとなるわけではない。そうしたものも含めた劃線の全容の解明は、今後の課題としたい。

注

（1）孫氏の見解については、「簡冊背劃線初探」（『出土文献與古文字研究』第四輯〔復旦大学出土文献與古文字研究中心編、二〇一一年〕所収）参照。なお、北京簡の竹簡背面に認められる「劃痕」について、後述する韓巍氏の論文に「所有竹簡的上的劃痕都細如髮絲，且十分平直，可見是用非常鋒利的金屬鋭器刻劃。」と述べられており、「劃痕」は非常に鋭利な金属によって刻まれた細い線であるとされている。また清華簡の竹簡背面の細線についても、後述する李均明・趙桂芳両氏の論文「清華簡文本復原―以《清華大学蔵戦国竹簡》第一、第二輯爲例」において、「簡背刻劃斜線」と呼ばれている。しかし、筆者は北京簡・清華簡の背面を実見しておらず、清華簡の写真を見る限りでは、果たして竹簡背面の細線が刻まれたものなのかどうかを判別することができない。このため、以下本稿においては、北京簡の「劃痕」や清華簡の写真から見て取れる竹簡背面の細線を、まとめて「劃線」と呼んでおく。戦国期の竹簡の背面には、「劃線」よりもかなり太く、筆で記されたものと判断できる線が認められる場合があるが、それらについては「墨線」と呼び、「劃線」とは区別しておく。本書第三部第三章「『楚居』の劃線・墨線と竹簡の配列」参照。

（2）初出は、二〇一二年十月二十七・二十八日に北京大学中国古代史研究中心と北京大学出土文献研究所との共催により開催された「〝簡牘與早期中国〞学術研討会曁第一届出土文献青年学者論壇」の会議論文集である。

（3）簡84・簡187の二枚の竹簡には劃線が記されておらず、他の竹簡にはすべて劃線が一本ずつ記されている。北京簡『老子』の竹簡背面に劃線がどのように記されているのかは、『北京大学蔵西漢竹書（貳）』所収の「簡背劃痕示意図」参照。なお、北京簡『老子』上経の第2劃線の竹簡群中の簡32について、同簡に劃線は認められないが、断裂が起きている。韓巍氏はこの断裂は劃線に沿う形で起きたものと見なしているが、後述する清華簡『耆夜』簡10の断裂と同じく、断裂が劃線に沿う形で起きたわけではないとの可能性も十分に考えられると思われる。
（4）図1は、韓巍氏の論文から引用したものである。
（5）韓巍氏によれば、一般に劃線は、竹簡の上端に近いところのものが粗く、また深い。これに対して、竹簡の中央部に近いところのものは細く、また浅い。このことは劃線が竹簡の上端に近いところから記されたことを示しているとする。前掲「西漢竹書《老子》簡背劃痕初歩分析」参照。
（6）この他に、李均明・趙桂芳両氏は簡69の劃線と簡70の劃線とを連続するものと見なしているが、この点も問題である。簡69の右隣に簡70が位置していたと見なすよりも、後述するように同じ竹筒の上で簡69の右隣に簡45が位置していたとする方が、劃線の連続性はより自然である。また、後述する竹節の痕跡の位置と劃線との関係から見ると、簡45〜69の竹簡群と簡70〜95の竹簡群とでは、竹節を削り取った痕跡の位置が異なる。このため、簡69は簡70と同じ竹簡群に属するとは見なしがたい。
（7）例えば、北京簡『老子』上経第8劃線の竹簡群のように、不完整の竹簡群の中に用いられなかった竹簡が、こうした部分に用いられたとの可能性が考えられる。
（8）もっとも、『繫年』簡31〜簡44（第6章・第7章）の竹簡の実寸大写真を見る限りでは、竹簡の下端の位置に若干のばらつきがあり、このあたりの竹簡には縮小が起きているものがあるように見受けられる。このため、仮に簡44が簡26〜43と同じ竹筒から作成されたものであるとしても、その本来の位置を精密に判断することは困難である。
（9）竹簡正面の文字列と竹簡背面の各劃線群との対応に関しては、本書第三部第三章「『楚居』の劃線・墨線と竹簡の配列」参照。
（10）この他、清華簡第3分冊に収められている『赤鵠之集湯之屋』は、背面に二本の劃線が認められる竹簡は含まれていないものの、劃線が竹簡の上部において全体によく連続していること、またその枚数が十五枚であることから見て、同一の竹筒から作成されたものである可能性が高いと思われる。また『程寤』も同様に劃線が全体によく連続しており、その竹簡はやはり同一の竹筒から作成された可能性が高い。但し、『程寤』は竹簡の枚数が九枚しかなく、北京簡『老子』上経の第8劃線や『繫年』の第7劃線の竹簡群と同様に、完結していないものと見られる。

(11) 華簡第3分冊に収められている『祝辞』・『良臣』は、竹簡のほぼ中央の部分において、連続する劃線が二本認められ、一本の劃線は右上に、もう一本の劃線は右下に向かう形でよく連続している。これらは明らかに北京簡『老子』・清華簡『繫年』・同『金縢』とは異なる方式で記された連続した劃線であると考えられる。

(12) 孫沛陽氏は、嶽麓秦簡『質日』の劃線は、すべて竹簡が作成された後に記されたものであるとする。注(1)前掲「簡冊背劃線初探」参照。

(13) 本章第三部第三章「『楚居』の劃線・墨線と竹簡の配列」参照。なお、清華簡第3分冊の『説命中』においては、連続した劃線が竹節の痕跡の位置の異なる竹簡をまたぐ形で連続することがない、という一つの例を見ることができる。すなわち、『説命中』の簡1~4の部分は、竹節の位置から見て、簡1と簡3、簡2と簡4とがそれぞれ同一の種類であり、また簡2と簡4とには劃線は認められず、簡1と簡3とには劃線が認められ、しかもこの二簡の劃線は連続すると見られる。従って、簡1・簡3と簡2・簡4とは、それぞれ異なる竹筒から作成されたと考えられる。おそらく、『説命中』の書写や編聯の段階で、本来は簡1と簡3とが連続し、続いて簡2・簡4が用いられるべきところ、何らかの理由で誤って簡2よりも先に簡3が用いられたために起きた現象と推測される。

(14) 中国出土文献研究会「中国新出簡牘学術調査報告―上海・武漢・長沙―」(『中国研究集刊』第五十五号、二〇一二年十二月)参照。

第五章　清華簡『繫年』および郭店楚簡『語叢（一）』の「京」字に関する一考察

曹　方向
（草野友子　訳）

序　言

本章は、清華大学蔵戦国竹簡（以下、清華簡）『繫年』および郭店楚墓竹簡（以下、郭店楚簡）『語叢（一）』を中心に、戦国文字中に見える「京」字について考察するものである[1]。

一　戦国文字中の「京」の字例

清華簡『繫年』第二章の第9簡・第10簡には次のような字形がある（以下、Aと表記する）。

A

整理者はAの字を直接「京」と釈読している。ここに関係する簡文は、以下の通りである。

晉文侯乃逆平王于少鄂、立之于京師。……晉人焉始啟于京A師。
（晋文侯は乃ち平王を少鄂より逆《むか》えて、之を京師に立つ。……晋人 焉に始めて京師に啓く。）

整理者は注釈の中で、『春秋公羊伝』の「京師者何。天子之居也（京師とは何ぞや。天子の居なり）」を引用してこれを証明しており、この用例は適切であると考えられる。しかし、字形から見ると、依然として疑問が残る。Aはこれまでに見られる戦国文字の中では、以下のような字形に類似している。

字形1：(2)（陶文）(3)（貨幣文）

字形2：（陶文の出処は右に同じ）

これらの字について、これまで主流の解釈は、すべて「亳」と釈読するというものであった(4)。しかし、早くから、異なる見解を示す研究者もいた。呉振武氏は各時期の諸研究者の意見を全面的に紹介し、最後に、この種の字形は

「宅」に従い、「亭」の省略形に従い、「亭」と釈読すべきだと述べている。[5] これにより、先に挙げた陶文の字形の用法は、比較的合理的な解釈を得ることとなった。一方、郭店楚簡には以下のような字形がある。

字形3：（『語叢（一）』第33簡）

この字形（以下、Bと表記する）がある簡文は、「禮生於莊、樂生於B（礼は荘より生じ、楽はBより生ず）」であり、明らかに「亭」に作ることはできない。これに関して、先行研究においてもいくつかの見解があるが、[6] いずれも適切であるとは言いがたい。かつて最も影響があった劉釗氏の観点については、[7] 呉振武氏がその中の問題を指摘している。呉振武氏は字形3を「寧」と釈読し、以下のように述べる。

有名な子犯編鐘銘文が鐘を作った目的について述べる時、「用匽（燕）用寍（寧）」という一語があり、人の安寧と音楽の関係とは、ここにおいて理解すべきである。音楽が人を安寧にさせることができる以上、人の安寧にもまた音楽が必要であり、簡文の「樂生於寧」とはまさしくこの意味である。

また、「禮生於莊、樂生於B」の二句に対する注釈には、「礼儀は荘敬によって生じ、音楽は安寧によって生じる」と書かれており、このように文意を解釈することも可能である。簡文のこの八字は礼・楽について論じており、たとえば、儒家の説く「樂者、心之動也（楽は、心の動なり）」（『礼記』楽記）に基づくと、Bは心のある種の状態を表していると考えられる。ただし、この解釈が適切であると考えるには、依然として論拠が不十分であろう。

Aの字例を見ると、Bと同じく、「亭」字を用いて解釈するにはあまり適合せず、それゆえこの種の字形はさらに検討する余地がある。楚地から出土した戦国簡冊中には、以下のような字形がある。

字形4：（上博楚簡『三徳』第7簡に三例、および第21簡）

この字形（以下、Cと表記する）は上博楚簡『三徳』中に四例見られ、写法はすべて一致している。ただし、第21簡は竹簡の残欠により、字例が完全とは言えないため、ここでは論じないこととする。第7簡の簡文は、「皇天弗京」、「上帝弗京」（この句は二度見られる）となっており、整理者の李零氏は「京」を「諒」と釈読している。[8] 陳偉氏はこの字に疑問を抱いており、「下部について言えば、楚簡中に見られる「就」字によく似ている」と述べ、さらに葛陵楚簡乙四・第109簡の字形を例として、この字を「就」と釈読することを主張している。[9] 李零氏が釈する「京」字は、戦国文字の「京」字と確かに近いものである。

字形5：[10]（『陶彙』5・437）[11]（貨幣文）

(12)（戈）

以上の字形を見ると、李零氏がCを「京」と釈するのは正しいことがわかる。『三徳』では、「京」は「諒」と読み替えられており、これは字例や音韻からも適切であると言える。(13) 李守奎氏は、李零氏の「京」と釈する意見を肯定した後、以下の説を提示している。

　楚国の「𩫏」字は多くに作り、従うところの「亯」と「京」とは偏旁を共有しており、一種の簡略化された形式である。もし字の中間のを取り除くならば、残る文字はである。(14)

この「京」字の旁の写法とCも非常に近い。さらに、

字形6：（葛陵楚簡乙4―96）

このように、「就」字の従うところの「京」字の例もあり、参考に値する。この字の下半部とAとの区別は、主に縦画が湾曲していないところにある。周知の通り、戦国文字は、時には縦画は下に垂れ、末尾も湾曲していることがある。たとえば、葛陵楚簡の「就」字は一般的に（甲3―137）と書写され、また以下のようにも書写されて

いる。

字形7：（葛陵楚簡甲3—56）

この種の縦画の湾曲は、葛陵楚簡中に比較的よく見られる。このことから、清華簡『繫年』の整理者がAを「京」と釈する説は成立することがわかる。AとCとの区別としては、「高」字の下部分の「口」を省いた筆画が、Cは右側が下に向かって折れている一方、Aは下に折れていないことが挙げられる。しかし、これも以下のような前例がある。

字形8：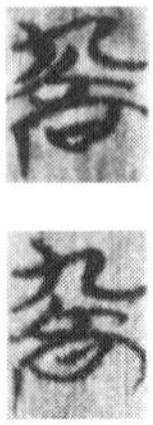（包山文書、第49簡）

字形9：（望山二号墓、第13簡）

葛陵楚簡甲3—56のような「就」字は、郭店楚簡と包山楚簡の中にあり、縦画が下に垂れた後には転折の写法が見られないが、これは書き手の書写の習慣がそのようにさせていると考えられる。また、A・Bは葛陵楚簡乙4—96とは異なり、縦画が湾曲していて、「乇」と形が近い字になっている。ただし、楚文字中に大量に（郭店簡『老子』乙本第8簡）のような字が出現し、独体（一個の部分で字をなす文字）の「京」字の下部の写法はこれと接近しているため、「類化」の現象として解釈しても良いかもしれない。[15] これと平行する現象として、「年」・「市（師）」などの字を例として挙げてみよう。

表1

	1	2
「京」	Ⓐ 	Ⓑ  Ⓒ 
「年」	 九店56号墓楚簡　第26簡  上博楚簡『容成氏』第5簡	 包山楚簡　第126簡  郭店楚簡『成之聞之』第30簡
「市」	 包山楚簡　第228簡  上博楚簡『武王踐阼』第1簡	  包山楚簡　第2簡・第12簡  上博楚簡『呉命』第8簡
「乇」に従う字	 包山楚簡　第277簡[16]  上博楚簡『容成氏』第2簡「宅」	 郭店楚簡『成之聞之』第34簡「宅」  包山楚簡171「宅[17]」

表1を見ると、AとCとの一つの区別としては、下側の筆画の運筆方向が異なる点が挙げられる。ただし、これは筆画の正・反の問題にすぎず、たとえば表中の包山楚簡の第2簡・第12簡の「帀」字はこの一種である。Bの上部の「亠」字の頭の下には「口」に近い形の筆画があり、この種の区別は同一の文字の異なる写法であり、本論の最初に列挙した「亳」字あるいは「亭」字が参考になる。

このように、A・B・Cの三字を「京」と釈読するのは、成立可能と言うことができる。本章のはじめに列挙した陶文・貨幣文の字形は、A・Bの写法と非常に近い。これらの「京」字の語義については、趙平安氏による優れた解釈があり、参考に値する。[18]

二　郭店楚簡『語叢（一）』の「京」字

それでは、以下、郭店楚簡『語叢（一）』の「禮生於莊、樂生於京」について検討してみたい。

前述の例やC字によって「京」を「諒」と釈読すると、諒解あるいは誠・信などの意味であると考えられる。『礼記』楽記に、以下のような一文がある。

禮樂不可斯須去身。致樂以治心、則易・直・子・諒之心油然生矣。易・直・子・諒之心生則樂。樂則安。安則久。久則天。天則神。

（礼楽は斯須《しばらく》も身を去るべからず。楽を致して以て心を治むれば、則ち易・直・子・諒の心、油然として生ず。易・直・子・諒の心 生ずれば則ち楽しむ。楽しめば則ち安し。安ければ則ち久し。久しければ則ち天なり。天なれば則ち神なり。）

郭店楚簡『語叢（一）』に見える「樂生於諒」は、『礼記』楽記の「易・直・子・諒之心生則樂」の別の一種の表現であると考えられるが、『語叢（一）』の側は表現が比較的単純である。『礼記』楽記は、四種の「心」が「樂」を生成できることについて言及しており、簡文ではただその中の一つについて述べるのみである。しかし、両者の基本精神は一致しており、「諒」はあるいは原諒（許す、容認する）と解釈でき、つまり寛容な態度を表していると言える。あるいは誠・信と解釈でき、あるいは善良の「良」と読むこともできる。これと易（「和易」）・直（「正直」）・子（「慈愛」）とはいずれも心の修養の優れた資質（品性）のことを指している。[19]『礼記』楽記には、先に引用した段落が終わった後に以下のような一文がある。

致禮以治躬則莊敬。莊敬則嚴威。心中斯須不和不樂、而鄙詐之心入之矣。外面斯須不莊不敬、而易慢之心入之矣。故樂也者、動於內者也。禮也者、動於外者也。
（礼を致して以て躬を治むれば則ち荘敬なり。荘敬なれば則ち厳威あり。心中斯須も和せず楽しまざれば、而《すなわ》ち鄙詐の心 之に入る。外面斯須も荘ならず敬ならざれば、而ち易慢の心 之に入る。故に楽なる者は、内に動く者なり。礼なる者は、外に動く者なり。）

礼・楽が内外に分けられるというのは、儒家学派によく見られる言説であり、簡文の「禮生於荘、樂生於諒」は、先に引用した『礼記』楽記の二つの文の精神とも基本的に一致するものであることは注目に値する。

『論語』八佾篇には、「子曰、人而不仁如禮何。人而不仁如樂何。（子曰く、人にして不仁ならば、礼を如何せん。人にして不仁ならば、楽を如何せん。）」とあり、何晏注には、「包曰、言人而不仁、必不能行禮樂。（包曰く、人にして不仁ならば、必ず礼楽を行うこと能わざるを言う。）」とある。また、邢昺疏に、「此章言禮樂資仁而行也。「人而不仁如禮何、人而不仁如樂何」者、「如」、奈也。言人而不奈此禮樂何。謂必不能行禮樂也。（此の章 礼楽 仁に資りて行うを言うなり。「人にして不仁ならば礼を如何せん、人にして不仁ならば楽を如何せん」とは、「如」は、奈なり。人にして礼楽を如何ともぜざるを言う。必ず礼楽を行うこと能わざるを謂うなり。）」とある。孔子の「仁」が内包していることは実に豊富であり、たとえば、『論語』陽貨篇の「子張問仁於孔子」の章には五種の「仁」が列挙され、それぞれ「恭・寛・信・敏・恵」とされている。もし恭敬が「荘」に近く、寛容あるいは誠信が「諒」に近いならば、「禮樂資於仁」（礼楽は仁に基づく）は、ある種の程度上では、まさに「禮生於莊、樂生於諒」とも言える。

先秦の典籍は礼楽に関する資料が非常に豊富である。簡文は格言の形式によって礼楽と心の資質（品性）の生成関係を述べており、『礼記』楽記などの文献と伝承関係があるかどうかについては、今後さらに研究を進める必要がある。

結　語

以上、戦国文字中に見える「京」字を検討してきた。これまで・・・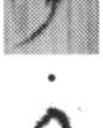・などの字形は、「亳」・「亭」・「京」などと釈読されてきたが、本章を総括すると、これらはいずれも「京」と釈読するのが正しいと言うことができる。下部の写法の差異は、戦国文字の中では決して特異な例ではない。従って、清華簡『繫年』においては「京師」の「京」、上博楚簡『三徳』および郭店楚簡『語叢（一）』においては「京」と釈し、「諒」

と読むことが可能である。また、『語叢（一）』の「禮生於莊、樂生於諒」と『礼記』楽記では、礼・楽と人の心の修養との関係を詳しく述べており、対比して読むことができる。これら二つの文献が述べていることはすべてが同じであるとは言えないが、我々が古代の人々の礼・楽観念を理解する一助となるであろう。

注

（1）以下に引用する釈文は、『清華大学蔵戦国竹簡（二）』（清華大学出土文献研究与保護中心編・李学勤主編、中西書局、二〇一一年十二月）、および『郭店楚墓竹簡』（荊門市博物館編、文物出版社、一九九八年五月）による。

（2）王恩田『陶文字典』（斉魯書社、二〇〇七年一月）、一三六頁。また、湯餘恵『戦国文字編』（福建人民出版社、二〇〇一年十二月）、三三九頁も参考になる。

（3）呉良宝『先秦貨幣文字編』（福建人民出版社、二〇〇六年三月）、八一頁。

（4）たとえば、筆者がこれらの字形を引用した時に依拠した三種の辞典・文字編（注〈2〉・〈3〉参照）では、すべて「亳」の字の項目にこの文字が収録されている。

（5）呉振武「談左掌客亭陶璽——従構形上解釈戦国文字中旧釈為「亳」的字応是「亭」字」（中国古文字学会第十八次年会論文、二〇一〇年十月二十二日・二十三日）参照。以下に引用する呉振武氏の説は、すべてこの論文に基づくものであるため、重ねて注記しない。

（6）陳偉等著『楚地出土戦国簡冊（十四種）』（経済科学出版社、二〇〇九年九月）、二四八頁注釈一五、および武漢大学簡帛研究中心・荊門市博物館編著『楚地出土戦国簡冊合集（一）郭店楚墓竹書』（文物出版社、二〇一一年十一月）一四五頁注釈三三参照。

（7）劉釗氏は、「亳」と釈し、「度」と読み替えている。劉釗「読郭店楚簡字詞劄記（一・二・三）」（『出土簡帛文字叢考』、台湾古籍出版社、二〇〇四年三月）参照。

（8）李零氏による釈文は、『上海博物館蔵戦国楚竹書（五）』（馬承源主編、上海古籍出版社、二〇〇五年十二月）、二九三頁参照。
（9）陳偉「上博楚簡（五）零劄（一）」、武漢大学簡帛研究中心「簡帛網」（http://www.bsm.org.cn/）、二〇〇六年二月二十四日。
（10）王恩田『陶文字典』（前掲書）、一三九頁。湯餘恵『戦国文字編』（前掲書）、三四一頁。
（11）呉良宝『先秦貨幣文字編』（前掲書）、八三頁。
（12）孫剛『斉文字編』（吉林大学碩士学位論文、二〇〇八年四月）、一一〇頁。
（13）王晨曦『上海博物館蔵戦国楚竹書（三）〈三徳〉研究』（復旦大学碩士学位論文、二〇〇八年五月）、三七―三八頁。
（14）李守奎「包山楚簡120―123号楚簡補釈」（『出土文献与伝世典籍的詮訳』、復旦大学出版社、二〇一〇年十月）、二〇九頁。
（15）これはすなわち劉釗氏が論ずるところの「同一系統のその他の文字の影響を受けて発生した類化」である。肖毅氏はこれを称して「字外同化」とする。劉釗『古文字構形学』（福建人民出版社、二〇〇六年一月）第六章第二節、および肖毅『楚簡文字研究』（武漢大学出版社、二〇一〇年十月）第二章第四節参照。
（16）この字は「糸」に従い「乇」に従うが、具体的な釈読については今後の研究を待つ。劉国勝『楚喪葬簡牘集釈』（科学出版社、二〇一一年十一月）、六四頁注釈八一参照。
（17）この字は整理者は「反」と釈し、何琳儀氏は改めて「宅」と釈している。陳偉等著『楚地出土戦国簡冊（十四種）』（前掲書）、八四頁注釈四三参照。
（18）趙平安氏は、陶文の「京」は穀倉であるとの見解を示している（「「京」「亭」考弁」、『復旦学報（社会科学版）』二〇一二年第四期）。筆者は本章の初稿において、「亭」と読み、地方で賓客を接待する宿泊所であると見なす呉振武氏の解釈には道理があると考えていたが、「京」と「亭」とは通仮の関係にある可能性がある。現在は、趙平安氏の解釈が妥当であると考えている。
（19）括弧内の解釈は、楊天宇『礼記訳注』（上海古籍出版社、二〇〇四年七月、五〇二頁）を参考にした。

あとがき

本書は、二つの意味で、節目の「中間報告」となる論文集である。

一つは、日本学術振興会科学研究費による共同研究「中国新出土文献の思想史的研究――戦国簡・秦簡・漢簡――」（基盤研究Ｂ、研究代表者湯浅邦弘）による中間成果である。この共同研究は、平成二十六年度（二〇一四）から平成三十年度（二〇一八）の五カ年計画で実施されているが、メンバーによる研究成果として、すでに次の五冊の刊行物を公開している。

・湯浅邦弘『竹簡学――中国古代思想の探究――』（大阪大学出版会、二〇一四年）
・竹田健二『先秦思想與出土文献研究』（台湾・花木蘭文化出版社、二〇一四年）
・中村未来『戦国秦漢簡牘の思想史的研究』（大阪大学出版会、二〇一五年）
・湯浅邦弘監訳『竹簡学入門――楚簡冊を中心として――』（陳偉著、草野友子・曹方向訳、東方書店、二〇一六年）
・湯浅邦弘『竹簡学――中国古代思想的探究』（中国出版集団東方出版中心、二〇一七年）

これに続くのが本書である。科研費による共同研究の三年目までの成果のうち、清華大学蔵戦国竹簡（清華簡）に関する論考をまとめたものとなっている。本来ならば、共同研究の最終年度である平成三十年度に刊行を企画すべきであろうが、研究の蓄積が多く、最終年度まで待てないというのが実感であった。

もう一つは、その清華簡に対する研究の中間報告という意味合いである。二〇〇八年に清華大学が入手した清華簡は、二〇一〇年から『清華大学蔵戦国竹簡』（分冊形式）として、毎年一冊のペースで刊行が続けられてきている。公表当初から大いに注目され、中国ではすでに多くの研究成果が発表されている。

我々の共同研究も、次第に清華簡に集中することとなり、平成二十八年（二〇一六）秋の段階で、ほぼ本書に収録したような論考が揃うこととなった。

そこで、同年十月、汲古書院の三井久人社長にお目にかかり、本書の刊行についてお願い申し上げたところ、ご快諾をいただいた。それを受けて、既発表のものについては修訂作業を進めるとともに、書き下しの章について執筆を開始した。そして、平成二十九年（二〇一七）一月、すべての原稿ができあがり、同年五月からは校正作業に着手した。従って、この時点での『清華大学蔵戦国竹簡』の最新分冊は、第六分冊である。

ところが、同年六月、これに続く第七分冊が刊行された。ちょうど我々の初校作業が終わろうかという頃である。急遽、この第七分冊の情報も加えるかどうか検討したが、今回は、すでに完成原稿を提出した後でもあるので、既定方針通り、第六分冊までを対象として刊行することとした。よって、第七分冊以降に収録された文献については、今後、引き続き共同研究を進め、本書の続編として刊行できるよう努力したい。

最後に、本書の刊行をお認めいただいた汲古書院の三井久人社長、ならびに編集作業に際してご高配を賜った編集部の小林詔子さんに厚く御礼を申し上げたい。

湯浅邦弘

初出一覧

第一部　書き下ろし

第二部

第一章　湯浅邦弘「清華簡『殷高宗問於三壽』の思想的特質」(『中国研究集刊』第六二号、二〇一六年六月)

第二章　湯浅邦弘「太姒の夢と文王の訓戒—清華簡「程寤」考—」(『中国研究集刊』第五三号、二〇一一年六月)

第三章　福田哲之「清華簡『尹誥』の思想史的意義」(『中国研究集刊』第五三号、二〇一一年六月)

第四章　竹田健二「清華簡『耆夜』の文献的性格」(『中国研究集刊』第五三号、二〇一一年六月)

第五章　竹田健二「清華簡『湯在啻門』における気」(『中国研究集刊』第六二号、二〇一六年六月)

第六章　曹方向「清華簡『湯在啻門』に見える「玉種」について」(『中国研究集刊』第六二号、二〇一六年六月)

第七章　草野友子「清華簡『祭公之顧命』釈読」(『中国研究集刊』第五三号、二〇一一年六月)

第八章　中村未来「清華簡『周公之琴舞』考」(『中国出土資料研究』第一九号、二〇一五年三月)

第九章　中村未来「清華簡『命訓』釈読」(『中国研究集刊』第六二号、二〇一六年六月)、および中村未来「作為統治手段之「恥」:以《逸周書》三訓為中心」(中文)(台湾『東亞観念史集刊』第一一期、二〇一六年十二月)

第三部

第一章　福田哲之「清華簡《保訓》與三體石經古文―科斗體的淵源」（中文）（『出土文献研究』第十三輯、中西書局、二〇一四年十二月）

第二章　福田哲之「清華簡『良臣』・『祝辞』の書写者―国別問題再考―」（『中国研究集刊』第六二号、二〇一六年六月）

第三章　竹田健二「清華簡『楚居』の劃線・墨線と竹簡の配列」（『中国研究集刊』第五六号、二〇一三年六月）

第四章　竹田健二「劃線小考―北京簡『老子』と清華簡『繫年』とを中心に―」（『中国研究集刊』第五七号、二〇一三年十二月）

第五章　曹方向（草野友子訳）「清華簡『繫年』および郭店楚簡『語叢（二）』の「京」字に関する一考察」（『中国研究集刊』第五八号、二〇一四年六月）

執筆者紹介

湯浅邦弘（ゆあさくにひろ）

1957年生まれ。大阪大学大学院文学研究科教授。著書に、『竹簡学―中国古代思想の探究―』（大阪大学出版会、2014年）、『中国出土文献研究』（台湾・花木蘭文化出版社、2012年）、『上博楚簡研究』（編著、汲古書院、2007年）、『戦国楚簡与秦簡之思想史研究』（台湾・万巻楼、2006年）など。

福田哲之（ふくだてつゆき）

1959年生まれ。島根大学教育学部教授。著書に、『戦国秦漢簡牘叢考』（台湾・花木蘭文化出版社、2013年）、『中国出土古文献与戦国文字之研究』（台湾・万巻楼、2005年）、『説文以前小学書の研究』（創文社、2004年）など。

竹田健二（たけだけんじ）

1962年生まれ。島根大学教育学部教授。著書に、『先秦思想與出土文獻研究』（台湾・花木蘭文化出版社、2014年）、『市民大学の誕生―重建懐徳堂と中井木菟麻呂―』（大阪大学出版会、2010年）、『懐徳堂アーカイブ　懐徳堂の歴史を読む』（共著、大阪大学出版会、2015年）など。

草野友子（くさのともこ）

1981年生まれ。大阪大学大学院文学研究科招聘研究員、大阪教育大学・京都産業大学非常勤講師。共著に、『竹簡学入門』（東方書店、2016年）、『テーマで読み解く中国の文化』（ミネルヴァ書房、2016年）、論文に、「上博楚簡『成王為城濮之行』の構成とその特質」（『中国出土資料研究』第18号、2014年）など。

中村未来（なかむらみき）

1984年生まれ。福岡大学人文学部専任講師。著書に『戦国秦漢簡牘の思想史的研究』（大阪大学出版会、2015年）、『テーマで読み解く中国の文化』（共著、ミ

ネルヴァ書房、2016年）など、論文に「清華簡『周公之琴舞』考」(『中国出土資料研究』第19号、2015年)、「日本における漢籍デジタル図版の公開状況とその意義」(『新しい漢字漢文教育』第58号、2014年）など。

曹方向（そうほうこう）

1985年生まれ。安陽師範学院文学院講師。2014年11月から2016年９月まで日本学術振興会外国人特別研究員として大阪大学で研究に従事。共著に、『竹簡学入門』(東方書店、2016年)、『秦簡牘合集（貳)』(武漢大学出版社、2015年)、論文に、「戦国文字と伝世文献に見える「文字異形」について――「百」字を例として」(『漢字学研究』第４号、2016年）など。

清華簡研究

二〇一七年九月二十九日　発行

編　者　湯浅邦弘
発行者　三井久人
整版印刷　三松堂印刷株式会社
発行所　汲古書院
〒102-0072 東京都千代田区飯田橋二-五-四
電　話　〇三（三二六五）九七六四
FAX　〇三（三二二二）一八四五

ISBN978-4-7629-6599-9　C3022